公司诉讼

裁判规则与实务指南

Adjudication Rules and Practice Guidelines for
Corporate Litigation

张雪莲　著

法律出版社
LAW PRESS·CHINA
北京

图书在版编目（CIP）数据

公司诉讼裁判规则与实务指南 / 张雪莲著. -- 北京 :
法律出版社, 2025. -- ISBN 978-7-5197-9925-0

Ⅰ. D922.291.915

中国国家版本馆 CIP 数据核字第 2025K5F472 号

公司诉讼裁判规则与实务指南
GONGSI SUSONG CAIPAN GUIZE YU SHIWU ZHINAN

张雪莲 著

策划编辑 朱轶佳
责任编辑 朱轶佳
装帧设计 李 瞻

出版发行 法律出版社
编辑统筹 司法实务出版分社
责任校对 李慧艳 王晓萍
责任印制 胡晓雅
经　　销 新华书店

开本 710 毫米×1000 毫米 1/16
印张 25.75 **字数** 362 千
版本 2025 年 3 月第 1 版
印次 2025 年 3 月第 1 次印刷
印刷 天津嘉恒印务有限公司

地址:北京市丰台区莲花池西里 7 号(100073)
网址:www.lawpress.com.cn
投稿邮箱:info@lawpress.com.cn
举报盗版邮箱:jbwq@lawpress.com.cn
销售电话:010-83938349
客服电话:010-83938350
咨询电话:010-63939796

书号:ISBN 978-7-5197-9925-0
定价:92.00 元

凡购买本社图书,如有印装错误,我社负责退换。电话:010-83938349

序 PREFACE

本书以我国公司法的规范解释和应用实践为中心，借助真实案例，展示法律适用，激活法律解释，阐析法学理论。从公司设立、公司资本制度、公司运营与治理、股东股权确认、股东权益保护、公司解散清算等方面，按照《民事诉讼案由规定》对各类与公司有关的纠纷有针对性地进行法理解读，将与该类纠纷有关的法律条文结合典型案例进行整理和分析，并通过提问激发思考，鼓励探索。

在众多裁判案例中，最高人民法院裁判案例因具有终局性、权威性与稳定性的特征，在实务中通常发挥着类案指引的功用。本书通过在各类公司类纠纷中引入对最高人民法院判例或公布案例的解读、分析，贯穿了大量有待探讨的案例和基于案例引申的问题，以期能帮助读者在公司实践与公司法理论中寻得平衡，并达到“以案释法”“以案普法”之目的。

张雪莲律师执业20年，办理了大量公司类诉讼与非诉讼业务，凭借深厚的经验积淀和敏捷清晰的思路及坚毅的工作态度，为客户提供专业意见，受到客户广泛赞誉和信任。本书源于经验，又超越经验，将公司类纠纷全面梳理，结合2023年《公司法》修改的要点，向法律界充分展现公司类纠纷的“全景图”，对法律实务工作者、法律职业人士以及公司企业的经营管理者等都具有较高的参考价值。

黄亚英

二级教授，博士生导师，中国国际经济法学研究会副会长，

深圳市人大首席立法咨询专家，

深圳大学经济特区立法研究中心主任

2025年1月10日

前言 FOREWORD

公司作为具有权利能力的拟制法人实体，是由一个以上的股东依照公司法的有关规定组建的，在现代社会经济发展过程中非常重要的组织形式，是商法领域最为重要的商事行为主体，也是商品生产和商品交换发展到一定阶段的必然产物。公司不仅能够聚集资本，创造财富，提供就业，促进经济增长，也能够不断推动创新，改变社会进程。公司的发达程度在某种程度上决定了各国经济的发展水平，为经济社会持续进步发挥着重要作用。

公司诉讼，是指因现代公司制度下的特定主体等违反有关现代公司具体法律制度规定的义务而引发的一类特殊的民商事诉讼。

本书基于《公司法》以及相关配套法律法规及司法解释，从公司设立、公司资本制度、公司运营与治理、股东股权确认、股东权益保护、公司解散清算等方面，按照《民事诉讼案由规定》对各类与公司有关的纠纷 25 个案由，有针对性地进行法理解读，从定义概述、典型案例分析和疑难法律问题解答等方面进行整理和分析，并针对各类公司诉讼纠纷，结合案由确定主体、诉讼时效、管辖、诉讼请求等诉讼实务，形成知识要点的体系化建构，以求体现司法实践的真实化表达。通过本书，我们不仅可以看到公司实践中形形色色的问题、纠纷及法律人思维的基本素养与能力，还可以看到公司裁判的价值引领及其变化，更可以看到公司制度在时代中的变迁与完善。

2023 年 12 月 29 日，十四届全国人大常委会第七次会议修订通过了《公司法》，自 2024 年 7 月 1 日起施行。本次修订是自 1993 年《公司法》施行以来的第六次修改,也是规模最大的一次修订,对2018年修正的《公司法》进行了实质性修改的条文共112个,主要对公司登记制度、股东出资责任、公司治理制度、控股股东义务、董监高的信义义务体系等方面进行了修订,这将对今后民商事审判产生重大影响。为此,本书中针对相应诉讼案由将2023年《公司法》相关修订、增加部分的实质内容进行分类梳理、分析与总结,不仅从争议解决视角解读2023年《公司法》修订的要点,亦为公司经营合规、有效治理及风控管理等明晰法律基础。

笔者从事公司业务相关领域二十载,结合法律工作实践经验和知识沉淀,借本书与大家交流、分享公司法律事务,希望无论是准备辛勤耕耘的创业者,还是在公司经营过程中遇到相似问题的管理者,无论是对公司法领域感兴趣的法律人,还是想要通过书籍了解公司相关知识的学习者,都可以通过阅读本书有所收获。

感谢为本书撰稿辅助、收集案例等付出辛勤工作的时任团队助理。

目录 CONTENTS

第一章

与公司设立有关的纠纷

一、公司设立纠纷

（一）公司设立纠纷概述

公司是市场经济中不可忽视的一种组织形式，对推动市场经济的发展起到至关重要的作用。当今社会，设立公司进行投资和经营以积累资源和财富获得更高的利益回报已成为一种常见的情形。公司设立标志着公司从无到有的过程，是公司创设的全过程，也是公司能够取得法人资格进行生产经营的重要阶段。

所谓“公司设立”，是指发起人依照法律规定的条件和程序，组建公司使其取得法人资格而进行的一系列法律行为的总称。公司的有效成立和良性运行离不开公司的设立过程，公司发起人只有严格按照法律规定的程序和条件完成公司设立行为，才能产生具有独立法律人格的公司，公司才得以良性运转。

《公司法》[①]对公司设立的法定条件和程序等进行了明确规定，为满足该条件及程序使公司成立，发起人在设立公司阶段往往需要进行一系列民事及行政法律行为。在此期间，因发起人、设立中的公司和债权人等利害关系人相互之间的权利义务而产生的纠纷即为公司设立纠纷，主要包括以下 3 种。

---

① 本书中引用和叙述规范性文件，没有特别说明的，一般为相关文件的最新版本。

1. 公司设立协议的效力纠纷

公司设立时的股东可以签订设立协议，明确各自在公司设立过程中的权利和义务。公司设立协议的有效条件包括合同当事人具备相应的民事行为能力、合同是当事人的真实意思表示、合同符合法律法规等。也就是说，公司设立的协议系基于具备相应民事行为能力各方真实意思表示而形成的，内容不得违反法律法规的强制性规定。对于设立公司这一意思表示来讲，公司设立协议是否有效可依据合同基本规则判断。在不存在合同无效、解除、撤销的情况下，未达成合同约定之内容，违约方应承担违约责任，而非据此认定无法实现设立公司之目的。如果出资设立公司的协议解除方式包括协商、约定解除的条件出现、不可抗力等因素，则应对完全违约，合同目的无法实现之事实进行确认，否则即使设立公司（包括出资）的情形尚未完备，也不足以造成设立公司的合同解除。

2. 设立中公司的交易活动产生的纠纷

设立阶段中的公司，必然要进行一系列的经营活动，如需要为公司筹建租房、购进办公用品、雇用工人等，而此时拟设立的公司尚未成立，如果发起人以拟设立的公司名义进行了上述活动必然构成没有被代理人的无权代理，导致行为无效，从而引发纠纷，等等。例如，有限责任公司设立时的股东即发起人为设立公司从事的民事活动，其法律后果由公司承受。公司未成立的，其法律后果由公司设立时的股东承受；设立时的股东为二人以上的，享有连带债权，承担连带债务。设立时的股东为设立公司，以自己的名义从事民事活动产生的民事责任，第三人有权选择请求公司或者公司设立时的股东承担。设立时的股东因履行公司设立职责造成他人损害的，公司或者无过错的股东承担赔偿责任后，可以向有过错的股东追偿。

3. 公司不能成立时产生的纠纷

设立公司登记事项包括名称、住所、注册资本、经营范围、法定代表人的姓名、有限责任公司股东、股份有限公司发起人的姓名或者名称等。公司登记机关应当将前款规定的公司登记事项通过国家企业信用信息公示系统向社会公示。我国《公司法》对公司成立设定了较为严格的条件，如果公司设立时没有达到上述条件，那么即使公司通过弄虚作假，蒙混过关，取得了经营执照，其成立在法律上也是有瑕疵的。公司成立无效，是指已获准登记的公司由于其设立时不可补正的瑕疵，在事实上不具备法人资格而被有权机关依法认定其自始不成立，现实中也存在假冒他人名义设立公司，从事欺诈活动的情况。也存在一些熟悉公司设立运作过程，或者在其他方面具有信息优势的人，利用他人对公司知识的缺乏和开设公司经营创业的善良愿望从事欺诈活动。行为后果无效且往往伴随民事或刑事纠纷的产生。

（二）典型案例分析

1. 发起人在公司成立后，向公司主张其为公司设立所垫付费用的公司设立纠纷

案例｜诚和敬投资公司与诚和美美公司公司设立纠纷

审理法院：北京市东城区人民法院

案号：（2021）京 0101 民初 1192 号

【基本案情】

2017 年 5 月，诚和敬投资公司（甲方）与饭美美网络科技（北京）有限公司（乙方）签订《合作框架协议》，约定：甲方与乙方拟共同出资设立诚和美美公司，诚和美美公司注册资本 1500 万元，甲方货币出资 700 万元，乙方货币出资 800 万元。同年 9 月，双方签订《关于〈合作框架协议〉之补充协议》，约定：甲方下属的诚和敬驿站公司已与北京市东城区社区服务中心签署《委托运营合同》，约定东城区社区服务中心委托诚和敬驿站公司运营东城区老年餐配送中心项目，项目位置为北京市东城区前拐棒胡同 24 号。

诚和美美公司成立于 2018 年 4 月 17 日，法定代表人为张某，股东为诚和敬投资公司、饭美美网络科技（北京）有限公司。

在公司设立期间，诚和敬驿站公司（乙方）与北京润国投资发展有限公司（甲方）签订《房屋租赁合同》，支付房屋租金（自 2017 年 9 月 1 日至 2019 年 5 月 31 日，共 21 个月）及押金共计 1,757,966.5 元，并垫付装修工程款项共计 2,146,522.45 元。

2020年7月31日，诚和敬驿站公司向诚和美美公司出具2份通知函，告知其自2020年1月1日起，诚和敬驿站公司不再为《房屋租赁合同》项下承租人，由北京润国投资发展有限公司与诚和美美公司发生直接的房屋租赁关系，并要求诚和美美公司支付其垫付的自2017年9月1日至2019年5月31日的全部租金及押金1,757,966.5元、工程垫资款2,146,522.45元。2021年4月，诚和敬投资公司主张应由诚和美美公司支付房屋租赁等费用，故而向法院提起诉讼。

【争议焦点】

发起人为设立公司所支付的费用如何承担？

【审理结果与裁判要点】

法院认为，本案系公司发起人在公司成立后，向公司主张其为公司设立所垫付费用的公司设立纠纷。关于房屋租金、押金及工程款项，自2017年9月1日起，租赁房屋一直用作公司筹备开业及正式生产经营，被诚和美美公司实际占用，故诚和敬投资公司要求诚和美美公司支付其垫付的自2017年9月1日至2019年5月31日的全部租金及押金1,757,966.5元，垫付的工程款项2,146,522.45元，有事实依据，依法应予支持。故依据《民法总则》第75条①，法院对诚和敬驿站公司的诉讼请求予以支持。

在公司设立期间，发起人为公司承接项目所进行的房屋租赁及装修活动，均属于为设立法人从事的民事活动，其后果即相应费用应当由成立后的公司承担。对于股东为公司垫资的行为，股东与公司形成单独的民事债权债务关系，并非形成股东出资的事实，故亦无法认定为股东出资行为。

根据《民法典》第75条之规定，设立人为设立法人从事的民事活动，其法律后果由法人承受；法人未成立的，其法律后果由设立人承受，设立人为二人以上的，享有连带债权，承担连带债务。最高人民法院《关于适用〈中华人民共和国公司法〉若干问题的规定(三)》(以下简称《公司法解释(三)》)第2条规定，发起人为设立公司以自己名义对外签订合同，合同相对人请求该发起人承担合

① 《民法总则》已于2021年因为《民法典》施行而废止，相关规定参见《民法典》第75条。

同责任的，法院应予支持；公司成立后合同相对人请求公司承担合同责任的，法院应予支持。该条规定明确了公司成立后，合同相对人向公司主张权利，公司需要承担相应的责任，而无相应的限制条件。对于发起人而言，相对人有权要求发起人承担合同责任。

若本案中诚和美美公司最终未能成立，则相应费用应当由发起人共同支付，有比例约定的则按比例支付，无比例约定则按照约定的出资比例分担责任；未约定出资比例的，则平均承担。部分发起人的过错导致公司未成立，其他发起人主张其承担设立行为所产生的费用和债务的，法院应当根据过错情况，确定过错一方的责任范围。

若出现股东为公司垫资的情况，能否视为股东对公司的出资呢？首先，《公司法》及公司章程均明确规定了股东出资的形式，股东应当严格依照规定形式及程序对公司进行出资。其次，股东为公司设立垫资，与公司之间所形成的是单独债权债务关系，目的并不是出资且也无须验资程序。最后，股东若想将其对公司的债权转为股权，需通过增加公司注册资本的方式进行。因此，股东为公司的垫资是不能视为出资的。

基于上述分析，发起人为设立公司以自己的名义对外签订合同，公司成立后应当承继合同的权利和义务，发起人为设立公司所支付的费用与公司之间形成债权关系，公司成立后应当予以返还。

2. 公司因故未成立，以非货币财产作价出资的发起人对因设立公司而产生债务的责任承担

案例｜黄某谦等与陈某波公司设立纠纷

审理法院：北京市第二中级人民法院

案号：(2021)京02民终9687号

【基本案情】

2019年6月19日，黄某谦（乙方）与胡某晃（甲方）签订《北京空港新苑社区328地块底商租赁合作协议》（以下简称租赁合作协议），约定甲方负责与北京榆垡工贸有限公司签订北京空港新苑328地块商业的2层部分的租赁合同，

合同签订后转租给乙方作为餐饮用途,合同期限为5年;由乙方向北京博兴世纪房地产经纪公司(以下简称博兴公司)缴纳20万元作为合同履约保证金;如甲方签订328地块商业的2层部分租赁合同后,乙方不与甲方签订租赁合同,甲方有权扣除乙方存在博兴公司的20万元保证金。2019年6月20日,由陈某波账户向博兴公司转账20元,并备注为保证金。

2019年7月28日,黄某谦(A方、B方)、何某香(C方)、邓某滨(D方)、陈某波(E方)及周某华(F方)签订入股协议,约定各方共同投资人经友好协商,就各方合作投资由A方发起人参与的发起设立事宜,各方同意注册成立的公司为项目投资主体,A、B、C方以资源投资方式占公司股份的60%,其中三方各为20%,E、D、F方以现金方式投资150万元整,占公司股份的40%,其中D占13.4%、E占13.3%、F占13.3%;共同投资人按其出资额占出资总额的比例分享共同投资的利润,分担共同投资的亏损;共同投资人各自以其出资额为限对共同投资承担责任,共同投资人以其股份为限对公司承担责任;共同投资人委托A方代表全体共同投资人执行共同投资的日常事务,包括但不限于在公司发起设立阶段行使及履行作为公司发起人的权利和义务。后来,公司未设立。陈某波已为设立公司对外支付20万元,而其他发起人并未承担责任,故向法院提起公司设立纠纷。一审法院裁判黄某谦、何某香承担发起人责任。黄某谦不服该一审判决,主张自己以资源出资,无须承担发起人责任,故而提起上诉。

【争议焦点】

公司因故未成立,以非货币财产作价出资的发起人是否应对因设立公司而产生的债务承担责任?

【审理结果与裁判要点】

二审法院认为,本案中,陈某波与黄某谦、何某香为设立公司而签订入股协议,明确约定各自出资比例及股权比重,并约定按出资额比例分享利润、分担亏损。虽然黄某谦、何某香以资源入股并不属于以可用货币评估并可以依法转让的非货币财产出资,但不影响入股协议中多方对于责任分担的约定。后公司未能设立,相应费用应当由发起人共同支付,有比例约定的按比例支付,无比例约定按照约定的出资比例分担责任;未约定出资比例的平均承担。因此,陈某波已为设立公司对外支付20万元，陈某波主张其他发起人按照约定的责任承担比例及出资比例分担已支出费用，并无不当。

股东作为公司出资人，须对公司承担有限出资责任，即应对设立公司所负担的债务承担连带责任。

依据《公司法解释（三）》第4条的规定，公司因故未成立，债权人请求全体或者部分发起人对设立公司行为所产生的费用和债务承担连带清偿责任的，法院应予支持。部分发起人依照规定承担责任后，请求其他发起人分担的，法院应当判令其他发起人按照约定的责任承担比例分担责任；没有约定责任承担比例的，按照约定的出资比例分担责任；没有约定出资比例的，按照均等份额分担责任。因部分发起人的过错导致公司未成立，其他发起人主张其承担设立行为所产生的费用和债务的，法院应当根据过错情况，确定过错一方的责任范围。同时《公司法》第48条规定，股东可以用货币出资，也可以用实物、知识产权、土地使用权、股权、债权等可以用货币估价并可以依法转让的非货币财产作价出资；但是，法律、行政法规规定不得作为出资的财产除外。无论何种出资形式都不会影响股东的出资份额及分红权利，因此基于公平原则，无论发起人以何种形式进行出资都应当对因设立公司所负担的债务承担连带责任。

3. 投资款项性质认定引发公司设立纠纷

案例｜陈某恩与黄某坚公司设立纠纷

审理法院：广东省广州市增城区人民法院

案号：（2019）粤0118民初8119号

【基本案情】

陈某恩称其与黄某坚系同学和朋友关系，黄某坚在2016年10月以资金周转为由向其借款，其通过支付宝转账方式向黄某坚交付5万元，双方未签订债权凭证。陈某恩支付宝转账电子回单的摘要处记载为“借款”。

在2017年元旦，黄某坚未能还款，双方经协商，将黄某坚所欠的5万元借款加上陈某恩另行交付黄某坚的35,000元，共计85,000元转化为对公司的投资款，并就此达成协议。2017年1月4日，陈某恩作为甲方与黄某坚作为乙方签订了协议书,载明:经过协商,现甲方通过入股的方式购得乙方电商公司28.33%的股份,入股资金85,000元整。

2017年1月26日,陈某恩作为甲方与黄某坚作为乙方签订了《关于终止入股电商公司的协议》,主要约定如下:"1.甲、乙双方一致同意'关于甲方通过入股的方式购得乙方电商公司28.33%股份'的《协议书》自本协议签署生效之日(下称'终止日')起正式终止;2.除本协议另有规定外,双方在《协议书》项下或与之有关而对对方(及对方任何董事、管理层、其他员工、代理或代表)享有的一切权利(包括任何性质的索赔的权利)和负担的一切义务(包括赔偿在内的任何性质的责任)亦在终止日无条件地被放弃和解除;3.乙方自本协议签署生效之日,需要保证在2017年5月30日前全部退还已经收取的甲方给到乙方的入股资金85,000元整,如因乙方拖沓、推诿未能按期退还,所导致的一切后果,由乙方承担;4.甲方收到乙方退还的全部入股资金85,000元整后,甲、乙双方再无任何经济纠纷;5.如《协议书》的规定与本协议有任何不一致,则以本协议的规定为准。"其后,黄某坚并未按照《关于终止入股电商公司的协议》约定的期限返还陈某恩的入股资金85,000元。陈某恩主张黄某坚应偿还其投资款85,000元以及资金占用期间的利息于2018年3月15日向法院提起诉讼。

【争议焦点】

(1)陈某恩主张的85,000元的款项性质为何?

(2)黄某坚是否应向陈某恩返还该85,000元?

【审理结果与裁判要点】

法院认为,首先,根据陈某恩提供的支付宝转账电子回单及其庭审陈述,并结合双方所签协议书及《关于终止入股电商公司的协议》中双方对于85,000元的两次确认,陈某恩主张其向黄某坚实际交付85,000元。但对于陈某恩于2016年10月通过支付宝转账向黄某坚交付的5万元,因双方并未签订债权凭证,仅凭支付宝转账电子回单摘要处记载的"借款"不足以证明双方达成借贷的合意,故该5万元不能认定为借款。其次,对于该85,000元的款项性质,根据协议书的约定,该85,000元为陈某恩对电商公司的入股资金,陈某恩交付85,000元获得电商公司的股份及股东权利,若该公司自此协议生效之日起180

天内无法注册，则黄某坚应退还陈某恩85,000元。据此，协议书实质上为黄某坚作为电商公司的发起人邀请陈某恩入股，获得陈某恩同意，并就陈某恩的出资和股东权利双方达成的合意。陈某恩向黄某坚交付的85,000元应为陈某恩对设立中的电商公司所投入的投资款。双方已就陈某恩退股签订了《关于终止入股电商公司的协议》，该协议系双方当事人的真实意思表示，并未违反强制性规定，合法有效，故黄某坚应依《关于终止入股电商公司的协议》中的约定，向陈某恩返还投资款85,000元，黄某坚未依约如期返还。故法院对陈某恩的诉讼请求予以支持。

司法实务中，经常会有当事人签订投资与借贷性质模糊不清的协议，如虽名为投资合作协议，但往往约定固定收益且不承担投资经营风险，即"名为投资、实为借贷"的协议，或者实为投资款但在汇款时注明是借款。发起人或者投资人出于维护自身利益的目的，经常会刻意混淆投资与借贷的性质并设定保底条款：当公司营利时，将该笔款项定义为股金，以便获取更多的利益；而当公司设立失败或者经营状况不佳时，则会将该笔款项定义为借款，从而避免发起人或者股东应承受的风险。因此，在判定一笔款项是股金（投资款）还是借款时，不仅应根据发起人支付该笔款项时的意思表示进行判断，双方在支付与公司设立相关的款项时，应事先据实对款项的性质、用途进行约定，或者在转账、电子支付时进行相应的备注，还应根据款项使用及其他相关事实进行判断，否则会影响或损害公司或者其他发起人的权益。

若公司的发起人邀请股东入股并签订协议书，就出资和股东权利双方达成合意，股东所交付的资金为对设立中的公司所投入的投资款，不应被认为是借款。

基于上述分析，本案中陈某恩交付给黄某坚的资金并非借款，黄某坚应依《关于终止入股电商公司的协议》的约定，向陈某恩返还投资款85,000元。

（三）疑难法律问题解答

1. 设立中公司的法律地位

设立中的公司不具备法人资格，是发起人自签订设立协议或者达成发起合意时起，至公司完成登记前，尚未取得法人资格的阶段。设立中的公司尚未取得法人资格，系无权利能力的社团。设立中的公司是发起人在为其具备公司的权利能力与行为能力而做代理、准备和推进公司成立工作，是设立中的公司的机关，有权代表设立中公司对外从事公司设立活动。而公司本身尚不具备独立承担责任的能力，公司成立后才能对外承担相应责任。发起人以设立中公司名义对外签订合同，公司成立后合同相对人可请求公司承担合同责任。公司因故未成立，债权人可请求全体或者部分发起人对设立公司行为所产生的费用和债务承担连带清偿责任。设立中的公司是发起人在为其具备公司的权利能力与行为能力而做代理、准备和推进公司成立工作，其本身尚不具备独立承担责任的能力，公司成立后尚能对外承担相应责任。

2. 先公司交易行为的认定

所谓先公司交易，是指公司设立时的股东，即发起人在公司设立阶段以尚未成立的公司的名义或者是发起人的名义所产生的合同关系。司法实务中，有相当一部分公司设立纠纷是因先公司交易而产生的，如先公司交易的性质问题、先公司交易的法律责任归属问题、先公司交易的责任主体确定问题等。

设立中的公司不具备独立的法人人格，需要由发起人代为实施，根据《公司法》《公司法解释(三)》第2条至第5条的规定，发起人为设立公司以自己名义对外签订合同，合同相对人请求该发起人承担合同责任的；发起人以设立中公司名义对外签订合同，公司成立后合同相对人请求公司承担合同责任的；公司因故未成立，债权人请求全体或者部分发起人对设立公司行为所产生的费用和债务承担连带清偿责任的，法院应予支持。公司成立后有证据证明发起人利用设立中公司的名义为自己的利益与相对人签订合同，公司以此为由主张不承担合同责任的，法院应予支持，但相对人为善意的除外。公司因故未成立，发起人应当按照约定的责任承担比例分担责任，没有约定责任承担比例的，按照约定的出资比例分担责任；没有约定出资比例的，按照均等份额分担责任。设立时的股东因履行公司设立职责造成他人损害的，公司或者无过错的股东承担赔偿责任后，可以向有过错的股东追偿。

(四)2023 年《公司法》关于公司设立的修订要点

1. 明确一人有限责任公司/股份有限公司的法律地位

2023 年《公司法》整体删除了“一人有限责任公司特别规定”一节。但并不是说以后不能设立一人有限责任公司了,反而是规定一人既可以设立有限责任公司也可以设立股份有限公司。换言之,一人按照法律规定的要求可以成立不同类型的公司,并受《公司法》相应章节的约束。2023 年《公司法》第 42 条规定,“有限责任公司由一个以上五十个以下股东出资设立”;第 92 条规定,“设立股份有限公司,应当有一人以上二百人以下为发起人,其中应当有半数以上的发起人在中华人民共和国境内有住所”。

无论是有限责任公司还是股份有限公司,公司和投资人都有相对独立的财产权。2023 年《公司法》第 3 条第 1 款规定,“公司是企业法人,有独立的法人财产,享有法人财产权。公司以其全部财产对公司的债务承担责任”。第 4 条规定,“有限责任公司的股东以其认缴的出资额为限对公司承担责任;股份有限公司的股东以其认购的股份为限对公司承担责任”。上述规定旨在强调公司的人格独立,以自身名义从事民事活动,承担责任;股东享有相应的股东权利与义务,不可滥用股东权利,否则要求各股东承担连带清偿责任。

2. 明确有限责任公司设立时签订设立协议的法律地位和内容

2023 年《公司法》第 43 条规定:“有限责任公司设立时的股东可以签订设立协议,明确各自在公司设立过程中的权利和义务。”这是 2023 年《公司法》新增的内容,有限责任公司的发起人可以自行选择是否签订设立协议,设立协议可以在公司设立之初,就公司设立过程中的费用承担、筹备工作分工等细节进行规定,明确股东之间的投资比例、表决权、分红权等关键事项。明确设立协议的法律地位和内容,有利于公司治理结构的稳定,对于明确股东之间的权利和义务、预防潜在纠纷具有重要作用。

（五）公司设立纠纷诉讼的实务操作

1. 诉讼主体

（1）原告：相对债权人、发起人及公司。

（2）被告：发起人、公司。

2. 案由

《民事案件案由规定》将公司决议纠纷作为三级案由规定在内，但在司法实务中该类案由往往被其他案由，如合同纠纷、发起人责任纠纷、股东出资纠纷等所吸收。

司法实务中，在诉讼时应当注意相关案由的选择。例如，在公司成立后，发起人没有按照设立协议的约定履行出资义务，公司和其他履行出资义务的发起人股东均可以起诉未履行出资义务的股东。若由其他发起人依据公司设立的协议或发起人协议起诉未履行出资义务的发起人，案由应是设立协议引发的公司设立纠纷；若是公司起诉发起人股东，要求其履行出资义务，则依据的是《公司法》相关规定，案由应是股东出资纠纷。

3. 管辖

（1）《民事诉讼法》第 27 条规定，"因公司设立、确认股东资格、分配利润、解散等纠纷提起的诉讼，由公司住所地人民法院管辖"，故因公司设立纠纷而提起的诉讼应该以公司住所地法院为管辖法院。

实践中，通常会发生公司住所地与实际经营地不一致的情况，根据最高人民法院《关于适用〈中华人民共和国民事诉讼法〉的解释》（以下简称《民事诉讼法解释》）第 3 条规定："……法人或者其他组织的住所地是指法人或者其他组织的主要办事机构所在地。法人或者其他组织的主要办事机构所在地不能确定的，法人或者其他组织的注册地或者登记地为住所地。"因此，公司设立纠纷以公司住所地法院为管辖法院，在有证据可以证明公司主要办事机构所在地的情况下，以办事机构所在地法院为管辖法院。

（2）公司未成立的由被告住所地或者合同履行地法院管辖。如果此时当事人在设立协议中已经根据《民事诉讼法》第35条对管辖法院进行了有效约定，则根据约定确定管辖法院。

4. 诉讼时效

3年。

5. 诉讼请求

（1）请求确定公司设立协议无效、撤销、解除或继续履行，同时要求返还出资款、违约发起人承担违约责任和赔偿损失。

（2）请求公司或其他发起人归还垫资及利息。

（3）请求撤销公司设立（行政诉讼，先向行政部门申请撤销，对行政行为不服而提起诉讼）。

二、发起人责任纠纷

（一）发起人责任纠纷概述

发起人，是指为设立公司而签署公司章程、向公司认购出资或者股份并履行公司设立职责的人，包括有限责任公司设立时的出资人和股份有限公司的发起人。根据《公司法》第43条、第44条、第92条、第93条、第94条，以及《公司法解释（三）》第1条的规定，明确认定发起人的标准和条件包括履行公司设立职责+签署章程+认购出资或股份。以上三个条件缺一不可，只有同时具备才可以被认定为发起人。

发起人责任，是指发起人在公司设立过程中因公司不能成立对认股人所应承担的责任，或者在公司成立时因发起人自身过失行为致使公司利益受损时应当承担的责任。发起人应当依照发起设立公司时所签订的设立协议，足额按期缴纳各自所认缴的出资额。在公司设立过程中，若发起人未按规定按时足额缴纳所认缴的出资，即构成出资违约。其他设立人可以依据设立协议，追究未实际履行出资义务的设立人相应的违约责任。《公司法》第49条、第50条、第99条规定了发起人应当足额缴纳公司章程规定的各自所认缴的出资额。发起人不按照其认购的股份缴纳股款或者作为出资的非货币财产的实际价额显著低于所认购的股份的，除应当向公司足额缴纳外，还应当对给公司造成的损失承担赔偿责任，且设立时的其他股东与该股东在出资不足的范围内承担连带责任。在股份有限公司设立过程中，若认股人未按期缴纳所认股份的股款，其他的发起人还可以根据《公司法解释（三）》第6条的规定另行向他人募集。公司设立后，公司债权人或者股东，可以要求未履行出资义务的股东在未出资本息范围内对公司债务不能清偿的部分承担补充赔偿责任，还可以要求其他发起人对该部分责任承担连带责任。

发起人承担责任的情形如下。

1. 公司设立失败时的发起人责任

由于设立中的公司不具有独立的法律人格，其在法律性质上被认为是发起人之间的合伙。公司设立失败时，相关的法律责任由所有发起人对外承担连带责任。根据《公司法解释（三）》第4条第1款、第2款的规定，公司因故未成立，债权人请求全体或者部分发起人对设立公司行为所产生的费用和债务承担连带清偿责任的，法院应予支持。部分发起人依照规定承担责任后，请求其他发起人分担的，法院应当判令其他发起人按照约定的责任承担比例分担责任；没有约定责任承担比例的，按照约定的出资比例分担责任；没有约定出资比例的，按照均等份额分担责任。

2. 公司设立成功时的发起人责任

公司设立成功的，发起人设立公司的行为产生的法律后果由成立后的公司承担，但是为了督促发起人尽心尽力设立公司并避免因发起人过错而损害公司、股东及公司债权人的利益，公司法也规定了发起人在公司成立情况下的法律责任，主要包括以下两个方面。

（1）发起人的连带资本充实责任

根据《公司法》及其司法解释的相关规定，公司成功设立后，股东未按照公司章程规定实际缴纳出资，或者实际出资的非货币财产的实际价额显著低于所认缴的出资额的，设立时的其他股东与该股东在出资不足的范围内承担连带责任。发起人的该项连带责任是法定责任，不能通过发起人协议约定而免除。发起人在出资期限届满未履行出资义务而进行股权转让的，对公司或债权人也应承担相应的连带责任。

(2)发起人对公司的损害赔偿责任

根据《公司法》第49条第3款的规定,股东未按期足额缴纳出资的,除应当向公司足额缴纳外,还应当对给公司造成的损失承担赔偿责任。在公司设立过程中,由于发起人的过失致使公司利益受到损害的,应当对公司承担赔偿责任。

发起人在公司设立过程中,发起人因自己的过错行为致使公司遭受损害的,公司有权要求发起人承担损害赔偿责任。该损害赔偿责任的承担主体只限于公司设立过程中存在过错的发起人,没有过错的发起人不承担赔偿责任。

3. 发起人在设立公司过程中侵权行为的责任承担

《公司法解释(三)》第5条第1款规定,发起人因履行公司设立职责造成他人损害,公司成立后受害人请求公司承担侵权赔偿责任的,法院应予支持;公司未成立,受害人请求全体发起人承担连带赔偿责任的,法院应予支持。

发起人因履行设立职责而造成的侵权行为一般应由设立后的公司承担赔偿责任。因设立中公司在法律性质上被视为发起人之间的合伙,故若公司最终未能设立成功,则应由全体发起人共同对侵权行为承担连带责任。公司或者无过错的发起人承担赔偿责任后,可以向有过错的发起人追偿。

4. 发起人的合同责任

(1)发起人以自己的名义签订合同的责任

发起人为设立公司以自己的名义对外签订合同,合同相对人请求该发起人承担合同责任的,该发起人应承担相应合同责任。公司成立后对发起人签订的合同予以确认,或者公司已经实际享有合同权利或者履行合同义务,合同相对人请求公司承担合同责任的,由成立后的公司承担责任。

(2)发起人以设立中公司的名义签订合同的责任

发起人以设立中公司名义对外签订合同,公司成立后合同相对人请求公司承担合同责任的,由成立后的公司承担责任。公司成立后有证据证明发起人利用设立中公司的名义为发起人自己的利益与相对人签订合同,公司以此为由主张不承担合同责任的，公司不承担责任，而由发起人承担责任，但相对人为善意的除外。

（二）典型案例分析

1. 公司未能设立，诉讼要求解除发起人之间入股协议及返还出资款、利息

案例｜星云计算机科技公司与曹某富发起人责任纠纷

审理法院：河南省驻马店市中级人民法院

案号：（2022）豫17民终1368号

【基本案情】

2020年7月7日，曹某富（乙方）与小猪配菜驻马店分公司（星云计算机科技公司代持）（甲方）签订《入股协议》，约定小猪配菜供应链公司是小猪配菜驻马店分公司下属子公司，待乙方投资完款后两周内，完成乙方小猪配菜注册登记。乙方投资10万元入股甲方小猪配菜供应链公司，享有入股供应链公司4%收益权，以及4%股权。双方还对小猪配菜供应链公司的股份入退股、股东职责、预期收益、投资资金用途等相关事宜进行了约定。协议签订后，曹某富按约定于2020年7月7日和15日向星云计算机科技公司支付了出资款共计10万元。截至该案开庭审理之日，小猪配菜供应链公司未办理设立登记手续，未取得合法的经营证照。后曹某富主张解除《入股协议》并要求星云计算机科技公司返还投资款10万元，故向法院提起发起人责任诉讼。一审法院裁判支持曹某富的诉讼请求。星云计算机科技公司不服一审判决，主张该案并非发起人责任纠纷而是公司设立纠纷，无权解除《入股协议》以及返还相应投资款，故而向二审法院提起撤销一审民事判决的上诉请求。

【争议焦点】

（1）本案案由是发起人责任纠纷还是公司设立纠纷？

（2）案涉入股协议是否应当解除？

（3）曹某富要求星云计算机科技公司返还的出资款及利息有无事实和法

律依据?

【审理结果与裁判要旨】

二审法院认为,关于争议焦点一,本案是发起人责任纠纷还是公司设立纠纷的问题。首先,从概念上来说,发起人责任纠纷是指发起人在公司设立过程中,因公司不能成立对认股人所应承担的责任或者在公司成立时因发起人自身的过失行为致使公司利益受损时应当承担责任的纠纷;公司设立纠纷是指公司设立过程中,发起人、设立中的公司和债权人等利害关系人因相互之间的权利义务争议而产生的纠纷。其次,本案中,签订案涉入股协议时,小猪配菜供应链公司并未成立,星云计算机科技公司以其公司名义与曹某富签订入股协议,并约定在曹某富投资完款后两周内完成曹某富的小猪配菜注册股登记,星云计算机科技公司在本案中属于发起人身份。

关于争议焦点二和焦点三,案涉入股协议的解除是否应当解除,以及曹某富要求返还出资款和利息有无事实和法律依据的问题。在曹某富按照入股协议的约定履行出资义务后,星云计算机科技公司并未在约定的时间内完成注册登记,曹某富要求解除案涉入股协议,并要求星云计算机科技公司退还入股资金。此外,在曹某富按照入股协议的约定履行出资义务后,星云计算机科技公司并未在约定的时间内完成注册登记,致使曹某富的签订协议的目的不能实现,一审判决解除案涉入股协议,星云计算机科技公司返还入股资金及相应利息符合法律规定。对于星云计算机科技公司二审期间提交的微信聊天记录等证据,曹某富不予认可,且该证据证明的内容与入股协议约定的内容不符,也无其他证据证明双方同意对入股协议约定的内容进行了变更,星云计算机科技公司二审提交的证据不能证明其主张,法院不予采信。故二审法院驳回上诉,维持原判。

关于股东能否主张解除发起人之间入股协议及返还出资款、利息的问题,根据《民法典》第562条的规定,当事人协商一致,可以解除合同。当事人可以约定一方解除合同的事由。解除合同的事由发生时,解除权人可以解除合同。第566条规定,合同解除后,尚未履行的,终止履行;已经履行的,根据履行情况和合同性质,当事人可以请求恢复原状或者采取其他补救措施,并有权请求赔偿损失。合同因违约解除的,解除权人可以请求违约方承担违约责任,但是当事人另有约定的除外。主合同解除后,担保人对债务人应当承担的民事责任仍应当承担担保责任,但是担保合同另有约定的除外。第577条规定,当事人一方不履行合同义务或者履行合同义务不符合约定的,应当承担继续履行、采取补救措施或者赔偿损失等违约责任。

基于上述分析,股东按照入股协议的约定履行出资义务后,公司并未在约定的时间内完成注册登记,致使股东的签订协议的目的不能实现,股东有权主张解除合同、返还出资款。

2. 发起人主张其他发起人为共同设立新公司产生的损失承担责任

案例 | 巧柒公司、同日公司等发起人责任纠纷

审理法院:山东省青岛市中级人民法院

案号:(2021)鲁02民终13428号

【基本案情】

2020年10月20日,巧柒公司(甲方)与同日公司(乙方)、青岛同芮公司(丙方)签订《合作协议书》,约定:成立青岛智慧物流公司,注册资金1000万元;甲方出资510万元,持有新公司51%股权,乙方出资390万元,持有新公司39%股权,丙方出资100万元,持有新公司10%股权;新公司董事会由5人组成,甲、乙、丙三方各派1人,新公司选职工代表2人进入董事会;新公司法定代表人由甲方出任,总经理由甲方出任,财务总监由乙方出任,出纳由甲方出任;新公司由甲方出任总经理,负责新公司的运营,乙方出任副总经理和仓库主管职务;甲方出资前期对乙方的仓库进行改造时,须征得乙方书面同意,方可实施。甲方出资改造建设的冷库,其所投入资金优先从新公司营业收入中提取。

2020年12月17日,同日公司、青岛同芮公司为巧柒公司出具了一份回复函,载明:该合作协议已无继续实施的可能,应当予以终止。

巧柒公司为成立新公司租赁的办公场所位于长江路财富广场3楼,并招聘了30余名新员工进行电商平台的运营和下面服务站的合作事宜,同时认购了大量的水果农副产品、家庭快消品等产品。支出共计6,589,434.49元。

巧柒公司主张同日公司、青岛同芮公司应当共同为成立新公司所支付费用承担经济损失,故向法院提起诉讼。依据"部分发起人的过错导致公司未成立的,则以各发起人的过错情况确定责任范围"的法律规定,一审法院裁判巧柒公司无法证明同日公司、青岛同芮公司、上海同芮公司三方主体同意该款项,亦不能证明用于注册公司事宜,故驳回巧柒公司诉讼请求。巧柒公司不服一审判决,提起上诉。

【争议焦点】

巧柒公司主张同日公司、青岛同芮公司共同为设立新公司产生的损失承担责任有无事实依据和法律根据?

【审理结果与裁判要旨】

二审法院认为,本案中巧柒公司主张其基于与同日公司、青岛同芮公司、上海同芮公司签订的《合作协议书》为拟设立的新公司产生了相关的费用。首先,巧柒公司提交的证据中,相关场地租赁合同、车辆租赁合同中的承租方系巧柒公司,相关销货清单等载明的客户系巧柒公司,相关工作人员的社保交纳时间早于案涉合作协议签订时间,所属单位亦为巧柒公司,巧柒公司均未提交相关支出实际发生的原始证据,亦均无法证明系巧柒公司为履行案涉合作协议的支出,无法证明与本案的关联性。其次,根据双方之间的《合作协议书》第5条第1款的约定,巧柒公司所提交的证据均无法证明相关行为已征得同日公司、青岛同芮公司、上海同芮公司同意,而同日公司、青岛同芮公司、上海同芮公司在本案中亦不予认可。故二审法院驳回上诉,维持原判。

公司发起人须对公司承担责任,因部分发起人的原因导致公司未成立,须按照各发起人过错情况来认定责任承担方式。

《公司法解释(三)》第4条规定,公司因故未成立,债权人请求全体或者部分发起人对设立公司行为所产生的费用和债务承担连带清偿责任的,法院应予支持。部分发起人依照前款规定承担责任后,请求其他发起人分担的,法院应当判令其他发起人按照约定的责任承担比例分担责任;没有约定责任承担比例的,按照约定的出资比例分担责任;没有约定出资比例的,按照均等份额分担责任。因部分发起人的过错导致公司未成立,其他发起人主张其承担设立行为所产生的费用和债务的,法院应当根据过错情况,确定过错一方的责任范围。

本案中,巧柒公司作为公司发起人(甲方)与同日公司(乙方)、青岛同芮公司(丙方)签订的《合作协议书》第5条第1款约定巧柒公司"出资前期对乙方的仓库进行改造时,改造方案需要征得乙方书面同意,方可实施",而巧柒公司所提交的证据均无法证明已征得乙方同日公司同意,且无有效证据证明损失与新设立公司之间存在因果关系,故巧柒公司无权主张其为设立新公司产生的损失。

(三)疑难法律问题解答

1. 避免发生发起人责任纠纷的建议

发起人为设立公司对外签订合同时,应首先明确在公司成立后,合同责任是由发起人自己承担,还是由公司承担。如合同责任由其自己承担,应以其自己的名义对外签订合同;如合同责任由公司承担,应以公司名义对外签订合同。

发起人为设立公司以自己名义对外签订合同,即使公司成立后明确表示愿意承担合同责任,但选择权仍在合同的相对人,其可选择由发起人,而非公司承担合同责任。

发起人为设立公司以自己名义对外签订合同,如公司成立后合同相对人希望由公司承担合同责任,则应要求公司对该合同予以确认,最好是由合同相对人、发起人、公司三方签署补充协议,明确由公司代理发起人享有合同权利、履行合同义务。此外,合同相对人如能提供证明公司已经实际享有合同权利或者履行合同义务的证据,如公司交付合同款项、出具发票等,即使未签订补充协议,合同相对人也可要求公司承担责任。

对于发起人内部而言,应该签订完善的发起人协议,对出资、设立职责承担、公司未能成立时如何清算等进行明确约定。例如,若公司最终未能成立,发起人要求返还出资的前提就是进行清算。

对于外部债权人而言,在与部分发起人进行交易时,由于外部债权人难以知悉其余发起人信息,且难以举证证明其余发起人是否属于发起人,应尽量知悉发起人协议、授权委托书以及其余发起人信息。例如,若部分发起人以自己的名义签订合同,则应尽量让其余发起人也作为合同主体。若部分发起人以设立中公司的名义签订合同,可通过发起人协议、授权委托书、各发起人履约能力判断交易真实性以及履约风险;在公司未能成立时,也有助于债权人迅速锁定责任承担主体。

2. 发起人出资瑕疵担保责任与出资连带责任

根据《公司法》第50条、第99条的规定,发起人在公司设立后,其作为设立公司出资的非货币财产的实际价额显著低于所认缴的出资额或所认购的股份的,设立时的其他股东与该股东在出资不足的范围内承担连带责任。《公司法解释(三)》第13条第3款规定:"股东在公司设立时未履行或者未全面履行出资义务,依照本条第一款或者第二款提起诉讼的原告,请求公司的发起人与被告股东承担连带责任的,人民法院应予支持;公司的发起人承担责任后,可以向被告股东追偿。"该条规定将《公司法》第99条规定的股份公司中发起人之间就各自对于公司的出资承担连带责任的规定扩张至有限责任公司。依照《公司法解释(三)》第13条第2款、第19条的规定,公司债权人可以请求未履行出资义务或者未全面履行出资义务的股东在未出资本息范围内对公司债务不能清偿部分承担补充清偿责任,且此种清偿责任不受诉讼时效限制。对于有限责任公司来说,发起人在设立公司过程中的出资不实责任,在公司成立之后即转化为公司股东出资不实的责任。

(四)2023年《公司法》关于发起人责任纠纷的修订要点

1. 明确设立及发起人协议的法律地位和内容

2023年《公司法》第43条规定:"有限责任公司设立时的股东可以签订设立协议,明确各自在公司设立过程中的权利和义务。"该条新增了有限责任公司的股东签订设立协议的规定,对发起人明确以及发起过程中发起人的责、权、利有重要的意义。

公司章程是设立公司的必备法律文件,但公司设立协议并不是设立公司的必备法律文件。然而,为了有效地防范公司设立过程中的法律风险,全体股东确实有必要签订公司设立协议,对公司设立过程中可能出现的问题作出明确约定。公司设立协议的内容远比公司章程丰富。例如,公司章程一般不规定具体的违约责任,而公司设立协议可根据不同情况设计不同的违约救济条款,具化违约责任。这不仅可事先给出资人造成一定的心理威慑,提前预估违约成本,也可为事后解决争议提供明确的合同依据。

2023 年《公司法》第 93 条规定:“股份有限公司发起人承担公司筹办事务。发起人应当签订发起人协议,明确各自在公司设立过程中的权利和义务。”无论是设立协议还是发起人协议,都赋予了股东自治公司的内部权利,实现公司自治目的;明确协议的法律地位,强化公司设立的具体事宜。《公司法》第 43 条与第 93 条的规定相互对应,不同的是,第 43 条仅赋予有限责任公司设立协议的任意性,为任意性规范;而第 93 条强制要求股份有限公司签订发起人协议,为强制性规范。

2. 2023 年《公司法》吸收了《公司法解释(三)》的规定,明确公司发起人为设立公司所实施行为的法律后果分配与责任承担规则

2023 年《公司法》第 44 条规定:“有限责任公司设立时的股东为设立公司从事的民事活动,其法律后果由公司承受。公司未成立的,其法律后果由公司设立时的股东承受;设立时的股东为二人以上的,享有连带债权,承担连带债务。设立时的股东为设立公司以自己的名义从事民事活动产生的民事责任,第三人有权选择请求公司或者公司设立时的股东承担。设立时的股东因履行公司设立职责造成他人损害的,公司或者无过错的股东承担赔偿责任后,可以向有过错的股东追偿。”

此条吸收了《公司法解释(三)》第 2 条至第 5 条的规定,将发起人的内涵扩展到有限责任公司设立时的股东,统一了先公司合同的规则,并以缔约名义和合同利益归属为标准,具体规定了合同责任的分配;吸收了《民法典》第 75 条关于设立人为设立法人从事民事活动产生的民事责任如何承担的规定、法院应予支持等相关规定,明确公司成立后合同相对人请求公司承担合同责任的原则。同时,2023 年《公司法》第 44 条新增设立人为 2 人以上承担连带债权、连带债务的规定,旨在明确公司设立过程中股东的权利与义务归属,从而弥补公司章程制度化的不足之处,实现公司的有效自治。

（五）发起人责任纠纷的实务操作

1. 诉讼主体

（1）原告：债权人、股东或公司。

（2）被告：发起人。

2. 案由

《民事案件案由规定》将发起人责任纠纷作为三级案由规定在内。但在司法实务中，因发起人责任纠纷与公司设立纠纷产生的阶段均源于公司设立时期，故发起人责任纠纷与公司设立纠纷容易产生混淆。

司法实务中，在诉讼时应注意相关案由的选择。无论当事人之间的合同冠以何种（股权转让、入股、增资等）名义，首先都要分析合同是否以设立公司为目的，明确合同目的以及在公司设立过程中合同是否实际变更。其次，按照三个要件考察当事人是否具有发起人身份。最后，根据公司法关于公司设立规则和相关协议内容的规定，审查是以公司设立结果（成立或不成立）追究行为人责任，还是以公司设立过程相关交易的权利义务争议确定纠纷的性质。

3. 管辖

发起人责任纠纷提起的诉讼不适用《民事诉讼法》第 27 条关于公司相关纠纷的管辖规定，原则上应以《民事诉讼法》第 22 条为基础确定管辖，但要综合考虑公司住所地等因素来确定管辖法院。

4. 诉讼时效

3 年。如果公司设立失败，则为从确定公司设立失败之日起 3 年。如果公司成立，则为从权益受到损害之日起 3 年。

5. 诉讼请求

（1）请求发起人向债权人支付费用，确认其他发起人对该费用承担连带清偿责任。

（2）请求发起人返还出资款，并支付银行同期贷款利率，同时请求各发起人对此债务承担连带责任。

(3)请求发起人履行合同义务、支付款项(费用)、交付货物、支付违约金、承担赔偿损失等。

(4)请求未(足额)出资发起人向公司履行出资义务,并请求其他发起人就该出资承担连带责任;公司可以请求在设立过程中因过失或者过错造成公司损害的发起人承担赔偿责任。

第二章

与公司运营及治理有关的纠纷

一、公司决议纠纷

（一）公司决议纠纷概述

公司作为法律拟制的“人”，其需要机关形成公司意思并予以实施，方可成立民事法律行为，而这之中的核心系公司决议行为。公司决议行为具有双阶结构，一方面，公司召开会议，由其内部决策机关集体决策产生团体意思；另一方面，形成决策的过程中，每个表决权人对提交的决议事项行使表决权，即为个体的意思表示。进而，当赞成决议事项者达到法定多数时，该意思表示即为公司决议。但是，随着公司规模的不断发展，公司资本集聚能力逐渐展现，公司决议纠纷频繁出现。其利用股东会决议、董事会决议侵害股东、公司利益之乱象频繁出现，以“控股股东滥用则侵害小股东利益”现象尤为突出。同时，部分中小企业呈现不遵守决策程序要求的态势，表现为诸如召集人员主体不适格、决议事项超出通知范围、决议存在代签等问题。追溯问题根源所在，无疑就是决议行为效力认定的反映，而这需要对公司决议法律行为进行效力性评价。

具体来说，所谓“公司决议”，是指由公司董事会或股东会按照法定程序作出的具有法律效力的文件。《公司法》对公司的决议规则和程序等进行了明确规定，该决议行为所产生的法律后果包括决议成立与否、决议有效与否、决议可撤销与否三种。为满足该决议规则要求和程序，从而使公司有效运营，股东决议公司事项需要符合《公司法》的相关规定要求，即民事法律行为有效。进而，这就衍生出公司股东认为公司股东会、董事会作出的决议事项存在违法或者程序瑕疵等情形产生的权利义务纠纷,即公司决议纠纷。股东会会议决议分为实体违法和程序瑕疵两类,并规定股东、利害关系人可以根据案件事实提出三种不同的诉讼请求,具体区分如下。

1. 公司决议效力确认纠纷

股东会、董事会决议内容违反法律、行政法规的无效。这种情形属于实体违法,强调的是决议内容本身的违法性。

2. 公司决议撤销纠纷

股东会或者董事会的会议召集程序、表决方式违反法律、行政法规或者公司章程,或者决议内容违反公司章程的,股东可以自决议作出之日起60日内,请求法院撤销。但是,股东会、董事会的会议召集程序或者表决方式仅有轻微瑕疵,对决议未产生实质影响的除外。这种情形强调的是会议的召集程序、表决方式在程序上的瑕疵,或决议内容违反公司章程的规定,决议内容并不违反法律、行政法规。

未被通知参加股东会会议的股东,自知道或者应当知道股东会决议作出之日起60日内可以请求法院撤销;自决议作出之日起1年内没有行使撤销权的,撤销权消灭。

3. 公司决议不成立纠纷

不成立诉讼实质也是对决议内容的根本否定。有下列情形之一的,公司股东会、董事会的决议不成立:(1)未召开股东会、董事会会议作出决议;(2)股东会、董事会会议未对决议事项进行表决;(3)出席会议的人数或者所持表决权数未达到《公司法》或者公司章程规定的人数或者所持表决权数;(4)同意决议事项的人数或者所持表决权数未达到《公司法》或者公司章程规定的人数或者所持表决权数。

公司根据股东会或者董事会决议已办理变更登记的,法院宣告该决议无效、撤销,或者确定决议不成立的,公司应当向公司登记机关申请撤销变更登记,公司根据该决议与善意相对人形成的民事法律关系不受影响。

（二）典型案例分析

1. 公司决议效力确认纠纷

案例｜鑫德亿公司、焦某莉等公司决议效力确认纠纷

审理法院：最高人民法院

案号：（2021）最高法民申38号

【基本案情】

2010年10月，大亚公司与金氏公司签订《借款合同》一份，约定大亚公司向金氏公司提供借款6020万元。金氏公司将所有的公司证照及公司所有印鉴交给大亚公司保管；借款期限为3个月，借款利率为月息3%。2010年10月19日，金某立、金某砖分别与潘某签订《金氏公司股权转让协议》，将其持有的金氏公司66.67%的股权转让给潘某。同日，金氏公司名称变更为鑫德亿公司。

2013年7月，金某立、金某砖曾因与潘某股权转让纠纷一案，分别向郑州市金水区人民法院提起诉讼。2018年7月，郑州市中级人民法院亦作出民事判决书，判决确认金某立、金某砖与潘某于2010年10月签订的《金氏公司股权转让协议》无效。2013年11月，由潘某召集，并由其一人参加的鑫德亿公司2013年第1次临时股东会，经潘某一人表决，通过了"增加公司注册资本的议案"，公司增加注册资本7600万元，增资后，公司的注册资本为8000万元。2013年11月，鑫德亿公司作出《第1次临时股东会补充决议》，同意新增注册资本由李某、桑某宽、项某、刘某胜4位新股东分别以货币形式出资1900万元予以认购，完成公司本次增资。2013年12月，鑫德亿公司向工商管理部门提交变更登记申请书，工商管理部门予以登记。2019年3月，焦某莉、金某素、金某1、金某2、金某3、金某立主张确认鑫德亿公司增资的股东会决议及补充决议无效，同时确认李某、刘某胜等人认缴增资的行为无效，故而提起诉讼。

一审法院支持潘某签订的《金氏公司股权转让协议》无效，故鑫德亿公司增资的股东会决议及补充决议也无效。鑫德亿公司不服，提出上诉，二审法院驳回了其上诉。2021 年,鑫德亿公司申请再审。

【争议焦点】

侵害股东优先认缴权的公司决议是否无效?

【审理结果与裁判要点】

再审法院认为,2010 年 10 月的两份《金氏公司股权转让协议》非金某立、金某砖真实意思,并判决确认该两份《金氏公司股权转让协议》均无效。在鑫德亿公司并无有力证据推翻判决认定事实的情形下,其可以作为本案认定事实的依据。案涉 2010 年 10 月的《借款合同》约定,金氏公司应将该公司股份作为借款质押过户给大亚公司,并不当然得出潘某与金某立、金某砖之间签订的《金氏公司股权转让协议》是金某立、金某砖的真实意思。另外,案涉鑫德亿公司于 2013 年 11 月两次股东会的决议主要涉及的是鑫德亿公司增资扩股事宜,该两次股东会是在金某立、金某砖已就股权转让争议提起诉讼之后且金某立、金某砖均未参与的情况下召开的。二审判决认定该两次股东会决议无效,并无不当。

公司转让、受让重大资产或者对外提供担保等事项必须经股东大会作出决议的,董事会应当及时召集股东大会会议,由股东大会就上述事项进行表决。未参与且权益受侵害的股东可以请求确认公司决议无效。

最高人民法院《关于适用〈中华人民共和国公司法〉若干问题的规定(四)》(以下简称《公司法解释(四)》)第 1 条规定,公司股东、董事、监事等请求确认股东会或者股东大会、董事会决议无效或者不成立的,法院应当依法予以受理。2023 年《公司法》第 66 条明确规定,股东会的议事方式和表决程序,除《公司法》有规定的外,由公司章程规定。股东会作出决议,应当经代表过半数表决权的股东通过。股东会作出修改公司章程、增加或者减少注册资本的决议,以及公司合并、分立、解散或者变更公司形式的决议,应当经代表 2/3 以上表决权的股东通过。

在实务中,股东对于新增注册资本是否享有有限认缴的问题需要分情况讨论。就一种情况而言,股东不存在关于不按照出资比例优先认缴新增资本的约定,也无证据证明股东放弃了行使优先认缴新增资本的权利,股东会作出决定增加注册资本的股东会决议,未经有权认缴的股东同意即由他人认缴出资的,该情形损害了股东的优先认缴新增注册资本的权利,违反了公司法对于侵害股东此项权利的部分出资无效的规定。就另一种情形而言,涉及新增注册资本中的其余部分,若其他股东均同意放弃行使优先认缴权,则其余部分的决议有效。

基于上述分析,侵害股东优先认购权在司法实务中存在一定的争议,需要站在不同的角度进行讨论。

2. 公司决议撤销纠纷

案例 | **李某军诉佳动力公司公司决议撤销纠纷**

审理法院:上海市第二中级人民法院

案号:(2010)沪二中民四(商)终字第436号

【基本案情】

原告李某军系被告佳动力公司的股东,并担任总经理。佳动力公司股权结构为:葛某乐持股40%,李某军持股46%,王某胜持股14%。3位股东共同组成董事会,由葛某乐担任董事长,另两人为董事。公司章程规定:董事会行使包括聘任或者解聘公司经理等职权;董事会须由2/3以上的董事出席方才有效;董事会对所议事项作出的决定应由占全体股东2/3以上的董事表决通过方才有效。2009年7月,佳动力公司董事长葛某乐召集并主持董事会,3位董事均出席,会议形成了"鉴于总经理李某军不经董事会同意私自动用公司资金在二级市场炒股,造成巨大损失,现免去其总经理职务,即日生效"等内容的决议。该决议由葛某乐、王某胜及监事签名,李某军未在该决议上签名。同年,李某军请求撤销佳动力公司于2009年7月18日形成的董事会决议,故而向上海市黄浦区人民法院提起诉讼。一审法院裁判认定董事会决议内容事实不清,故予以撤销。佳动力公司不服一审判决,遂提起上诉。

【争议焦点】

解聘总经理职务的决议是否应当经法院审理公司决议撤销案件的审查?

【审理结果与裁判要点】

二审法院认为,根据《公司法》第 22 条第 2 款①的规定,董事会决议可撤销的事由包括:(1)召集程序违反法律、行政法规或公司章程;(2)表决方式违反法律、行政法规或公司章程;(3)决议内容违反公司章程。从召集程序看,佳动力公司于 2009 年 7 月 18 日召开的董事会由董事长葛某乐召集,3 位董事均出席董事会,该次董事会的召集程序未违反法律、行政法规或公司章程的规定。从表决方式看,根据佳动力公司章程规定,上述董事会决议由 3 位股东(兼董事)中的两名表决通过,故在表决方式上未违反法律、行政法规或公司章程的规定。从决议内容看,佳动力公司章程规定董事会有权解聘公司经理,董事会决议内容仅是董事会解聘李某军总经理职务的原因,而解聘李某军总经理职务的决议内容本身并不违反公司章程,应认定有效。因此,法院应当尊重公司自治,无须审查佳动力公司董事会解聘公司经理的原因是否存在,即无须审查决议所依据的事实是否属实,理由是否成立。

股东会、董事会决议撤销与否无须审查决议事实原因是否属实,若决议不违法,法院应当支持公司内部意思自治作出的决议。

司法实务中,判断解聘经理职务的决议是否应当经法院的审查,主要根据是其是否符合《公司法》等规定的公司决议可撤销事由的情形以及可撤销的目的所在。从第一层面来看,《公司法》第 26 条具体规定了股东会、董事会决议可撤销事由情形,其决议内容和程序不存在违反法律、行政法规或公司章程的规定即为合法有效的决议;从第二层面来看,公司决议的目的是尊重公司的意思自治,其他个人、团体、机关在法律范围内无权干涉其意思自治所形成的法律行为。

基于上述分析,解聘经理职务的决议不违反公司决议的相关法律规定,属于公司内部意思自治的有效民事法律行为。

---

① 本条中适用的是 2005 年《公司法》,相关规定参见 2023 年《公司法》第 26 条。

3. 股东决议不成立纠纷

案例｜尹某琳与智通公司决议不成立纠纷

审理法院:江苏省南京市中级人民法院

案号:(2019)苏01民终3083号

【基本案情】

智通公司于1998年2月成立,根据案件审理时的工商登记信息,智通公司股东为尹某琳(出资490万元)、陈某(出资252.42万元),注册资本为742.42万元,法定代表人为陈某根。2010年2月,南京市溧水县工商行政管理局为智通公司颁发的营业执照显示,该公司法定代表人为尹某琳,公司注册资本500万元。而在智通公司工商档案中,落款日期为2014年12月的《智通公司股东会决议》载明免去尹某琳执行董事兼总经理,聘请陈某根为执行董事兼总经理。决议下方落款全体股东盖章、签字处有尹某琳、陈某签名。2014年12月,工商登记信息显示智通公司股东为尹某琳、陈某。2015年1月,智通公司向工商部门申请变更法定代表人。随后,南京市溧水区工商行政管理局作出公司准予变更登记通知书,主要变更事项如下:原法定代表人姓名为尹某琳;现法定代表人姓名为陈某根。南京市溧水区工商行政管理局为智通公司颁发的落款日期为2015年1月5日的营业执照显示,该公司法定代表人为陈某根。

2018年,陈某主张智通公司2006年4月28日、2010年1月7日、2010年2月1日的股东会决议和公司章程修正案不成立,并且请求智通公司向公司登记机关撤销2006年4月28日、2010年1月7日、2010年2月1日的变更登记,故而向法院提起诉讼。

一审庭审中,尹某琳陈述上述落款日期为2014年12月股东会决议中尹某琳的签名均非本人所签,其未参加此股东会,对法定代表人的变更不知情。智通公司陈述对是否召开过此次股东会不清楚,陈某未参加股东会,该股东会决议中陈某的签字亦非陈某本人签字,对尹某琳的签字是否本人所签不清楚。陈某根陈述,变更法定代表人时陈某根曾与原告谈过,原告应知晓。一审法院认为,本案中,落款日期分别为2006年4月、2010年1月、2010年2月的三份《智通公司股东会决议》均未实际召开股东会会议讨论表决，决议文件中陈某的签字亦非其本人签字，尹某琳无证据证明代签字人的身份及代签人具有相应的授权，故对于陈某主张案涉三份股东会决议不成立的诉讼请求，一审法院予以支持。2019 年，尹某琳提出上诉。

【争议焦点】

股东签名非本人所签，若存在未实际召开股东会的情形，该股东会形成决议能否成立？

【审理结果与裁判要点】

二审法院认为，依据《公司法解释（四）》第 5 条的规定，公司未召开股东会会议的（例外情形除外），当事人有权主张公司不成立。本案中，各方当事人均确认智通公司 2010 年 1 月、2 月股东会会议未实际召开，所涉决议中包括尹某琳、陈某在内的签名均非本人所签，该决议因欠缺成立的要件而不成立。至于 2006 年 4 月的股东会决议，尹某琳虽主张该股东会已实际召开，但其所称会议参与人陈某根、陈某均非智通公司股东，亦无相关授权委托书证明两人系有权代理，故尹某琳前述主张缺乏证据予以佐证，法院不予采纳。讼争三股东会决议中陈某的签字均非本人所签，且无证据证明陈某对讼争决议进行过明确追认，不能认定讼争 3 份股东会决议成立有效。故二审法院驳回上诉，维持原判。

股东会决议应当满足实际召开以及股东签名认证的条件，缺乏要件的情况下，股东有权主张不成立。

《公司法解释（四）》第 5 条规定："股东会或者股东大会、董事会决议存在下列情形之一，当事人主张决议不成立的，人民法院应当予以支持：（一）公司未召开会议的，但依据公司法第三十七条第二款或者公司章程规定可以不召开股东会或者股东大会而直接作出决定，并由全体股东在决定文件上签名、盖章的除外；（二）会议未对决议事项进行表决的；（三）出席会议的人数或者股东所持表决权不符合公司法或者公司章程规定的；（四）会议的表决结果未达到公司法或者公司章程规定的通过比例的；（五）导致决议不成立的其他情形。"2023 年《公司法》第 27 条将《公司法解释（四）》第 5 条之内容融入其中。

会议召开程序系形成公司决议的必经事项。召集人应该根据通知中规定的时间和地点召开公司股东会会议，股东也应该按照要求出席会议，除非股东自愿放弃参会权利。同时，进一步来看，基于未召开会议的情形，通过伪造签订并非本人签名的决议并不发生有效的民事法律行为。

以上述案例为例，从司法实务角度来看，一审法院根据决议的签名并非股东签名且股东会会议未召开，即伪造签名与未召开会议情形相混合，认定属于决议不成立的情形；二审法院认为，现讼争三股东会决议中陈某的签字均非本人所签，且无证据证明陈某对讼争决议进行过明确追认，相关法律亦未规定股东可以对股东会决议采用默示作出意思表示，故不能仅以陈某在本案诉讼前未提出异议为由即认定讼争三份股东会决议成立有效。从其根本来看，在没有召开股东会会议的情形下，其形成了所谓的决议存在个别股东未知晓的情形，进而为了达到合法的外观，伪造签名，使全体股东签名而不用召开会议。而此种情形使决议纠纷瑕疵程度极为严重，大大侵害了股东权利。

基于上述分析，股东签名非本人所签，未存在实际召开股东会的情形，该股东会形成决议不成立。

（三）疑难法律问题解答

1. 公司决议纠纷之原告主体资格问题

公司决议纠纷类型分为决议无效纠纷、决议撤销纠纷以及决议不成立纠纷，那么，相应的原告诉讼主体资格是否一致呢？

就决议无效、不成立之诉而言，公司股东、董事、监事为《公司法解释（四）》明确规定的原告，但该司法解释未将原告范围局限于这三类人员。其主要争议集中于高级管理人员、职工、公司债权人的问题上。就高级管理人员而言，相比董事、监事，高级管理人员作为公司的受托人，承担公司的日常经营管理职能，肩负守护公司利益之职责，应当具有原告资格。就职工而言，公司通过决议改变设置职工期权的标准或者涉及职工基本权益的事项，当然具有原告资格；就公司债权人而言，基于公司违反“无盈无分”原则或者公司与银行签订担保合同等重要事项，其都涉及公司债权人的根本利益，当然可以成为原告。

就决议撤销之诉而言，基于股东对公司决议具有诉的利益，赋予股东以撤销诉权。这一做法在英美法系国家被称为“单纯股东主义”,但在德国、日本等大陆法系国家被称为“利害关系人主义”。具体而言,缺席会议的股东、无表决权股东、决议后取得股权的股东均可作为原告,其在《公司法》对股东原告资格未作任何限制以及《公司法解释(四)》仅要求原告起诉时具有股东身份等立法中都被予以认可。

因而,在公司决议纠纷的原告主体资格上,其需要满足两个条件:第一,起诉时具有股东、董事、监事等资格;第二,若起诉时不具有上述资格,但其资格的丧失是诉争的公司决议导致的,则其仍然可以作为直接利害关系人的显名股东而成为适格原告。

2. 公司决议类型区分

(1)决议不成立

公司决议不成立,是指该决议不具备成立要件或者欠缺一个或数个成立要件。公司决议成立的要件包括会议召开的事实、具备会议召集程序和决议程序。基于对成立要件的理解和司法实践认定决议不成立情形不一致的情况,我国《公司法》第 27 条规定了四种情形:未召开股东会、董事会会议作出决议;股东会、董事会会议未对决议事项进行表决;出席会议的人数或者所持表决权数未达到《公司法》或者公司章程规定的人数或者所持表决权数;同意决议事项的人数或者所持表决权数未达到《公司法》或者公司章程规定的人数或者所持表决权数。

(2)决议无效

导致决议无效的根本原因是内容违法,但此规定未免过于抽象化与原则性。鉴于公司决议的组织法特性,决议的无效比契约的无效更复杂与难以判断,契约无效事由已实现立法的类型化,而公司决议类型化尤为重要。[①]

第一,股东滥用股东权利的决议。《公司法》第 21 条、第 23 条规定,公司的控股股东、实际控制人、董事、监事、高级管理人员利用关联关系损害公司利益,给公司造成损失的,应当承担赔偿责任。公司股东滥用公司法人独立地位和股

---

① 参见李建伟:《公司法学》,中国人民大学出版社 2018 年版,第 357 页。

东有限责任，逃避债务，严重损害公司债权人利益的，应当对公司债务承担连带责任。股东利用其控制的两个以上公司实施前款规定行为的，各公司应当对任一公司的债务承担连带责任。从深入来看，控股股东滥用表决权侵害公司、其他股东、公司债权人利益的股东会决议，其无疑达到公司内容的根本违法、违反诚实信用原则，系公司决议无效之诉。第二，越权的决议，即决议超越了股东会、董事会职权。若股东会就董事会享有的某项法定职权作出决议，系内容根本违法，因而归于无效。第三，违反"无盈无分"原则的股权分配决议。公司分配的前提是有可分配的税后利润，否则违反"无盈无分"的原则，将损害公司债权人利益，因而公司债权人提起无效之诉寻求救济。第四，其他违法情形的决议，即违反法律、行政法规的效力性强制规定。

(3)公司决议可撤销

公司决议撤销之诉属于民事诉讼法上的形成之诉，兼具民事诉讼法上的形成之诉的特征和公司组织法上的形成之诉特征。[①] 公司决议可撤销的情形主要有决议程序违法、公司决议内容违反章程两种。针对决议内容违反章程的瑕疵程度问题，日本有其独特的规定——显失公平，即滥用多数决和利用不正当手段形成的决议，其在日本《公司法典》中有所体现，而这显失公平的决议部分已被我国 2018 年《公司法》第 22 条第 2 款(2023 年《公司法》第 26 条)决议违反公司章程所吸纳，无须独立进行讨论。就决议程序违法而言，分为召集程序瑕疵和决议方法的瑕疵。

根据《公司法》的相关规定，股东会或者董事会的会议召集程序违反法律、行政法规的，构成召集程序瑕疵的情形。剖析法条背后内容，其可以分为决议程序违反和决议内容违反章程两部分。就决议程序违法而言，其剥夺了其他股东的相关股东权利。例如，召开股东会会议时只向部分股东通知；召开股东会会议通知虽记载有会议议案，但超出通知议案作出决议等。就决议内容违反章程而言，传统上将会议决议内容违反公司章程作为决议无效的诉讼，但现今司法将其作为可撤销的诉讼，更符合公司治理的要求。公司章程又被称为"公司

---

① 参见李建伟：《公司法学》，中国人民大学出版社 2018 年版，第 357 页。

的宪法”,其为股东之团体合意,若公司决议虽违反章程,但无人主张,则趋向于可治愈。

决议方法瑕疵的表现形式是各种各样的。例如,无表决权股东或者表决权受限制的股东出席会议并参加表决;无会议主持资格的股东担任会议主持人;种类股东表决的欠缺;等等。就实质而言,无论是召集程序的瑕疵还是决议方法的瑕疵,最终损害的相关利害关系人都是股东,法律上给予了股东自决议作出之日 60 日内提起可撤销诉讼的权利。但此决议存在瑕疵,经过一年没有行使撤销权的,撤销权消灭,即有关利害关系超过法定的起诉期间没有提起诉讼的,视为放弃撤销诉权。

(4)公司决议纠纷区分

公司决议纠纷包括决议不成立、可撤销和无效三种情形,在司法实践中,这三种情形并非完全独立,而是相互交织。导致纠纷难以明确界定。应从以下三个方面予以区分。

第一,判断基础不同。公司决议成立与否系客观事实判断,即为客观判断;公司决议有效与否、可撤销与否系法律价值判断,即为主观判断。法律行为成立系法律行为有效的前提条件,进而判断行为是否有效。具体到公司决议纠纷来说,公司决议成立要件重在对事实的客观评价,而生效要件是对公司决议已经成立后是否违反法律行政法规等规定的二次评价。

第二,瑕疵程度的区别。该瑕疵类型体现在决议不成立与可撤销之间,程序瑕疵的瑕疵程度是判断关键。一般的程序瑕疵系公司决议可撤销的体现,而导致公司决议不成立的程序瑕疵更严重,具有事后不可弥补的特点。

第三,法律效力表现形态不同。公司决议不成立,导致自始无效;公司决议可撤销,导致有效的决议被予以撤销;公司决议无效,导致有效的决议转化为无效的决议。

3. 公司决议效力认定标准

理论上,决议效力的判断基础分为程序瑕疵和内容瑕疵两部分。决议的内容存在瑕疵分为决议违反法律、行政法规的情形以及违反章程性规定的情形。对于违反法律、行政法规的情形而言,其目的主要在于为公司意思自治设立边界，达到尊重公司意思自治与司法谦抑性的结合；对于违反章程性规定的决议内容而言，其对公司内部自治管理规则的无视，给中小股东利益造成损害，进而造成公司内部的不公平。

《公司法》第 25 条规定，公司股东会、董事会的决议内容违反法律、行政法规的无效。将公司决议效力认定标准以决议内容违反法律、行政法规则的效予以明确。

4. 公司决议纠纷司法适用问题

《公司法》及《公司法解释（四）》将公司决议瑕疵类型的“二分法”转变为“三分法”，在决议无效、决议可撤销的基础上增加了决议不成立这一类瑕疵类型。但由于法条之间的不连贯性，大部分人对于各类决议瑕疵之间的区别认识不足，诉讼请求常与决议瑕疵类型不相匹配。司法实践中常见的情况是，决议上签字系伪造，本属于不成立的情形，但起诉要求撤销决议或者是确认决议无效（如本节第三个案例的情况）。

关于决议属于不成立情形，但当事人起诉要求确认决议无效，司法实践中有两种处理思路。第一种是对决议不成立与决议无效不作严格区分，直接判决支持诉讼请求，其理由是认为决议不成立自然不生效力，进而可以认定为无效。第二种主张“决议不成立”是为了在法律评价上实现自始否定决议的目的，不受除斥期间的限制，并且适用完全相同的诉讼程序规则。是否需要对决议不成立与决议无效进行严格区分存在司法适用上的争议。从有利于保障公司的有效健康发展的角度出发，法院在审理过程中应向原告释明区别以及理由，原告坚持诉讼请求的，驳回其诉讼请求。

（四）2023 年《公司法》关于公司决议的修订要点

1. 新增股东会、董事会决议程序存在轻微瑕疵而未产生实质影响的可撤销事由之例外，新增未被通知参加股东会的股东撤销权期限的起算时点及撤销权的最长行使期限

2023 年《公司法》吸收了《公司法解释（四）》的相关规定，其第 26 条规定：“公司股东会、董事会的会议召集程序、表决方式违反法律、行政法规或者公司章程,或者决议内容违反公司章程的,股东自决议作出之日起六十日内,可以请求人民法院撤销。但是,股东会、董事会的会议召集程序或者表决方式仅有轻微瑕疵,对决议未产生实质影响的除外。未被通知参加股东会会议的股东自知道或者应当知道股东会决议作出之日起六十日内,可以请求人民法院撤销;自决议作出之日起一年内没有行使撤销权的,撤销权消灭。"

此条第 1 款肯定了公司实际运营中的决议有效性和稳定性,即程序存在轻微瑕疵并不产生实质影响的情形下决议有效。2018 年《公司法》第 22 条规定了公司股东有权撤销决议的事由,但由于公司运营存在许多不可控的因素,以及各类公司的完善程度有所不同,倘若直接按照 2018 年《公司法》第 22 条规定撤销公司决议,不利于提高公司决策经营的效率和稳定性,无法更好地维护公司合法权益。易言之,2023 年《公司法》第 26 条更加有效应对了司法实践的特点,限制撤销决议的情形,实现公司正常运营。

此条第 2 款明确了未被通知参加会议的股东行使撤销权的内容。其仅赋予股东撤销股东会决议的权利,而无撤销董事会决议的权利。具体而言,从起算时点来看,股东"自知道或者应当知道"公司决议作出 60 日内提起撤销公司决议,即有 60 日的除斥期间;从最长期限来看,自决议作出之日 1 年内股东行使撤销权,即有 1 年的除斥期间,否则该权利消灭。此规定旨在督促股东在法定期间内行使撤销权,不保护"在权利上睡觉的股东",亦在一定程度上维护了公司决议的有效性和交易相对方。

2. 新增股东会、董事会的决议不成立的事由

2023 年《公司法》吸收了《公司法解释(四)》的相关规定,其第 27 条规定:"有下列情形之一的,公司股东会、董事会的决议不成立:(一)未召开股东会、董事会会议作出决议;(二)股东会、董事会会议未对决议事项进行表决;(三)出席会议的人数或者所持表决权数未达到本法或者公司章程规定的人数或者所持表决权数;(四)同意决议事项的人数或者所持表决权数未达到本法或者公司章程规定的人数或者所持表决权数。"

此条规定在本质上恪守公司治理机关存在真实有效的意思表示。具体而言,未召开会议和未对决议事项作出表决的情形下,股东并未作出相应的意思表示;出席人数或者表决人数未达到人数要求的情形下,2023 年《公司法》对股东会会议或者董事会会议作出相应人数规定的硬性要求,是保证公司股东表达自身意愿的程序规定;同意人数或者表决人数未达到相应比例的情形下,股东的意思表示未达到公司作出有效决议的要求,不符合公司意愿的要求。

此条规定了公司决议不成立的事由,与《民法典》的民事法律行为成立和生效要件互为对应,即遵循民商合一的标准。换言之,公司决议须先考虑决议成立与否的要件,再考虑生效要件。该条规定解决了司法实践中长期以来将决议不成立认定为决议无效的问题。

3. 明确决议无效、被撤销或者确认不成立的,公司根据该决议与善意相对人形成的民事法律关系不受影响

2023 年《公司法》吸收了《公司法解释(四)》第 6 条等相关规定,其第 28 条规定:"公司股东会、董事会决议被人民法院宣告无效、撤销或者确认不成立的,公司应当向公司登记机关申请撤销根据该决议已办理的登记。股东会、董事会决议被人民法院宣告无效、撤销或者确认不成立的,公司根据该决议与善意相对人形成的民事法律关系不受影响。"

此条旨在维护现有的市场交易秩序,保护善意相对人的合法权益。善意相对人,是指与公司形成民事法律关系,且不知晓该决议的相关内容的相对人。因此,若该决议成立与否或者有效与否与相对人不存在关联性,则善意相对人的合法权益须得到相应保护。此条法律规定扩大了善意相对人的适用范围,即除了公司决议被撤销的情形外,还存在决议无效、不成立的情形的善意相对人。此条规定与《民法典》第 85 条关于营利法人的相关机构作出决议被撤销的,善意相对人与公司形成的民事法律关系的规定互为适应。

4. 新增强制规定股东会一般决议事项需过半表决权通过之事项

2023 年《公司法》第 66 条规定:"股东会的议事方式和表决程序,除本法有规定的外,由公司章程规定。股东会作出决议,应当经代表过半数表决权的股东通过。股东会作出修改公司章程、增加或者减少注册资本的决议,以及公司合并、分立、解散或者变更公司形式的决议,应当经代表三分之二以上表决权的股东通过。”

对比2018年《公司法》的“除本法有规定的外，由公司章程规定”，2023年《公司法》强制规定股东会决议过半数表决权通过，而对于修改公司章程、增加或者减少注册资本的决议，以及公司合并、分立、解散或者变更公司形式的股东会决议未作变更，这对以往司法实践中对于“除本法有规定的外，由公司章程规定”之事项进行了规范性规则认定。易言之，基于有限责任公司的人合性较强的特点，新增股东会作出普通决议的表决程序要求，即须经代表过半数表决权的股东通过。

在具体适用上，公司章程对于股东会的议事方式和表决程序有所规定，依据公司章程，赋予公司股东更大的自治空间；为有效规范公司运营和维护各方权益，其明确了股东会作出普通事项决议的程序要求，以及作出合并、分立等特殊事项决议的程序要求。

（五）公司决议纠纷的实务操作

1. 诉讼主体

（1）原告：公司股东、董事、监事或者其他利害关系人。

（2）被告：公司。

（3）第三人：其他股东。

2. 案由

《民事案件案由规定》将公司决议纠纷作为两个细分的四级案由规定在内，即公司决议效力确认纠纷和公司决议撤销纠纷，但在司法实务中该类案由还存在公司决议不成立纠纷。由于《民事案件案由规定》并未将公司决议不成立纠纷列为独立的四级案由，引发了主张公司决议不成立应适用三级案由，即“公司决议纠纷”。

司法实务中，在诉讼时应当注意相关案由的选择。例如，股东会进行的公司决议，仅在该决议内容违反法律、行政法规时才属无效，公司股东可以起诉该决议无效；股东会作出的决议程序不符合法律规定或者违反公司章程的才属于可撤销，公司股东可以起诉决议可撤销；股东会的决议有决议不成立的情形的才属不成立,公司股东可以起诉该决议不成立。

3. 管辖

公司决议纠纷由公司住所地法院管辖,公司住所地是指公司主要办事机构所在地,公司主要办事机构所在地不明确的,由其注册地法院管辖。

4. 诉讼时效

决议可撤销纠纷:未被通知参加股东会会议的股东自知道或者应当知道股东会决议作出之日起 60 日内,可以请求法院撤销;自决议作出之日起 1 年内没有行使撤销权的,撤销权消灭。

决议不成立或者无效纠纷:3 年。

5. 诉讼请求

(1)请求确认公司股东会决议、董事会决议无效。

(2)请求撤销股东会、股东大会、董事会决议。

(3)请求确认股东会、股东大会、董事会决议不成立。

二、股权转让纠纷

(一)股权转让纠纷概述

股权是存在于有限责任公司及股份有限公司的一种重要权利,是指"股东基于其股东身份对公司主张的权利",或者更确切地说,是"股东基于其身份和地位而享有的、实际参与公司经营管理并由此从公司获得经济利益的权利"。股权转让纠纷指股权在转让过程中所发生的纠纷的总称,包括股东之间转让股权的纠纷,以及股东与非股东之间转让股权的纠纷。《公司法》第 84 条将有限公司股权转让分为内部转让与外部转让。股权内部转让采取自由主义,股权外部转让则采取股东优先主义。

司法实务中,股权转让纠纷主要有以下五种类型。

1. 履行股权转让合同纠纷

履行股权转让合同纠纷主要包括请求履行转让合同,请求支付股权转让款并赔偿损失（或支付违约金），或者请求解除转让合同，请求认定转让合同无效等。股权权能包含的财产性权利原则上可以自由转让，但公司可通过法定程序限制股权转让，维护公司的人合性和封闭性是世界各国公司立法的通行做法。

2. 涉及保护公司内部其他股东优先购买权的诉讼纠纷案件

由于我国《公司法》赋予了股东优先购买权，但是法律未规定在该权利受到侵犯时，股权转让合同的效力应该如何认定，这就给司法界处理类似案件带来了困难。之前学术界对股权转让合同的效力存在“有效说”“可撤销说”“效力待定说”等几种不同的观点。2023 年《公司法》删除有限责任公司股东对外转让股权时其他股东同意权原则，通知其他股东即可，其他股东依然享有优先购买权。

3. 因转让瑕疵出资股权引起的纠纷案件

瑕疵股权，是指股东违反出资义务的股权。根据违约方式的不同，股东违反出资义务的行为可以分为股东未履行出资义务和未全面履行出资义务。未履行出资义务，是指股东根本未出资，包括拒绝出资、不能出资、虚假出资和抽逃出资等；未全面履行出资义务，是指股东部分出资、出资不实、抽逃部分出资等。

受让方如果明知出让方出资存在瑕疵仍受让股权，那么对未按期足额缴纳的欠缴出资部分，应承担连带补充责任；相反，受让方如果对此不知情，则不应承担责任，并且也有权以此为由请求撤销股权转让合同。瑕疵股权可以进行转让，但瑕疵股权的出让股东的出资义务并不随着转让而消灭。因此，股权转让行为存在瑕疵，并不当然导致合同无效，而只对股权转让行为是否有效产生影响。股权转让合同的效力问题还需要根据当事人，双方意思自治等作出判断。

4. 显名股东转让股权引起的诉讼案件

隐名股东与显名股东之间是合同关系，具有相对性。通常情况下，隐名股东与显名股东之间的约定不能对抗公司及公司其他股东，也不能对抗第三人。对于名实不符条件下如何认定股东资格尚存争议。一种观点认为，应当以实际出资人作为确定公司股东。《公司法》明确规定了股东对公司的出资义务，且出资人向公司出资后自然取得股东资格，应当将其作为确定股东的依据。另一种观点认为，应当以股东名册的记载作为确定股东资格的依据。隐名股东显名化是股权转让协议得以实质性履行的前置条件,因此隐名股东在满足一定条件下可以依法转让股权。

5. 股权的善意取得纠纷案件

股权的善意取得主要为股权的无权处分。常见的纠纷有以下四种情形:(1)夫妻以共同财产向公司出资取得的股权登记在夫妻一方名下,该方擅自转让该股权。(2)名义股东处分股权等。在司法实践中,隐名投资主要呈现两种形态,一种是意思自治式,即隐名投资人与名义股东达成协议,由后者作为公司显名股东;另一种是非意思自治式,即显名和隐名的并存非当事人的意思自治所致。(3)一股二卖。股权转让后尚未向公司登记机关办理变更登记,原股东将仍登记于其名下的股权转让、质押或者以其他方式处分,受让股东以其对股权享有实际权利为由,请求认定处分股权行为无效的。(4)处分权受到限制的情形。基于某种特殊原因,股东的股权受到一定限制而不能自由处分,如公司章程限制股东自由处分的股权,而该股东擅自转让该股权。对于上述股权转让善意取得的效力,可以《公司法解释(三)》第25条之规定及《民法典》关于善意取得的制度予以认定。

随着我国市场经济的繁荣发展和金融环境的不断优化,股权的交易也日益增加,从而使股权转让纠纷的发生与日俱增。对于有限责任公司股权转让纠纷的效力认定和处理问题错综复杂,我国理论界和实务界均进行了积极有益的探索,并取得了令人瞩目的成效。合理的股权结构是公司稳定的基石,将公司的内部治理、业务发展与法律合规紧密结合起来,以实现公司健康、稳定、可持续发展。

(二)典型案例分析

1. 有限责任公司的股权分期支付转让款中发生股权受让人延迟或者拒付等违约情形,股权转让人要求解除双方签订的股权转让合同的股权转让纠纷

案例｜汤某龙诉周某海股权转让纠纷案

审理法院:最高人民法院

案号:(2015)申字第2532号

【基本案情】

汤某龙与周某海于2013年4月3日签订《股权转让协议》及《股权转让资金分期付款协议》。双方约定:周某海将其持有的双星电器公司6.35%股权转让给汤某龙。股权合计710万元,分四期付清,即2013年4月3日付150万元;2013年8月2日付150万元;2013年12月2日付200万元;2014年4月2日付210万元。此协议双方签字生效,永不反悔。协议签订后,汤某龙于2013年4月3日依约向周某海支付第一期股权转让款150万元。因汤某龙逾期未支付约定的第二期股权转让款,周某海于同年10月11日,以公证方式向汤某龙送达了《关于解除协议的通知》,以汤某龙根本违约为由,提出解除双方签订的《股权转让资金分期付款协议》。次日,汤某龙即向周某海转账支付了第二期150万元股权转让款,并按照约定的时间和数额履行了后续第三期、第四期股权转让款的支付义务。2013年11月7日,双星电器公司的变更(备案)登记中,周某海所持有的6.35%股权已经变更登记至汤某龙名下。

周某海以其已经解除合同为由,如数退回汤某龙支付的4笔股权转让款。汤某龙遂向法院提起诉讼,要求确认周某海发出的解除协议通知无效,并责令其继续履行合同。依据双方签订的《股权转让协议》《股权转让资金分期付款协议》的履行情况,一审法院裁判认定汤某龙未支付款项达到全部价款的1/5,而周某海向汤某龙发布《关于解除协议的通知》,故一审法院对汤某龙确认解除协议无效的请求不予支持。

汤某龙不服一审判决,提起上诉。依据《合同法》第167条[①]有关分期付款买卖合同规定的立法宗旨,即平衡出卖人、买受人之间的利益,二审法院裁判认定《股权转让资金分期付款协议》不应当适用分期付款买卖合同的规定,撤销原一审判决,支持汤某龙确认解除通知无效的请求。

周某海不服二审判决,提起再审诉讼。

【争议焦点】

周某海是否享有《合同法》第167条规定的合同解除权?

---

① 《合同法》已于2021年因《民法典》施行而废止,相关规定参见《民法典》第634条。

【审理结果与裁判要点】

再审法院认为,首先,案涉股权转让分期付款合同不同于一般分期付款买卖合同,则不宜简单适用《合同法》第167条的合同解除权。其次,双方订立《股权转让资金分期付款协议》的合同目的已实现,即转让周某海所持双星电器公司6.35%股权给汤某龙。最后,就诚实信用和维护交易安全的角度而言,股权交易涉及多方面,依照协议约定内容,汤某龙受让股权后已实际参与公司经营管理、股权也已过户登记到其名下,如果不是汤某龙有根本违约行为,动辄撤销合同可能对公司经营管理的稳定产生不利影响。故再审法院驳回了周某海的再审申请。

针对有限责任公司股东将股权转让给公司股东之外的其他人的情形,在出现有限责任公司的股权分期支付转让款中发生股权受让人延迟或者拒付等违约情形时,股权转让人要求解除双方签订的股权转让合同的,不适用《民法典》第634条关于分期付款买卖中出卖人在买受人未支付到期价款的金额达到合同全部价款的1/5,经催告后在合理期限内仍未支付到期价款的即可解除合同的规定。因此,有限责任公司的股权分期支付转让款中发生股权受让人延迟或者拒付等违约情形,不适用一般的分期付款买卖合同解除权规定,故股权转让人难以解除双方签订的股权转让合同。

2. 违反了市场的公共秩序,损害了市场的公共利益的股权转让协议的效力问题

案件｜李某诉肖某股权转让纠纷

审理法院:广东省深圳市中级人民法院

案号:(2019)粤03民终24176号

【基本案情】

2014年11月13日,肖某与李某签订《股权转让合同》。根据该合同:肖某系实业公司实际控股股东,持有后者64.5896%股权;肖某向李某转让其所持实业公司1.45%股权(200万股),股权转让款为1000万元;自双方签订协议之日起,李某即成为案涉股权实际所有者,李某委托肖某代持股权直至双方交易完成;双方按照IPO公开发行满1年后连续10个交易日的收盘均价为每股单价计算李某的总收益,且肖某同意IPO公开发行满1年后回购总收益(扣除税费)的30%,公开发行满2年后再回购总收益(扣除税费)的30%,余款扣除税费在公开发行满3年后一次付清;若目标公司不能在2015年12月30日前完成IPO,则肖某应按李某购买价(扣除因股权所获收益)回购股权,同时按照年利率12%支付李某投资资金使用利息。2014年11月13日,李某向肖某转账支付股权转让款1000万元。2015年6月11日,实业公司IPO公开发行。根据合同约定,肖某于2016年10月及2017年7月向李某支付了前两期的收益38,362,200元,履行了部分合同义务。收益余款付款期限届满后,肖某并未按时支付余款收益25,574,900元,后李某多次要求肖某履行合同义务,但肖某一直未予理会,故李某起诉至法院,请求判令肖某支付李某股权收益及逾期支付的利息。

【争议焦点】

(1)案涉《股权转让协议》的效力应如何认定?

(2)李某诉请肖某支付的股权收益是否应得到支持?

【审理结果与裁判要点】

一审法院认为,根据案涉合同,李某向肖某购买其所持实业公司股权而不转移登记。由此可见,李某的合同目的并非取得案涉股权而是获取投资收益。该收益在实业公司未能在约定时间前完成IPO的情况下为年利率12%的利息,在实业公司完成IPO的情况下为股权价值(回购款),具体金额则取决于特定时段的股票交易价格。因此,案涉《股权转让协议》实系李某与作为实业公司实际控制人的肖某之间的“对赌协议”。该合同系双方当事人真实意思表示,合同履行过程中实业公司股权未作转移登记,外观上未发生股权转让,李某亦不主张取得案涉股权,并不导致实业公司在上市前后的股东发生变化,合同内容不违反法律和行政法规的强制性规定,合法有效。现实业公司已在2015年6月11日实现IPO公开发行,肖某应按实业公司IPO公开发行满1年后连续10个交易日的收盘均价每股39.59元向李某支付回购款。李某认可肖某已经支付前两笔共计60%回购款,肖某还应于实业公司公开发行满3年后(2018年

6月11日)一次性付清剩余40%回购款。一审法院支持了李某要求肖某向其清偿25,334,840元及逾期付款利息的请求。

肖某不服一审判决,提起上诉。

二审法院认为,关于争议焦点一,案涉《股权转让协议》约定的交易安排实质构成了案涉股份的隐名代持。本案中,双方当事人均未提交证据证明在实业公司首次公开发行股票并上市时曾向实业公司或监管部门披露过代持情况,实业公司发行上市后案涉股份一直登记在肖某名下。依据《证券法》第63条、第68条第3款及中国证监会于2006年5月17日颁布的《首次公开发行股票并上市管理办法》第13条[①]的规定,发行人应当如实披露股份权属情况,禁止发行人的股份存在隐名代持属于证券市场中应当遵守的公共秩序。本案中,实业公司上市前肖某代李某持有案涉股份,以自身名义参与实业公司的上市发行,隐瞒了实际投资人的真实身份,李某与肖某的行为构成了发行人股份隐名代持,违反了证券市场的公共秩序,损害了证券市场的公共利益。故依据《合同法》第52条第4项[②]的规定,案涉《股权转让协议》应认定为无效。

关于争议焦点二,根据相关法律规定,无效合同财产利益的处理旨在恢复原状和平衡利益,即优先恢复到合同订立前的财产状态,不能恢复原状的则应当按照公平原则在当事人之间进行合理分配。据此,首先,案涉实业公司的股份应归肖某所有,其作为实业公司股东围绕公司上市及其运营所实施的一系列行为有效。其次,本案中不存在投资亏损导致案涉股份价值贬损而应适用过错赔偿的情形,故从理论上来说,如案涉股份归肖某所有,则李某向肖某支付的投资款应予返还,但李某在本案中仅请求肖某支付《股权转让协议》约定的总收益的剩余部分,故二审法院仅审查李某诉请肖某支付的股权收益能否成立。最后,案涉实业公司股份的收益包括因分红以及上市而发生的大幅增值,并非合同订立前的原有利益,而是合同履行之后新增的利益,显然不属于恢复原状之适用情形,如何分配应由双方当事人协商确定,协商不成的应当适用公平原则

① 此规定已因《首次公开发行股票注册管理办法》施行而失效。

② 相关规定参见《民法典》第153条。

合理分配。二审法院酌定李某与肖某各获得投资收益的70%与30%。根据一审中李某提交的股权收益表格,其中记载的李某应得的案涉200万股股权收益净值已经扣除了相应的分红及税费,双方对肖某已履行完毕双方约定的李某应得的收益净值总额的60%不持异议。故按上述酌情比例,肖某还应补足李某收益净值总额的10%,计6,393,710元(6393.71万元×10%)。实业公司于2015年6月11日IPO公开发行,《股权转让协议》约定肖某按年分3期支付案涉收益款项,超出前两期30%部分的剩余款项应于实业公司IPO公开发行满3年后一次性支付。

综上所述,二审法院改判肖某清偿李某股权收益6,393,710元及逾期付款利息。

在股权代持纠纷实务中,法院常常要区分代持股行为的内外效力。

以本案为例,首先,关于协议当事人之间的效力和对公司其他股东的效力。股权代持协议的约定对于协议当事人之间一般有效,在公司其他股东对代持股行为并不知情时,该协议对公司其他股东、公司不发生效力。实业公司上市前的股份代持股东,以自身名义参与实业公司的上市发行,隐瞒了实际投资人的真实身份,名义持有人与实际投资人的行为构成了发行人股份隐名代持,违反了证券市场的公共秩序,损害了证券市场的公共利益,2018年《合同法》第52条规定了合同无效的5种情形,其中第4种情形体现在《民法典》第153条,但表述上作了调整,具体规定为:"违反法律、行政法规的强制性规定的民事法律行为无效。但是,该强制性规定不导致该民事法律行为无效的除外。违背公序良俗的民事法律行为无效。"

其次,关于代持股行为与股东对外应负的风险承担问题。股权投资是以获得股权收益为目的并伴随投资风险的行为,在适用公平原则时应当着重考虑以下两方面的因素:一是对投资收益的贡献程度,即考虑谁实际承担了投资期间的机会成本和资金成本,按照"谁投资,谁收益"原则,应将收益主要分配给承担了投资成本的一方;二是对投资风险的交易安排,即考虑谁将实际承担投资亏损的不利后果,按照"收益与风险相一致"原则,应将收益主要分配给承担了投资风险的一方。《公司法解释(三)》第26条规定:"公司债权人以登记于公司登记机关的股东未履行出资义务为由，请求其对公司债务不能清偿的部分在未出资本息范围内承担补充赔偿责任，股东以其仅为名义股东而非实际出资人为由进行抗辩的，人民法院不予支持。名义股东根据前款规定承担赔偿责任后，向实际出资人追偿的，人民法院应予支持。”虽然《股权转让协议》无效，但无效原因系损害社会公共利益而非意思表示瑕疵，故协议中关于收益与风险承担的内容仍体现了双方的真实意思。一方面，名义持有人不应承担实际作出投资决策和承担投资后果的，若发生实业公司上市失败或经营亏损情形，最终可能遭受投资损失的亦是实际投资人，故应由名义投资人获得争议股份投资收益的大部分。另一方面，实际投资人在整个投资过程中起到了提供投资信息、配合公司上市等作用，为投资增值作出了一定贡献，可以适当分得投资收益的小部分。

基于上述分析，股权投资协议与对赌、代持协议等相互关联，而实践中常存在公司因融资、经营等问题未能完成 IPO，或完成了 IPO 不能兑现承诺返还投资款及收益等问题而产生投资纠纷。股权投资协议可能因对赌、代持协议存在身份的合规则性等争议等归于无效，最终投资者存在不能取得预期收益的风险。

3. 股权转让人隐瞒或未向股权受让人披露目标公司债务使股权受让人遭受损失的股权转让纠纷

案件 | 苏某、王某圣诉刘某、马某红、陈某铮股权转让纠纷

审理法院：北京市第一中级人民法院

案号：(2021)京01民终366号

【基本案情】

甲方刘某、杰西公司和乙方王某圣、苏某签订《股权转让合同》，就目标公司即杰西公司情况、股权转让款金额及支付时间进行了约定，其中就债权债务处理约定：“经甲、乙双方约定，按如下办法处理：在转让合同生效之前发生的债权、债务由甲方承担；转让合同生效后的债权债务由乙方承担。甲方保证在股权转让前，公司范围内所有的土地、房产除在齐鲁银行股份有限公司济南朝山街支行设定捌佰万元的抵押贷款外，再无其他任何抵押、担保的情况。否则，

由此产生的损失由甲方承担，与乙方无关。”

杰西公司原股东和实际控制人情况：杰西公司原股东包括刘某、马某红和陈某铮，刘某和马某红均认可马某红和陈某铮系挂名股东性质，不参与公司实际经营，刘某系实际控制人和法定代表人。刘某和马某红原系夫妻关系，双方于2017年离婚，陈某铮与马某红系亲戚关系。

案涉股权转让款已由苏某、王某圣向刘某、马某红和陈某铮支付完毕，股东变更登记亦已完成。

苏某、王某圣担任杰西公司股东期间，(2016)鲁01民终1323号民事判决书、(2016)鲁01民终1322号民事判决书判决杰西公司向案外人孙某俊、孙某岭共计支付395.5万元欠款，该款项系杰西公司在原股东刘某、马某红和陈某铮向新股东苏某、王某圣转让股权前就已发生的债务。后孙某俊、孙某岭通过申请强制执行方式向杰西公司执行完毕。

苏某、王某圣主张刘某等未向其披露案涉债务存在，刘某等不予认可，称股权转让时已告知该债务，但未提举证据证明。

2012年7月10日，刘某、杰西公司、王某圣、苏某签订《公司股权转让合同》，约定转让前杰西公司债权债务由刘某承担，转让后杰西公司债权债务由王某圣、苏某承担。该年8月，工商登记显示杰西公司股东由刘某、马某红和陈某铮变更为王某圣和苏某。

(2016)鲁01民终1323号民事判决书确认，杰西公司向孙某俊借款100万元，并支付相应逾期利息；确认杰西公司向孙某岭借款120万元，并支付相应逾期利息。后孙某岭、孙某俊于2016年向济南市中区人民法院申请强制执行，杰西公司共被划扣394.5万元。

后苏某、王某圣主张刘某 、马某红、陈某铮共同赔偿394.5万元，向法院提起诉讼。一审法院认为，《公司股权转让合同》系当事人意思自治的产物，属于有法律效力的合同，刘某承担赔偿责任，而马某红、陈某铮无须承担赔偿责任。

苏某、王某圣不服一审判决，提起上诉。

【争议焦点】

(1)《股权转让合同》的约定对股权转让人责任承担有何影响？

(2)股东转让人是否应对股权转让前公司的债务承担责任?

(3)是全部由转让人承担还是部分由转让人承担?

(4)承担责任的性质和具体数额如何认定?

【审理结果与裁判要点】

二审法院认为,甲方杰西公司、刘某和乙方王某圣、苏某于2012年7月10日签订的《公司股权转让合同》是合同签订各方的真实意思表示,未违反国家强制性法律法规的规定,合法有效,合同各方应当依约履行合同的约定。在案涉《公司股权转让合同》的首部,已经明确列明了甲方主体为杰西公司、刘某,在合同尾页的甲方签字处亦只有杰西公司和刘某的盖章和签字,并无马某红、陈某铮的名字,合同各方应当由此知晓甲方需要依约承担责任的主体范围。鉴于该合同中明确约定由甲方对杰西公司转让合同生效前的债务负责,对此应当视为合同各方已经通过合意方式确定了甲方相应债务责任的承担主体是杰西公司和刘某。王某圣、苏某在《公司股权转让合同》中既未明确将马某红、陈某铮列在甲方主体范围中,亦未要求马某红、陈某铮在该合同上签字,系王某圣、苏某对自身权利的处分行为。甲、乙双方在合同发生法律效力后,应当依约承担相应法律后果。马某红、陈某铮的相关银行账户收到了股权转让款的情况,并不影响合同各方基于《公司股权转让合同》之间形成的债务承担主体和范围的合意。王某圣、苏某依据《公司股权转让合同》要求马某红、陈某铮赔偿损失的诉讼请求缺乏事实和法律依据,法院不予支持。故二审法院判决驳回上诉,维持原判。

上述案例中,刘某、马某红和陈某铮向苏某、王某圣转让股权既包括身份权利转让,也包括股权财产权益转让。股权是一项综合性的权利,既包括人身属性的权利,也包括资产收益的财产权利。我国立法上对"股权转让"并没有任何概念性的解释,无论是《合同法》还是《民法典》合同编均未将股权转让合同作为有名合同加以规定。

笔者认为,股权转让是指有限责任公司的股东依照法律或公司章程的规定将自己的股权转让给他人的行为,是一种股权买卖行为。股权转让是要式行为,主要表现为股权转让除须符合实体条件外,还应完成法律规定的股权转让的法定程序,使他人成为公司的股东。股权转让合同实际是针对股权的买卖合同。买卖合同是一种负担行为与处分行为合为一体的债权行为。本案判决亦持这种观点。股权转让合同可进行如下法律适用方法:《公司法》有规定的,直接适用《公司法》相关规定;《公司法》没有规定的,有偿股权转让时,参照买卖合同的规定;非有偿股权转让时,则参照其他法律最相似的规定。

(三)疑难法律问题解答

1. 分期付款的股权转让合同可参照适用《民法典》第634条,符合条件时,转让方可请求受让方支付全部价款或者解除合同

《民法典》第634条在《合同法》第167条的基础上增加了“催告程序”,弥补了原分期付款买卖制度项下可以不经催告即解除合同的适用条件瑕疵。新增催告程序后,《民法典》第634条规定的分期付款买卖制度与第563条规定的法定解除权制度的第1款第3项,在法律适用的后果上实现了统一。当到期未付款达到全部款项的1/5时,股权转让的受让方经催告后仍不付款的,转让方既可以选择依据《民法典》第563条(法定解除权)第1款第3项(迟延履行、催告后仍不履行)请求解除合同,也可以依据《民法典》第634条分期付款买卖制度请求解除合同。当然,司法实践中,解除权的行使还应依据其他程序和实体相应条件。

2.“名股实债”的认定及区分“股权抵押借款”和“股权转让”

“名股实债”亦称“让与担保”,是近年来较为常见的投资交易模式,具备“股权”与“债权”双重性质,主要体现在受让人作为出借人将借款出借给目标公司或出让方,出让方以股权让与作为担保,受让方享受固定收益且不参与公司经营、借款偿还完毕零对价回购。“名股实债”的认定及法律后果是司法难点和热点问题。“名股实债”中股债关系的边界较为模糊,笔者梳理大量案件后总结认为,“谁来承担风险”“股权受让人是否参与公司经营管理”“股权转让价格公允性”“是否办理了股权变更登记”等要点,是区分“股权投资”和“债权投资”的基本依据。

如果认定双方签订《股权转让合同》并后续以固定金额回购的交易安排是为一方获得借贷资金,另一方出借资金获得利息,股权转让仅作为借款的担保形式，则应认定双方为民间借贷关系。

投资协议中约定固定收益、回购条款的所谓“名股实债”投资方式，仅是股东之间、股东与公司之间分配风险与收益的安排，且在投资存续期间，投资人仍享有参与管理、表决等股东权利，不能因投资方式的不同而将投资人与目标公司的股权投资关系认定为借款关系。

3. 未出资股权转让的补充责任

原股东在股权转让后，仍需对未实缴出资部分承担责任。根据《公司法》及相关司法解释，股东应当按照公司章程规定的出资期限履行出资义务。如果股东未履行或未全面履行出资义务即转让股权，原股东在未出资本息范围内对公司债务不能清偿的部分承担补充赔偿责任。即如果受让方未按期足额缴纳出资，原股东须在未出资本息范围内对公司债务不能清偿的部分承担补充赔偿责任，在受让方知道或应当知道原股东未履行或未全面履行出资义务的情况下，公司债权人可以请求受让方与原股东承担连带补充赔偿责任。

（四）2023 年《公司法》关于股权转让的修订要点

1. 删除有限责任公司股东对外转让股权时其他股东同意权原则

2023 年《公司法》第 84 条规定：“有限责任公司的股东之间可以相互转让其全部或者部分股权。股东向股东以外的人转让股权的，应当将股权转让的数量、价格、支付方式和期限等事项书面通知其他股东，其他股东在同等条件下有优先购买权。股东自接到书面通知之日起三十日内未答复的，视为放弃优先购买权。两个以上股东行使优先购买权的，协商确定各自的购买比例；协商不成的，按照转让时各自的出资比例行使优先购买权。公司章程对股权转让另有规定的，从其规定。”

现行司法实践中，公司股东常常存在故意拖延或者其他目的不同意转让，亦不行使优先购买权的情形，最终导致股东错过转让股权的时机，损害股东的合法权利。基于此，2023 年《公司法》第 84 条删除其他股东同意权原则，对避免并减少股权转让中优先权争议有积极且有效的作用，有效维护了股东出售股票的利益，促进资本市场有效正常流转。

2. 新增股权转让后公司负有变更股东名册的义务，并赋予转让人与受让人对于公司不履行该义务的诉权；明确股权转让后，受让人对公司主张权利的时点

2023 年《公司法》第 86 条规定："股东转让股权的，应当书面通知公司，请求变更股东名册；需要办理变更登记的，并请求公司向公司登记机关办理变更登记。公司拒绝或者在合理期限内不予答复的，转让人、受让人可以依法向人民法院提起诉讼。股权转让的，受让人自记载于股东名册时起可以向公司主张行使股东权利。"

此条明确了股权变动模式，新增赋予转让人、受让人对于公司不履行变更股东名册义务的诉权保障，能够有效减少股权变动纠纷。具体而言，从转让人的角度来看，转让人须履行书面通知义务和请求公司作出变更登记；从公司的角度来看，若股权转让符合《公司法》要求以及公司内部章程规定，则公司须履行变更股东名册并办理变更登记的义务；从受让人的角度来看，受让人依据股东名册有权向公司主张股东权利，从而使受让人享有股东身份、股权。

3. 新增未届期股权转让后的出资责任规定

2023 年《公司法》吸纳《公司法解释(三)》的规定，明确瑕疵出资股权转让后的出资责任规定。在其第 88 条规定："股东转让已认缴出资但未届出资期限的股权的，由受让人承担缴纳该出资的义务；受让人未按期足额缴纳出资的，转让人对受让人未按期缴纳的出资承担补充责任。未按照公司章程规定的出资日期缴纳出资或者作为出资的非货币财产的实际价额显著低于所认缴的出资额的股东转让股权的，转让人与受让人在出资不足的范围内承担连带责任；受让人不知道且不应当知道存在上述情形的，由转让人承担责任。"

相较 2018 年《公司法》，新法并未予以公司和债权人不同的权利，而是直接规定了转让股东与受让人的出资责任。易言之，新法赋予了公司、债权人以相同权利要求股东、受让人承担出资责任。具体而言，在认缴出资期限届满前股东转让未实缴股权，受让人承担该实缴出资责任，转让人承担补充赔偿责任；出资期限届满未全额实缴出资或者出资期限内出资不实的，推定受让人承担连带责任，但受让人不知道且不应当知道该情形的存在免责。

2024 年 12 月 24 日，最高人民法院发布《关于〈中华人民共和国公司法〉第八十八条第一款不溯及适用的批复》(法释〔2024〕15 号)，明确了该条款不具有溯及力，即：2024 年 7 月 1 日起施行的《公司法》第 88 条第 1 款仅适用于 2024 年 7 月 1 日之后发生的未届出资期限的股权转让行为。对于 2024 年 7 月 1 日之前股东未届出资期限转让股权引发的出资责任纠纷，法院应当根据原公司法等有关法律的规定精神公平公正处理。该司法解释的颁布，为历史股东未届出资期限转让股权所引发的出资责任纠纷提供了明确的法律依据，强调了法律适用的稳定性和预期性。但在实际操作中，应深入理解这一司法解释的精神，结合具体案例准确判断历史股东的行为性质，综合考量股权转让行为的合规性、股东的行为表现、公司的经营情况等因素，以作出公正、合理的法律判断。

4. 明确股份有限公司章程可对股权转让作出限制

2023 年《公司法》第 157 条规定："股份有限公司的股东持有的股份可以向其他股东转让，也可以向股东以外的人转让；公司章程对股份转让有限制的，其转让按照公司章程的规定进行。"

基于公司自由治理的观念，《公司法》愈加趋向公司的开放性和灵活性，故此次修订规定表明公司股权不受对象限制，仍需要符合法律和公司章程内部规定。公司章程内部覆盖多种类型的股票和普通股票的内容，故该转让限制囊括在公司章程之中。

5. 新增法律、行政法规或者国务院证券监督管理机构可对上市公司股东、实际控制人限售本公司股份另行规定的规则

2023 年《公司法》第 160 条第 1 款、第 2 款规定："公司公开发行股份前已发行的股份，自公司股票在证券交易所上市交易之日起一年内不得转让。法律、行政法规或者国务院证券监督管理机构对上市公司的股东、实际控制人转让其所持有的本公司股份另有规定的，从其规定。公司董事、监事、高级管理人员应当向公司申报所持有的本公司的股份及其变动情况，在就任时确定的任职期间每年转让的股份不得超过其所持有本公司股份总数的百分之二十五；所持本公司股份自公司股票上市交易之日起一年内不得转让。上述人员离职后半年内，不得转让其所持有的本公司股份。公司章程可以对公司董事、监事、高级管理人员转让其所持有的本公司股份作出其他限制性规定。”

上述规定明确了股份转让的限制条款。具体而言，一是公开发行股份前发行的股份自公司股票在证券交易所上市一年内不得转让，旨在维护正常的证券市场秩序，防止发行股份的股东大量抛售股份，导致公司运营不善；二是对控股股东、实际控制人的股份转让限制，有利于维护公司的合法权益；三是对公司董事、监事、高级管理人员所持股股份的转让限制，旨在防止利用职务之便利获取不正当优势，从而损害公司利益。

6. 新增股权在限售期内出质，质权人不得行使质权的规定

2023 年《公司法》第 160 条第 3 款规定：“股份在法律、行政法规规定的限制转让期限内出质的，质权人不得在限制转让期限内行使质权。”

此规定明确限售期内可依法进行股份出质，但不得行使质权。这既实现了股份的经济价值，维护股东依法出质股票的权利；也实现了限售的法律效果，防止股东以“出质”名义规避法律的限售规定。

7. 新增禁止财务资助制度及例外规则

2023 年《公司法》第 163 条规定：“公司不得为他人取得本公司或者其母公司的股份提供赠与、借款、担保以及其他财务资助，公司实施员工持股计划的除外。为公司利益，经股东会决议，或者董事会按照公司章程或者股东会的授权作出决议，公司可以为他人取得本公司或者其母公司的股份提供财务资助，但财务资助的累计总额不得超过已发行股本总额的百分之十。董事会作出决议应当经全体董事的三分之二以上通过。违反前两款规定，给公司造成损失的，负有责任的董事、监事、高级管理人员应当承担赔偿责任。”

第 163 条规定限制股份有限公司实际控制人股东或者关联方进行不正当利益输送，以防损害公司合法权益，影响股份交易市场的正常秩序。具体而言，分为原则限制、决议资助、违规赔偿三个方面：就原则限制而言，公司不得为他人取得本公司股份提供赠与、借款等资助；就决议资助而言，公司经过股东会或者董事会为他人取得公司股份的决议资助的，不得超过总额的 10%；就违规赔偿而言，违反上述两款规定的，董事、监事、高级管理人员应当对自身行为承担赔偿责任。

（五）股权转让纠纷的实务操作

1. 诉讼主体

（1）原告：股东、公司、实际出资人、相关利害关系人。

（2）被告：股东、公司、相关利害第三人。

（3）第三人：公司、股东、相关利害第三人。

2. 案由

《民事案件案由规定》将股权转让纠纷作为三级案由规定在内。股权转让纠纷的核心是平衡人合性和资合性，这也是股权转让纠纷在实践中产生争议的重要原因。有限责任公司兼具人合性和资合性，《公司法》对其股权转让作出了相关的强制性规定；股份有限公司是典型的资合性公司，其股权以自由转让为基本特征。

3. 管辖

因股权转让纠纷提起的诉讼，原则上以《民事诉讼法》中管辖的相关规定为基础，但要综合考虑公司所在地等因素来确定管辖法院。按照《民事诉讼法》及最高人民法院相关司法解释的规定，合同纠纷，由被告住所地或合同履行地法院管辖。合同没有实际履行，当事人双方住所地又都不在合同约定的履行地的，应由被告住所地法院管辖。同时，法律赋予当事人协议约定管辖法院的权利，即合同的双方当事人可以在书面合同中协议选择被告住所地、合同履行地、合同签订地、原告住所地、标的物所在地法院管辖，但不得违反《民事诉讼法》对级别管辖和专属管辖的规定。对于将公司列为被告的，应由公司住所地法院管辖。

4. 诉讼时效

3 年。

5. 诉讼请求

（1）请求依法解除、撤销股权转让协议或依法确认股权转让协议无效。

（2）请求支付或返还股权转让款并赔偿损失或支付违约金等。

三、请求变更公司登记纠纷

(一)请求变更公司登记纠纷概述

为了实现公司的有效创设与合理运转,法律以公司登记的形式为公司赋予拟制人格,予以法律确认,使之成为名副其实的"纸面人"。在司法实务中,公司的名称、住所、法定代表人姓名等登记事项都会频繁呈现变更的局面,如公司股东转让股权协议、法定代表人变更等事项,凭借法律变更登记具有某种确权的效力——原有权利的改变、继续和免责效力。追诉问题的根源所在,无疑是变更公司登记行为的认定以及变更公司登记后的效力认定,而这直接关乎股东等人各项权利的行使。

从公司变更登记行为公法性来看,即行政机关对公司类商事经营主体的强制性规制以及公司登记本身的行政确认。质言之,公司变更登记行为系一种纯粹意义上的行政确认行为,系国家机关对公司法人实质认可的确权性行政行为,本质上是应当体现国家意志的公法行为。①

从公司变更登记行为私法性来看,即股东行为的私法属性以及申请公司变更登记的自觉性。从公司的最终目的来看,亦是为实现民商事交易,其行为本质上属于民事法律行为。②

公司变更登记行为系公私法系复合,即区分登记的具体内容,以明确其公、私法属性,强调登记主管机关的公共服务属性,淡化其管理属性,同时也认可市场交易主体应当被适当监管,但是不能阻碍正常的交易活动。

无论是从公法、私法角度来看公司变更登记行为本身,申请主体与被申请主体之间的不平等性以及被管理性都能反映明显的公法性质;就公司变更登记的程序而言,其需要满足行政准入制度条件,更为体现公法范畴。因而,将公司变更登记行为归属公法范畴更为符合实践要求。

具体来说,公司变更登记是指对公司既有登记要素的变更(涉及变更的条

① 参见王远明、唐英:《公司登记效力探讨》,载《中国法学》2003 年第 2 期。

② 参见蒋大兴:《公司法的展开与评判——方法·判例·制度》,法律出版社 2001 年版,第 523 页。

件、程序内容及后果等含义）；公司变更登记纠纷是指股东或法定代表人等人对公司登记所记载事项请求予以变更产生的纠纷。《公司法》对变更公司登记的事项情形等进行了明确规定，即该公司登记行为成立与否、变更公司登记行为产生的效力。为满足公司变更登记事项的各项要求，从而使公司有效监管，公司变更登记需要符合《公司法》的相关规定要求。进而，这就衍生了股东或法定代表人等对公司登记所记载事项符合规定的变更情形所产生的权利义务纠纷，即公司变更登记纠纷。主要包括法定代表人变更公司登记纠纷，股东请求变更公司登记纠纷，董事、监事、经理等高级管理人员，注册地址，经营范围变更登记纠纷等。

1. 法定代表人变更公司登记纠纷。例如，因原法定代表人辞职等情形引起的变更公司登记，因公司召开股东会作出变更法定代表人的决定所引起的法定代表人之间的变更公司登记纠纷，挂名等情形下的法定代表人等要求变更公司登记。2023 年《公司法》对于法定代表人辞任、登记等事项作出了更为具体明晰规定，担任法定代表人的董事或者经理辞任的，视为同时辞去法定代表人，法定代表人辞任的，公司应当在法定代表人辞任之日起 30 日内确定新的法定代表人。公司变更法定代表人的，变更登记申请书由变更后的法定代表人签署。

2. 股东请求变更公司登记纠纷。例如，因股权转让引发的新旧股东之间的变更公司登记纠纷，因股权代持引发实际出资人与名义出资人之间的变更公司登记纠纷，股东死亡引发的股权继承案件，公司章程未作排除股权继承的约定、股东继承人有权请求公司办理变更登记，被冒名登记为股东等情形引发股东请求变更公司登记。

3. 监事、董事、经理等高级管理人员，注册地址，经营范围等变更登记纠纷。例如，因股东会形成决议通过新董事、监事人选引起新旧董事、监事之间的变更公司登记纠纷；公司因业务扩展、办公地点搬迁等原因需要变更注册地址时，若未按照法律规定程序进行变更登记，可能会引发与税务机关、市场监管部门等政府部门的纠纷，以及与客户、供应商等合作伙伴之间的信任问题；公司在运营过程中，可能会因市场变化、业务调整等原因需要变更经营范围。若变更过程中存在未按照法律规定程序进行，或变更后未及时向公司登记机关办理变更登记的情况,可能会引发与监管机构、合作伙伴等之间的纠纷。

(二)典型案例分析

1. 法定代表人变更登记纠纷

案例 | 童某与长城文创园公司请求变更公司登记纠纷

审理法院:甘肃省敦煌市人民法院

案号:(2020)甘 0982 民初 339 号

【基本案情】

2014 年 11 月,童某入职第三人文化公司。2015 年8 月,长城文创园公司在敦煌市工商行政管理局申请注册登记,童某受第三人文化公司委派,担任长城文创园公司的法定代表人及董事长。2019 年 11 月,童某向第三人文化公司递交辞职申请。2020 年 1 月,因劳动合同期满,童某与第三人文化公司解除劳动关系,并通过邮政特快专递向长城文创园公司邮寄辞职报告(不再担任公司法定代表人及董事长)。之后,第三人文化公司向长城文创园公司股东出具《关于请求更换长城文创园童某法定代表人及董事长职务的通知》。长城文创园公司的公司章程规定,公司的法定代表人由董事长兼任,董事长由董事会产生,任期 3 年,任期届满可连选连任。同时,国家企业信用信息公示系统显示,第三人文化公司系长城文创园公司股东的合伙人。2020 年 2 月,童某通过网上立案的方式,以长城文创园公司为被告,以第三人文化公司为第三人,提起本案诉讼。

【争议焦点】

原法定代表人在与公司无任何关联的情况下继续担任名义上的法定代表人,在无其他救济权利时,原法定代表人是否有权请求变更公司登记?

【审理结果与裁判要点】

法院认为,法人属于法律拟制人格,其对外开展民商事活动主要是通过其法定代表人进行,这就要求法定代表人与其所代表的法人之间存在实质关联性,实质关联性的重要表现就是要参与公司的经营管理。本案中,童某已于

2020 年 1 月 2 日与第三人文化公司解除劳动关系，后明确向长城文创园公司提出不再担任公司法定代表人及董事长职务。虽然长城文创园公司的公司章程规定董事长任期届满可连选连任，但本案并不属于此情形。公司法定代表人变更虽属公司内部自治范围，但在童某并不参与长城文创园公司经营管理，系长城文创园公司名义上的法定代表人，显然与我国《公司法》第 13 条[①]的立法宗旨相违背。加之童某曾多次要求长城文创园公司变更法定代表人，但公司怠于行使权利仍未办理变更登记，考虑到童某对此问题已无其他救济途径，故应赋予其司法救济，即办理法定代表人的变更登记。故法院对童某的诉讼请求予以支持。

司法实务中，判断法定代表人请求变更相应的公司登记应当符合《公司法》变更登记的立法目的及情形。从第一层面来看，《公司法》第 10 条的立法系股东集体意志的体现，是为了维护正常经营的民商事活动，保护善意第三人与公司的民商事交易行为；从第二层面来看，原法定代表人多次要求变更公司法定代表人登记，公司怠于行使变更公司登记权利，导致无法进行公司的有效监管，甚至无法维护公司与第三人的民商事交易行为，因而赋予原法定代表人相应司法救济。对此种情形的认定可参见最高人民法院第六巡回法庭 2020 年度参考案例之六：王某廷诉巴州赛瑞机械设备安装有限公司、曹某刚请求变更公司登记案[②]，最高人民法院认为，挂名法定代表人王某廷基于离职的事实与巴州赛瑞机械设备安装有限公司的委托关系终止，若继续担任公司的法定代表人则具有一定法律风险甚至可能加大此种法律风险，且无任何的救济途径，因而对其变更法定代表人的请求应当予以认可。具体到本案中，童某作为名义上的长城文创园公司的法定代表人以及董事长，并未实际运营、管理长城文创园公司；童某多次要求变更公司登记却无人予以回应。这更加体现了童某作为长城文创园公司法定代表人的不适当性，童某请求公司变更法定代表人登记合情合理。

① 本案中适用的是 2018 年《公司法》，相关规定参见 2023 年《公司法》第 10 条。

② 参见最高人民法院民事裁定书，(2020) 最高法民再 88 号。

众所周知,挂名担任法定代表人系公司的常见行为。当公司外部经营、内部治理融洽时,挂名担任法定代表人并无严重负面影响;当公司内部经营出现失灵问题,甚至债台高筑,而实控人坐视不理时,挂名法定代表人就可能被牵连。但公司变更法定代表人需要公司股东会作出任免执行董事的决议,而此决议属于公司内部经营事务,不宜被强行介入。需要注意的是,在一个不参与公司经营管理,理应不成为公司的法定代表人却又实际担任法定代表人的自然人的合法权益受到侵害,只有诉诸司法途径才能保护自身的利益时,司法作为维护公平正义的最后一道防线,应当介入。

2. 请求被法院宣告破产且终结破产程序公司履行变更登记纠纷

案例 | 天津金融博物馆、前海智青春公司请求变更公司登记纠纷

审理法院:广东省深圳市中级人民法院

案号:(2021)粤03民初3729号

【基本案情】

2015年3月,前海智青春公司在深圳市设立,注册资本为500万元,设立时股东为天津金融博物馆,持股30%,案外人周某娣,持股70%。2016年8月,天津金融博物馆与案外人前海数星公司签订《股权转让协议》,约定天津金融博物馆将其持有的前海智青春公司30%(出资150万元,未实际缴纳出资)股权及其依该股权享有的相应股东权益以1元转让给前海数星公司,前海数星公司同意受让上述被转让股权,合同签订后,双方应当立即就该转让的有关事宜要求前海智青春公司将前海数星公司的名称、住所、受让的出资额记载于股东名册,并办理完毕工商登记手续。2019年9月,前海智青春公司在天津金融博物馆未参会的情况下作出股东会决议,一致同意天津金融博物馆将其持有公司30%股权以1元的价格转让给前海数星公司,其他股东放弃优先购买权。周某娣、前海智青春公司和前海数星公司在股东会决议上签字盖章。2018年4月,天津金融博物馆向前海数星公司发出催告函,要求前海数星公司在收到催告函之日起15日内就股权转让事宜要求前海智青春公司将前海数星公司的名称、住所记载于股东名册,并办理完将股东变更为前海数星公司的工商登记手续。

2018年6月，天津金融博物馆向前海智青春公司法定代表人周某娣发出敦促函，要求周某娣敦促并安排前海智青春公司协助完成股权转让工商变更登记手续。同时，(2018)深仲裁字第1784号仲裁裁决认定天津金融博物馆与前海数星公司签订的股权转让协议有效；(2018)粤03破申463号民事裁定以及(2019)粤03破209号之一民事裁定宣告前海智青春公司破产并终结破产程序。2021年，天津金融博物馆主张前海智青春公司向公司登记机关申请将天津金融博物馆名下30%股权变更登记至前海数星公司名下，并协助办理上述30%股权变更登记至前海数星公司的相关工商登记手续，故而向法院提起诉讼。

【争议焦点】

公司已被法院宣告破产且终结破产程序，是否仍有义务办理变更登记？

【审理结果与裁判要点】

法院认为，本案中，生效仲裁裁决已认定天津金融博物馆与前海数星公司之间的股权转让协议有效，并裁令前海数星公司要求前海智青春公司办理相应的股权变更登记。据此，应认定天津金融博物馆所持有的前海智青春公司30%股权已转让给前海数星公司，前海智青春公司的股权结构实际上已发生变化。前海智青春公司作为目标公司，在其股东发生变动时，有义务办理相应的股权变更登记。天津金融博物馆请求前海智青春公司办理股权变更登记手续，于法有据，法院予以支持。截至案件审理时，前海智青春公司并未注销，其主体资格依然存续，办理工商变更登记并无事实或法律上的障碍，前海智青春公司该抗辩理由不成立。至于前海智青春公司主张的天津金融博物馆未实际缴纳出资的问题，天津金融博物馆是否违反出资义务以及其责任承担不属于本案的审理范围，当事人应另循法律途径解决，但股东出资问题并不影响本案关于股权变更登记问题的处理。根据《公司法》第32条①、《公司法解释(三)》第23条、《民事诉讼法》第142条②的规定，判决深圳市前海智青春公司于判决生效

① 本案中适用的是2018年《公司法》，相关规定参见2023年《公司法》第56条。

② 本案中适用的是2017年《民事诉讼法》，相关规定参见2023年《民事诉讼法》第145条。

之日起10日内向公司登记机关申请将天津金融博物馆名下30%股权变更登记至前海数星公司名下，并协助办理上述30%股权变更登记至前海数星公司名下的相关工商登记手续。

当公司已被法院宣告破产且终结破产程序时，公司办理变更登记关键取决于股东变更登记决议是否有效和公司主体资格是否丧失。实务中，股东变更登记协议经过司法裁定认定有效，公司即使被法院宣告破产，但并未办理具体的注销登记，证明其公司主体资格并未丧失，其仍然有义务履行办理工商登记的义务。

3. 挂名法定代表人主张变更法定代表人公司登记纠纷

案例 | 吕某某、耀创公司等请求变更公司登记纠纷

审理法院：江苏省常州市中级人民法院

案号：(2021)苏04民终5059号

【基本案情】

耀创公司成立于2015年7月24日，原股东为朱某某及耿某，法定代表人为朱某某。2017年5月15日，耀创公司的股东变更登记为朱某某及吕某某(出资比例分别为59%、41%)，法定代表人变更登记为吕某某(履行执行董事职责、兼任经理职责)。2020年8月5日，吕某某诉至法院，要求耀创公司、朱某某配合其办理耀创公司法定代表人的变更登记。庭审中，吕某某称其系代葛某飞持有耀创公司41%的股份，葛某飞才是实际出资人。吕某某也仅是挂名法定代表人，其实际工作为驾驶员，每月领取固定工资，从未参与耀创公司的经营管理，且其已于2017年年底离职。

2020年，吕某某主张变更耀创公司法定代表人登记，故而提起诉讼。一审法院认为，原告提交的证据并不能证明耀创公司已经作出了变更法定代表人的决议或者决定，故不具备法定代表人变更登记所要求的条件，而且法定代表人在股东会或董事会作出有效决议前可以申请法院以职权变更法定代表人，这有悖公司法意思自治的原则，不利于公司内部组织机构管理和经营职能的运行。一审法院判决驳回了吕某某的诉讼请求。吕某某不服一审判决，提出上诉。

【争议焦点】

仅以挂名法定代表人的主张变更法定代表人公司登记能否有效?

【审理结果与裁判要点】

二审法院认为,从耀创公司的工商登记信息看,吕某某自 2017 年 5 月 15 日即成为耀创公司的股东、法定代表人,虽吕某某称其仅是葛某飞的挂名股东且是耀创公司的挂名法定代表人,但吕某某对其是葛某飞的挂名股东的主张并无充分、有效的证据予以证明。即使吕某某已从耀创公司离职,但在吕某某仍为耀创公司股东的情况下,吕某某是否继续担任耀创公司的法定代表人以及耀创公司如何变更法定代表人等均属于耀创公司的内部治理事务范围,不属于法院受案范围,一审法院因此驳回吕某某的起诉并无不当。二审判决驳回上诉,维持原判。

司法实务中,挂名法定代表人主张变更法定代表人公司登记的,涉及两方面的问题:其一,是否构成挂名担任法定代表人的情形;其二,仅通过挂名法定代表人的情形能否主张变更法定代表人公司登记。就挂名法定代表人而言,挂名法定代表人系公司内部的意思表示,在不违反强制性法规、行政法规等的前提条件下,为公司内部章程行为。再者,变更公司登记需要满足相应的程序性规定,即在公司决议作出变更之 30 日内作出变更登记申请。

就挂名法定代表人而言,结合《公司法》关于公司变更登记等的相关规定,其立法宗旨系保护公司内部有效法定代表人行为,维护正常的民商事交易行为。公司股东虽然从公司离职,但其仍具有公司股东身份,有权处理公司的民商事交易行为,本案一审、二审均认定此系公司内部治理事务的范围。2023 年《公司法》新增法定代表人的辞任及补任规定,明确担任法定代表人的董事或者经理辞任的,视为同时辞去法定代表人。法定代表人辞任的,公司应当在法定代表人辞任之日起 30 日内确定新的法定代表人。这一规定确保了公司法定代表人职务的顺利交接,避免出现“挂名法人”的现象。有利于维护公司的稳定运营。

基于上述分析,变更法定代表人等均属于公司内部治理事务范围,不属于法院受案范围,法院不予支持。

（三）疑难法律问题解答

1. 实际出资人即隐名股东能否提起公司变更诉讼

《公司法解释（三）》第 24 条第 2 款、第 3 款规定：“前款规定的实际出资人与名义股东因投资权益的归属发生争议，实际出资人以其实际履行了出资义务为由向名义股东主张权利的，人民法院应予支持。名义股东以公司股东名册记载、公司登记机关登记为由否认实际出资人权利的，人民法院不予支持。实际出资人未经公司其他股东半数以上同意，请求公司变更股东、签发出资证明书、记载于股东名册、记载于公司章程并办理公司登记机关登记的，人民法院不予支持。”

因此，实际出资人可以其实际履行了出资义务为由向名义股东主张权利，但实际出资人未经公司其他股东半数以上同意，请求公司变更股东、签发出资证明书、记载于股东名册、记载于公司章程并办理公司登记机关登记的，将不能实现权利保护。

2. 被冒名股东能否提起公司变更诉讼

《公司法解释（三）》第 28 条规定：“冒用他人名义出资并将该他人作为股东在公司登记机关登记的，冒名登记行为人应当承担相应责任；公司、其他股东或者公司债权人以未履行出资义务为由，请求被冒名登记为股东的承担补足出资责任或者对公司债务不能清偿部分的赔偿责任的，人民法院不予支持。”冒用他人名义出资并将他人登记为股东的，被冒名人不承担补足出资责任或者对公司债务不能清偿部分的赔偿责任。

3. 股权所有权人请求认定处分股权行为无效的诉讼

司法实践中，股权无权处分案件的案由可能涉及股权转让之诉和股东资格确认之诉。当一个案件既包含股东资格确认之诉又包含无权处分之诉时，通常吸收合并为股东资格确认之诉。此外，涉及股东与外部第三人关系的股权转让纠纷的，应坚持外观主义原则，优先保护外部善意第三人因信赖公示产生的权利外观而作出行为的效力。

根据《公司法解释(三)》第26条第1款的规定，名义股东将登记于其名下的股权转让、质押或者以其他方式处分，实际出资人以其对于股权享有实际权利为由，请求认定处分股权行为无效的，法院可以参照原《物权法》第106条(现《民法典》第311条)的规定处理，即无处分权人将不动产或者动产转让给受让人的，所有权人有权追回；除法律另有规定外，符合下列情形的，受让人取得该不动产或者动产的所有权：(1)受让人受让该不动产或者动产时是善意的；(2)以合理价格转让；(3)转让的不动产或者动产依照法律规定应当登记的已经登记，不需要登记的已经交付给受让人。

4. 股权变动下的公司变更登记

股东名册变更标准，即完成股东名册的变更后发生股权归属的变化的判断标准。司法实务中，有以股东花名册作为判断标准的信息，凭借股东花名册的直接效力或者间接以书面文件作为股权交付的证明。例如，在王某、金月湾酒店股东资格确认纠纷案中，法院认定转让合同仅作为双方之间产生合法的债权债务关系，为实现股权转让的目的必须由公司一方将具体变动情况在股东花名册中予以具体说明，从而表明确权确实发生变化，公司内部成员已经发生了变化——受让一方成为公司新成员。[①]

有以工商登记变更为标准，即工商登记作为股权归属变更的依据。实务中，在审理公司之间的股权纠纷案件时，有法院否认了“合同约定”的标准，认为必须具备工商登记的外观形式才可认定股权变更的效力。

亦有以双重登记变更为标准，即必须满足股东花名册的变更以及工商登记的变更两项登记程序。例如，在北京润泽公司等与华融国际公司案外人执行异议之诉案中，法院认为必须完成登记手续(股东花名册以及公司登记机关两项变更登记)才可产生对外公示的效果，[②]从而给予股权交易活动的双重保障，使第三人难以推翻此事实。

---

① 参见贵州省高级人民法院民事判决书，(2017)黔民终971号。

② 参见北京市高级人民法院民事判决书，(2018)京民终94号。

(四)2023 年《公司法》关于公司变更登记的修订要点

1. 明确公司登记事项的内容,并要求在国家企业信用信息公示系统公示

2023 年《公司法》第 32 条规定:“公司登记事项包括:(一)名称;(二)住所;(三)注册资本;(四)经营范围;(五)法定代表人的姓名;(六)有限责任公司股东、股份有限公司发起人的姓名或者名称。公司登记机关应当将前款规定的公司登记事项通过国家企业信用信息公示系统向社会公示。”

为了有效将公司设立、变更等全流程程序与国家企业信用信息公示系统进行深度链接,2023 年《公司法》第 32 条的规定明确公示登记事项内容并要求在国家企业信用信息公示系统公示。这既给予了公司更多的选择空间,又提高了公司公开信息的效率,提升了行政效能。

2. 新增法定代表人辞任和补任规则

2023 年《公司法》明确了公司法定代表人由代表公司执行公司事务的董事或经理担任;新增法定代表人的辞任及补任规则。其第 10 条规定:“公司的法定代表人按照公司章程的规定,由代表公司执行公司事务的董事或者经理担任。担任法定代表人的董事或者经理辞任的,视为同时辞去法定代表人。法定代表人辞任的,公司应当在法定代表人辞任之日起三十日内确定新的法定代表人。”

相较 2018 年《公司法》的规定,2023 年《公司法》扩大了法定代表人的人选范围,明确普通董事亦可担任公司法定代表人。此规定旨在规避不参与公司日常经营管理的外部人员担任公司法定代表人,从而确保公司法定代表人履行自身职责,承担相应法律责任。需要注意的是,2023 年《公司法》第 10 条规定的执行董事是指在公司负责业务执行的董事,即执行董事既是董事会一员,也是负责执行公司的业务人员。

与此同时,该条新增法定代表人辞任的规定,旨在强调尊重法定代表人的真实意愿。具体而言,法定代表人兼具双重身份,先担任执行董事或者经理等职务,后担任法定代表人。倘若法定代表人辞任,则该双重身份会同时丧失,确

保了公司治理的规范化和法治化。

3. 新增公司变更法定代表人的，变更登记申请书由变更后的法定代表人签署的规定

2023年《公司法》第35条规定："公司申请变更登记，应当向公司登记机关提交公司法定代表人签署的变更登记申请书、依法作出的变更决议或者决定等文件。公司变更登记事项涉及修改公司章程的，应当提交修改后的公司章程。公司变更法定代表人的，变更登记申请书由变更后的法定代表人签署。"

新增了公司变更法定代表人的，变更登记申请书由变更后的法定代表人签署的规定，旨在解决实践中常见的原法定代表人不配合变更登记的问题。在《公司法》修订前，公司法定代表人的变更通常需要由原法定代表人签署变更登记申请书，但这常常导致原法定代表人不配合，使得变更程序无法顺利进行。这一规定打破了这一僵局，明确了由新任法定代表人签署变更登记申请书，简化了变更程序，故而减少了纷争。

4. 新增股权转让后公司负有变更股东名册的义务，并赋予转让人与受让人对公司不履行该义务的诉讼权，同时明确转让后受让人对公司主张权利的时点

2023年《公司法》第86条规定："股东转让股权的，应当书面通知公司，请求变更股东名册；需要办理变更登记的，并请求公司向公司登记机关办理变更登记。公司拒绝或者在合理期限内不予答复的，转让人、受让人可以依法向人民法院提起诉讼。股权转让的，受让人自记载于股东名册时起可以向公司主张行使股东权利。"

此条明确股权变动模式，新增赋予转让人、受让人对于公司不履行变更股东名册义务的诉权保障，能够有效减少股权变动纠纷。具体而言，从转让人角度来看，转让人须履行书面通知义务和请求公司作出变更登记；从公司角度来看，若股权转让符合《公司法》要求以及公司内部章程规定，公司须履行变更股东名册并办理变更登记的义务；从受让人角度来看，受让人依据股东名册有权向公司主张股东权利，从而使受让人享有股东身份、股权。

(五)公司变更纠纷诉讼的实务操作

1. 诉讼主体

(1)原告:股东、实际出资人、被冒名股东及法定代表人。

(2)被告:公司。

2. 案由

《民事案件案由规定》将请求变更公司登记纠纷划分为独立的一个三级案由。

请求变更公司登记纠纷是股东对于公司登记中记载的事项请求予以变更而产生的纠纷。按照《公司法》的规定,有限责任公司应当将股东的姓名或者名称及其出资额向公司登记机关登记,登记事项发生变更的,应当办理变更登记,未经登记或者变更登记的,不得对抗第三人。变更公司登记直接关系到股东资格的确认与股权的行使,与股东利益密切相关,且实践中存在大量此类纠纷。

3. 管辖

因请求变更公司登记纠纷提起的诉讼,即《民事诉讼法解释》第 22 条规定的因股东名册记载、请求变更公司登记、股东知情权、公司决议、公司合并、公司分立、公司减资、公司增资等纠纷提起的诉讼,依照《民事诉讼法》第 27 条公司住所地管辖的规定确定管辖。

4. 诉讼时效

诉讼时效只适用于债权请求权,而请求法院变更公司工商登记涉及的是股东的身份性权利,不适用诉讼时效的有关规定。

5. 诉讼请求

(1)请求依法判令被告公司办理公司法定代表人工商变更登记,将法定代表人变更为原告,并由原法定代表人予以配合。

(2)请求依法判令被告公司办理公司法定代表人工商变更登记,将法定代表人变更为原告,并由被告股东予以配合。

(3)请求依法判令被告根据股东会决议办理工商变更登记手续,将执行董事、法定代表人或总经理或董事或监事变更为原告。

(4)请求依法判令被告公司将某被告名下股权变更至原告名下等。

四、公司证照返还纠纷

(一)公司证照返还纠纷概述

公司证照,是指公司经营所必需的许可证、营业执照等证件执照。公司证照对外代表着公司的意志,是公司的表象。尽管公司拥有证件执照的所有权,但在实践中,为方便公司内部的经营管理,公司证照往往由不同的公司机关及其人员实际占有、控制。例如,公司的营业执照、公司公章、财务章及法定代表人名章等可以由专人保管,公司规模较小的,也可能直接由公司的法定代表人保管。此外,公司股东、董事、经理等也均有可能保管、占有公司证照。当公司相关人员发生了相应的变化后,以前有权保管、持有公司证照的人员可能不再继续有权保管、持有公司证照,此时其应将公司证照返还给公司。如果相关人员不履行公司证照返还义务,则可能会发生公司证照返还纠纷。公司证照返还纠纷,看似是简单的民事纠纷,但实质上是对公司内部管理权的争夺,其中往往隐藏着巨大的公司利益。当公司发生重大变动时,各方为了控制公司,最先发起的就是公司证照的争夺。此外,在个别情况下,与公司无关的第三人也有可能非法侵占公司证照拒不返还。

公司作为一个独立的法人,在经营过程中,对外的意思表示极其重要,而能够代表公司意志的绝不仅限于公司证照、公章,也包括公司的财务账册、会计凭证(包含记账凭证及相关原始凭证)、各类资质证书、银行开户支票本、房产证及公司土地使用证、公司的档案、机密文件等,所以公司提起公司证照返还之诉请求返还的除了证照之外,还包括上述公司的其他各项资料。侵占公司证照的行为,其本质也是一种侵权行为,在公司提起公司证照返还之诉时,占有人的侵占行为导致公司损失的,公司可依据《民法典》第 179 条的规定,一并请求占有人赔偿损失。

（二）典型案例分析

1. 公司大股东持有公司证照返还纠纷

案例 | 陈某棠与嘉裕德公司公司证照返还纠纷

审理法院：福建省高级人民法院

案号：（2017）闽民终1213号

【基本案情】

嘉裕德公司成立于2009年6月8日，陈某棠与谢某煌作为嘉裕德公司的股东，分别占股60%和40%。2016年3月15日，陈某棠以需要使用公司公章为名，从嘉裕德公司取走公章。经嘉裕德公司多次催要，陈某棠至原告起诉时仍未返还，嘉裕德公司主张陈某棠返还公司公章，故而向法院提起诉讼。一审审理过程中，嘉裕德公司认为陈某棠的行为严重影响了嘉裕德公司的经营，并给嘉裕德公司造成重大损失，陈某棠辩称公司公章的持有是公司内部管理问题，不属于法院民事受案审理范畴，应由公司自治解决。一审法院支持了嘉裕德公司的诉讼请求。

陈某棠不服一审判决，提出上诉。

【争议焦点】

陈某棠作为大股东是否有权长期持有公司公章？

【审理结果与裁判要点】

二审法院认为，本案系公司公章返还引发的纠纷，其实质是公司内部治理中对公司控制权的争夺，确系公司内部纠纷，且协商解决亦为化解该纠纷的最佳方式。但结合本案事实，陈某棠取得公司公章已1年6个月有余，双方未能自行协商并妥善解决。在此情况下，为及时规范公司内部经营管理秩序，法律赋予公司通过司法途径解决的权利。因此，嘉裕德公司要求陈某棠返还公司公章系行使法律赋予其的权利，符合法律规定。本案中，陈某棠不具有嘉裕德公司法定代表人身份，亦无证据表明嘉裕德公司授权其持有公司公章，其长期连续持有嘉裕德公司公章缺乏法律依据。因此，在嘉裕德公司提出返还主张时，陈某棠应将公司公章返还嘉裕德公司。故二审法院驳回上诉，维持原判。

股东抢夺公章是否合法，取决于其占有、控制和管理公司公章是否有公司合法的授权；若无，则抢夺公章不合法。

公司是企业法人，有独立的法人财产，享有法人财产权。当公司印章、证照被他人无权占有和控制时，公司有权依法要求其返还。公司公章是代表企业法人意志、具有法律效力的印鉴，是法人身份和权利的证明。司法实践中，法人公章的使用常常作为判断民事活动成立和生效的重要标准。公司证照返还纠纷本质上往往是公司控制权的争夺，常发生在大股东权力竞争中。

大股东在公司任职时可以根据公司章程的规定或公司的授权，在合理权限范围内使用公司公章，但不能未经授权长期连续持有公司公章，否则可能会影响公司的正常经营。公司具有独立的民事主体资格，对公司公章享有占有、使用及支配的权利，其他民事主体非因法律规定或公司授权占有公司公章，公司有权要求其返还。因此，大股东想获得公章的合法授权，必然需要通过股东会决议获得接管公司的合法授权，或者通过修改公司章程等方式确认自己是公章的合法保管者。若大股东修改公司章程的决议不合法，则成立董事会的决议以及委派自己担任董事长的决定均没有合法的基础，其在没有合法授权的情况下抢夺公司公章自然不合法。

基于上述分析，公司法人代表有权代表公司要求大股东返还其无权占有的公司公章。

2. 法定代表人代表公司提起公司证照返还纠纷

案例 ｜ 帝恩施公司与龙某公司证照返还纠纷

审理法院：江苏省高级人民法院

案号：(2018)苏民终1099号

【基本案情】

帝恩施公司设立于2006年7月6日，注册资本250万美元，陈某强与龙某各出资125万美元，均持有公司50%的股权。陈某强为公司法定代表人并担任总经理，龙某为公司执行董事。帝恩施公司主张龙某返还帝恩施公司的公章、财务章，故而提起诉讼。

帝恩施公司陈述称：2015年4月23日，为保证帝恩施公司正常经营，帝恩施公司法定代表人陈某强与龙某达成协议，将公司印鉴共同保管于帝恩施公司厂房会议室内。2015年5月1日，龙某擅自拿走公章，经公司多次催告仍拒绝返还，已严重影响公司经营。龙某持有公司公章、财务章于法无据，妨害了帝恩施公司的正常经营，请求法院判令龙某返还公司公章。

龙某辩称：龙某与帝恩施公司法定代表人陈某强从2002年开始合伙，在苏州陆续注册了包括帝恩施公司在内的5家公司，两人持股均为50%，陈某强负责公司外部事务，龙某负责公司内部事务并担任执行董事，上述5家合伙公司中，有3家公司的公章、财务章、法人章都是由龙某保管的。帝恩施公司陈述的抢夺公章不是事实。

一审法院认为，陈某强代表帝恩施公司起诉龙某依据亦不充分，判决驳回原告帝恩施公司诉讼请求。帝恩施公司不服一审判决，提起上诉。

【争议焦点】

(1)陈某强能否以帝恩施公司名义提起本案诉讼?

(2)陈某强主张龙某返还公司公章、财务章的请求能否成立?

【审理结果与裁判要点】

二审法院认为，根据帝恩施公司的章程规定，帝恩施公司不设董事会而只设执行董事，并且由执行董事负责公司的经营，而公司法定代表人为总经理担任且其不负责公司的日常经营。现帝恩施公司的执行董事由龙某担任，由此龙某作为负责公司日常经营的执行董事保管公司的公章，具有合法的依据。

本案名义上系帝恩施公司作为原告起诉被告龙某返还公司印章，但本案民事起诉状中仅有陈某强个人的签字确认，而被告龙某同时也是帝恩施公司的股东，且陈某强与龙某正涉及多起诉讼纠纷，在此情况下应当审查陈某强代表公司作出起诉龙某的依据是否充分。法院认为，股东会是公司最高权力机构，就本案帝恩施公司股东而言，龙某与陈某强均持有帝恩施公司50%股权，均拥有同等份额的表决权。在帝恩施公司持股50%的股东龙某明确不认可陈某强以公司名义起诉自己的情况下，本案现仅由陈某强签字确认的民事起诉状，不能认定帝恩施公司作出起诉股东龙某一致的决议。因此,本案陈某强代表帝恩施公司起诉龙某依据亦不充分,判决驳回原告帝恩施公司诉讼请求。

涉及同一家公司股东的纠纷,应当由法定代表人代表公司参与诉讼活动。根据《民事诉讼法》第 51 条第 2 款之规定,法人由其法定代表人进行诉讼。虽然诉讼系同一家公司股东与另一股东因公司的公章及财务章的保管问题引发,但诉讼的对象及诉请内容并不影响法定代表人以公司名义行使诉权。

针对公章由谁保管这一问题。公司证照属于公司财产,包括公章、财务专用章、营业执照、财务账簿、内部资料等,公司对其财产享有占有、使用和依法处分的权利。因此,应由公司意志决定公司证照的保管主体。公章作为公司证照的一种,一般先由公司章程、股东会决议或管理制度确定的主体,最后在没有特别约定的情况下,法定代表人有权保管。但实务中负责主持公司生产经营管理、执行股东会决议、制订公司经营计划和投资方案的执行董事在负责公司生产经营管理期间,必然要使用公章及财务章,故其持有公章并不违反公司章程规定。

基于上述分析,法定代表人虽然能代表公司提起返还公章诉讼,但实务中被告履行公务过程中是否必然使用公章是考量其能否持有公章的重要因素。

3. 法定代表人代表公司要求董事返还公章纠纷

案例 | 徐某与金泰达公司公司证照返还纠纷

审理法院:江苏省高级人民法院

案号:(2018)苏民终 474 号

【基本案情】

金泰达公司成立于 2008 年 6 月 13 日,出资人为汇金公司、洋泰公司、连捷公司,注册资本 500 万美元,其中汇金公司认缴出资额 200 万美元,占注册资本的 40%,洋泰公司、连捷公司各认缴出资额 150 万美元,各占注册资本的 30%。

金泰达公司董事会由 7 名董事组成,其中汇金公司委派白某甲为董事长,郭某梅、白某乙为董事会董事,连捷公司委派徐某、茅某芳为董事会董事,洋泰公司委派刘某潮、朱某东为董事会董事。

2016 年 7 月 4 日,金泰达公司召开临时董事会,通过 2016 年临时董事会决议,决议第6条规定,"公司所有章(包括公章、财务章、合同章、出口销售章)的监管:采购保险柜存放公司办公室,保险柜密码由徐某管理,钥匙由白某乙管理"。

2017年1月24日,徐某带领一名开锁匠来到存放金泰达公司印章、证照等物品的办公室,将办公室门上封条撕掉,进入办公室内,将存放公司印章、证照等物品的保险柜撬开,将公司公章、财务章、合同章、公司营业执照正副本原件、银行开户许可证、出口销售章拿走。

金泰达公司主张徐某返还公司相关印章、证件,故而提起诉讼。一审法院认为,徐某持有公司的公章、财务章、合同章、公司营业执照正副本原件、银行开户许可证、出口销售章无合法依据,予以支持。

徐某不服,提出上诉。

【争议焦点】

(1)白某乙是否能够代表公司进行本案诉讼?

(2)徐某是否合法持有公司的公章、财务章、合同章、公司营业执照正副本原件、银行开户许可证、出口销售章?

【审理结果与裁判要点】

二审法院认为,金泰达公司的印章、证照属于公司的财产,应由公司依照公司章程及相关法律的规定交由公司相关人员掌管。2016年7月4日,金泰达公司通过董事会临时决议,决议规定了公司所有章(包括公章、财务章、合同章、出口销售章)的监管,监管方式为采购保险柜存放公司办公室,保险柜密码由徐某管理,钥匙由白某乙管理,公司相应印章、证照应当由徐某、白某乙共同管理。徐某未经公司董事会决议授权,擅自于2017年1月24日撬开保险柜,取走相关印章、证照行为违反上述董事会决议。其持有公司的公章、财务章、合同章、公司营业执照正副本原件、银行开户许可证、出口销售章无合法依据,属于不当持有,应当予以返还。

公司相关印章、证照属于公司财产,任何人不得无权占有。

根据《公司法》第3条之规定,公司是企业法人,有独立的法人财产,享有法人财产权。公司的印章、证照、财务账册、人事档案、业务合同等经营管理文件均属公司财产,由公司依法享有占有、使用、收益和处分的权利,包括公司股东、董事等在内的任何人均无权占有，应由公司依照公司章程及相关法律的规定交由公司相关人员掌管。不当持有公司财产的民事主体，无论是公司内部的高级管理人员、股东还是公司以外的第三人，均应承担相应的返还之责。

基于上述分析，当公司相关印章、证照被无权占有时，公司可以依据《公司法》主张返还。

4. 公司作为公章的所有权人主张要求返还存放第三人处公章

案例 中元鼎公司诉刘某序、庞某玲、第三人光大银行深圳分行返还原物纠纷

审理法院： 广东省深圳市福田区人民法院

案号：（2022）粤0304民初1937号

【基本案情】

中元鼎公司于2015年7月28日注册成立，成立之初中元鼎公司申请刻制印章一枚。2019年6月底，中元鼎公司实际控制人在接管公司后，经多方查找，没有找到中元鼎公司印章及执照，遂于2019年11月12日以中元鼎公司印章遗失为由向深圳市公安局福田分局申请备案重新刻制印章。2021年9月，中元鼎公司原股东宿某南向深圳市公安局福田分局申请撤销2019年11月12日原告中元鼎公司印章的备案。经深圳市公安局福田分局介入调查，宿某南向深圳市公安局福田分局提交了公司公章、执照存放于第三人保险箱的租用合同，租用签字人为刘某序及庞某玲。经公安机关现场调查取证，中元鼎公司原印章及执照确实存放于第三人的保险箱内。深圳市公安局福田分局遂以中元鼎公司申请补刻公章的理由与客观事实不符为由，于2021年9月15日作出撤销原告公司申请补刻的印章备案的决定。

中元鼎公司主张刘某序及庞某玲返还案涉公章，故而向法院提起诉讼。

【争议焦点】

(1) 中元鼎公司原股东宿某南是否授权刘某序及庞某玲保管中元鼎公司的公章？

(2)案涉公章未实际控制在刘某序及庞某玲手中,两人是否有实际协助返还案涉公章的义务?

【审理结果与裁判要点】

法院认为,庞某玲辩称经中元鼎股东宿某南指示,与刘某序共同租用光大银行保险柜,将中元鼎公司公章存放入光大银行保险柜中,其仅是根据公司股东相应指示代为租用保险柜并存放公章,但庞某玲并未提交相应证据佐证其存入中元鼎公司公章的行为是获得中元鼎公司或其他主体授权,且庞某玲亦同意将案涉公章返还原告。刘某序未到庭,亦未提交答辩意见及证据,视为放弃其自身诉讼权利。

案涉公章虽并未实际掌握在刘某序及庞某玲手中,但由于第三人对银行保险箱打开方式的特殊要求,刘某序及庞某玲有实际协助返还的义务,故法院对中元鼎公司主张刘某序、庞某玲将存放在第三人处中元鼎公司印章返还给中元鼎公司的请求予以支持。

由公司授权他人保管的公司公章,在公司不再授权的情况下保管人应当返还原物。

根据《公司法》第 3 条之规定,公司是企业法人,有独立的法人财产,享有法人财产权。公司证照作为公司企业法人的财产,其所有权理应属于公司,公司可以要求无权占有者返还公司证照。同理,公司公章作为公司企业法人的财产,所有权归属于公司。公司的公章承载着公司意志,独立对外从事民事活动。公司公章交由第三人保管,系公司内部事务,需经公司内部章程或者有关决议确定。

根据《民法典》第 240 条之规定,所有权人对自己的不动产或者动产,依法享有占有、使用、收益和处分的权利。公司公章为公司企业法人的财产,当公司不再授权个人占有保管公章证照,该保管人负有返还原物的责任。

基于上述分析,公司可以依据《公司法》和《民法典》的规定,主张无授权方返还公司公章。

(三)疑难法律问题解答

1. 公司证照的管理方式

在公司经营过程中,如发生公司分立、合并、增资减资或其他重大事项,可能导致公司证照的持有人发生变化，而公司证照返还纠纷案件是控制权之争中最多发的案件，实践中为避免发生纠纷，很多公司对证照及公章的管理越发严格。关于公司公章、证照的保管，如果公司章程或董事会决议有明确规定，则应当遵从公司章程与董事会决议；如果公司章程与董事会决议没有明确规定，则一般应当由法定代表人进行保管。目前公司对证照、公章的管理有如下5种方式：(1)按照章程对公司证照、公章进行管理；(2)按照公司股东会决议对公司证照、公章进行管理；(3)按照董事会的决议对公司证照、公章进行管理；(4)按照经理制定的公司制度对公司证照、公章进行管理；(5)按照公司惯例对公司证照、印章进行管理。

2. 公司证照返还之诉的起诉主体

(1)公司作为起诉主体

根据《民法典》第235条的规定，无权占有不动产或者动产的，权利人可以请求返还原物。如果公司的公章、证照被他人无权占有，公司就可以起诉占有人要求返还公章、证照。但在实践中，由于公司不实际持有公章、证照，在起诉时不能提交盖有公章的委托授权书和起诉书，一般由公司的法定代表人代表公司起诉，因为法定代表人在履行职务时代表的是公司行为，所以法定代表人起诉要求返还证照视为公司起诉。

(2)公司股东作为起诉主体

《公司法》第189条规定了股东代表诉讼制度，公司董事、监事、高级管理人员以及他人侵害公司合法权益的，公司股东有权向法院提起诉讼，但要遵循前置程序的要求，即股东应书面请求监事会、董事会提起诉讼；监事会或者董事会收到书面请求后拒绝提起诉讼，或者自收到请求之日起30日内未提起诉讼，或者情况紧急、不立即提起诉讼将会使公司利益受到难以弥补的损害的，股东有权为了公司的利益以自己的名义直接向法院提起诉讼。

(3)清算组作为起诉主体

公司进入破产清算程序的，原公司公章的管理人员应当向清算组移交包括公章在内的公司证照，以便开展清算工作，清算组一方面需要利用公章进行对外活动，另一方面也需要利用公章对公司的以往业务账册、文书等资料进行梳理、鉴别，以顺利完成清算任务。因此，清算组在清理公司资产的时候，有权利也有义务将作为公司财产一部分的公司证照、公章予以收回，若证照、公章占有人不履行返还义务，清算组就可以自己的名义提起公司证照返还诉讼。

(4)法定代表人作为起诉主体

《民事诉讼法》第 51 条第 2 款规定，法人由其法定代表人进行诉讼。公司的法定代表人，以公司名义进行诉讼符合法律规定。且公司证照返还纠纷，特别是公章返还之诉，无法以公司名义起诉，且诉讼的对象及诉请内容并不影响法定代表人以公司名义行使诉权，法定代表人有权以公司名义提起公司证照返还诉讼。

(5)经股东会决议选举的未经工商变更登记的法定代表人作为起诉主体

公司证照返还纠纷往往会发生在新旧法定代表人更换时，此时若旧法定代表人不返还证照、不配合进行变更登记，则新法定代表人无法变更登记。此时，新法定代表人以公司内部有效股东会决议为准，要求返还证照。公司证照返还纠纷系公司内部纠纷，应以公司章程、公司内部有效决议的效力为原则来确定可以代表公司参加诉讼的代表人。证照返还纠纷往往发生于新旧法定代表人更替时，新法定代表人经股东会决议选举但未变更工商登记，根据一般法院裁判要旨，应该根据内部股东会决议内容认定真正的法定代表人。

(四)2023 年《公司法》关于证照返还相关的修订要点

2023 年《公司法》新增了股东双重代表诉讼及其前置程序规则。

2023 年《公司法》第 188 条规定："董事、监事、高级管理人员执行职务违反法律、行政法规或者公司章程的规定，给公司造成损失的，应当承担赔偿责任。"

第 189 条规定："董事、高级管理人员有前条规定的情形的，有限责任公司的股东、股份有限公司连续一百八十日以上单独或者合计持有公司百分之一以上股份的股东，可以书面请求监事会向人民法院提起诉讼；监事有前条规定的情形的，前述股东可以书面请求董事会向人民法院提起诉讼。监事会或者董事会收到前款规定的股东书面请求后拒绝提起诉讼，或者自收到请求之日起三十日内未提起诉讼,或者情况紧急、不立即提起诉讼将会使公司利益受到难以弥补的损害的,前款规定的股东有权为公司利益以自己的名义直接向人民法院提起诉讼。他人侵犯公司合法权益,给公司造成损失的,本条第一款规定的股东可以依照前两款的规定向人民法院提起诉讼。公司全资子公司的董事、监事、高级管理人员有前条规定情形,或者他人侵犯公司全资子公司合法权益造成损失的,有限责任公司的股东、股份有限公司连续一百八十日以上单独或者合计持有公司百分之一以上股份的股东,可以依照前三款规定书面请求全资子公司的监事会、董事会向人民法院提起诉讼或者以自己的名义直接向人民法院提起诉讼。"

为了完善股东救济制度,2023 年《公司法》第 188 条、第 189 条确立了股东双重代表诉讼制度及其前置程序规则,即明确全资子公司合法权利受损时,有权提起代表诉讼的公司股东向法院起诉。从具体构成要件来看,该诉讼前提为股东必须针对全资控股的第一层子公司,符合全资子公司的财产归属母公司的财产特点;其前置程序必须书面请求董事会、监事会等提起诉讼,存在紧急情况、不立即提起诉讼造成难以弥补的损害的例外情形。

该条规定旨在解决母公司股东无法渗透母、子公司人格独立面纱并以自身名义代表子公司提起诉讼的难题,新确立的双重股东代表诉讼制度能够使母公司行使该诉权,从而维护公司架构中母公司股东等多方主体的权利。

(五)公司证照返还纠纷诉讼的实务操作

1. 诉讼主体

(1)原告:公司、股东、清算组、法定代表人。

(2)被告:证照占有人。

2. 案由

《民事案件案由规定》将公司证照返还纠纷划分为独立的一个三级案由。

公司证照包括公司的公章、财务章、发票专用章、分支机构专用章以及营业执照、社保登记证等,公司证照返还纠纷作为与公司有关的纠纷,表面上是对公章、营业执照、财务账册等归谁掌管的争议,其实质往往涉及对公司实际控制权的争夺。

3. 管辖

上海市高级人民法院《关于印发〈关于审理公司纠纷案件若干问题的解答〉的通知》(沪高法民二〔2006〕8 号)已经将公司证照返还纠纷类案件列为损害公司权益纠纷,最高人民法院《民事案件案由规定》将损害公司利益责任纠纷列入该规定第八部分之二十一"与公司有关的纠纷",而不在该规定第九部分"侵权责任纠纷"之列。无论是返还证照纠纷还是损害公司权益纠纷都属于与公司有关的纠纷,依据《民事诉讼法》第 27 条的规定、《民事诉讼法解释》第 22 条的规定,应由公司住所地的法院审理。

4. 诉讼时效

动产物权的权利人请求返还财产的请求权,不适用诉讼时效的规定。

5. 诉讼请求

请求证照占有人依法停止侵害、返还原物等。

五、公司增资纠纷

(一)公司增资纠纷概述

公司在经营过程中出于增强自身实力、改善股东结构、筹集经营资金、让企业获得更高的利益等需要,常常会增加注册资本,即公司增资,通常系公司为扩大经营规模、拓宽业务、提高公司的资信程度而依法增加注册资本金的行为。公司增加注册资本的方式主要有增加票面价值、增加出资、发行新股或者债转股。

股东增资一般通过三种方式进行,第一种是以公司未分配利润、公积金转增注册资本。第二种是股东自行增资,即由公司的原有股东对公司增加注册资本。实际增资过程中,股东可以按照原有的出资比例进行增资,保持增资后股权比例不发生变化。股东也可以不按照原有的出资比例进行增资,增资完成后需要重新计算并分配股权。第三种则是新股东投资入股,即由非公司的原有股东的第三人对公司进行增资,增资完成后增资人成为公司的股东,重新计算和分配股权。其中,股东自行增资方式对股东的经营运行变动最小,保护了增资优先认缴权，充分尊重了现有股东的意思自治，对公司债权人以及员工的影响较小。

根据公司资本不变与资本维持原则之要求，《公司法》对公司增加注册资本亦进行了严格的限制。《公司法》第 66 条第 3 款规定，股东会作出增加注册资本的决议，应当经代表 2/3 以上表决权的股东通过。第 227 条规定，有限责任公司增加注册资本时，股东在同等条件下有权优先按照实缴的出资比例认缴出资。但是，全体股东约定不按照出资比例优先认缴出资的除外。股份有限公司为增加注册资本发行新股时，股东不享有优先认购权，公司章程另有规定或者股东会决议决定股东享有优先认购权的除外。

有限责任公司增资应当满足如下程序要求：(1)董事会制订增资扩股方案；(2)股东会审议增资扩股方案并进行决议；(3)缴纳出资；(4)验资；(5)召开股东会增选董事、监事，修改章程；召开董事会，改组公司管理层；(6)变更登记。

股份有限公司增资应当满足如下程序要求：(1)召开股东会，并作出股东会决议、章程或者章程修正案；(2)开立验资账户；(3)增资资本进账询证；(4)出具增资验资报告并提交市场监管部门。

公司增资可保持现有运营资金或筹集经营资金，提高公司信用，获得法定资质，扩大公司经营规模，让企业获得更高的利益。同时公司通过增资方式可减少股东收益分配，调整股东结构和持股比例，达到税务筹划或调整公司控制权等目的。司法实践中公司增资常有增资以“明股实债”“股权加购”等额外约定，产生纠纷的可能性很大，作为公司吸引资金方应予以高度重视。

(二)典型案例分析

1. 增资后被转出，应予返还的规则认定及返还主体的确定

案例｜银基公司与丽港公司、李某沛、李某、狄某廷公司增资纠纷

审理法院：最高人民法院

案号：(2019)最高法民申 2605 号

【基本案情】

丽港公司于1997年1月16日成立，注册资本为3000万元，成立时股东为李某沛、李某、狄某廷，三人分别持有丽港公司40%、39%、21%的股权。2012年11月，银基公司(甲方)与李某沛(乙方)、李某(丙方)、狄某廷(丁方)签订《增资合同》，约定：丽港公司经审计评估，净资产为4.248524亿元，经银基公司与丽港公司原股东协商，以3亿元作为丽港公司基准价进行增资，即银基公司向丽港公司增资2亿元，持有丽港公司40%股权，其中2000万元进入丽港公司注册资本，1.8亿元进入资本公积金。增资完成后，丽港公司注册资本变更为5000万元，股权结构为：银基公司持有40%的股权，李某沛持有24%的股权，李某持有23.4%的股权，狄某廷持有12.6%的股权。银基公司的全部增资分2期缴纳，银基公司应于《增资合同》签订之日起10个工作日内将首期增资款5000万元汇入丽港公司指定的验资账户，剩余增资款1.5亿元应在2013年6月30日前支付到位。银基公司将首期增资款汇入丽港公司账户10日内，丽港公司原股东应当协助银基公司至工商登记机关办理股东、章程、董事会成员的变更登记和备案手续。银基公司未按时缴付增资款的，应向丽港公司支付欠缴金额每日3‰的违约金。合同签订后，丽港公司、银基公司及两家公司的关联公司之间存在大量的资金流转，银基公司根据《增资合同》投入了1.8亿元资本公积金，但其中的1.5亿元在款项投入丽港公司或丽港公司关联公司后，双方又以签订《资金往来框架协议》《债权转让协议》等方式将之转入了银基公司关联公司。丽港公司提起诉讼，要求银基公司返还抽逃出资款项。

一审法院认为，银基公司根据《增资合同》作为资本公积金投入的款项，在无合法正当理由情况下取回的，属于公司法规定的抽逃出资行为。银基公司通过增资成为丽港公司的股东，根据《增资合同》，其获得丽港公司增资后40%股权，除应投入2000万元作为注册资本外，还应投入1.8亿元作为资本公积金。银基公司据此投入的1.8亿元虽然并非丽港公司的注册资本，但作为取得40%股权对应出资额的溢价金额，其目的在于区分不同时期成为公司股东者，以使其利益均衡。该款项作为资本公积金投入公司后，即独立于银基公司的财产而属于丽港公司的资产，即便资本公积金本质上属于所有者权益，该所有者权益也并非仅属于银基公司，而是属于公司的全体股东。公司法虽然未直接规定股东不得在无合法正当理由情况下取回作为资本公积金投入公司的款项，但基于资本公积金属于公司资产的性质，股东在无合法正当理由情形下不得占有公司资产是公司对其财产享有法人独立财产权的应有之义，这从《公司法》第168条①关于公积金用途的规定也可得出相应结论，即公司的公积金用于弥补公司的亏损、扩大公司生产经营或者转为增加公司资本，但在特殊情形下资本公积金用于弥补公司的亏损。丽港公司主张银基公司在无合法正当理由情形下取回已投入资本公积金行为属于公司法规定的抽逃出资行为，具有法律依据。丽港公司请求银基公司返还抽逃的1.5亿元本息具有事实和法律依据，一审法院予以支持。

银基公司不服一审判决，提起上诉。

【争议焦点】

(1)银基公司根据《增资合同》作为资本公积金而投入的款项，是否存在无合法正当理由被转出的情形?

(2)该款项是否应向丽港公司返还?

【审理结果与裁判要点】

二审法院认为，针对银基公司转出的1.5亿元款项，其涉及《资本框架协议》和《债权转让协议》的内容认定。《资金往来框架协议》约定丽港公司方转出1.5亿元并非丽港公司商贸合作而为之，也并非为实现《增资合同》中丽港公司生产线技术改造或增加丽港公司流动资金等的需要而为之，而是按照银基公司的要求，为银基公司的利益而特别设定，且1.5亿元款项转出后仍处于银基公司实际控制之下;《债权转让协议》亦不能证明转出的资本公积金已经实际归还;1.5亿元资本公积金实际亦未用于丽港公司的生产发展。因此，银基公司无合法正当理由转出其支付给丽港公司的1.5亿元资本公积金。

针对案涉1.5亿元资本公积金是否向丽港公司返还的问题，《增资合同》明确约定，银基公司向丽港公司增资2亿元，持有丽港公司40%股权，其中

① 本案中适用的是2018年《公司法》，相关规定参见2023年《公司法》第214条。

2000 万元进入丽港公司注册资本，1.8 亿元进入资本公积金。首先，从《公司法》角度来讲，出资方不得随意转出资本公积金。其次，从《民法典》角度来讲，《增资合同》系银基公司与丽港公司原股东李某沛、李某、狄某廷签订，丽港公司是增资的目标公司，对银基公司而言，其负有依约足额增加出资的合同义务。

因此，案涉 1.5 亿元资本公积金本应属于丽港公司资产，无正当理由转出后，其转出行为违反诚实信用原则，不符合合同约定，不利于合同目的的实现。故而二审法院对丽港公司主张银基公司返还抽逃的 1.5 亿元本息的请求予以支持。

后银基公司不服二审判决，提出再审，再审法院驳回了其再审申请。

受资公司应当实际控制增资资金，出资公司以资本公积金的形式转移增资资金的行为违法，应当返还受资公司。

根据《公司法》第 214 条第 1 款、第 2 款之规定，公司的公积金用于弥补公司的亏损，扩大公司生产经营或者转为增加公司注册资本，当公积金弥补公司亏损，应当先使用任意公积金和法定公积金；仍不能弥补的，可以按照规定使用资本公积金。资本公积金不仅是企业所有者权益的组成部分，亦是公司资产的重要构成，而公司资产在很大程度上代表着公司的资信能力、偿债能力、发展能力，在保障债权人利益、保证公司正常发展、维护交易安全方面起着重要作用。因此出资股东无正当理由不得随意取回出资侵害公司财产权益。转出的资本公积金亦应予以返还。

出资方返还转出款项的义务来自《民法典》第 509 条之规定，“当事人应当遵循诚信原则，根据合同的性质、目的和交易习惯履行通知、协助、保密等义务”，以及第 577 条之规定，“当事人一方不履行合同义务或者履行合同义务不符合约定的，应当承担继续履行、采取补救措施或者赔偿损失等违约责任”。

基于上述分析，受资公司可以依据《公司法》或是从《民法典》的角度，主张出资公司返还无正当理由转出的资本公积金。

2. 以知识产权增资，后知识产权贬值之增资纠纷

案例 | **青海威德公司与北京威德公司、殷某、张某公司增资纠纷**

审理法院：最高人民法院

案号：(2019)最高法民终959号

【基本案情】

青海威德公司成立于2002年10月30日，工商登记的企业类型为有限责任公司。2009年11月27日，受北京威德公司委托，北京大正评估公司对北京威德公司拥有的"一种以菊芋或菊苣为原料制造菊粉的新方法"发明专利及相关全套工业生产技术、"红菊芋"注册商标、"wede"注册商标三项无形资产作出评估报告。至评估基准日2009年9月29日，上述三项无形资产的评估价值为1300万元，评估结论使用有效期为自评估基准日起一年。2010年4月9日，青海威德公司股东会作出决议，同意北京威德公司以上述三项无形资产向青海威德公司增资，并以评估结果1300万元认定增资数额。随后，青海威德公司完成了无形资产的增资并依法变更了工商登记。2014年12月30日，原国家工商行政管理总局商标评审委员会作出商标无效宣告请求裁定书，宣告"红菊芋"商标无效并进行了公告。2016年2月25日，国家知识产权局专利复审委员会作出无效宣告请求审查决定书，宣告"一种以菊芋或菊苣为原料制造菊粉的新方法"发明专利无效并进行了公告。

2018年，青海威德公司主张判令北京威德公司向青海威德公司补充缴纳出资1300万元，并赔偿自2010年4月9日至实际给付之日按照中国人民银行同期贷款基准利率计算的经营利益损失7,118,768元(暂计算至2018年6月30日)，请求殷某、张某承担连带责任，向法院提起诉讼。一审法院认为，北京威德公司以其所有的知识产权进行增资，该出资的知识产权依法进行作价评估，并完成相应的登记，故增资行为有效。

2019年，青海威德公司不服一审判决，提起上诉。

【争议焦点】

北京威德公司、殷某、张某是否应向青海威德公司补足1300万元出资并赔偿经营利益损失?

【审理结果与裁判要点】

二审法院认为，本案中，北京威德公司于2010年委托北京大正评估公司对其所有的知识产权价值进行了评估，并据此增资入股至青海威德公司，双方未作其他约定。随后,青海威德公司召开股东会会议,决议同意北京威德公司以知识产权评估作价1300万元入股青海威德公司,并履行了股东变更工商登记手续。上述事实表明北京威德公司的出资严格遵循了《公司法》对知识产权出资的要求。青海威德公司未能提交证据证明本案评估存在违法情形或者北京威德公司在评估时存在违法情形,其以案涉两项知识产权被确认无效,主张北京威德公司承担补足出资和赔偿损失的责任的请求缺乏事实和法律依据。

被投资人青海威德公司向北京大正评估公司提供了资产权属、生产经营管理、财务会计等评估资料。在这些资料的基础上,北京大正评估公司将北京威德公司的知识产权估价为1300万元,因此可认为青海威德公司对评估具有足够的控制力和识别力。同时,评估报告对两项知识产权的价值及其假设条件进行了明确清晰的表述,青海威德公司股东会决议同意北京威德公司以评估报告确定的价值增资入股,即表明对评估报告的全面认可,亦包含对报告中假设条件的认可。青海威德公司未能提交证据证明北京威德公司在向该公司股东会提交评估报告时存在故意隐瞒假设条件等主观恶意行为,未能证明北京威德公司存在明知其知识产权会被宣告无效的恶意情形,故该公司关于北京威德公司存在主观恶意的主张不具有事实依据,关于一审法院应对假设条件是否成立进行审理的上诉理由缺乏法律依据。二审法院维持一审判决,驳回了青海威德公司的上诉请求。

知识产权实际价值低于出资价值导致利益损害的,需要从增资途径是否合法合规、出资股东主观恶意等方面进行考察。

就《公司法》的角度而言,北京威德公司的增资行为合法有效。《公司法》第48条的规定,股东可以用知识产权等可以用货币估价并可以依法转让的非货币财产作价出资,对作为出资的非货币财产应当评估作价,核实财产,不得高估或者低估作价。《公司法解释(三)》第15条规定:"出资人以符合法定条件的非货币财产出资后,因市场变化或者其他客观因素导致出资财产贬值,公司、其他股东或者公司债权人请求该出资人承担补足出资责任的,人民法院不予支持。但是,当事人另有约定的除外。"因此,知识产权在增资时有效,公司内部决议通过评估价值,并办理相应工商登记,可视作已完成以知识产权等非货币财产出资的增资路径。

就《专利法》《商标法》的角度而言,《专利法》第47条第2款规定:"宣告专利权无效的决定,对在宣告专利权无效前人民法院作出并已执行的专利侵权的判决、调解书,已经履行或者强制执行的专利侵权纠纷处理决定,以及已经履行的专利实施许可合同和专利权转让合同,不具有追溯力。但是因专利权人的恶意给他人造成的损失,应当给予赔偿。"《商标法》第47条第2款规定:"宣告注册商标无效的决定或者裁定,对宣告无效前人民法院做出并已执行的商标侵权案件的判决、裁定、调解书和工商行政管理部门做出并已执行的商标侵权案件的处理决定以及已经履行的商标转让或者使用许可合同不具有追溯力。但是,因商标注册人的恶意给他人造成的损失,应当给予赔偿。"因此,在知识产权以增资方式转让且主张者未能提交证据证明股东出资时存在恶意,双方亦无知识产权出资后需补充出资的约定,出资股东无须承担补足出资的责任。

基于上述分析,知识产权等非货币财产的有效增资满足合法合理评估、出资股东善意且无约定的情况下,国家知识产权局宣告无效的决定导致的损害,出资股东无须承担出资不足的责任。

3. 增资相应事宜股东未达成合意,返还增资纠纷

案例 | 唐某诉澳仪公司增资纠纷

审理法院:上海市第一中级人民法院

案号:(2018)沪01民终2769号

【基本案情】

2010年4月14日澳仪公司被核准设立,茅某燕出资60万元,王某出资30万元,唐某出资10万元,共计注册资本为100万元,于2010年4月9日前均已出资到位。其后,唐某分别于2010年6月21日、2010年8月9日向澳仪公司的农行账户打入10万元、7万元,共计17万元。在2010年8月9日的打款进账单上,唐某亲自书写"投资款第三期"。茅某燕分别于2010年6月21日、2010年10月12日向澳仪公司的农行账户打入60万元、46万元,共计106万元。2010年6月21日,王某委托案外人上海某某有限公司(以下简称某某公司)向澳仪公司付款30万元,具体方式为开具支票,载明用途为"借款"。2010

年9月13日,王某向澳仪公司转账21万元,载明用途为"借款"。此后,王某就某某公司代其出借的30万元进行置换。2012年6月1日,澳仪公司向某某公司转账30万元,附言"往来款"。在另案中,王某与澳仪公司都认可该置换行为,但是并没有约定款项的性质。2012年6月1日和6月4日,王某向澳仪公司现金缴款20万元、10万元,现金缴款单上载明款项来源均为"股东借款"。

唐某于2013年8月27日向法院起诉,要求判令澳仪公司返还其借款17万元及利息,法院审理认为,系争款项并非借款,唐某以借款关系主张还款,证据不足,据此于2013年10月31日判决驳回唐某该诉讼请求。王某另案起诉,于2014年10月27日提起,要求澳仪公司返还借款51万元,并提供了借条、支票、贷记凭证及现金缴款单等,证明其出资的51万元为借款。而澳仪公司在另案中不能提供证据证明案涉的51万元为增资款,故法院于2016年2月29日判决澳仪公司返还王某借款51万元。

2017年2月8日,澳仪公司的3位股东召开临时股东会会议,由于3位股东意见分歧较大,就《关于推进公司增资扩股事宜的议案》和《关于公司分红事宜的议案》并未达成合意。

2017年7月,唐某投入澳仪公司的17万元和茅某燕投入澳仪公司的102万元增资款调整为资本公积金。唐某认为,澳仪公司没有将其17万元款项用于增资扩股,又由于3位股东产生矛盾无法达成相应的增资决议,客观上无法实现增资的目的。唐某主张澳仪公司返还其增资款17万元并支付增资款利息,故而向法院提起诉讼。一审法院驳回了唐某的诉讼请求。唐某不服一审判决,提起上诉。

【争议焦点】

唐某的17万元款项投入是否构成对澳仪公司的有效增资?

【审理结果与裁判要点】

二审法院认为,股东单独增资的方式不具备合理性与可行性。澳仪公司的3位股东并未达成增资协议,在同样没有增资依据的情况下,澳仪公司却于2018年的1月和2月将17万元列为资本公积(股东权益性质),而将茅某燕投入的102万元列入其他应付款(公司债务性质)。并且本案中既不存在股东之间书面的增资协议,也没有形成增资的股东会决议,当然也就不可能发生工商登记变更事项。茅某燕虽然认为3位股东就增资形成了口头协议，却未提供证据证明，也与前述另案生效判决认定王某投入澳仪公司的51万元为借款存在矛盾。因此，不能当然地认定唐某在临时股东会会议上的意见构成对先前协议内容的反悔，也就不应视作不当阻止协议条件成就。

自实际出资以来，澳仪公司的3位股东就增加投资一事而引发纠纷已有8年左右，其间引发多起诉讼，对公司治理、股东行权以及权益保障都会产生负面影响。澳仪公司现有公司章程将难以形成案涉相关的增资决议，唐某投入澳仪公司17万元款项的增资目的客观上无法实现，在增资事项上可能会长期形成僵局，不利于澳仪公司的正常运作。案涉增资行为因不具备法律规定的要件而不成立，自然也不发生法律效力。二审法院支持了澳仪公司返还唐某已经投入的17万元款项的请求。

公司增资系公司的重大事项，须经股东会决议通过。股东投资的意思表示不一致，股东会未能形成有效的增资决议，将导致公司增资行为不成立。

根据《公司法》第66条第3款的规定，股东会应当经代表2/3以上表决权的股东通过增资决议。公司增资作为公司重要事项，属于要式法律行为，不仅需要合意基础，还需要符合法律以及公司章程规定的股东会决议、工商登记变更等形式和手续。若股东就增资事项未能在充分协商基础上形成书面协议，以致产生不同理解，并在实际履行过程中引发纷争，不符合公司以及公司股东利益，在不构成增资行为的法律要件情况下，理应返还无法实现增资目的的增资。

基于上述分析，公司增资行为应当满足法律规定的要件，股东达成合意、形成增资协议的情况下才能构成有效增资。

（三）疑难法律问题解答

1.公司未形成关于增资事项的合法有效股东会决议，增资行为是否有效，是否产生增资效果

根据《公司法》第66条第3款之规定，股东会作出修改公司章程、增加或者减少注册资本的决议，以及公司合并、分立、解散或者变更公司形式的决议，应当经代表2/3以上表决权的股东通过。股东会形成合法有效的增资决议是

公司增资的前提和基础。根据工商变更登记的要求，公司也需要向登记部门提供公司作出的增资事项的合法有效的股东会决议，否则无法将该增资作为注册资本投入公司的经营。因此，在缺乏合法有效的股东会决议的情况下，即使股东作出了相应的增资行为，也无法产生《公司法》规定的增资效果。

2. 侵害股东优先认缴权的增资行为是否有效

根据《公司法》第227条之规定，有限责任公司增加注册资本时，股东在同等条件下有权优先按照实缴的出资比例认缴出资。但是，全体股东约定不按照出资比例优先认缴出资的除外。股份有限公司为增加注册资本发行新股时，股东不享有优先认购权，公司章程另有规定或者股东会决议决定股东享有优先认购权的除外。有限责任公司新增资本时，股东有权优先按照实缴的出资比例认缴出资。股东优先认缴公司新增资本的权利属形成权，虽然《公司法》没有明确规定该项权利的行使期限，但为维护交易安全和稳定经济秩序，该权利应当在一定合理期间内行使。侵害股东优先认缴权会导致公司股东会、董事会的决议内容违反法律、行政法规的无效，从而使与之对应的部分增资无效。

3.《增资协议》无效或被撤销后，相关的股东会决议是否有效

《增资协议》系各股东对增资事项达成一致的协议，是股东会审议的具体事项，也是股东会决议作出的前提和基础。《增资协议》无效或者被撤销，会导致公司作出股东会决议的基础崩塌，股东之间达成的合意灭失，故在《增资协议》基础之上形成股东会决议亦无效。

4. 公司增资纠纷与新增资本认购纠纷的区别

新增资本认购纠纷主要是发生在新出资人与公司之间以及原股东与公司之间的纠纷，而公司增资纠纷主要是公司在增加资本过程中因增资行为而引起的民事纠纷。

(四)2023年《公司法》关于公司增资的修订要点

1. 删除有限责任公司股东对外转让股权时其他股东同意权原则

2023年《公司法》第84条规定："有限责任公司的股东之间可以相互转让

其全部或者部分股权。股东向股东以外的人转让股权的,应当将股权转让的数量、价格、支付方式和期限等事项书面通知其他股东,其他股东在同等条件下有优先购买权。股东自接到书面通知之日起三十日内未答复的,视为放弃优先购买权。两个以上股东行使优先购买权的,协商确定各自的购买比例;协商不成的,按照转让时各自的出资比例行使优先购买权。公司章程对股权转让另有规定的,从其规定。"

现行司法实践中,公司股东常常存在故意拖延或者其他目的不同意转让,亦不行使优先购买权的情形,最终导致股东错过转让股权的时机,损害股东的合法权利。基于此,2023年《公司法》第84条删除了有限责任公司股东对外转让股权时其他股东同意权原则,对避免并减少股权转让中优先权争议有积极且有效的作用,可有效维护股东出售股票的利益,促进资本市场有效正常流转。

2. 明确股份有限公司不享有优先认购权及公司章程另有规定或股东会决议决定的例外规则

2023年《公司法》第227条规定:"有限责任公司增加注册资本时,股东在同等条件下有权优先按照实缴的出资比例认缴出资。但是,全体股东约定不按照出资比例优先认缴出资的除外。股份有限公司为增加注册资本发行新股时,股东不享有优先认购权,公司章程另有规定或者股东会决议决定股东享有优先认购权的除外。"

此条明确区分有限责任公司和股份有限公司的优先认购权存在与否,即仅有限责任公司存在优先认购权,无股份有限公司的适用空间。基于人合性更强的有限责任公司特点,其宜以承认有限责任公司的股东是优先认购权的权利主体;基于资合性更强的股份有限公司,其不予承认股份有限公司的股东的优先认购权。在具体适用上,公司增加注册资本时,股东依照"实缴比例"行使优先认购权,但存在全体股东约定作出除外的约定。

(五)公司增资纠纷诉讼的实务操作

1. 诉讼主体

(1)原告:公司、股东、投资(增资)方。

(2)被告:公司、投资(增资)方。

2. 案由

《民事案件案由规定》将公司增资纠纷作为三级案由规定在内,该案由与新增资本认购纠纷具有一定相似之处。增加公司注册资本必然会调整公司现有的股权结构,直接影响现有股东的利益并可能在股东之间引发利益之争。因此,《公司法》规定,有限责任公司或者股份有限公司增加资本的,需经公司股东会作出决议,并且有限责任公司增加注册资本时,除非全体股东约定不按照出资比例优先认缴出资,否则股东在同等条件下有权优先按照实缴的出资比例认缴出资;对于违反程序作出的决议,股东可以向法院提起诉讼请求确认增资决议无效。公司增资纠纷是指公司在增加注册资本过程中因增资行为引起的民事纠纷。该案由与新增资本认购纠纷的区别在于,新增资本认购纠纷主要发生在新出资人与公司之间以及原股东与公司之间;而公司增资纠纷主要是公司增资过程中因增资行为而产生的纠纷。

3. 管辖

《民事诉讼法解释》第 22 条规定:"因股东名册记载、请求变更公司登记、股东知情权、公司决议、公司合并、公司分立、公司减资、公司增资等纠纷提起的诉讼,依照民事诉讼法第二十七条规定确定管辖。"《民事诉讼法》第 27 条规定:"因公司设立、确认股东资格、分配利润、解散等纠纷提起的诉讼,由公司住所地人民法院管辖。"

据此,公司因增加注册资本问题产生纠纷的属于民事纠纷的一种,一般是由公司所在地法院管辖的。

4. 诉讼时效

3 年。

5. 诉讼请求

(1)请求依法履行出资义务,并承担迟延履行期间的利息、违约责任和赔偿损失。

(2)请求依法解除、撤销增资协议或确认增资协议无效,返还增资款等。

六、公司减资纠纷

(一)公司减资纠纷概述

资本制度是公司法律制度的核心与基石,[①]以股东出资形式缴入公司的资本作为公司财产,不仅是设立公司的必要条件之一,也是公司经营运作的重要基础,更与公司的偿债能力息息相关。根据资本不变原则,公司资本总额一经确定,非依法定变更章程之程序,不得随意减少。根据资本维持原则,公司在其存续过程中应维持与其资本总额相当的财产。《公司法》第3条第1款、第4条第1款的规定,公司以其全部财产对公司的债务承担责任;有限责任公司的股东以其认缴的出资额为限对公司承担责任;股份有限公司的股东以其认购的股份为限对公司承担责任。因此,出于对公司股东以及债权人利益的维护,公司法对公司资本变更有严格的限制。

公司减资会导致公司净资产的减少,经营成本的缩减以及偿债能力的减弱。公司在经营过程中,常见的减少注册资本的情形有:(1)资本过剩,退回闲置资本;(2)公司一次性偿付累积债务;(3)增派股息;(4)回购相关股东的出资;(5)公司严重亏损,公司资产大大低于公司注册资本数额等。

根据我国《公司法》之规定,公司减资需满足以下程序条件:(1)董事会制作减少注册资本的方案;(2)应当经代表2/3以上表决权的股东通过,作出减少注册资本的股东会决议;(3)应当编制资产负债表及财产清单;(4)应当自作出减少注册资本决议之日起10日内通知债权人,并于30日内在报纸上或者国家企业信用信息公示系统公告;(5)债权人自接到通知之日起30日内,未接到通知的自公告之日起45日内,有权要求公司清偿债务或者提供相应的担保;(6)应当修订章程并依法向公司登记机关办理变更登记。[②]

公司减资是受到严格限制的,而作出这种限制的根本目的是确保交易安

---

① 参见刘俊海:《现代公司法》(第2版),法律出版社2011年版,第132页。

② 参见江西省高级人民法院民二庭课题组:《公司减资要件分析与裁判规则研究》,载《人民司法(应用)》2023年第28期。

全,保护股东和债权人利益。因此,在减资的程序中,减资协议应当经代表2/3以上表决权的股东通过,且要公告或通知债权人,保证债权人有提出清偿或要求提供担保的机会。最后,减资后剩余资本须符合法定限制,如不通知债权人,将会导致程序上严重违法。

(二)典型案例分析

1. 公司减资后退还出资款纠纷

案例 | 约瑟公司与裘某荣公司减资纠纷

审理法院:北京市第三中级人民法院

案号:(2022)京03民终2322号

【基本案情】

约瑟公司成立于2009年4月7日,注册资本为86,159,148.75元。根据2014年2月14日约瑟公司章程记载,约瑟公司注册资本为109,841,828元,其中裘某荣出资为7,095,782元,并已经全部实缴。

2016年3月21日,约瑟公司向裘某荣发送主题为"2016年第一次临时股东会会议"的通知,部分内容为,约瑟公司仍按照原计划在积极地准备新三板挂牌的各项工作。公司根据中介机构的建议实施减资,本次临时股东会将直接按照原有注册资本全体股东等比例减资的方案实施,减资后全体股东原有持股比例保持不变。本次减资完成后,退还裘某荣出资额2,854,415元。2016年3月23日,裘某荣回函同意该决议。

2016年5月10日,约瑟公司完成减资的工商变更手续。减资后的注册资本为65,655,836元,其中裘某荣出资4,241,367元。

2017年9月25日,约瑟公司回复裘某荣邮件一封并附致裘某荣的回函一份,函中关于减资部分内容为,约瑟公司股东会通过了对全体股东实施等比例减资的决议,减资前后裘某荣持股比例维持6.46%不变,约瑟公司应退还裘某荣2,854,415元注册资本。但因裘某荣实际控制的公司共欠约瑟公司约千万元的投资款和不当得利款,且有争议标的为金钱的未结诉讼,约瑟公司暂扣了上述减资退款。裘某荣主张约瑟公司退还出资额逾期付款利息损失,向法院提起诉讼。

一审法院认为,约瑟公司于2017年9月25日对裘某荣的回函可以体现,裘某荣与约瑟公司就减资后的问题进行了沟通,裘某荣积极就相关权利向约瑟公司提出主张,约瑟公司在回函中也明确认可应当退还给裘某荣相应减资款。截至裘某荣提起本案诉讼,其诉讼请求并未超过诉讼时效,故其要求约瑟公司退还其出资款并赔偿利息损失的诉讼请求符合法律规定,一审法院予以支持。

约瑟公司不服一审判决,提出上诉。

【争议焦点】

(1)本案案由是否应为公司减资纠纷?

(2)约瑟公司在减资后是否应退还裘某荣出资款?

【审理结果与裁判要点】

二审法院认为,裘某荣所主张之款项并非没有法律根据而取得的不当利益,约瑟公司主张本案案由系不当得利纠纷缺乏事实及法律依据。约瑟公司在减资后应及时退还裘某荣出资款。2017年9月25日,约瑟公司回复裘某荣邮件,针对应退还的减资款数额进行了确认。据此可以认定裘某荣向约瑟公司主张了权利。约瑟公司在减资后未能及时退还裘某荣减资款,由此产生之利息损失,其应予赔偿。

公司减资纠纷,是指公司注册资本减少过程中因减资行为引起的民事纠纷。本案中,约瑟公司实施减资行为,并依据减资行为同意退还股东裘某荣减资款,双方由此产生的争议,应为减资纠纷。

关于公司减资款是否需要退还股东的问题,目前无相关法律法规强制规定必然需要返还股本。但实际操作时,须遵循被减资企业的股东会决策结果,同时兼顾各股东之间的协商及共识。若决定不对已减资金额进行回收,那么投资成本将维持原状。根据《公司法》第34条的规定,公司减少注册资本,应当依法向公司登记机关办理变更登记。具体到本案中,约瑟公司减资变更工商登记时间为2016年5月10日,故约瑟公司的减资程序完成时间为2016年5月10日。约瑟公司在减资后未能及时退还裘某荣减资款,由此产生之利息损失,其应予以赔偿。约瑟公司关于其不应支付利息损失之上诉意见缺乏事实及法律依据。

基于上述分析,遵循公司与股东约定退还减资款这一自愿原则,公司应当在约定时间内及时退还,违约所导致的股东损失应由公司负责。

2. 减资程序瑕疵,股东在减资范围内对债权人承担补充责任

案例 | 中储国际控股公司与曲阳煤炭物流公司公司减资纠纷

审理法院:最高人民法院

案号:(2017)最高法民终422号

【基本案情】

中储国际控股公司系中储国投实业公司法人股东。2015年11月12日,中储国投实业公司作出《股东会决议》,决议内容如下所述。(1)公司注册资本由37,000万元减至1000万元;(2)法人股东中储国际控股公司减少注册资本36,000万元;(3)公司减资后,公司股东持股情况如下:河源赖茅古坊酒业有限公司,出资额1000万元,出资比例100%;(4)公司于作出股东会决议之日起30日内,在《青年报》上刊登减资公告,并于登报之日起45日后向公司登记机关申请注册资本变更登记。2015年11月21日,中储国投实业公司在《青年报》上刊登了减资公告。

2016年1月12日,中储国投实业公司作出《股东会决议》,决议内容如下所述。(1)公司注册资本由1000万元,增至37,000万元;(2)增加大连永通能源有限公司和怀仁县同煜华煤业有限责任公司为公司股东;(3)公司增加注册资本后,股东的出资额如下:河源赖茅古坊酒业有限公司,出资额1000万元;大连永通能源有限公司,出资额10,000万元;怀仁县同煜华煤业有限责任公司,出资额26,000万元。2016年2月19日,中储国投实业公司进行了注册资本及股东的工商变更登记。2016年2月19日,中储国投实业公司又作出《关于减少注册资本的股东会决议》,决议内容如下所述。(1)中储国投实业公司注册资本由37,000万元,减至36,000万元;(2)法人股东河源赖茅古坊酒业有限公司减少注册资本1000万元;(3)减资后,公司股东持股情况如下:大连永通能

源有限公司，出资额10,000万元，出资比例27.78%；怀仁县同煜华煤业有限责任公司，出资额26,000万元，出资比例72.22%；(4)公司于作出股东会决议之日起30日内，在《文汇报》上刊登减资公告，并于登报之日起45日后向公司登记机关申请注册资本变更登记。中储国投实业公司于2016年2月20日以登报形式进行了减资公告。

2016年4月26日，曲阳煤炭物流公司向上海市崇明县人民法院申请强制执行(2015)崇民二(商)初字第672号民事判决。曲阳煤炭物流公司在执行中申请追加中储国际控股为被执行人。上海市崇明县人民法院裁定驳回曲阳煤炭物流公司追加中储国际控股为被执行人的申请。

2016年11月9日，因中储国投实业公司未将减资事宜通知债权人就公司减资纠纷起诉中储国际控股，曲阳煤炭物流公司主张中储国际控股在减资范围内承担货款和逾期利息的清偿责任，向法院提起诉讼。

一审法院认为，中储国际控股公司作为股东，在上海昊阁公司未按照法定程序通知已知债权人并对其债务进行清偿或者提供担保的情况下就进行了减资，减少了公司的责任财产，严重影响了公司的偿债能力，使公司无力清偿减资前产生的巨额债务，所产生的后果与股东未履行或未全面履行出资义务及抽逃出资产生的法律后果并无不同。故中储国际控股公司应在减资范围内对上海昊阁公司不能清偿的债务承担补充赔偿责任。因此，一审法院支持了中储国际控股公司在减资范围内承担货款和逾期利息的清偿责任的请求。

中储国投实业公司不服一审判决，提出上诉。

【争议焦点】

中储国际控股公司是否应对中储国投实业公司欠付曲阳煤炭物流公司的债务承担责任?

【审理结果与裁判要点】

二审法院认为，本案系因公司减资而引起的纠纷。2015年11月12日，中储国投实业公司经股东会决议将注册资本由37,000万元减少至1000万元时，中储国投实业公司对欠付曲阳煤炭物流公司案涉债务应属明知。在此情况下，该公司仅在报纸上刊登减资公告，未就减资事项采取及时、有效的方式告知曲阳煤炭物流公司，未向工商登记部门如实报告其负有大额债务未清偿的事实就办理了工商变更登记，其刊登公告的行为不能构成对已知债权人曲阳煤炭物流公司的通知，其并未完成法定的履行通知的义务，其行为不符合公司减少注册资本的法定程序，使得曲阳煤炭物流公司丧失了要求减资公司清偿债务或提供相应担保的权利，其减资程序存在瑕疵，违反了公司资本不变和资本维持的原则。因此，二审法院驳回上诉，维持原判。

我国《公司法》对于公司减资比增资规定了更为严格的法律程序，究其原因是公司减资减少了公司资产承担责任的能力，直接影响公司债权人的利益。

首先，公司减资时，应编制资产负债表及财产清单，并采取及时有效的方式通知债权人，以保障债权人的合法权益，公司还应根据债权人的要求清偿债务或者提供担保，上述行为既是公司减资前对债权人应当履行的义务，同时也是股东对公司减资部分免责的前提。

其次，公司明知与债权人存在债务的情况下，却仅在报纸上刊登减资公告，未就减资事项采取及时、有效的方式告知债权人，未向工商登记部门如实报告其负有大额债务未清偿的事实就办理了工商变更登记，其刊登公告的行为不能构成对已知债权人的通知，其并未完成法定的履行通知的义务，其行为不符合公司减少注册资本的法定程序。

基于上述分析，公司无法举证其不知晓债权人存在，导致公司减资程序不合法，应当承担其行为导致的债权人的损失。

（三）疑难法律问题解答

1. 减资程序瑕疵，股东在减资范围内承担补充责任

公司资本与其偿债能力存在高度关联性，基于资本不变与资本维持原则，《公司法》对股东减资程序有严格的条件限制。例如，《公司法》第224条规定，公司减资时应当自股东会作出减少注册资本决议之日起10日内通知债权人，并于30日内在报纸上或者国家企业信用信息公示系统公告。因此，通知债权人既是公司减资前的义务，也是股东对公司减资部分免责的前提条件。如果公司在减资前未能通知债权人，使债权人丧失要求公司清偿债务或者提供担保的

权利，则股东应当在减资范围内承担补充责任。

此前，根据各地的司法实践，公司在减资前常常仅在报纸上进行公告，其刊登公告的行为不能构成对已知债权人的通知，并未完成法定的履行通知的义务，不符合公司减少注册资本的法定程序，不能免除其通知债权人之义务，应当通知债权人，并在报纸上或国家企业信用信息公示系统公告。

2. 公司减资纠纷与股东出资纠纷

公司减资的结果系免除公司股东出资义务，其最终受益者是公司股东，该情形与股东抽逃出资高度相似，故司法实践中，明确了违反《公司法》规定的减资行为相关责任人应当按照抽逃出资的相关规定承担法律责任。《公司法解释(三)》第13条第2款规定："公司债权人请求未履行或者未全面履行出资义务的股东在未出资本息范围内对公司债务不能清偿的部分承担补充赔偿责任的，人民法院应予支持……"根据该规定，未全面履行出资义务的股东在未出资的本息范围内承担补充赔偿责任。

3. 对赌协议中的股份回购

根据《公司法》第66条的规定，减资程序应当经代表2/3以上表决权的股东通过。但是，2/3表决权股东同意针对的是各股东同比例减资的表决机制，且对赌协议在签署时就已经过公司股东会2/3多数决议通过，协议内容中对股权回购之事宜亦有明确约定。

在确定不同比减资时需要全体股东一致同意。不经全体股东同意进行的不同比减资违背了《公司法》"同股同权"的基本原则，损害了小股东的合法权益，导致少数股东无法等比例减少其所持股份总额，定向减资后承担的股东责任增加。[①] 因此，对赌失败触发对赌协议的回购条款，仍需公司对对赌协议之减资事项再次召开股东会决议审议，全体股东一致同意审议通过即可进行定向减资。若公司未能及时回购股权并进行减资，则构成违约，应当承担相应的违约责任。

---

① 参见李欢星：《不同比减资下的中小股东权利保护——以陈玉和诉江阴联通实业有限公司决议效力确认纠纷案为例》，载《山东青年》2019年第9期。相关案例可参见江苏省无锡市中级人民法院民事判决书，(2017)苏02民终1313号；上海市第一中级人民法院民事判决书，(2018)沪01民终11780号。

(四)2023 年《公司法》关于公司减资的修订要点

1. 新增公司减资在国家企业信用信息公示系统上的公告方式

2023 年《公司法》第 224 条第 1 款、第 2 款规定:“公司减少注册资本,应当编制资产负债表及财产清单。公司应当自股东会作出减少注册资本决议之日起十日内通知债权人,并于三十日内在报纸上或者国家企业信用信息公示系统公告。债权人自接到通知之日起三十日内,未接到通知的自公告之日起四十五日内,有权要求公司清偿债务或者提供相应的担保。”

公司减资属于公司运营过程中的重大事项变更,其须及时将相关变更情况进行公示。为了有效将公司减资流程程序与国家企业信用信息公示系统进行深度链接,第 224 条第 2 款规定明确公司减资决议须在 10 日内通知债权人并要求在报纸上或者国家企业信用信息公示系统公示。这既给公司更多的选择空间,又提高了公司公开信息的效率,提升了行政效能。

2. 新增同比例减资的原则性规定及例外规则

2023 年《公司法》第 224 条第 3 款规定:“公司减少注册资本,应当按照股东出资或者持有股份的比例相应减少出资额或者股份,法律另有规定、有限责任公司全体股东另有约定或者股份有限公司章程另有规定的除外。”

2023 年《公司法》第 224 条第 3 款系股东同比例减资的程序规定,即同比例减资的原则性规定。换言之,有限责任公司的减资决议应当经代表 2/3 以上表决权的股东通过,股份有限责任公司应当经出席会议的股东所持表决权的 2/3 以上通过。此条还规定了公司减资的例外情况,这表明了定向减资更为严苛的法律要求。换言之,有限责任公司的定向减资决议须经全体股东一致同意,股份有限公司须在公司章程另有规定。此条规定旨在保护中小股东利益,防止大股东利用自身优势地位进行定向减资;一定程度上尊重意思自治,方便股东之间的各类灵活性安排。

3. 新增简易减资制度

2023 年《公司法》第 225 条规定:“公司依照本法第二百一十四条第二款的

规定弥补亏损后，仍有亏损的，可以减少注册资本弥补亏损。减少注册资本弥补亏损的，公司不得向股东分配，也不得免除股东缴纳出资或者股款的义务。依照前款规定减少注册资本的，不适用前条第二款的规定，但应当自股东会作出减少注册资本决议之日起三十日内在报纸上或者国家企业信用信息公示系统公告。公司依照前两款的规定减少注册资本后，在法定公积金和任意公积金累计额达到公司注册资本百分之五十前，不得分配利润。”

此条新增简易减资制度的程序性要求，从而弥补公司亏损。为了满足中小企业的需求，简易减资无须通知债权人，或者编制资产负债表等内容。从财务会计实质角度而言，简易减资并不产生资金的实际使用以及返还问题，故公司的清偿债务能力并未得到相应减弱，则无须相应的程序性要求束缚。

4. 新增违法减资法律后果的规定

2023 年《公司法》第 226 条规定：“违反本法规定减少注册资本的，股东应当退还其收到的资金，减免股东出资的应当恢复原状；给公司造成损失的，股东及负有责任的董事、监事、高级管理人员应当承担赔偿责任。”

相较 2018 年《公司法》减资的规定，2023 年《公司法》充分回应了实践中股东违法减资的责任规则和相应董事、监事等责任人员的责任规则。易言之，2023 年《公司法》第 226 条明确了股东承担赔偿责任的法律依据和相关责任人员承担赔偿责任的法律依据，从而规避了股东违法减资的情形，督促董事、监事等相关责任人员履行职责，严格规范减资的程序。

（五）公司减资纠纷诉讼的实务操作

1. 诉讼主体

（1）原告：公司、股东及公司债权人。

（2）被告：公司、股东。

2. 案由

《民事案件案由规定》将公司减资纠纷作为三级案由规定在内，其在对股东利益方面的影响与公司决议效力确认纠纷存在诸多相似之处，而在对债权人利益的影响方面，与股东违法抽逃出资没有本质不同。因此，法院在对该类案件进行裁判时，会参考和比照适用公司决议效力确认纠纷和股东出资纠纷的有关法律规定。

在司法实践中主要存在以下两种类型：一是公司股东为维护其股东权益而提起的诉讼，请求确认公司的减资决议无效或撤销公司的减资决议；二是因公司减资存在瑕疵，债权人为维护其合法债权而提起的诉讼，要求减资的公司清偿债务、提供相应的担保或者要求股东在减资范围内承担补充赔偿责任。

3. 管辖

《民事诉讼法解释》第22条规定："因股东名册记载、请求变更公司登记、股东知情权、公司决议、公司合并、公司分立、公司减资、公司增资等纠纷提起的诉讼，依照民事诉讼法第二十七条规定确定管辖。"《民事诉讼法》第27条规定："因公司设立、确认股东资格、分配利润、解散等纠纷提起的诉讼，由公司住所地人民法院管辖。"

据此，公司因减少注册资本问题产生纠纷的，是属于民事纠纷的一种，一般是由公司所在地人民法院管辖的。

4. 诉讼时效

3年。

5. 诉讼请求

(1)请求依法履行出资义务，并承担迟延履行期间的利息、违约责任和赔偿损失。

(2)请求依法解除、撤销减资协议或确认减资协议无效，返还出资款等。

七、公司合并纠纷

(一)公司合并纠纷概述

公司合并，是指两个或两个以上的公司通过签订合并协议，依照相关法律、行政法规的规定，合并为一个公司或者设立一个新公司的法律行为。公司合并时可以采取两种方式：一是吸收合并，又称存续合并，是指两个或者两个以上的公司进行合并时，其中一个或者一个以上的公司并入另一个公司的法律行为。接受被合并公司的公司，应当在公司合并后办理变更登记手续，继续享有法人地位。被兼并的公司法人资格消灭，成为吸收方公司的组成部分，应当宣告停业办理注销手续。如果合并的几个公司规模差距较为悬殊，一般会采取吸收合并的方式，由规模较强大的公司吸收另一个或几个公司。二是新设合并，是指两个或者两个以上的公司组合成为一个新公司的法律行为。这种合并是以原来所有公司的法人资格消灭为前提的。以这种形式进行合并以后，原公司应当办理注销登记手续。新设立的公司应当办理设立登记手续，取得法人资格。当然，新设立的公司应当符合《公司法》规定的设立公司的其他条件。当两个或者多个地位大致相同的公司同时存在，并且任何一个公司都不愿被并入另一个公司时，新设合并就是比较可取的方式。

根据《公司法》的规定，公司合并须满足以下程序条件：(1)应当由合并各方签订合并协议。(2)应当经合并各方代表2/3以上表决权的股东通过，作出公司合并的股东会决议。(3)应当编制资产负债表及财产清单。(4)应当自作出公司合并决议之日起10日内通知债权人，并于30日内在报纸上或者国家企业信用信息公示系统公告。(5)债权人自接到通知之日起30日内，未接到通知的自公告之日起45日内，可以要求公司清偿债务或者提供相应的担保。企业吸收合并后，债权人就被吸收企业隐瞒或遗漏的企业债务起诉吸收方的，如果债权人在公告期内申报过该笔债权，吸收方在履行债务之后，可向被吸收方的原资产管理人追偿。如果债权人在公告期内未申报过该笔债权，则吸收方无须承担返还义务。法院可告知债权人另行起诉吸收方的原资产管理人。(6)应当修订章程并依法向公司登记机关办理变更登记，被吸收公司解散应向公司登记机关办理注销登记。

公司合并主要产生两个方面的法律后果：一是公司组织结构的变化；二是权利义务的概括转移。首先，公司合并必然导致一个或一个以上的公司的消灭，此种公司消灭不需经过清算程序。同时，吸收合并中的吸收公司继续存在，但发生了变化；新设合并中产生了新的公司。其次，公司合并导致了存续公司或者新设公司承受被合并公司的债权债务。

近年来,公司合并频繁发生,公司合并引发的纠纷也日益增多。公司合并过程中应当处理好以下六类法律关系:(1)合同关系;(2)劳动关系;(3)公司股权及治理;(4)侵权关系;(5)知识产权;(6)物权关系。以这些法律关系为重点,有针对性地开展尽职调查,确认和梳理相关法律关系,根据实际情况,运用分步分项协议推进并购过程,同时构建风险防控措施及预案,善于利用保证担保等法律手段强化解决纠纷的效能,最终实现公司的并购目的和发展战略。

(二)典型案例分析

1. 公司终止吸收合并事宜若缺乏正当事由,构成违约公司,需要承担责任

案例 | 中材公司等与九易公司公司合并纠纷

审理法院:北京市第一中级人民法院

案号:(2021)京01民终11073号

【基本案情】

中天公司为九易公司100%控股子公司。2018年5月9日,中材公司(甲方)与九易公司(乙方)签署《吸收合并框架协议》,该协议约定甲乙双方同意由甲方就标的公司中天公司实施吸收合并。该协议第1条约定:在该协议签订之日起6个月内,除非甲方事先书面盖章豁免,乙方负责于2018年6月30日前将标的公司的债务全部清理完毕。第5条约定:为促成此次合作的最终达成,甲方将在本协议签订10个工作日内,向乙方提供50万元"诚意金","诚意金"以甲方委托标的公司开展规划设计支付设计费形式体现,如甲方主观原因导致合作失败,"诚意金"归乙方所有。

九易公司主张,中材公司并没有按照合同约定对吸收合并的标的公司中天公司进行审计并办理交接手续,导致后续无法签署合并协议,故而双方终止了《吸收合并框架协议》。同时,九易公司在接收中天公司的财务资料后发现,中材公司并没有按照合同约定方式支付"诚意金"。中材公司对此不予认可,主张

中材公司托管中天公司后，欲就中天公司的财务状况进行审计，但九易公司和中天公司在审计过程中始终未向审计单位提供包括中材公司本部及各地分公司在内的几乎全部合同，也未提供能够说明公司债务已经清理完毕的多项财务记录及有关凭证，由于缺乏大量基础资料，审计单位不能判断中天公司的基本财务状况、债务情况，无法出具审计报告，并最终导致公司合并失败。双方因此产生纠纷。

2020年，九易公司主张中材公司按照合同约定支付“诚意金”50万元，故而向法院提起诉讼。

一审法院认为，中材公司认为其在《设计咨询服务合同》（新乐绿色节能产业园）项下支付的40万元实际为“诚意金”的主张缺乏依据，而且中材公司缺乏正当事由终止吸收合并事宜，其行为构成违约。故对九易公司主张中材公司按照合同约定支付“诚意金”50万元予以支持。

中材公司不服一审判决，提出上诉。

【争议焦点】

（1）中材公司是否应当向九易公司支付“诚意金”？

（2）“诚意金”是否已经支付？

【审理结果与裁判要点】

二审法院认为，中材公司是否应当支付诚意金的关键在于案涉合作终止是否系因中材公司主观原因造成。中材公司仅提交了书面证人证言，不足以认定九易公司存在违约行为，且缺乏足够的证据认定九易公司存在拒绝提供审计材料的行为。而且，根据中天公司项目审计的团队负责人雷某涛书面证言，中天公司已经提供了相关财务资料供审计机构查阅，雷某涛根据上述财务资料却无法出具“无保留意见的审计报告”，并未提及资料缺失等问题，结合中材公司未提供有效证据证明曾要求九易公司补充提交资料的情况，一审判决并无不当。

关于“诚意金”是否已经支付的问题，根据《吸收合并框架协议》的约定，50万元“诚意金”以中天公司开展规划设计支付设计费形式体现，而中材公司所述的40万元系依据《设计咨询服务合同》支付，该合同主体不仅与《吸收合并框架协议》第5条约定的主体并不一致，而且《设计咨询服务合同》第6条约定的咨询服务费用总额为200万元，中材公司支付的40万元是第一次支付的咨询金。同时,亦有其他证据足以佐证《设计咨询服务合同》有具体的履行事实。因此,中材公司以40万元作为"诚意金"的主张证据不足,二审法院驳回上诉,维持原判。

以上述案例为例,要分析公司间吸收合并是否违约,首先,要明确公司间签订《吸收合并框架协议》是否系双方真实意思表示,是否违反法律、行政法规的强制性规定,是否合法有效。根据双方签署的《吸收合并框架协议》的约定,该协议旨在完成公司吸收合事宜,一方无正当事由终止吸收合并事宜,则构成单方违约。

其次,根据《民法典》第577条之规定,当事人一方不履行合同义务或者履行合同义务不符合约定的,应当承担继续履行、采取补救措施或者赔偿损失等违约责任。因此,合同一方不履行《吸收合并框架协议》约定的吸收合并事项的义务,应当承担协议下的违约责任。

基于上述分析,公司要终止吸收合并事宜需要举证其有充足的正当事由,否则构成违约。

2. 公司合并协议自合同成立时生效,是否经过批准或登记不是其生效要件

案例 | **木城建筑公司、森广建设公司公司合并纠纷**

审理法院:四川省乐山市中级人民法院

案号:(2021)川1126民初1936号

【基本案情】

2002年10月20日,夹江县森远建筑有限公司(本案森广建设公司)作为甲方与木城建筑公司作为乙方签订《企业合并协议》,该协议载明:根据川建发(2001)625号文和乐建委发(2001)97号文关于建筑企业资质就位的指示精神和建筑企业资质等级标准的规定,为了达到企业资质合格,走企业合并道路,乙方经夹江县建设局主管部门同意与甲方进行合并。乙方同意将原有的项目经理人员、技术职称证人员、持上岗证的技术人员、资产和债权债务一并交给甲方,乙方已不存在。乙方原有的资产今后属于甲方,债权债务由甲方承担,合并

后以甲方的有关手续依法进行建筑业经营活动。以上协议报夹江县建设局、工商局备案。

森广建设公司称，因未办理工商变更登记，案涉企业合并协议无效，无法律依据。木城建筑公司主张双方订立的企业合并协议于诉状副本送达森广建设公司之日，即2021年8月6日解除。木城建筑公司要求森广建设公司返还助理工程师、技术员、会计员、材料员、施工员、质检员、安全员、预算员等职称证书。

木城建筑公司主张解除双方于2002年10月20日签订的《企业合并协议》，故而向法院提起诉讼。

【争议焦点】

木城建筑公司、森广建设公司之间订立的企业合并协议是否生效？是否应当解除？

【审理结果与裁判要点】

一审法院认为，木城建筑公司、森广建设公司订立的公司合并协议系双方就公司治理、运营方式等达成的合意，是双方意思表示一致的结果，并无相关法律规定以工商变更登记为生效要件。工商变更登记属于对抗要件，不登记不对抗第三人，是否登记并不影响合并协议本身的效力，森广建设公司以未办理工商变更登记导致协议无效的主张无法可依。双方始终未对协议下一步履行达成一致意见，而且木城建筑公司早被依法吊销营业执照、已不具备合并的客观条件，双方协议的目的已不能实现。因此，一审法院支持了木城建筑公司解除公司合并协议的主张，确认木城建筑公司与森广建设公司2002年10月20日签订的《公司合并协议》于2021年8月6日解除，驳回木城建筑公司要求森广建设公司退还给35本证书及对故意报废的证书进行赔偿的诉讼请求。

后木城建筑公司不服一审判决，提出上诉。二审法院判决驳回上诉，维持原判。

公司合并，是指两个或两个以上的公司依照法定的条件和程序，合并成一个公司的行为。首先，考量双方签订的《企业合并协议》合法有效，主要基于双方就公司合并达成了一致意思表示，双方之间订立的公司合并协议依法成立。本案中，木城建筑公司、森广建设公司签订的《企业合并协议》已就公司合并达成了一致意思表示，因此双方订立的公司合并协议合法有效。

其次，确定是否违约，要从合同目的能否实现入手。《企业合并协议》的合同目的即公司合并事项无法实现，构成根本违约，故该协议应当解除。根据《民法典》第 563 条的规定，当事人一方迟延履行债务或者有其他违约行为致使不能实现合同目的，当事人可以解除合同。本案中，木城建筑公司停止经营达到 10 余年之久，不具备合并的客观可能性，即公司合并事项的合同目的无法实现。故木城建筑公司提出解除协议合法合理。

基于上述分析，公司合并协议主要是公司达成合意即可成立，工商变更登记主要用来对抗第三人，不影响协议本身的效力。

（三）疑难法律问题解答

1. 公司合并的后果

公司合并时，合并各方的债权、债务，应当由合并后存续的公司或新设的公司承继。

公司合并后须依法进行公司登记。公司合并的法律后果之一就是债权、债务的接受。所谓债权、债务的接受，即以债务承担的方式合并公司，并与债权人签订合同约定承担原公司债务，或已将债务转移事宜告知债权人并得到债权人同意的，即使合并无效，该债务也须由合并中的接纳方承担，即合并后存续的公司或者新设立的公司，必须无条件地接受因合并而消灭的公司的对外债权与债务。合并后的公司有权对原来公司的债权进行清理并予以收取，有义务清偿原公司的债务。此外，公司合并还会产生公司的消灭、存续、成立，股东的重新入股或者退股等法律后果。

2. 企业合并后的风险承担问题

（1）债务承担风险

公司合并时，合并各方的债权、债务，应当由合并后存续的公司或者新设的公司承继。因此，合并后的企业需要承担合并前各方的债务，这可能会带来一定的财务风险。具体而言，若采取吸收合并，被吸收的企业解散，其债务由吸收方承担；若采取新设合并，合并各方解散，共同设立一个新的公司，被兼并企业的债务由新设合并后的企业法人承担。

(2)法律责任风险

合并后的企业需要遵守相关法律法规,否则可能会面临法律责任。例如,如果合并过程中存在违法行为,如未按照规定程序进行合并、未及时办理相关手续等,可能会受到相关部门的处罚。此外,如果合并后的企业未能妥善处理被合并企业的法律问题,也可能会引发法律纠纷。

(3)税收风险

企业合并可能涉及复杂的税收问题。合并过程中,可能需要对资产进行评估和重新计价,这可能会产生资本增值税等税负。同时,合并后的企业在运营过程中也需要遵守相关税收法规,否则可能会面临税务处罚。

(4)管理整合风险

两企业合并后,需要进行管理整合,以确保合并后的企业能够高效运营。然而,管理整合过程中可能会遇到诸多困难,如文化差异、管理理念冲突等。如果未能妥善处理这些问题,可能会影响合并后企业的运营效率和业绩。

(四)2023年《公司法》关于公司合并的修订要点

1. 新增简易合并和小规模合并制度

2023年《公司法》第219条规定:"公司与其持股百分之九十以上的公司合并,被合并的公司不需经股东会决议,但应当通知其他股东,其他股东有权请求公司按照合理的价格收购其股权或者股份。公司合并支付的价款不超过本公司净资产百分之十的,可以不经股东会决议;但是,公司章程另有规定的除外。公司依照前两款规定合并不经股东会决议的,应当经董事会决议。"

此条新增简易合并和小规模合并制度,进一步简化合并的程序性要求,实现了兼顾股东权益和公司合并效率,从而提高公司的运转效率。就简易合并而言,其无须通过股东会决议,简化了合并流程;一定程度上维护了其他股东的合法权益,享有异议回购请求权,提供股东的相应退出机制。就小规模合并而言,公司合并支付价款不超过净资产10%的,无须经过股东会决议,但存在公司章程例外的规定。

2. 新增公司合并时通过国家企业信用信息公示系统向债权人公告的方式

2023年《公司法》第220条规定:"公司合并,应当由合并各方签订合并协议,并编制资产负债表及财产清单。公司应当自作出合并决议之日起十日内通知债权人,并于三十日内在报纸上或者国家企业信用信息公示系统公告。债权人自接到通知之日起三十日内,未接到通知的自公告之日起四十五日内,可以要求公司清偿债务或者提供相应的担保。"

公司合并属于公司运营过程中的重大事项变更,其须及时将相关变更情况进行公示。为了有效将公司合并流程程序与国家企业信用信息公示系统进行深度链接,第220条明确规定公司合并决议须在10日内通知债权人并要求在报纸上或者国家企业信用信息公示系统公示。这既给予公司更多的选择空间,也提高了公司公开信息的效率,提升了行政效能。

(五)公司合并纠纷诉讼的实务操作

1. 诉讼主体

(1)原告:债权人或股东。

(2)被告:存续公司或股东。

2. 案由

《民事案件案由规定》将公司合并纠纷作为三级案由规定在内。司法实务中,关于公司合并纠纷比较常见的是合并无效之诉、因公司合并引发的债务承继问题,常见于公司合并决议未经股东会审议通过、合并过程未履行通知义务、被合并的公司没有清偿债务或提供相应的担保等情形。

3. 管辖

《民事诉讼法解释》第22条规定:"因股东名册记载、请求变更公司登记、股东知情权、公司决议、公司合并、公司分立、公司减资、公司增资等纠纷提起的诉讼,依照民事诉讼法第二十七条规定确定管辖。"《民事诉讼法》第27条规定:"因公司设立、确认股东资格、分配利润、解散等纠纷提起的诉讼,由公司住所地人民法院管辖。”据此,公司合并纠纷由公司住所地法院管辖。

4. 诉讼时效

3 年。

5. 诉讼请求

(1)请求确定公司设立协议效力、撤销、解除或继续履行,同时要求返还出资款、违约发起人承担违约责任和赔偿损失。

(2)请求公司履行协议书约定的义务。

(3)请求公司协助办理不动产、股权等变更登记。

八、公司分立纠纷

(一)公司分立纠纷概述

公司分立,是指一个公司通过签订分立协议,不经过清算程序,分为两个或两个以上公司的法律行为。公司分立有两种形式,一是派生分立,是指公司以其部分资产另设一个或数个新的公司,原公司存续;二是新设分立,是指公司全部资产分别划归两个或两个以上的新公司,原公司解散。

因分立而新设立的公司,应当申请设立登记;因分立而存续的公司,其登记事项发生变化的,应当申请变更登记;因分立而解散的公司,应当申请注销登记。公司分立的,应当自公告之日起 45 日后申请登记,提交分立决议或者决定以及公司在报纸上登载公司分立公告或者在国家企业信用信息公示系统上公告的有关证明和债务清偿或者债务担保情况的说明。

公司分立纠纷,是指公司分立未依照公司分立计划、分立协议或公司章程进行,或者违反法律、行政法规的强制性规定引起的纠纷。①

根据《公司法》之规定,公司分立需满足以下程序条件:(1)应当由合并各方签订合并协议。(2)应当经合并各方代表 2/3 以上表决权的股东通过,作出

① 参见景汉朝主编:《民事案件案由新释新解与适用指南》(第 2 版),中国法制出版社 2017 年版,第 924 页。

公司合并的股东会决议。(3)应当编制资产负债表及财产清单。(4)应当自作出公司合并决议之日起10日内通知债权人,并于30日内在报纸上或者国家企业信用信息公示系统公告。(5)债权人自接到通知之日起30日内,未接到通知的自公告之日起45日内,可以要求公司清偿债务或者提供相应的担保。企业吸收合并后,债权人就被吸收企业隐瞒或遗漏的企业债务起诉吸收方的,如果债权人在公告期内申报过该笔债权,吸收方在履行债务之后,可向被吸收方的原资产管理人追偿。如果债权人在公告期内未申报过该笔债权,则吸收方无须承担返还义务。法院可告知债权人另行起诉吸收方的原资产管理人。(6)应当修订章程并依法向公司登记机关办理变更登记,被吸收公司因解散应向公司登记机关办理注销登记。如公司分立须经政府主管机关批准的规则在本质上相同,即公司分立应以政府批准为前提。

实务中,公司分立的原因有五大类:一是税务原因,资产重组存在税收优惠,能够既达到公司资产分割的目的又可以避免产生过高税费;二是公司经营原因,通过分立将非主营业务分立出去,突出公司主业;三是内部管理原因,为解决公司内部股东纠纷,将部分股东与资产分立出去,有助于公司内部管理;四是效率原因,如某公司机构臃肿,分立有助于其精简机构,提高效率;五是便于上市原因,如公司存在部分资产存在瑕疵,或对于公司上市有较大影响,这时可将原公司分立以达到剥离资产的目的。

(二)典型案例分析

1. 分立时已存在债务承担的,有约从约,无约则由分立后的公司承担连带责任

案例 | 左来公司、菲新公司公司分立纠纷

审理法院:福建省晋江市人民法院

案号:(2022)闽0582民初2681号

【基本案情】

菲新公司于2003年5月9日经工商登记成立,系富之达投资有限公司(中

国香港)独资设立的有限责任公司。2019 年 10 月 9 日,菲新公司经股东决定:由菲新公司派生分立左来公司、菲二公司、菲三公司、菲五公司、菲九公司、菲十公司、新二公司、新六公司、左邦公司、左腾公司共 10 家新公司,菲新公司仍存续;分立前菲新公司注册资本为 8000 万港元、投资总额为 1 亿港元,分立后菲新公司注册资本为 4291 万港元、投资总额为 6291 万港元,左来公司注册资本及投资总额均为 300 万港元,均由富之达投资有限公司(中国香港)独资;分立前菲新公司的所有债权债务,除另立协议外,均由分立后的菲新公司继承,左来公司等 10 家新分立公司承担连带责任等。2019 年 11 月 12 日,菲新公司在报纸上刊登了分立公告。2020 年 2 月 21 日,左来公司经工商登记成立,注册资本 300 万港元,登记住所即为本案诉争房产。福建联合中和资产评估土地房地产估价有限公司受菲新公司、左来公司共同委托,于 2020 年 3 月 16 日出具联合中和(2020)QZC 第 079 号房地产估价报告,评估诉争房产在 2020 年 3 月 15 日的价值为 273.8185 万元。2020 年 4 月 2 日,菲新公司与左来公司签订资产分割协议书,约定左来公司的注册资本系由分立事宜而获得的菲新公司分割出的与净资产相关的实收资本 300 万港元构成,菲新公司因公司分立事宜,同意将其名下价值 273.8185 万元的诉争房产分割移交给左来公司,协议签订之日即为移交之日,并在 1 个月内配合办理过户手续,如发生争议可向法院起诉。

福建瑞智会计师事务所有限公司于 2020 年 6 月 16 日出具福建瑞智(2020)验字第 002 号、第 009 号验资报告,称菲新公司的注册资本由分立前的 8000 万港元,变更为分立后的 4291 万港元,左来公司已收到富之达投资有限公司缴纳的注册资本 300 万港元。诉争房产由左来公司占有使用,但仍登记在菲新公司名下。

2022 年,左来公司主张判令菲新公司将其名下位于晋江市新塘上郭社区福兴路 29－2 号的房地产办理过户登记至左来公司名下,故而向法院提起诉讼。

【争议焦点】

左邦公司应与新二公司等其他分立公司共同对菲新公司分立前的债务是否承担连带责任?

【审理结果与裁判要点】

法院认为，菲新公司经法定程序派生分立了左邦公司，双方所签订的资产分割协议合法有效。同时，左邦公司应与新二公司等其他分立公司共同对菲新公司分立前的债务承担连带责任。

根据《公司法》第 223 条的规定，公司分立前的债务由分立后的公司承担连带责任。但是，公司在分立前与债权人就债务清偿达成的书面协议另有约定的除外，即公司与债务人或债权人没有特别约定，债权和债务由分立后的公司享有连带债权和承担连带责任。本案中，菲新公司依据法定程序进行分立，分立后的左邦公司等其他分公司须对分立前的债务承担连带责任，以保证相应债权人的权益。

2. 公司分立协议效力认定纠纷

案例 | 布雷制动系统公司、瑞立制动技术公司公司分立纠纷

审理法院：河北省廊坊市中级人民法院

案号：(2021)冀 10 民终 7026 号

【基本案情】

2014 年，亚新科制动系统公司(甲方、存续企业)与亚新科制动技术公司(乙方、派生企业)签订《亚新科制动系统公司分立协议》，该协议第 3 条第 1 款约定：甲方公司采用存续分立方式，甲方主体资格保留，派生分立出乙方亚新科制动技术公司。该协议第 3 条第 8 款约定：由甲方的董事会作出分立的决定；分立后甲方、乙方各自制定合同、章程或修正案，各自建立法人组织机构；财产作相应的分割，公司分立时应编制资产负债表及财产清单；公司应当自作出分立决定之日起 10 日内通知债权人；在省级报纸公告，自登报公告之日起 45 日后报审批机关批准后办理相关登记。

2014 年 12 月 23 日，亚新科制动技术公司注册成立，张某平担任法定代表人。

2015 年 12 月 31 日，亚新科制动系统公司和亚新科制动技术公司签订《公司分立执行协议》。经双方确认，原公司《入园协议》项下的全部土地分为地块一

191.9 亩(办证面积 155.387 亩)和地块二 18.1 亩(办证面积 15.858 亩),地块一剩余办证土地面积约 95.387 亩为《公司分立执行协议》约定剩余土地,剩余土地中一宗面积约为 50 亩的土地归属瑞立制动技术公司所有。协议签订后,布雷制动系统公司向瑞立制动技术公司交付案涉土地,上述土地及地上物由瑞立制动技术公司占有使用至今,但布雷制动系统公司一直未能按照合同约定将上述土地变更登记至瑞立制动技术公司名下。

2021 年,瑞立制动技术公司主张布雷制动系统公司继续履行《公司分立执行协议》,并协助瑞立制动技术公司将坐落于廊坊市安次区土地 50 亩变更登记至其名下,故而向法院提起诉讼。

一审法院认为,被告布雷制动系统公司关于冀(2019)廊坊市不动产权第××号 20 亩土地不属于《公司分立执行协议》中剩余土地的部分,不应分割给原告瑞立制动技术公司,原告应在冀(2019)廊坊市不动产权第××号下的 95.4 亩土地中分得 30 亩的主张不能成立。案涉土地使用权已经确权登记在被告名下,从 2015 年公司分立至今已近 6 年,产权转移仍未完成,这一情况不利于原告、被告公司的整体建设规划和生产计划。依据诚实信用原则,现原告主张按照《公司分立执行协议》约定,将应该归属于原告的土地使用权转移登记至原告名下,既不违反《公司分立执行协议》中约定目的,更有利于原告、被告各自用地规划和生产需要。因此,法院判决被告应按照相关法定程序协助原告办理冀(2019)廊坊市不动产权第××号国有建设用地使用权的转移登记手续,将该国有建设用地使用权变更登记至原告名下。

布雷制动系统公司不服一审判决,提出上诉。

【争议焦点】

(1)《公司分立执行协议》是否有效。

(2)对于剩余土地的含义及《公司分立执行协议》中瑞立制动技术公司应分得的约 50 亩土地范围和分割、变更登记的条件是否成就。

【审理结果与裁判要点】

二审法院认为,原亚新科制动系统公司通过存续分立方式,成立本案布雷制动系统公司、瑞立制动技术公司两公司,并依法进行工商登记,公司分立行为符合法律规定。布雷制动系统公司、瑞立制动技术公司作为独立法人,签订的《亚新科制动系统公司分立协议》《公司分立执行协议》系双方真实意思表示,且不违反相关法律、行政法规的强制性规定,真实合法有效。公司分立,其财产应做相应的分割。

根据《公司分立执行协议》的约定,布雷制动系统公司应协助瑞立制动技术公司将坐落于廊坊市安次区[不动产权证号为冀(2019)廊坊市不动产权第××号]土地20亩以及坐落于廊坊市安次区[不动产权证号为冀(2019)廊坊市不动产权第××号]的土地30亩变更登记至瑞立制动技术公司名下。故二审法院驳回上诉,维持原判。

《公司分立执行协议》系当事人意思自治的产物,若不存在法定无效事由,则应当认可其效力。公司分立后,分立公司应当依照法律规定以及《公司分立执行协议》进行相应工商变更登记事项。

以本案为例,首先,就《公司分立执行协议》而言,该协议合法有效。布雷制动系统公司与瑞立制动技术公司达成一致的意思表示,不违反相应强制性规定,故应当认可其效力。

其次,对于剩余土地的含义及《公司分立执行协议》中瑞立制动技术公司应分得的约50亩土地范围和分割、变更登记的条件是否成就的问题,就系争剩余土地而言,剩余土地面积应为115.4亩。根据《公司分立执行协议》第1条第1.01款的约定,全部土地面积为210亩,仅有(2014)第00242号不动产权证中的40亩土地取得了土地使用证,则剩余土地面积为20亩+95.4亩=115.4亩,并非该协议写明的95.387亩。

同时,根据《公司分立执行协议》的约定,布雷制动系统公司应交付瑞立制动技术公司50亩土地。根据《民法典》第209条第1款的规定,不动产物权的设立、变更、转让和消灭,经依法登记,发生效力;未经登记,不发生效力,但是法律另有规定的除外。但布雷制动系统公司仅予以瑞立制动技术公司占有使用案涉土地,并未完成交付。因此,布雷制动系统公司应协助瑞立制动技术公司办理变更登记。

（三）疑难法律问题解答

1. 利害关系人如何提起公司分立无效之诉

原公司的股东、债权人、破产管理人均可以提起分立无效之诉，提起公司分立无效之诉的理由一般为分立方案或者分立决议违反法律法规的强制性规定，或者违反公司章程、内容违法。

根据《公司法》第25条的规定，公司股东会、董事会的决议内容违反法律、行政法规的无效，股东可以提起确认决议无效之诉。其他权利人如债权人、破产管理人等，可以依据《民法典》第153条、第154条申请法院宣告公司分立决议无效，或者依据《民法典》第147条至第151条等规定申请法院撤销该决议。[①]

2. 公司分立后债权债务承担

公司分立后，债权债务如何分担是非常重要的问题，在实务中，分立后债权债务分担也是公司分立纠纷中最复杂、最容易产生争议的领域，不仅涉及分立后各公司的利益，还直接关系到原公司债权人债权的实现。

《公司法》第222条规定，公司分立，其财产作相应的分割。公司分立的，应当编制资产负债表及财产清单。公司应当自作出分立决议之日起10日内通知债权人，并于30日内在报纸上或者国家企业信用信息公示系统公告。

根据《公司法》第223条“公司分立前的债务由分立后的公司承担连带责任。但是，公司在分立前与债权人就债务清偿达成的书面协议另有约定的除外”的规定，公司分立前的债务承担有两种方式：（1）有约定，按约定。如果公司与债权人在分立前已达成书面债务清偿协议，那么债务承担按照约定处理。（2）无约定，按法定。如果公司与债权人未签订清偿协议或者签订的清偿协议不明确，债务承担则按照法律规定处理，分立后的公司对分立前的债务均承担连带偿还责任。

最高人民法院《关于审理与企业改制相关的民事纠纷案件若干问题的规定》对公司分立后债务承担的问题作了更加细致的规定，根据其第12条、第13

---

① 参见郭春宏主编：《公司法律师实务》，北京大学出版社2022年版，第575页。

条的规定可以明确,公司内部对分立后对债务的约定,未经债权人认可不得对抗债权人,分立后的公司依然要对原公司债权人承担连带责任,但该约定在分立后的公司之间具备效力,清偿债务的公司按照约定向未承担责任的公司进行追偿。

(四)2023年《公司法》关于公司分立的修订要点

2023年《公司法》第222条规定:"公司分立,其财产作相应的分割。公司分立,应当编制资产负债表及财产清单。公司应当自作出分立决议之日起十日内通知债权人,并于三十日内在报纸上或者国家企业信用信息公示系统公告。"

本条新增公司分立时通过国家企业信用信息公示系统向债权人公告的方式。公司分立属于公司运营过程中的重大事项变更,其须及时将相关变更情况进行公示。为了有效将公司分立流程程序与国家企业信用信息公示系统进行深度链接,2023年《公司法》第222条规定明确公司分立决议须在10日内通知债权人并要求在报纸上或者国家企业信用信息公示系统公示。这既给了公司更多的选择空间,又提高了公司公开信息的效率,提升了行政效能。

(五)公司分立纠纷诉讼的实务操作

1. 诉讼主体

(1)原告:派生公司或相对债权人。

(2)被告:存续公司、股东。

2. 案由

《民事案件案由规定》将公司分立纠纷作为三级案由规定在内。司法实务中,公司分立的案件往往与请求确认公司分立决议无效或者不成立、请求撤销公司分立决议等相互交织,应根据具体案情选择案由;在请求因公司分立后支付款项、归还财务等纠纷中,亦可提起债权之诉。

3. 管辖

《民事诉讼法解释》第22条规定:"因股东名册记载、请求变更公司登记、股东知情权、公司决议、公司合并、公司分立、公司减资、公司增资等纠纷提起的诉讼，依照民事诉讼法第二十七条规定确定管辖。”《民事诉讼法》第 27 条规定：“因公司设立、确认股东资格、分配利润、解散等纠纷提起的诉讼，由公司住所地人民法院管辖。”据此，公司分立纠纷由公司住所地法院管辖。

4. 诉讼时效

3 年。

5. 诉讼请求

(1) 请求确定公司分立协议无效、撤销、解除或继续履行，同时要求违约公司返还因分割、分立取得的财产。

(2) 请求公司履行协议书约定的义务。

(3) 请求公司协助办理不动产、股权等变更登记。

(4) 请求原股东履行协议义务。

九、损害公司利益责任纠纷

(一) 损害公司利益责任纠纷概述

损害公司利益责任纠纷，是指公司股东滥用股东权利或者公司董事、监事及高级管理人员违反法定义务，导致公司利益受到损害而引发的纠纷。《公司法》对损害公司利益的具体情形等作出相应规定，即公司利益的界定、损害公司利益情形认定。为实现公司有效运行，股东、董事、监事以及高级管理人员合理行使权利，需要符合《公司法》的相关规定要求，从而维护公司利益。进而，就衍生了股东、董事、监事以及高级管理人员侵害公司利益而产生的权利义务纠纷，即损害公司利益责任纠纷，主要包括股东滥用股东权利，董事、监事、高级管理人员违反法定义务导致公司利益受到损害。

1. 公司股东滥用股东权利，损害公司利益

股东滥用股东权利损害公司利益责任纠纷，是指因股东滥用股东权利给公司造成损害的，应当承担损害公司利益责任的民事纠纷。公司股东依照法律和公司章程正当行使权利、履行义务，是股东的基本准则。实践中，存在大量滥用股东权利的情形，如股东在涉及公司为其担保事项进行表决时，应当回避而不回避；公司章程规定出售重大资产需股东会特别决议通过，公司的控股股东无视公司章程的规定，不经法定程序，强令公司出售该资产；违反竞业禁止法定或约定的义务等。

2. 董事、监事、高级管理人员违反法定义务，损害公司利益

董事、监事、高级管理人员对公司主要的法定义务是忠实、勤勉义务，董事、监事、高级管理人员违反忠实、勤勉义务的主要表现有：履行本职工作未尽到合理的审慎义务；董事、监事、高级管理人员从事本职工作以外的事项，即超越授权范围或是无权代理，导致公司损失；重大事务未取得股东会表决通过，擅自决定；利用职务便利，占用（挪用）财产、资金；利用职务便利为自己或者他人谋取属于公司的商业机会，自营或者为他人经营与所任职公司同类的业务；等等。

为了实现公司的有效治理，公司逐渐确立独立法人主体地位，平衡各方主体利益冲突，维护公司利益。但与此同时，其呈现现代公司所有权与经营权不断分立的趋势，股东滥用股东权利、高级管理人员违反法定义务等一系列侵害公司利益的行为频繁出现，进而导致公司利益遭受重大影响。追诉问题根源所在，无疑是对公司利益的内涵明晰以及侵害公司利益的情形认定，而这直接关乎股东权利，公司董事、监事以及高级管理人员的权利行使界限。公司应当加强股东、高级管理人员的法律学习，使之树立法治观念、加强忠实义务。公司可以根据实际情况，建立内控监督评价机制，成立审计委员会，设立审计机构，履行企业内控监督职责，运用公司章程和相关制度监管制约管理层，规制管理层的管理行为。

（二）典型案例分析

1. 股东利用职务便利牟取不正当利益，违反竞业禁止义务，承担相应责任

案例 | 张某某、滢诺蕾公司损害公司利益责任纠纷

审理法院：北京市第三中级人民法院

案号:(2021)京03民终4032号

【基本案情】

2018年4月,滢诺蕾公司注册成立,股东为张某某与张某,公司注册资本为200万元。2018年5月,张某某(甲方)与张某(乙方)签订《合作协议》,规定公司存续期间股东不得在外从事与公司业务有竞争关系的活动。滢诺蕾公司曾委托第三方制作2018年10月游学期间的视频、图片,张某某与视频制作方直接联系并将其交付给滢诺蕾公司。随后,张某某未经公司允许将部分图片用于其个人微信公众号和微博宣传,并在宣传文章中预留的报名方式中仅附加张某某的微信二维码,全部用于个人使用。

2019年,滢诺蕾公司主张张某某返还占有滢诺蕾公司的财产9.4万元和商业秘密的视频资料并且赔偿侵犯滢诺蕾公司的商业秘密和同业竞争的损失100万元,故而向法院提起诉讼。一审法院认为,首先,张某某在2019年开展的培训课程并非以滢诺蕾公司名义开展,其所得收入未交付给滢诺蕾公司,支出也并未由滢诺蕾公司负担。其次,张某与张某某签订的《合作协议》第10条约定,公司存续期间,股东不得在外从事与公司业务有竞争关系的活动。张某某系滢诺蕾公司的股东,《合作协议》对股东对外开展经营活动进行了限制,张某某作为股东违反了该约定,应承担相应的责任,所以法院判决张某某于判决生效后7日内向滢诺蕾公司支付违约金10万元。

滢诺蕾公司不服一审判决,提出上诉。

【争议焦点】

张某某将公司的视频、图片资料用于个人微信公众号和微博使用、宣传的行为是否违反了竞业禁止的义务,构成违反忠实义务的认定?是否应当承担相应责任?

【审理结果与裁判要点】

二审法院认为,判断竞业禁止义务必须满足主体适格、利用职务便利、未经股东会同意、为自己或他人谋取属于公司的商业机会、该商业机会属于所任职公司的同类业务的构成要件。本案中,张某某在滢诺蕾公司任监事一职,系高级管理人员,负责公司的教学、设计、生产等工作;滢诺蕾公司与张某某均使用张某某个人的微信公众号进行涉及珠宝行业招收学员的业务宣传及相关报名工作。张某某以个人名义组织的珠宝行业教学工作的行为与滢诺蕾公司的经营业务范围中的教育服务、珠宝首饰经营等主营业务存在重合,经营范围都涉及珠宝行业教学课程,故法院认定张某某的工作和滢诺蕾公司的业务具有竞争关系。张某某的行为违反了《公司法》的忠实义务条款和《合作协议》中同业竞争条款约定的竞业禁止义务,应承担相应的责任。故二审法院判决驳回上诉,维持原判。

管理层负有忠实义务,即履行竞业禁止义务、维护公司利益等义务。在具体司法实践中,其认定管理层是否违反竞业禁止义务存在不同的认定情况。

《公司法》第180条明确规定了管理层对公司负有忠实义务。所谓"忠实义务",是指管理层竭尽忠诚地履行职务,为公司的最佳利益和适当的目的行事,当自身利益与公司利益存在冲突时,不得将自身利益置于公司利益之上的义务。①

具体而言,管理层的忠实义务构成要件如下:主体是董事、高级管理人员;公司处于正常经营状态;与所任职公司同类业务——完全相同的商品或者服务、同种或者类似的商品或者服务;为自己或者第三人利益而实施的竞争营业行为;未得到所任职公司的事先许可或者事后追认。② 针对于张某某的行为,其从事的行为与公司的教育服务、珠宝首饰服务的业务经营存在重合关系,其行为本身未经公司的许可,侵害了公司自身的合法权益,违反了《公司法》的竞业禁止条款的认定。

基于上述分析,本案中张某某的使用公司照片等一系列行为违反了"忠实义务"的认定,严重损害了公司的合法权益。

2. 控股股东利用关联关系损害公司利益,承担赔偿责任

案例 | 杨某军、大陆桥公司等损害公司利益责任纠纷

审理法院:最高人民法院

---

① 参见李建伟:《公司法学》(第5版),中国人民大学出版社2022年版,第223页。

② 参见李建伟:《公司法学》(第5版),中国人民大学出版社2022年版,第223页。

案号：(2021)最高法民终1052号

【基本案情】

天博公司于2004年3月成立，股东系博州钢铁有限责任公司(出资比例为49%)和北疆进出口公司(出资比例为51%)。2006年12月，北疆进出口公司将其持有的天博公司51%的股权转让给大陆桥公司，天博公司就此召开了股东会和董事会并修改了公司章程，并明确规定不采取对外承包经营方式，仍由公司行使经营权。控股股东大陆桥公司在经营过程中，滥用股东权利，指使其关联公司中铁物流公司、中铁外服公司经营博钢铁路专用线的运输业务，侵害天博公司和小股东的利益，致使公司无法正常运营。

2022年，杨某军主张大陆桥公司向天博公司赔偿将公司业务交由其关联公司经营导致所损害的公司利益，向法院提起诉讼。

一审法院认定，大陆桥公司滥用股东权利，将公司业务交由关联公司经营损害公司利益，大陆桥公司应于判决生效后19日内向天博公司赔偿损失4,794,000元，中铁物流公司对大陆桥公司4,794,000元的赔偿责任承担连带责任。

杨某军不服一审判决，提出上诉。

【争议焦点】

大陆桥公司是否存在滥用股东权利行为?

【审理结果与裁判要点】

二审法院认为，就博钢铁路专用线而言，在天博公司的公司决议已明确约定公司不采取对外承包经营的情况下，大陆桥公司作为天博公司的控股股东，将本应属于天博公司经营的运输代理服务交由其关联公司中铁物流公司和中铁外服公司经营，违反了公司决议，减少了天博公司可能获得的业务机会并造成损失。依据《公司法》第21条①“公司的控股股东、实际控制人、董事、监事、高级管理人员不得利用其关联关系损害公司利益。违反前款规定，给公司造成损失的，应当承担赔偿责任”的规定，一审法院认定大陆桥公司滥用股东权利，

---

① 本案中适用的是2018年《公司法》，相关规定参见2023年《公司法》第21条。

将公司业务交由关联公司经营损害公司利益,依法有据,法院予以维持。故二审法院驳回上诉,维持原判。

《公司法》第21条明确规定了公司股东应当依法行使股东权利,不得滥用股东权利损害公司或者其他股东的利益。

对于滥用股东权利的认定存在语义模糊的问题,更多体现为一条宣示性大于实用性的条款。[①] 在理论上,一是依据对股东行为的合理性判断(符合法律、行政法规以及公司章程)确认是否存在滥用情形;二是根据滥用股东权利的主体、客体要件,结果或因果关系综合分析。

但需要注意的是,"法律的生命在于经验",其更加注重司法机关对于滥用股东权利的认定。法官对于滥用的认定更多强调股东行为行使上的违法性以及行使权利的合法性,关注股东行为实质侵害其他股东的利益的情形。[②] 其主要表现为股东擅自决定经营管理事项,滥用管理权、挪用公司资产、不正当的股权转让行为等从根本上侵害其他股东权益,损害公司利益。具体到本案来说,大陆桥公司作为控股股东,应当依法行使自身的股东权利,遵守公司内部决议,但其联合关联公司中铁物流公司、中铁外服公司经营博钢铁路专用线运输业务的行为侵害了其他股东的权利,违反公司决议,严重损害了公司利益,构成滥用股东的权利。

3. 董事对公司负有勤勉义务,采取重大过失标准,不构成损害公司利益

案例 | 姜堰宾馆与殷某某损害公司利益责任纠纷

审理法院:江苏省泰州市中级人民法院

案号:(2019)苏12民终1011号

【基本案情】

姜堰宾馆成立于2003年2月11日,系由徐某与殷某某以个人资产投资设立,徐某占股57.98%,殷某某占股42.02%,徐某任姜堰宾馆监事,殷某某任姜

① 参见王守春:《公司实际控制人诚信义务研究》,黑龙江大学2017年博士学位论文,第87页。

② 参见武胜男:《我国有限责任公司"股东压迫"救济路径的检视与完善》,吉林大学2018年硕士学位论文,第19页。

堰宾馆执行董事。殷某某、徐某于1991年1月24日登记结婚。2017年，殷某某向法院提起离婚诉讼，后经过一审、二审判决准予离婚。相关判决书认定徐某、殷某某在经营姜堰宾馆期间，均有使用个人银行账户进行公司资金往来的情形，汇款金额达到100多万元。

2018年，姜堰宾馆主张殷某某返还并赔偿款项计200万元，向法院提起诉讼。一审法院认为，徐某在两人离婚后要求殷某某向公司返还上述款项，有违诚实信用原则。故姜堰宾馆现无证据证明殷某某损害公司利益，对其诉讼请求，一审法院不予支持。

姜堰宾馆不服一审判决，提出上诉。

【争议焦点】

殷某某作为姜堰宾馆董事，是否违反勤勉义务？

【审理结果与裁判要点】

二审法院认为，《公司法》第147条第1款①规定："董事、监事、高级管理人员应当遵守法律、行政法规和公司章程，对公司负有忠实义务和勤勉义务。"该条明确了董事负有勤勉义务。所谓勤勉义务，通行的含义是指董事应当诚信履行对公司的职责，以合理的技能水准、合理的谨慎和注意程度去处理公司的事务。基于司法谦抑的理念，司法应当对属于公司内部经营决策领域的专业判断表示尊重。在董事损害公司权益纠纷中，首先应推定董事已经尽到勤勉义务，董事违反勤勉义务的举证责任由公司承担。对于董事勤勉义务的判断应当采取主观与客观相结合的标准或称为重大过失标准，即只有在董事存在故意或者重大过失、公司存在损失，且董事的重大过失与公司损失之间存在因果关系时，董事行为才构成违反勤勉义务。在本案中，上诉人姜堰宾馆诉称殷某某有收入不入账、多报支出、少报收入、挪用资金等情形，所提交的证据不足以证明董事构成违反勤勉义务的要件。因此，损害公司利益纠纷不复存在。故二审法院驳回上诉，维持原判。

认定董事是否违反勤勉义务，主要应考虑其有无违反法律、行政法规或者

① 本案中适用的是2018年《公司法》，相关规定参见2023年《公司法》第179条、第180条。

公司章程的规定,给公司带来损失。

勤勉义务具体是指董事、监事、高级管理人员在处理公司事务时必须出于善意,并尽到普通谨慎之人在相似的地位和情况下所应有的合理的谨慎、勤勉和注意,即以合理的技能水准、合理的谨慎和注意程度去处理公司的事务。具体到本案来说,姜堰宾馆属于徐某、殷某某夫妻共同财产,殷某某在夫妻关系存续期间担任公司董事时的相关经营行为难以区分是个人行为还是夫妻双方共同商定的行为,且案涉汇款款项也无法区分属于个人行为还是夫妻共同行为。再者,作为董事的殷某某并不存在在故意或者重大过失的情形下行使姜堰宾馆的董事权利的行为。

基于上述分析,本案中殷某某的行为不构成对勤勉义务的违反。

(三)疑难法律问题解答

1. 公司利益的内涵现状

通常认为,股东作为公司财产的最终受益者,其利益与公司利益无异。然而,公司利益等同于股东利益,将导致内部的管理风险完全由股东承担,进而导致股权结构存在控制股东等一系列问题。首先,公司法对于公司利益的内涵没有给出明确的界定,导致实务中对相关案件的处理没有确定的裁判标准。其次,公司利益与股东利益常常被混为一谈,导致公司利益受到损害。此外,公司利益与社会利益并非截然对立,兼顾社会利益可以为公司利益带来长远的有利影响。

随着社会经济的不断发展,现代公司法孕育而生,其更加注重长远利益的发展。这也决定了公司在经营中不能将公司利益等同于股东利益,也需要考虑包括雇员、债权人、供货商等在内的其他利益相关者的利益,是以实现企业宗旨为目的的同时包括所有相关当事人的利益,是一种集体利益的体现。此种界定既能够坚守传统规则,维护股东的最根本利益,也能够顾及时代的发展。以本节典型案例——杨某军、大陆桥公司等损害公司利益责任纠纷为例,虽然大陆桥公司是天博公司的控股股东,但是股东利益与天博公司利益需要得以区分,大陆桥公司利用自身优势进行中铁物流公司的国内货物运输的关联交易,根本上损害了天博公司的利益，即最为典型的公司利益受到损害的表现。

2. 损害公司利益纠纷管辖权法院问题

司法实践中存在几种不同的观点，有观点认为，《民事诉讼法》规定的公司诉讼类型是公司组织诉讼，而损害公司利益的行为系侵权行为，不符合公司组织诉讼的规定，应当由侵权行为地或者被告住所地法院进行管辖。另有观点认为，损害公司利益纠纷的股东代表诉讼属于公司组织内部关系，应由公司住所地法院管辖。还有观点认为，根据损害公司利益的不同类型确定不同的管辖法院。具体而言，股东滥用股东权利以及董事、监事、高级管理人员违反法定义务损害公司利益责任纠纷，适用公司诉讼的特殊地域管辖规定；第三人损害公司利益责任纠纷，由侵权行为地、结果发生地或者被告住所地法院确定管辖。

在众多司法案例裁判中，多数采用第一种观点，以侵权行为地或者被告住所地作为损害公司利益责任纠纷的管辖法院。以谭某某、云南永保特种水泥有限责任公司损害公司利益责任纠纷为例，①原告以谭某某、西南水泥有限公司损害公司利益为由提起诉讼，系以特定董事、股东损害公司利益为由提起诉讼的情形，不符合公司组织诉讼的特征，应当适用《民事诉讼法》的一般地域管辖的规定进行管辖。因此，被告西南水泥有限公司的住所地法院四川省高级人民法院具有管辖权。同时，此民事裁定书进一步说明了对公司诉讼作出特殊地域管辖的规定缘由，即有关公司设立、确认股东资格、分配利润、公司解散等公司组织行为的诉讼，往往涉及与公司组织相关的多数利害关系人的多项法律关系变动，常出现就同一个公司的同一个组织法行为提起多个诉讼的情形。为避免案件管辖过于分散，影响司法效率或产生相同事实相异判决，应由公司住所地法院进行管辖。

3. 损害公司利益纠纷的诉讼主体的确定

(1)原告

损害公司利益纠纷中的原告有以下几种：

---

① 参见最高人民法院民事裁定书，(2019)最高法民辖终325号。

第一种，公司直接诉讼。管理层违反公司的信义义务而对公司承担违信责任的，公司作为原告直接诉讼，法定代表人凭借公司的公章直接参与诉讼。

第二种，股东代表诉讼。公司的利益受到侵害而公司不能起诉时，股东为了公司利益以自己的名义代表公司提起诉讼。股东代表诉讼必须满足一系列要件，主要包括：存在损害公司利益事实；股东名义提出；公司无法起诉；以公司利益为目的；诉讼利益归属公司；等等。股东代表诉讼的本质系为被滥用控制权的控股股东、实际控制人、管理层所控制的公司主持公道而设计的司法救济措施。

第三种，董事长或执行董事。《公司法解释(四)》第23条第2款规定："董事会或者不设董事会的有限责任公司的执行董事依据公司法第一百五十一条[①]第一款规定对监事提起诉讼的，或者依据公司法第一百五十一条第三款规定对他人提起诉讼的，应当列公司为原告，依法由董事长或者执行董事代表公司进行诉讼。"

第四种，监事会主席或监事——如公司董事、高级管理人员执行公司职务时违反法律、行政法规或者公司章程的规定，给公司造成损失的，在某些特殊情况下，监事有权直接对其提起诉讼。根据相关法律规定，监事代表诉讼至少应具备以下条件：第一，董事、高级管理人员违反法律、行政法规、公司章程的规定给公司造成损失；第二，股东在书面请求监事向法院提起诉讼后，监事(会)同意提起诉讼；第三，应在收到股东书面请求后30日内行使。

(2)被告

根据《公司法》第189条的规定可知，股东、实际控制人、高级管理人员、共同侵权人作为适格的被告。

(四)2023年《公司法》关于损害公司利益责任的修订要点

1.明确界定忠实义务与勤勉义务的内涵与具体内容

2023年《公司法》第180条第1款、第2款规定："董事、监事、高级管理人员对公司负有忠实义务，应当采取措施避免自身利益与公司利益冲突，不得利

---

① 此处适用的是2018年《公司法》，相关规定参见2023年《公司法》第189条。

用职权牟取不正当利益。董事、监事、高级管理人员对公司负有勤勉义务，执行职务应当为公司的最大利益尽到管理者通常应有的合理注意。”

此条合理界定了忠实义务和勤勉义务的内涵，进一步细化了董事、监事、高级管理人员的行为规范，为完善相应违反该义务的责任体系奠定了基础。具体而言，忠实义务是消极义务，注重避免自身利益与公司利益产生冲突；勤勉义务是积极义务，注重强调履行中的合理注意义务。基于此条规定的两种义务内涵，在其他条文下予以补充和完善。例如，第181条规定监事从事违背忠实义务的具体认定情况。

2. 新增事实董事的认定规则

2023年《公司法》第180条第3款明确规定，“公司的控股股东、实际控制人不担任公司董事但实际执行公司事务的，适用前两款规定”。

基于公司大多存在控股股东或者实际控制人处于优势地位的现状，2023年《公司法》第180条第3款明确“事实董事”的内涵，并适用前述忠实义务和勤勉义务的规定。需要注意的是，此条虽然明确了“事实董事”的内涵，但并未细化“事实董事”的认定规则。从概念起源角度来看，“事实董事”源自英国公司法，“事实董事”实质上虽未被正式任命为董事，但实际上是履行董事职能的人，据此负有相应义务。

3. 明确规定监事亦不得从事违背具体忠实义务的行为

2023年《公司法》第181条规定：“董事、监事、高级管理人员不得有下列行为：（一）侵占公司财产、挪用公司资金；（二）将公司资金以其个人名义或者以其他个人名义开立账户存储；（三）利用职权贿赂或者收受其他非法收入；（四）接受他人与公司交易的佣金归为己有；（五）擅自披露公司秘密；（六）违反对公司忠实义务的其他行为。”

此条新增“监事”不得违反忠实义务的具体行为，扩大了2018年《公司法》的规范对象，即约束董事、监事、高级管理人员三方主体。结合2023年《公司法》第180条对于忠实义务内涵的界定，该条具体细化了违反忠实义务的董事、监事、高级管理人员的相关行为。这有利于增强司法实务的可操作性，加重违反忠实义务的责任主体范围,督促各方主体积极履行义务,保障公司合法权益。

4. 新增监事违背忠实义务行为的公司归入权的义务主体

2023年《公司法》第186条规定:“董事、监事、高级管理人员违反本法第一百八十一条至第一百八十四条规定所得的收入应当归公司所有。”

此条新增“监事”违反忠实义务,其所得收入归公司所有的条款。旨在强化董事、监事、高级管理人员的忠实义务,弥补公司受损利益。易言之,其使公司利益恢复至董事、监事、高级管理人员未违反忠实义务时的状态。但在具体认定“所得收入”的标准时,存在不同的计算方式,如管理层工资视为收入、经营活动的净利润视为收入等。据此,在具体司法实践中,宜以公司利益为核心,合理认定公司所受损失来行使归入权。

5. 新增股东双重代表诉讼及其前置程序规则

2023年《公司法》第188条规定:“董事、监事、高级管理人员执行职务违反法律、行政法规或者公司章程的规定,给公司造成损失的,应当承担赔偿责任。”

第189条规定:“董事、高级管理人员有前条规定的情形的,有限责任公司的股东、股份有限公司连续一百八十日以上单独或者合计持有公司百分之一以上股份的股东,可以书面请求监事会向人民法院提起诉讼;监事有前条规定的情形的,前述股东可以书面请求董事会向人民法院提起诉讼。监事会或者董事会收到前款规定的股东书面请求后拒绝提起诉讼,或者自收到请求之日起三十日内未提起诉讼,或者情况紧急、不立即提起诉讼将会使公司利益受到难以弥补的损害的,前款规定的股东有权为公司利益以自己的名义直接向人民法院提起诉讼。他人侵犯公司合法权益,给公司造成损失的,本条第一款规定的股东可以依照前两款的规定向人民法院提起诉讼。公司全资子公司的董事、监事、高级管理人员有前条规定情形,或者他人侵犯公司全资子公司合法权益造成损失的,有限责任公司的股东、股份有限公司连续一百八十日以上单独或者合计持有公司百分之一以上股份的股东,可以依照前三款规定书面请求全资子公司的监事会、董事会向人民法院提起诉讼或者以自己的名义直接向人民法院提起诉讼。”

为了完善股东救济制度,2023年《公司法》第188条至第189条确立了双重股东代表诉讼制度,即明确全资子公司合法权利受损时,有权提起代表诉讼的公司股东可请求全资子公司的监事会、董事会向法院提起诉讼,或者以自己的名义直接向法院提起诉讼。从具体构成要件来看,该诉讼前提为股东必须针对全资控股的第一层子公司,符合全资子公司的财产归属母公司的财产特点。

此两条规定旨在解决母公司股东无法渗透母、子公司人格独立面纱并以自身名义代表子公司提起诉讼的难题,新确立的双重股东代表诉讼制度能够使母公司行使该诉权,从而维护公司架构中母公司股东等多方主体的权利。

6. 新增股东抽逃出资给公司造成损失的,负有责任的董事、监事、高级管理人员应当承担连带赔偿责任

2023年《公司法》第53条规定:"公司成立后,股东不得抽逃出资。违反前款规定的,股东应当返还抽逃的出资;给公司造成损失的,负有责任的董事、监事、高级管理人员应当与该股东承担连带赔偿责任。"

此条明确规定负有责任的董事、监事、高级管理人员与股东承担连带赔偿责任的情形,是2023年《公司法》唯一规定负有责任人员承担连带赔偿责任的条款。易言之,该条规定加重了责任主体范围,从原有的"协助抽逃"变更为"负有责任"。结合《公司法》第51条的规定,董事会的董事须履行催缴股东出资等义务,即对抽逃出资的股东进行追索,否则被认定为未合理履行义务,视为"负有责任"的范围。据此,其旨在加重董事、监事、高级管理人员的责任,督促相关责任人履行义务,维护公司利益。

(五)损害公司利益纠纷诉讼的实务操作

1. 诉讼主体

(1)原告:公司、股东代表、监事会主席或监事。

(2)被告:股东、公司高级管理人员。

2. 案由

《民事案件案由规定》将损害公司利益责任纠纷作为三级案由规定在内。

损害公司利益责任纠纷与公司关联交易损害责任纠纷密切相关，实践中应注意两者区别。该两类案由所涉案件有所重合，共同之处在于原告均主张被告损害公司利益。两者的主要区别在于，未利用关联交易形式损害公司利益的，不属于公司关联交易损害责任纠纷。

3. 管辖

该纠纷的管辖司法实践中争议颇多，即使是最高人民法院，对此的认定也不一致。根据相关理论及最高人民法院司法判例，有观点认为，损害公司利益的行为属于侵权行为，不属于公司诉讼，应当按照《民事诉讼法》第29条之规定，由侵权行为地或被告住所地法院管辖。另有观点认为，股东损害公司利益责任纠纷及公司高级管理人员损害公司利益责任纠纷应适用公司诉讼的特殊地域管辖规定。而他人损害公司利益纠纷属于侵权责任纠纷，应适用侵权行为地、结果发生地或被告住所地法院管辖。

实践中，侵权行为地的认定包括侵权行为实施地和侵权结果发生地，常常与公司住所地重合，因此原告在起诉时可以根据诉讼便利原则，灵活把控管辖法院。

4. 诉讼时效

3年。

5. 诉讼请求

（1）请求依法判决公司股东、高级管理人员对给公司造成的损失承担赔偿责任。

（2）请求依法判决公司股东、高级管理人员承担违约责任。

十、股东损害公司债权人利益责任纠纷

（一）股东损害公司债权人利益责任纠纷概述

股东损害公司债权人利益责任纠纷，是指公司股东因滥用公司法人独立地位和股东有限责任，逃避债务，严重损害公司债权人利益，债权人据此要求股东承担连带或补充清偿责任的情形。《公司法》对股东损害公司债权人利益的事

项等进行了规定，明确了股东损害公司债权人利益认定标准、股东损害公司债权人利益产生的效力。为满足股东损害公司债权人利益的各项事项要求，从而维护债权人利益，股东损害公司债权人利益的行为需要符合《公司法》的相关规定要求。进而，这就衍生了债权人对股东损害其利益所产生的权利义务纠纷，即股东损害公司债权人利益纠纷。

根据《公司法解释（三）》第 13 条、第 14 条等的规定，股东损害公司债权人利益纠纷的类型可以归纳为如下几类。

第一，股东未全面出资或者未全面履行出资义务从而损害公司债权人利益的。债权人能够要求未出资的股东在其未出资的本息范围内对公司不能清偿的债务承担补充赔偿责任。同时，需要注意的是，《公司法》第 51 条规定了董事会催缴义务和赔偿责任，有限责任公司成立后，董事会应当对股东的出资情况进行核查，发现股东未按期足额缴纳公司章程规定的出资的，应当由公司向该股东发出书面催缴书，催缴出资。未及时履行前款规定的义务，给公司造成损失的，负有责任的董事应当承担赔偿责任。

第二，股东抽逃出资损害公司债权人利益的。债权人能够要求股东在抽逃出资的本息范围内对其公司不能清偿的债务承担补充赔偿责任。

第三，公司人格不再独立，包括资产混同、业务混同等情形，损害债权人利益的。对于此情形，司法实践存在认定困难。依据《公司法》第 23 条的规定，公司股东不能滥用法人独立地位损害债权人利益。公司股东滥用公司法人独立地位和股东有限责任，逃避债务，严重损害公司债权人利益的，应当对公司债务承担连带责任。股东利用其控制的两个以上公司实施前款规定行为的，各公司应当对任一公司的债务承担连带责任。2023 年《公司法》增加了横向人格否认，容纳集团公司的跨层级否认、纵向与横向合并人格否认。此情形最早在最高人民法院 2013 年第 15 号指导案例——徐工集团工程机械股份有限公司诉成都川交工贸有限责任公司等买卖合同纠纷案中出现，成都川交工贸有限责任公司由共同的实际控制人所控制，而该公司对徐工集团工程机械股份有限公司负有债务，进而由实际控制人（股东）承担赔偿责任。

随着我国市场经济的不断发展，《公司法》一直与时俱进，不断完善保护债权人利益的立法。但与此同时，实践中也出现股东频繁滥用股东权利来逃避债务、恶意侵占公司利益、怠于履行公司清算义务等乱象，严重损害公司债权人利益。因此，明晰股东损害公司债权人利益的正确归属系关键之所在，同时应加强公司经营合规管理，提高相应人员的守法合规意识。

（二）典型案例分析

1. 减资股东损害其他债权人利益纠纷

案例 | 刘某甲、刘某乙等股东损害公司债权人利益责任纠纷

审理法院：徐州市中级人民法院

案号：（2021）苏03民终10326号

【基本案情】

2008年11月，恒达公司由刘某甲作为唯一自然人股东出资设立。经多次增资，2012年8月，公司变更为自然人控股。2018年6月，恒达公司召开股东会并形成决议：公司注册资本减资；股东刘某甲、肖某某、刘某乙、秦某某等人相应减资；同意企业类型变更为有限责任公司等事项。随后，恒达公司在徐州市《都市晨报》刊登减资公告。2018年7月，恒达公司向原徐州市工商行政管理局申请变更公司工商登记内容。该局作出准予变更登记通知书。

2017年5月，安电二公司就其与恒达公司建设工程合同纠纷一案申请仲裁。2019年1月，淮南仲裁委员会作生效裁决书，裁决该案被申请人恒达公司支付申请人安电二公司工程修复费用802万余元。2019年5月，安电二公司向法院申请执行。2020年6月，法院作出执行裁定书，仅执行到位400余万元，未执行到位约480万元，故裁定终结该次执行程序。

安电二公司主张刘某甲、刘某乙、肖某某、秦某某在各自减资范围内承担恒达公司未能清偿部分的补充赔偿责任，遂向法院提起诉讼。一审法院认为，恒达公司减资程序存在瑕疵，并未直接通知安电二公司等其他债权人，故刘某甲、刘某乙、肖某某、秦某某就恒达公司的减资程序瑕疵存在责任。

刘某甲、刘某乙、肖某某、秦某某不服一审判决，提起上诉。

【争议焦点】

未履行减少注册资本变更登记的通知义务的减资股东是否构成对其他债权人利益的损害?

【审理结果与裁判要点】

二审法院认为,第一,恒达公司减资时,安电二公司已申请仲裁,向恒达公司主张工程债权,恒达公司参与了仲裁,知晓其与安电二公司的债权债务关系,系已知债权人,而恒达公司在减资时应依法向其履行直接通知义务。第二,恒达公司减资时未直接通知安电二公司,安电二公司无法要求恒达公司履行债务或提供担保的权利,导致对恒达公司的债权仍未受清偿,客观上损害了安电二公司的利益。第三,公司减资后的工商变更登记手续亦需要股东配合完成。公司减资的受益人是公司股东,公司减资所导致的公司偿债能力下降与公司股东未完全履行出资义务及股东抽逃出资对公司责任能力的影响在本质上并无不同。因而,可比照股东抽逃出资判定股东责任。因此,安电二公司有权诉请要求各股东在减资范围内对恒达公司不能履行部分承担补充赔偿责任,故二审法院驳回上诉,维持原判。

判断股东是否损害公司债权人利益的关键在于公司减资决议是否合法合规、股东是否履行股东相应全面出资义务等。公司减少资本需要符合相应的法定程序,根据《公司法》第224条的规定,公司作出减资决议后10日内通知债权人,并有权要求公司清偿债务或者提供担保。具体到本案来说,恒达公司在减资过程中仅在报纸上刊登,并未通知债权人安电二公司,导致安电二公司丧失要求恒达公司提前清偿或者担保的权利。再者,股东需要全面履行出资的义务和维护公司注册资本充实的责任,而本案的刘某甲、肖某某等股东并未出示相关证据证明其履行相应的督促通知义务,系逃避债务的恶意,类似于抽逃出资行为,最终损害了债权人安电二公司的利益,对于其无法得到实现的480万元债权,应当承担法律责任。

2. 股东出资加速到期之股东损害公司债权人利益责任纠纷

案例 | 伍某某、浩曦公司等股东损害公司债权人利益责任纠纷

审理法院:成都市中级人民法院

案号:(2021)川01民终3873号

【基本案情】

西德利公司成立于2016年8月24日,由龚某某、伍某某共同出资(出资时间均在2036年12月31日前),工商查询显示二人均未缴纳出资。

西德利公司与浩曦公司因企业租赁经营产生合同纠纷,判决认定西德利公司应向浩曦公司支付多项费用。因西德利公司未履行判决义务,浩曦公司申请强制执行,2019年4月,法院作出执行裁定,因西德利公司无可供执行的财产,浩曦公司也未提供西德利公司有可供执行的财产或财产线索,故终结该次执行程序。

2020年,浩曦公司主张龚某某、伍某某在未出资本息范围内对西德利公司不能清偿的447,000元债务、加倍支付的迟延履行期间债务利息、3382元案件受理费承担补充赔偿责任,向法院提起诉讼。

一审法院认为,设定股东出资加速到期的目的就是公平处理公司对外债务,避免债权人的利益遭受损害。在公司作为被执行人的案件中,法院穷尽执行措施无财产可供执行,已具备破产原因,但不申请破产的,对股东出资不加速到期将导致债权人利益失衡,未届出资期限的股东在未出资范围内应对公司不能清偿的债务承担责任。故法院对浩曦公司的诉讼请求予以支持。

伍某某不服一审判决,提出上诉。

【争议焦点】

股东尚未届时履行出资加速到期,是否损害其他债权人利益?

【审理结果与裁判要点】

二审法院认为,首先,西德利公司对外是否有应收账款、是否对外享有债权,系其自身权益,权利是否主张亦系其对自身民事权利的处分,应由其自行决定,伍某某的该上诉意见不能作为法院是否穷尽执行措施的理由,不予采纳。其次,浩曦公司与西德利公司因企业租赁经营合同纠纷一案经法院判决后执行,法院出具的执行裁定显示西德利公司无可供执行的财产,终结该次执行程序,该情形符合最高人民法院《关于适用〈中华人民共和国企业破产法〉若干问题的规定(一)》(以下简称《企业破产法解释(一)》)第1条、第4条第3款的规定,即经法院强制执行,无法清偿债务属于明显缺乏清偿能力的情形,应认定具备破产原因。故伍某某关于西德利公司不具备破产原因的主张不能成立。西德利公司作为被执行人,在法院穷尽执行措施无财产可供执行,具备破产原因时未申请破产的,股东出资应加速到期,债权人浩曦公司以债务人西德利公司不能清偿到期债务为由,请求未届出资期限的股东在未出资范围内对公司不能清偿的债务承担补充赔偿责任,应予支持。因此,二审法院驳回上诉,维持原判。

根据最高人民法院《全国法院民商事审判工作会议纪要》(以下简称《九民纪要》)第6条[①]的规定,股东依法享有注册资本期限利益,但在法院审查确定无财产执行且具备破产原因时,债权人有权主张公司股东在未出资范围内对公司不能清偿债务承担补充责任,即股东出资产生加速到期的法律效果。具体到本案来说,公司登记信息显示股东认缴但未实缴,需要履行相应的股东义务。而在西德利公司作为被执行人的案件中,法院已认定其无财产可供执行且具备相应破产原因。因此,公司的情形已经符合上述《九民纪要》第6条的规定。公司股东的认缴出资依法应加速到期,债权人浩曦公司有权请求未届出资期限的股东在未出资范围内对公司不能清偿的债务承担补充赔偿责任,法院依法予以支持。

本案中,根据生效的民事判决,西德利公司应在判决生效之日起10日内向浩曦公司支付有关款项,但西德利公司至今未履行,西德利公司作为被执行人已无可供执行的财产,已具备破产原因,但未申请破产,在此情况下,龚某某作为股东未履行任何出资义务,伍某某虽然对浩曦公司所举信用信息公示系统显示伍某某出资为0元的事实有异议,但未提交任何出资证据,则应认定为伍某某未出资,龚某某、伍某某滥用股东期限利益的行为,应予以否定,对浩曦公司依据《公司法解释(三)》第13条第2款的规定,要求龚某某、伍某某承担补充

---

① 《九民纪要》第6条规定:"在注册资本认缴制下,股东依法享有期限利益。债权人以公司不能清偿到期债务为由,请求未届出资期限的股东在未出资范围内对公司不能清偿的债务承担补充赔偿责任的,人民法院不予支持。但是,下列情形除外:(1)公司作为被执行人的案件,人民法院穷尽执行措施无财产可供执行,已具备破产原因,但不申请破产的;(2)在公司债务产生后,公司股东(大)会决议或以其他方式延长股东出资期限的。"

赔偿责任的请求,应予以支持。

3. 股东损害债权人利益纠纷之案件管辖权

案例 科伦比亚公司与朱某某、李某某股东损害公司债权人利益责任纠纷

审理法院:最高人民法院

案号:(2018)最高法民辖162号

【基本案情】

2009年5月19日,北京市朝阳区人民法院作出(2009)朝民初字第1502号民事判决书,裁判认定思派恩广告公司给付科伦比亚公司欠款134,090.6元。2011年1月27日,北京市朝阳区人民法院作出(2010)朝执字第13416号民事裁定书,裁定终结本次执行。

思派恩广告公司变更为推科科技公司,后又变更为壹品公司。该公司股东变更为朱某某、李某某。2011年10月30日,壹品公司被吊销营业执照,朱某某、李某某为清算义务人。

2017年1月10日,科伦比亚公司主张朱某某、李某某作为债务人原壹品公司的清算义务人,拒不履行清算义务,造成债务人下落不明,恶意逃避债务,致科伦比亚公司在经申请强制执行后不能获得债权清偿,故而向北京市通州区人民法院提起诉讼。北京市通州区人民法院裁判认定该案为股东损害公司债权人利益责任纠纷,则公司住所地不能成为侵权行为人,应以被告住所地确定管辖,故移送至天津市滨海新区人民法院审理。

天津市滨海新区人民法院认为该裁定存在错误,经与北京市高级人民法院协商未能达成一致,故提请最高人民法院指定管辖。

【争议焦点】

作为科伦比亚公司住所地的北京市通州区人民法院是否享有管辖权?

【审理结果与裁判要点】

法院认为,最高人民法院《关于适用〈中华人民共和国公司法〉若干问题的规定(二)》(以下简称《公司法解释(二)》)第18条第1款规定,“有限责任公

司的股东、股份有限公司的董事和控股股东未在法定期限内成立清算组开始清算，导致公司财产贬值、流失、毁损或者灭失，债权人主张其在造成损失范围内对公司债务承担赔偿责任的，人民法院应依法予以支持”。本案中，科伦比亚公司以朱某某、李某某为被告提起诉讼，属于上述司法解释规定的股东损害公司债权人利益责任之诉。本案侵权结果发生地即科伦比亚公司住所地和两名被告朱某某、李某某住所地，均可以作为确定案件管辖法院的连接点。因此，北京市通州区人民法院作为科伦比亚公司住所地的法院，享有管辖权。

判断北京市通州区人民法院享有管辖权的关键是判断纠纷类型属于股东损害公司债权人利益的侵权纠纷，其应当按照侵权纠纷的法院进行管辖。根据《民事诉讼法》第 29 条等相关规定，因侵权行为提起的诉讼，由侵权行为地或者被告住所地法院管辖。具体到本案来说，科伦比亚公司住所地作为侵权结果发生地，其所在地法院当然享有管辖权。

（三）疑难法律问题解答

1. 股东出资加速到期认定

公司破产时，股东出资可加速到期。《企业破产法》第 35 条规定：“人民法院受理破产申请后，债务人的出资人尚未完全履行出资义务的，管理人应当要求该出资人缴纳所认缴的出资，而不受出资期限的限制。”

针对公司非破产状态下债权人有权要求出资时间未至的股东提前履行出资义务，存在不同的说法。第一，否定说，基于公司注册资本实行认缴制的前提，债权人能够通过外部信息了解股东出资形式、时间等，进而与该公司进行商事交易，应当按照商事风险自担原则承担风险；[①]主要目的系维护股东的出资利益，提高创业积极性，从而致力于债权人和股东的期限利益平衡保护。[②] 第二，肯定说，能够实现资本担保功能，维护公司良好的信用状况。作为资本担保

① 参见彭真明：《论资本认缴制下的股东出资责任——兼评“上海香通公司诉昊跃公司等股权转让纠纷案”》，载《法商研究》2018 年第 6 期。

② 参见王建文：《再论股东未届期出资义务的履行》，载《法学》2017 年第 9 期。

的体现,若出现公司无债务偿还能力的情形,则股东不能以出资时间未满为由拒绝向公司债权人承担债务。[①] 第三,折中说,不同情况不同对待,即以“否定说”为原则,以“肯定说”为例外。司法裁判常见情况是,对于债权人主张出资时间未至的股东提前出资的请求,法院原则上予以否定。但存在例外情形,若债权人能够提供相关证据证明该公司资产无法清偿公司债务,存在经营困难的情形,则法院予以支持,即具备破产情形时,公司债权人的合法权益优先保护。[②]

2023 年《公司法》取消了设立公司对注册资本最低限额以及股东出资到位比例及时间的限制,即设置了“注册资本认缴制度”,认缴数额及认缴出资时间可自由约定。但股东负有保证公司注册资本充足的义务,公司非破产状态下不能按期清偿外部债权人债务的,公司债权人可要求股东的出资时间加速到期的情形如下所述。

(1)公司清算时,股东出资可加速到期

依据《公司法解释(二)》第 22 条的规定,公司解散时,股东尚未缴纳的出资均应作为清算财产。公司财产不足以清偿债务时,债权人主张未缴出资股东,以及公司设立时的其他股东或者发起人在未缴出资范围内对公司债务承担连带清偿责任的,法院应依法予以支持。

(2)公司经营过程中无力偿债时,股东出资可加速到期

在注册资本认缴制下,股东依法享有期限利益。债权人以公司不能清偿到期债务为由,请求未届出资期限的股东在未出资范围内对公司不能清偿的债务承担补充赔偿责任的,法院不予支持。但是,下列情形除外:①公司作为被执行人,法院穷尽执行措施无财产可供执行,已具备破产原因,但不申请破产的。具体而言,在执行程序中,法院穷尽执行措施,仍未发现作为被执行人的公司有可供执行的财产,但公司已具备《企业破产法》规定的不能清偿到期债务,并且资产不足以清偿全部债务或者明显缺乏清偿能力之公司破产原因的,而未申请破

① 参见李建伟:《认缴制下股东出资责任加速到期研究》,载《人民司法》2015 年第 9 期。
② 参见彭真明:《利益平衡视角下股东出资加速到期制度构建》,载《人民司法》2016 年第 16 期。

产，公司主体仍然存续的情况下，债权人可以请求未届出资期限的股东在未出资范围内对公司不能清偿的债务承担补充赔偿责任。②在公司债务产生后，公司股东会决议或以其他方式延长股东出资期限的。根据《公司法》的相关规定，公司股东会决议有权延长股东出资期限，但从保护债权人的角度，在公司不能清偿到期债务之时，公司股东会决议或以其他方式延长股东出资期限的，债权人可以主张加速到期。

2. 股东抽逃出资认定

股东履行出资义务后以其他手段将资金抽离系股东常见行为，但该行为严重损害了公司债权人的利益，进而加速了企业利益的受损程度。此种境况下，认定股东抽逃出资的形式尤为关键。

在实缴资本语境下，法律层面对典型的抽逃出资情况有较为详细的论述，如虚构债权债务、伪造财务报表等形式。但需要注意的是，若在认缴资本制下，股东尚未缴纳出资时又进行减资，应当如何认定抽逃出资行为呢？以新疆某研究股份有限公司和黑龙江某农机有限公司损害债权人利益纠纷一案为例，①二审法院认定股东认缴资本却未实际缴纳且减资的为抽逃出资行为。但由于被告实际缴纳资金且减资后未将注册本金收回，不为具体的抽逃出资行为，无须对企业债务承担补充清偿责任。其裁判要点符合《公司法解释（三）》第 14 条的认定，为目前裁判的主流观点。

3. 股东损害债权人利益纠纷诉讼时效期限认定

《九民纪要》第 16 条第 1 款规定："公司债权人请求股东对公司债务承担连带清偿责任，股东以公司债权人对公司的债权已经超过诉讼时效期间为由抗辩，经查证属实的，人民法院依法予以支持。"基于债权人对股东提起诉讼的前提是债权人对公司享有诉权，公司债权人必须当然享有公司债权的诉权。而其第 2 款规定："公司债权人以公司法司法解释（二）第 18 条第 2 款为依据，请求有限责任公司的股东对公司债务承担连带清偿责任的，诉讼时效期间自公司债

---

① 参见黑龙江省哈尔滨市中级人民法院民事判决书，(2019)黑 01 民终 2848 号。

权人知道或者应当知道公司无法进行清算之日起计算。”

对于无法清算之日以及公司债权人知道或者应当知道的认定，结合《公司法》和相关司法解释的规定，在公司出现无法清算结果之前，债权人的债权请求权不能成立，债权人无法行使请求权，因此不能起算诉讼时效。这说明了自债权人知道或者应当知道公司法定清算事由出现之日起15日后开始起算诉讼时效是错误的。[①]

(四)2023年《公司法》关于股东损害公司债权人利益的修订要点

1.新增横向法人人格否认制度

2023年《公司法》第23条第1款、第2款规定：“公司股东滥用公司法人独立地位和股东有限责任，逃避债务，严重损害公司债权人利益的，应当对公司债务承担连带责任。股东利用其控制的两个以上公司实施前款规定行为的，各公司应当对任一公司的债务承担连带责任。”

纵向法人人格否认制度呈现“股东—公司—公司债权人”的模式。如果股东滥用权利、控制公司作出逃避债务的行为，造成公司债权人的损害，那么公司债权人可以纵向追责，要求公司承担赔偿责任，股东承担补充性连带责任，承担责任的股东与公司之间系纵向关系。

横向法人人格否认制度呈现“股东—公司A+其他公司—公司债权人”的模式。股东系公司A与其他公司的实际控制人，滥用其实际控制人的地位，将利润与成本分别流向其控制的不同公司，使其他公司享有全部资产，公司A背负全部债务却无任何资产可供偿还，严重侵害公司债权人的利益。

2023年《公司法》修订之前，依据传统的法人人格否认制度，公司债权人只能向毫无偿还能力的公司A及股东追责，并不能实际解决公司债权人的困境。2023年《公司法》修订之后，公司债权人可以横向追责，要求公司A承担赔偿责任，其他公司承担补充性连带责任，即承担责任的公司与其他公司之间系横

---

① 最高人民法院民事审判第二庭编著:《〈全国法院民商事审判工作会议纪要〉理解与适用》,人民法院出版社2019年版,第436页。

向关系。

2. 新增一人公司的股东不能证明公司财产独立于其个人财产的，应当对公司债务承担连带责任，取消一人有限责任公司章节

2023 年《公司法》第 23 条第 3 款规定："只有一个股东的公司，股东不能证明公司财产独立于股东自己的财产的，应当对公司债务承担连带责任。"

一人公司设置了举证责任倒置规则，举证责任倒置仅适用于财产混同情形，否则由一人公司股东承担不能证明公司财产独立于股东财产的不利后果。司法实践中，法院对公司财产是否独立于股东财产进行判定时，并不仅以是否存在资金往来为唯一的考量因素，而是会结合公司所有的财务资料、其他证据材料以及审计报告进行综合考量。

3. 股东、发起人对于因设立公司产生的债务承担连带责任

2023 年《公司法》第 44 条第 2 款规定："公司未成立的，其法律后果由公司设立时的股东承受；设立时的股东为二人以上的，享有连带债权，承担连带债务。"

第 107 条规定："本法第四十四条……的规定，适用于股份有限公司。"

上述规定，是将《公司法解释（三）》第 4 条第 1 款"公司因故未成立，债权人请求全体或者部分发起人对设立公司行为所产生的费用和债务承担连带清偿责任的，人民法院应予支持"，以及第 5 条第 1 款"发起人因履行公司设立职责造成他人损害，公司成立后受害人请求公司承担侵权赔偿责任的，人民法院应予支持；公司未成立，受害人请求全体发起人承担连带赔偿责任的，人民法院应予支持"的规定纳入其中。同时，《民法典》第 75 条第 1 款规定："设立人为设立法人从事的民事活动，其法律后果由法人承受；法人未成立的，其法律后果由设立人承受，设立人为二人以上的，享有连带债权，承担连带债务。"发起人设立公司的债务承担之规范经历了从以个人主义为本位的民法调整过渡到以社团主义为本位的商法的过程，是我国坚持民商合一立法体例的典型表现，具有组织法与交易法的混合特性。发起人设立公司的债务承担与发起人、成立后公司、设立中公司等多方主体密切相关。

4. 新增公司通过简易程序注销公司登记，股东承诺不实的，应对注销登记前的债务承担连带责任

2023年《公司法》第240条规定："公司在存续期间未产生债务，或者已清偿全部债务的，经全体股东承诺，可以按照规定通过简易程序注销公司登记。通过简易程序注销公司登记，应当通过国家企业信用信息公示系统予以公告，公告期限不少于二十日。公告期限届满后，未有异议的，公司可以在二十日内向公司登记机关申请注销公司登记。公司通过简易程序注销公司登记，股东对本条第一款规定的内容承诺不实的，应当对注销登记前的债务承担连带责任。"

结合《市场主体登记管理条例》第33条第1款"市场主体未发生债权债务或者已将债权债务清偿完结，未发生或者已结清清偿费用、职工工资、社会保险费用、法定补偿金、应缴纳税款（滞纳金、罚款），并由全体投资人书面承诺对上述情况的真实性承担法律责任的，可以按照简易程序办理注销登记"的规定，以维护市场经济秩序，保障相关债权人合法权益。

（五）股东损害公司债权人利益责任纠纷诉讼的实务操作

1. 诉讼主体

（1）原告：债权人。

（2）被告：股东、公司。

2. 案由

《民事案件案由规定》将损害公司债权人利益责任纠纷作为三级案由并列出两个细分的四级案由规定在内，即股东损害债权人利益责任纠纷和实际控制人损害公司债权人利益责任纠纷。其分类更为准确，符合《公司法》的规定。《公司法》第265条明确规定了实际控制人的主体身份情形，这进一步说明了司法实务中除股东损害债权人利益情形之外，还存在实际控股之人滥用控制权损害债权人利益的情形。

3. 管辖

股东损害公司债权人利益的侵权纠纷，应当按照侵权纠纷的法院进行管辖。根据《民事诉讼法》第29条等相关规定，因侵权行为提起的诉讼，由侵权行为地或者被告住所地法院管辖。

4. 诉讼时效

3年。

5. 诉讼请求

(1)请求依法判决公司股东对滥用股东权利给债权人造成损失承担赔偿责任。

(2)请求依法判决公司股东滥用公司法人独立地位和股东有限责任，对公司债务承担连带责任。

十一、实际控制人损害公司债权人利益纠纷

(一)实际控制人损害公司债权人利益纠纷概述

《公司法》第265条第3项明确规定，实际控制人是指通过投资关系、协议或者其他安排，能够实际支配公司行为的人。实际控制人损害公司债权人利益纠纷，是指能通过投资关系、协议或者其他安排实际支配公司行为的人，滥用控制权损害公司债权人利益的情形。即从主体方面看，实际控制人与被控公司间存在投资关系、协议或者其他安排，使实控人具备了以个人意志实际支配公司行为的能力；从主观方面看，实际控制人要有利用股东与公司人格混同及被控制公司的有限责任使公司丧失独立性，以逃避债务的主观意图。《公司法》对实际控制人损害公司债权人利益的事项进行了明确规定，即实际控制人的认定标准、实际控制人损害公司债权人利益产生的效力。为有效维护公司债权人的利益，实际控制人损害公司债权人利益需要符合《公司法》的相关规定要求。进而，这就衍生了债权人对实际控制人损害其利益所产生的权利义务纠纷，即实际控制人损害公司债权人利益纠纷。其主要形式包括实际控制人利用关联交易、挪用公司资金、违反竞业禁止义务等。

公司的法人治理结构系现代企业制度的核心组织架构，公司法对其进行了详细的规定。但在实践中，真正控制公司的人并不一定是公司法人治理结构中

设定的主体。从另一层面来讲，表面上公司的法人治理结构是公司法规定的标准模式，但实际上，公司日常运作中的控制权归属并不一定与立法者的设想相一致，偏离甚至颠覆公司法人治理结构权力配置模式的情形并不罕见。其更多呈现公司背后有实际控制人对公司享有支配权，包括重大事项决策权和重大管理权，而这就涉及公司实际控制人的认定标准，即司法实践中诸多案件的争议焦点之所在。2023 年修订的《公司法》加强了对实际控制人的规制，包括股权收购、事实董事和影子董事规则等，强化控股股东、实际控制人的义务与责任，取消实际控制人不得为公司股东的限制，以防范滥用权力和内部冲突，保护公司和股东利益。明晰实际控制人的认定标准和实际控制人损害公司债权人的内容系完善公司法人治理结构关键之所在。

（二）典型案例分析

1. 实际控制人损害公司债权人利益责任纠纷

案例 | 李某亭与储某建实际控制人损害公司债权人利益责任纠纷

审理法院：北京市第二中级人民法院

案号：（2022）京 02 民终 3613 号

【基本案情】

2015 年 10 月，北京市丰台区人民法院以（2014）丰民初字第 03907 号、（2014）丰民初字第 03908 号民事判决书判决卢沟鸿森公司支付李某亭工程款近 500 万元。2019 年 5 月 15 日执行法官与胡某苓的谈话笔录，证明善筑公司与卢沟鸿森公司有《联合建设经营合作》项目，善筑公司应当将 1000 万元项目开发款汇入卢沟鸿森公司账户，卢沟鸿森公司的胡某说卢沟鸿森公司名下有未了结的民事案件，银行账户被法院冻结用不了，所以相关款项汇给了金源汇公司。工商查询记录证明，金源汇公司法定代表人系储某建，股东为卢沟鸿森公司。2017 年 5 月 11 日，卢沟鸿森公司发函指定善筑公司将合作项目款汇入金源汇公司。2018 年 11 月 29 日，储某建交纳执行款 1000 万元。另外，在卢沟鸿森公司的保险柜内获取金源汇公司的公章、汇款票据，其显示了卢沟鸿森公司与金源汇公司不仅在法律上存在密切联系，在实际管理中也存在混同的情况。2021年，李某亭主张储某建作为卢沟鸿森公司实际控制人对卢沟鸿森公司债务承担连带责任，故而向法院提起诉讼。一审法院驳回了其请求。

李某亭不服一审判决，提出上诉。

【争议焦点】

（1）李某亭的损失与储某建能够实际支配卢沟鸿森公司的行为是否有因果关系？

（2）能否要求储某建作为实际控制人对卢沟鸿森公司的行为承担连带责任？

【审理结果与裁判要点】

二审法院认为，首先，《公司法》第20条[①]关于股东滥用公司人格损害债权人利益承担连带清偿责任的规定与李某亭就卢沟鸿森公司行为实际控制人承担责任相类似，但并未涉及实际控制人承担责任规定。依据最高人民法院《关于统一法律适用加强类案检索的指导意见（试行）》第2条、第4条、第5条的规定，审理任法官通过中国裁判文书网检索最高人民法院于2020年1月1日至2021年12月31日裁判生效的案件。经查，在杜某甲、杜某乙等与中石化江西分公司、能盛公司等买卖合同纠纷案[②]中，最高人民法院认定，该案争议焦点为杜某甲、杜某乙是否为能盛公司的实际控制人，和杜某甲、杜某乙应否对能盛公司所欠中石化江西分公司的债务承担连带清偿责任。上述争议焦点与本案待决问题性质一致，属于类案，可供本案参考。最高人民法院认为，尽管杜某甲、杜某乙非能盛公司股东，但《公司法》第20条规制股东滥用公司法人人格之立法目的自应涵盖公司实际控制人滥用公司法人人格之情形，故该案原审基于此判令杜某甲、杜某乙对案涉债务承担连带清偿责任符合上述规定之立法目的，并不属于适用法律确有错误之情形。因此，《公司法》第20条之基本逻辑是，滥用公司人格者需就公司债务承担连带清偿责任，最为典型的是公司股东。

---

① 本案中适用的是2018年《公司法》，相关规定参见2023年《公司法》第21条。

② 具体参见下文典型案例2的介绍。

依其文义虽然不包含实际控制人，但是将实际控制人纳入其适用范围之中，符合该条规制滥用公司人格行为者的立法初衷和基本逻辑。故最高人民法院关于《公司法》第20条之立法目的涵盖公司实际控制人滥用公司法人人格之情形的意见殊值赞同，二审法院予以采纳。

其次，依据《公司法》第216条[①]的规定，在方式上应考察储某建与卢沟鸿森公司之间是否存在投资关系、有无协议或者其他安排，在结果上应考察储某建是否具备以个人意志实际支配公司行为的能力。储某建虽然是公司法定代表人、执行董事，在民事案件执行中代表公司与法院沟通，并在刑事案件中被认定为直接负责的主管人员被判决承担刑事责任，但是未见存在投资关系、协议或者其他安排，且上述事实仅可证实储某建具有高级管理人员之身份，尚不能证明其已经具备支配公司行为之能力。且卢沟鸿森公司的控股股东是广东鸿森公司，李某亭和储某建均认可储某建是由广东鸿森公司委派至卢沟鸿森公司担任法定代表人等职。故广东鸿森公司具有对储某建的任免权限，储某建需接受广东鸿森公司的指令，更难证实储某建可凭个人意志决定公司行为。因此，二审法院驳回上诉，维持原判。

实际控制人的认定核心是实质标准，即仅凭股东现有的表决权或者其所利用的其他手段对公司所形成的事实上的控制行为，从而认定控股股东。[②] 需要明确两大问题，一是存在实际控制人控制公司的事实，二是实际控制人通过控制公司的行为损害了公司、股东以及债权人的利益。对应到立法来说，《公司法》第265条第3项的规定坚持了实质标准和形式标准的结合来定义实际控制人。但从公司发展实际情况来看，《公司法》的规定存在一定的不足性，实际控制人与公司间的法律关系较为模糊，因而从事实上认定具有支配公司的人系实际控制人。

具体到本案来说，储某建的行为仅能证明其是卢沟鸿森公司的法定代表人，但并不能证明其存在投资关系或者其他协议安排等支配公司的行为。

基于上述分析，法院不能认定储某建具有实际控制人的身份，故李某亭的

---

① 相关规定参见2023年《公司法》第265条。

② 参见郭富青：《论公司实际控制人的民事侵权赔偿责任——三重法律关系的路径透视》，载《商事法论集》2012年第1期。

损失与储某建能够实际支配卢沟鸿森公司的行为没有因果关系，不能要求储某建作为实际控制人对卢沟鸿森公司的行为承担连带责任。

2. 买卖合同中实际控制人损害债权人利益纠纷

案例 | 杜某甲、杜某乙等与中石化江西分公司、能盛公司等买卖合同纠纷

审理法院：最高人民法院

案号：(2019)最高法民终30号

【基本案情】

2015年，中石化江西分公司与能盛公司签订购买燃料油的购销合同，后发生能盛公司收到货款却未供油的情形。为解决此纠纷，2016年3月，能源交通公司出具担保协议书，承担连带责任担保，并由杜某甲、杜某乙进行协商交涉还款事宜。根据工商登记记载，能盛公司成立于2001年1月，2005年董事由杜某甲变更为杜某乙。后因货款、货物纠纷，中石化江西分公司诉至法院，要求杜某甲、杜某乙作为实际控制人承担连带责任，故而向法院提起诉讼。一审法院支持了其诉讼请求。

杜某甲、杜某乙不服一审判决，提出上诉。

【争议焦点】

杜某甲、杜某乙是否需对公司债务承担连带清偿责任？

【审理结果与裁判要点】

二审法院认为，杜某甲、杜某乙是能盛公司的实际控制人有事实依据，能够通过《股权转让合同》、客户收（付）款入账通知、税收缴款以及工商登记所记载的材料等予以佐证。依据类推适用《公司法》第20条第3款[①]之规定，法院认定杜某甲、杜某乙作为能盛公司的实际控制人，将能盛公司收取的中石化江西分公司的款项无充足合理原因转付给与其有关联关系的能源交通公司、隆泰公司及其个人，使能盛公司在不能履行与中石化江西分公司签订的《购销合同》的情况下，亦无能力及时退还其所收取的中石化江西分公司的购货款，从而严

---

① 本案中适用的是2018年《公司法》，相关规定参见2023年《公司法》第23条第1款。

重损害了中石化江西分公司的利益,即杜某甲、杜某乙需要承担连带责任。因此,二审法院驳回了上诉,维持原判。

从立法来看,《公司法》第23条规定公司股东滥用公司法人地位承担连带责任,其适用对象仅为股东。依据《公司法》第265条的规定,实际控制人指通过投资关系、协议或者其他安排,能够实际支配公司行为的人,即实际控制人可以是股东也可是股东以外的人。但从司法实践来看,实际控制人滥用公司人格侵害债权人利益的情形时有发生,仅将《公司法》第23条作文义解释(狭义解释),则无法使实际控制人滥用人格权利行为得到相应的规制。进而,依据类推适用《公司法》第23条的规定,无疑解决了实际控制人滥用人格权利损害公司债权人的情形。

具体到本案来说,法院采取了实际控制人滥用人格损害公司债权人利益情形类推适用公司股东情形,认定杜某甲、杜某乙需要对公司债务承担连带清偿责任。

3. 金融借款合同之实际控制人损害债权人利益纠纷

案例 | **尤航公司、尤夫公司等金融借款合同纠纷**

审理法院:最高人民法院

案号:(2021)最高法民申5105号

【基本案情】

2017年12月,北京银行上海分行(贷款人)与夏长公司(借款人)签订借款合同,并由尤夫公司作为出质人以其名下的大额存单提供担保——《质押合同》。从2018年开始,夏长公司实际控制人颜某刚控股的尤夫公司涉嫌违规经营,夏长公司不能提供合同约定的贷款用途的发票。经发现,尤航公司(尤夫公司的全资子公司)向北京银行上海分行提供了股东决定说明的内容,尤夫公司作为公司唯一股东,统一提供质押担保。北京银行上海分行与夏长公司恶意串通损害了尤夫公司的利益,即北京银行上海分行为获取超额利润消极放任甚至配合颜某刚利用关联关系,通过颜某刚控制的尤航公司违规为颜某刚提供关联担保,从而达到上市公司实际控制人违规套取、占用上市公司资金之非法目的。故尤航公司和尤夫公司主张夏长公司与北京银行上海分行之间签订的

《借款合同》,由尤夫公司作为出质人以其名下的大额存单提供担保的《质押合同》无效,提起诉讼。一审法院认为,案涉《借款合同》签订及贷款发放过程中仅存在未履行审核义务的情形,即违反规范金融市场行为的管理性规范,故无法推定北京银行上海分行与夏长公司存在恶意串通行为。而案涉《质押合同》上盖有尤航公司印章及其法定代表人名章,北京银行上海分行审查了尤航公司的股东决定及公司章程,已尽到合理的担保审查义务;相关监管规定对上市公司子公司担保权的限制,不能对抗作为善意相对人的北京银行上海分行,即系争《质押合同》应认定为尤航公司的真实意思表示,合法有效。故一审法院驳回了尤航公司、尤夫公司的诉讼请求。

尤航公司、尤夫公司不服一审判决,随即提起上诉。二审法院认为,案涉《借款合同》及《质押合同》均由相关主体签章确认,符合合同成立生效的形式要求。从担保的决议程序来看,系争《质押合同》由担保人即尤航公司的唯一股东尤夫公司盖章作出股东决定,同意该担保行为,符合《公司法》对于公司对外担保的程序要求,也满足尤航公司的章程规定。而北京银行上海分行是否尽到了审核义务仅涉及维护金融市场秩序、防范金融风险管理性规范,并不影响《质押合同》效力。故二审法院驳回上诉,维持原判。

尤航公司、尤夫公司不服二审判决,提起再审申请。

【争议焦点】

(1)本案是否涉及北京银行上海分行配合案涉公司实际控制人颜某刚套取上市公司资金的问题?

(2)尤航公司作为上市公司尤夫公司的全资子公司,其对外担保是否需要经过尤夫公司的股东大会决议?北京银行上海分行是否尽到审核义务,以及由此对《质押合同》效力的影响如何?

【审理结果与裁判要点】

再审法院裁判观点具体如下:关于本案是否涉及北京银行上海分行配合案涉公司实际控制人颜某刚套取上市公司资金的问题。首先,尤夫公司和尤航公司以案涉合同及存单质押业务的办理人均系颜某刚控制的公司员工,北京银行上海分行发出的《宣布贷款全部提前到期函》中记载颜某刚为夏长公司实际控制人及本案关联案件有上述相似情节等为由,主张颜某刚系尤航公司、尤夫公司以及夏长公司的实际控制人,三公司之间互为关联企业,本案所涉担保系关联担保。再审法院认为,实际控制人,是指虽不是公司的股东,但通过投资关系、协议或者其他安排,能够实际支配公司行为的人。颜某刚是否系夏长公司的实际控制人,应根据相关股权关系、合同关系以及公司实际经营情况等予以认定。本案中,尤夫公司及尤航公司就上述事实均未能提供证据予以证明,故尤夫公司及尤航公司的主张依据不足,再审法院难以采信。其次,尤夫公司及尤航公司主张,北京银行上海分行作为职业债权人,未对案涉贷款中存在的疑点进行审查,也未按照中国证监会及原中国银监会联合发布的《关于规范上市公司对外担保行为的通知》[①](证监发〔2005〕120号,以下简称120号文)有关条款要求对尤夫公司和尤航公司两个层面的董事会或股东会决议均进行审核,存在严重过错,系配合颜某刚套取尤夫公司资金。当事人对欺诈、胁迫、恶意串通事实的证明,法院确信该待证事实存在的可能性能够排除合理怀疑的,应当认定该事实存在。北京银行上海分行配合颜某刚套取尤夫公司资金,须以两者合谋串通为前提,但尤夫公司及尤航公司对此并未提供证据加以证明,其种种质疑推测对北京银行上海分行与颜某刚存在合谋串通的证明远未达到排除合理怀疑的程度,对其主张,二审法院不予采信。综上,原审法院对尤夫公司及尤航公司关于北京银行上海分行配合案涉公司实际控制人颜某刚套取上市公司资金的主张不予采信,并无不当。

关于尤航公司作为上市公司尤夫公司的全资子公司,其对外担保是否需要经过尤夫公司的股东大会决议,北京银行上海分行是否尽到审核义务,以及由此对《质押合同》效力有何影响的问题。尤夫公司及尤航公司主张北京银行上海分行未按120号文及中国证监会上市部下发的《关于执行证监发〔2005〕120号文有关问题的说明》[②](以下简称《120号文的说明》)的相关规定对尤夫公司股东会决议进行审查,在办理质押业务过程中未尽审核义务,非善意,故系争

① 此通知已失效。
② 此说明已失效。

《质押合同》对其不发生效力。再审法院认为,从120号文和《120号文的说明》的规范的内容来看,其主要是监管部门为维护金融市场秩序、防范金融风险而提出的相关要求,上市公司及其控股子公司违反相关规定要求的审议及披露义务的,应承担相应的交易风险,由有关部门对其作出处理,对于当事人之间的民事权利义务关系并不产生必然影响。北京银行上海分行作为接受担保的外部债权人,如果要求其根据120号文和《120号文的说明》的相关规定进一步审核尤夫公司股东会决议,亦会增加市场交易成本,影响市场交易效率。本案中,颜某刚系尤夫公司及尤航公司的实际控制人,即便颜某刚是夏长公司的实际控制人,尤航公司为夏长公司提供担保也不属于为实际控制人提供担保,依据《公司法》第16条第1款[①]的规定,“公司向其他企业投资或者为他人提供担保,依照公司章程的规定,由董事会或者股东会、股东大会决议”。而尤航公司的章程明确规定:“公司不设股东会,为公司股东或者实际控制人提供担保作出决议,由股东行使职权……公司向其他企业投资或者为他人提供担保,由股东作出决定。”本案中,北京银行上海分行审查了尤航公司唯一股东尤夫公司出具的股东决定,尽到了自身的审查义务。公司对外担保中,考察担保债权人是否善意的前提是存在法定代表人越权担保的情况,就本案而言,这一前提并不存在,故尤夫公司及尤航公司主张北京银行上海分行非善意,亦缺乏事实基础。此外,尤夫公司及尤航公司主张《民法典》对本案具有溯及力,且本案应当适用最高人民法院《关于适用〈中华人民共和国民法典〉有关担保制度的解释》(以下简称《担保制度解释》)第9条的规定认定案涉《质押合同》无效。再审法院认为,根据最高人民法院《关于适用〈中华人民共和国民法典〉时间效力的规定》第1条的规定,本案应当适用当时法律、司法解释的规定;虽然《担保制度解释》第9条制定的依据是《公司法》第16条,且《公司法》并未修改或者废止,但由于《公司法》第16条并无关于上市公司提供担保的特别规定,因此《担保制度解释》关于上市公司对外提供担保的规定属带有规则创制性质的法律解释,不应赋予其溯及既往的效力,故《担保制度解释》第9条对本案亦不适用。

---

① 本案中适用的是2018年《公司法》,相关规定参见2023年《公司法》第15条第1款。

尤航公司对外担保是否经过尤夫公司的股东会决议,以及北京银行上海分行是否对该决议进行审查,对案涉《质押合同》的效力不产生影响。原审判令尤航公司对案涉夏长公司贷款承担担保责任,并无不当。故再审法院驳回尤航公司、尤夫公司的诉讼请求。

实际控制人认定的关键,在于判断其是否对公司具有事实上支配公司的能力,具有重大决策权和管理权,并结合相关股权关系、合同关系以及公司经营的实际情况等事实予以认定。换言之,实际控制人是指即使并未取得公司的表决权,但实际已控制公司的董事会及管理层,足以支配公司的重大决策活动。《公司法》第 15 条规定:"公司向其他企业投资或者为他人提供担保,按照公司章程的规定,由董事会或者股东会决议;公司章程对投资或者担保的总额及单项投资或者担保的数额有限额规定的,不得超过规定的限额。公司为公司股东或者实际控制人提供担保的,应当经股东会决议。前款规定的股东或者受前款规定的实际控制人支配的股东,不得参加前款规定事项的表决。该项表决由出席会议的其他股东所持表决权的过半数通过。"此条明确了公司向其实际控制人提供担保的方式和要求,其应当将实际控制人扩张为实际控制人控制的其他关联人,超出法律条文的文义解释。

具体到本案的裁判判决,最高人民法院亦认可了实际控制人的范围扩大化的认定标准,应从投资关系、合同关系以及合同实际经营情况来判断。本案中《质押合同》由担保人即尤航公司的唯一股东尤夫公司盖章作出股东决定,同意该担保行为,符合《公司法》对于公司对外担保的程序要求,也满足尤航公司的章程规定,故并不存在实际控制人损害债权人利益的情形。尤航公司对外担保是否经过尤夫公司的股东大会决议,以及北京银行上海分行是否对该决议进行审查,对案涉《质押合同》的效力不产生影响。

(三)疑难法律问题解答

1. 实际控制人的含义

从立法来看,"实际控制人"的概念最早可以追溯到中国证监会等部门规定,后随着公司的不断延伸与发展,《公司法》于 2005 年修改并引入"实际控制人”从而弥补控股股东外延过于狭窄的问题。[①] 随后，中国证监会等部门也进一步明晰了实际控制人的定义，2007 年 11 月在《〈首次公开发行股票并上市管理办法〉第十二条“实际控制人没有发生变更”的理解和适用——证券期货法律适用意见第 1 号》（已失效）中规定，公司实际控制权是能够召开股东会，并对股东会的决议具有重大影响或者实际上可以支配公司行为的权力，其渊源是对公司的直接或者间接的股权代持关系。而发展至今，根据《公司法》第 265 条第 3 项的规定，实际控制人具体是指通过投资关系、协议或其他安排，能够实际支配公司行为的人。这一概念的论述更多是从结果、行为外观推导出的公司控制权的实际行使主体，系功能性概念。[②] 从本质上来看，其类似于英美公司法的“事实董事”，即没有经过有关机关正式任命，但其公开的行为或行为外观上显示其为经有效任命的董事。[③]

具体说来，实际控制人必须满足两个条件：第一，实际控制人依据投资关系、协议或者其他安排享有公司控制权；第二，其能够达到实际支配公司行为的控制程度。

2. 实际控制人是否应对公司债权人承担责任

实际控制人是否应承担法律责任？有学者认为，公司的法人独立地位是公司法的基石，公司以自身财产独立承担法律责任，而实际控制人与之无关。[④] 还有学者认为，如不担任公司任何职务之人能证明其对公司存在控制力事实，则法令必须准用对公司内部人控制的规定。[⑤] 但从公司的发展进程来看，在利益最大化的诱惑下，企业家实行一种全新的规避法人人格制度的企业控制模式，实际控制人由此诞生；从立法来看，基于公司法的体系解释角度，《公司法》将实际控制人与控股股东、高级管理人员并列规定于第 265 条，其从另一角度

---

① 参见虞政平、王朝辉、吴飞飞：《论公司人格否认规则对实际控制人的适用》，载《法律适用》2021 年第 2 期。

② 参见叶敏、周俊鹏：《公司实际控制人概念辨析》，载《国家检察官学院学报》2007 年第 6 期。

③ 参见黄爱学：《论董事的概念》，载《时代法学》2009 年第 4 期。

④ 参见张璐：《实际控制人滥用公司人格的民事责任——债权人保护的视角》，江西财经大学 2017 年硕士学位论文，第 13 页。

⑤ 参见刘连煜：《公司法原理》，中国政法大学出版社 2002 年版，第 118 页。

肯定了实际控制人实际支配公司的能力,认定实际控制人具有重大决策权和经营管理权。再者,从约束理论出发,公司的管理者和监督者与公司之间存在委托或者信托的关系进而掌握控制权,必须对其进行约束,实现权益与义务的平衡,维护正义的天平,否则社会体系将会趋于崩塌。

从司法实践来看,实际控制人具有逃避债务行为,损害公司债权人利益的,需要对公司债权人承担连带补充赔偿责任。从本部分典型案例2——杜某甲、杜某乙等与中石化江西分公司、能盛公司等买卖合同纠纷来看,杜某甲、杜某乙虽然不是能盛公司的股东,但实际接受中石化江西分公司的货款,与其多次交涉退款事宜,并转移该货款到自己名下或者关联公司名下,满足支配公司的要件认定,并且其行为造成严重损害中石化江西分公司的债权人权益,需要对此承担连带赔偿责任。

3. 实际控制人的法律规制

关联交易制度,即仅对不公平的关联交易进行规制,对其承担相应的赔偿责任。《公司法》第15条规定,公司为实际控制人提供担保应当经过股东会作出决议,而实际控制人不享有表决权;第22条规定,实际控人利用不公平的关联交易规制需要对此承担赔偿责任。

信息披露制度,即关于实际控制人的重大变动事项必须予以记载和公告。《证券法》第85条确定了过错归责原则,实际控制人对上市公司年度报告信息披露负有相应的诚信义务,必须保证信息的真实性。

4. 实际控制人不正当关联交易的认定

关联关系,是指公司控股股东、实际控制人、董事、监事、高级管理人员与其直接或者间接控制的企业之间的关系,以及可能导致公司利益转移的其他关系。而实际控制人不正当关联交易,是指实际控制人利用并控制企业关联方之间发生的交易,从而有可能使交易的价格、方式等在非竞争的条件下出现不公正情况,形成对股东或部分股东权益的侵犯,也易导致债权人利益受到损害。

审查是否存在不当关联交易,应当从以下几个方面入手:第一,交易是否符合公司内部的程序规定,即正当性的审查。例如,在陈某某、浙江联大汽车网络股份有限公司公司关联交易损害责任纠纷中，[①]法院认为，履行法定程序不能作为豁免相关主体对关联交易的赔偿责任，即使康某公司股东对关联交易同意，也不能豁免关联交易的赔偿责任的理由和依据。第二，交易的实质是否符合公平，即交易模式是否符合商业常理、交易价格是否合理等。例如，同一物品的价格未经评估且与市场的物品差异过大，其呈现价格有失公平的局面，从而否定关联交易的正当性。第三，交易都能正常地履行，即达成双方的权利义务对等的局面。第四，交易通过合法途径达成，需要审查订立合同的形成与内容、其他利益转移途径的注意。

（四）2023 年《公司法》关于实际控制人损害公司债权人利益的修订要点

1. 明确了实际控制人的连带责任

2023 年《公司法》第 192 条规定："公司的控股股东、实际控制人指示董事、高级管理人员从事损害公司或者股东利益的行为的，与该董事、高级管理人员承担连带责任。"

此条修订首次规定公司的控股股东、实际控制人指示董事、高级管理人员从事损害公司或者股东利益的行为的，与该董事、高级管理人员承担连带责任。其与《民法典》第 1169 条第 1 款"教唆、帮助他人实施侵权行为的，应当与行为人承担连带责任"之规定相应。要求董事、高级管理人员作为责任主体也可以基于信义义务理论出发，即在实际控制人、控股股东指示董事、高级管理人员损害公司利益或股东利益的情况下，董事、高级管理人员作为义务主体应当秉持公司股东利益第一的原则。

2. 实际控制人滥用公司法人独立地位逃避债务严重损害债权人利益的，应当对公司债务承担连带责任

2023 年《公司法》第 23 条规定："公司股东滥用公司法人独立地位和股东有限责任，逃避债务，严重损害公司债权人利益的，应当对公司债务承担连带责任。股东利用其控制的两个以上公司实施前款规定行为的，各公司应当对任一

---

① 参见浙江省杭州市中级人民法院民事判决书，（2019）浙 01 民终 9301 号。

公司的债务承担连带责任。只有一个股东的公司,股东不能证明公司财产独立于股东自己的财产的,应当对公司债务承担连带责任。”

2018 年《公司法》及司法解释明确的规则,一般为股东与公司直接的纵向法人人格否认,多以股东滥用股东权利,造成股东与公司财产混同、人员混同,导致公司丧失独立人格,从而股东对公司债务承担连带责任。但上述情况多发生在一人公司,因一人公司举证责任倒置的问题,债权人举证责任大大降低。2023 年《公司法》明确“横向法人人格否认”。在“纵向”+“横向”制度的体系下,实际控制人滥用公司法人独立地位逃避债务严重损害债权人利益的行为与股东滥用公司法人独立地位的行为相当,可类推适用否认公司人格,能够有效地限制股东通过关联公司独立地位恶意逃避债务的情况。

3. 实际控制人定义取消了实际控制人不得是公司股东的限制

2023 年《公司法》关于实际控制人的定义改变主要体现在取消了实际控制人不得是公司股东的限制。在第 265 条中,实际控制人的定义被明确为“通过投资关系、协议或者其他安排,能够实际支配公司行为的人”,这一修订取消了之前实际控制人不得是公司股东的限制,意味着公司的股东也可以具备公司实际控制人的身份。

此前,相关规定对于实际控制人的定义存在分歧。2018 年《公司法》第 216 条将实际控制人定义为“虽不是公司的股东,但通过投资关系、协议或者其他安排能够实际支配公司行为的人”。这种定义与《证券法》存在分歧,导致监管实践和司法实践中对实际控制人的认定标准不一致。

本次修订旨在统一实际控制人的认定标准。通过取消实际控制人不得是公司股东的限制,要求上市公司依法披露实际控制人的信息,有助于减少实践中对实际控制人认定标准的分歧,确保监管实践及司法实践中对实际控制人的认定更加统一和明确。

(五)实际控制人损害公司债权人利益纠纷诉讼的实务操作

1. 诉讼主体

(1)原告:债权人。

(2)被告:实际控制人、股东、公司。

2. 案由

《民事案件案由规定》将损害公司债权人利益责任纠纷作为两个细分的四级案由规定在内,即股东损害债权人利益责任纠纷和实际控制人损害公司债权人利益责任纠纷。其分类更为准确,符合《公司法》的规定。《公司法》第265条明确规定了实际控制人的主体身份情形,这进一步说明了司法实务中除股东损害债权人利益情形外,还存在实际控股之人滥用控制权损害债权人利益的情形。从经中国裁判文书网检索该案由的诉讼数据来看,实际控制人损害公司债权人纠纷更多在其他民事案由中有所体现,如借贷合同的纠纷、保证合同的纠纷等,而不是单一地仅从实际控制人损害公司债权人纠纷中体现。

3. 管辖

实际控制人损害公司债权人利益的侵权纠纷,应当按照侵权纠纷的法院进行管辖。根据《民事诉讼法》第29条等相关规定,因侵权行为提起的诉讼,侵权行为地和被告住所地法院对案件均有管辖权。

4. 诉讼时效

3年。

5. 诉讼请求

(1)请求依法判决公司实际控制人对滥用股东权利给债权人造成的损失承担赔偿责任。

(2)请求依法判决公司实际控制人滥用公司法人独立地位和股东有限责任,对公司债务承担连带责任。

十二、公司关联交易损害责任纠纷

(一)公司关联交易损害责任纠纷概述

关联交易,指公司与其关联人之间发生的一切转移资源或者义务的法律行为。其特征是,交易双方中一方是公司,另一方是公司的关联人;交易双方的法律地位在名义上平等，但交易实际上由关联人一方所决定；交易双方存在利益冲突，关联人可能利用控制权损害公司的利益。

具体来说，公司关联交易损害责任纠纷是指公司的控股股东、实际控制人、董事、监事、高级管理人员利用其关联关系损害公司利益的情形。《公司法》对公司关联交易损害责任纠纷等进行了较为明确的规定，即关联关系及关联交易的认定、关联交易损害公司利益产生的效力。为有效维护公司利益，公司关联交易损害公司利益需要符合《公司法》的相关规定要求。进而，这就衍生了公司对控股股东、实际控制人等内部股东利用关联关系损害其利益所产生的权利义务纠纷，即公司关联交易损害责任纠纷。近年来，司法实践中呈现层出不穷的关联交易诉讼案件，溯本追源，对于关联交易的界定、关联交易是否损害公司利益的认定最为关键，系司法实践中诸多案件的争议焦点之所在。

从域外视角来看，《国际会计准则》将关联交易解释为统管一个公司的经营和财务活动，并能借此从该公司获得利益的权利；[①]美国司法实践更多采用实质控制标准，“持股半数”不是绝对的评判标准；法国的破产法同样采用实质控制标准；德国《股份公司法》认定，在法律上处于独立地位的企业之间，一企业受到其他企业直接或者间接支配力，前者为从属企业，后者为控制企业。就中国内部而言，从《公司法》视角来看，其第265条通过重大影响、能够实际支配行为等语句的描述肯定了实质控制标准。而此种控制类型可分为控股股东控制、实际控制人控制、高级管理层控制。《公司法》关于关联交易的一般性规定的核心思想是不禁止关联交易本身，而是要求控股股东、实际控制人不得违反对公司的忠实义务，通过不公平关联交易损害公司利益。其还规定，公司为股东、实际控制人提供关联担保的，须经股东会决议，且该股东以及受实际控制人支配的股东回避表决。这一规定排除了关联股东的表决权，足以防止不公平关联担保行为的发生，值得肯定。但关于“关联关系”的界定中对控制股东自我交易的定义过于狭窄，没有纳入控股股东、实际控制人的关联人与公司之间的交易，2023年修订的《公司法》对此责任、范围加强规定，值得

① 参见李建伟：《关联交易的法律规制》，法律出版社2007年版，第201页。

肯定。

公司关联交易在市场环境中广泛存在系公司的日常经营活动表现形式。关联交易本身是中性的，并不必然对公司不利，关联人并不当然滥用权力。相反，关联交易具有节省交易成本、扩展经营等重大价值，可提高交易效率、最大化地实现相互利益。但与此同时，伴随了为数众多的有悖商业诚信、旨在转移资产、损害交易主体以外他人合法权益的现象伴随着关联交易而产生，进而导致公司以及中小股东利益受损的结果。如关联人在关联交易中滥用控制权，有可能使交易的价格、方式等在非竞争的条件下出现不公正情况，形成对股东或部分股东权益的侵犯，损害公司的利益，违背市场经济的基本原则，则为法律所不能容忍。因此，加强对控制股东自我交易的规制，全面规范关联方及关联交易的信息披露非常有必要。

（二）典型案例分析

1. 关联公司借款损害公司利益责任纠纷

案例 | **华天酒店集团、恒德利投资公司损害公司利益责任纠纷**

审理法院：湖南省长沙市中级人民法院

案号：（2019）湘01民终5607号

【基本案情】

恒德利投资公司（原名湖南省益源投资有限公司）与华天酒店集团、华天控股及案外人华丰生物公司系灰汤华天城股东。其中，恒德利投资公司持有灰汤华天城14%股份，华天酒店集团、华天控股合计持有灰汤华天城72%股份。2011年6月3日，灰汤华天城召开股东会，由全体股东出席并签名形成决议："全体股东一致同意，公司向华天酒店集团有偿借款6846.9699万元，借款期限壹年，借款利息按年利率10%计算，按季结息。"2011年9月2日，灰汤华天城召开股东会，由全体股东出席并签名形成决议："全体股东一致同意，公司向华天酒店集团有偿借款5920万元，借款期限壹年，借款利息按年利率10%计算，按季结息。"

2011年10月29日，灰汤华天城召开股东会，审议并以记名投票方式表决通过了《关于向公司股东或公司股东关联公司申请借款的议案》："同意本公司向各股东或公司股东关联公司借款人民币叁仟万元，借款利息按照年利率15%计算，借款期限为资金实际到位起壹年，按季结息。鉴于本公司各股东未能提供本次借款，是由本公司股东关联公司提供上述借款，加之本公司未能提供抵押担保措施，同意本公司各股东以其所持本公司股份进行质押，未提供借款方提供连带担保，具体手续由本公司协助办理。"对于该议案，恒德利投资公司未在签字页签名盖章，案外人华丰生物公司签字盖章后又注明："此公章作废。"2011年11月，因灰汤华天城急需资金，在未经过灰汤华天城股东会讨论形成决议的情形下，华天酒店集团向灰汤华天城提供借款2800万元。2011年12月，华天酒店集团再次在未经过灰汤华天城股东会讨论形成决议的情形下向灰汤华天城提供借款1540万元。以上华天酒店集团向灰汤华天城提供的借款共计4340万元，按照年利率20%的标准计息从2011年12月计算至2016年1月。

2018年9月4日，恒德利投资公司向灰汤华天城监事会发出《关于要求监事会履行职责提起诉讼维护公司合法权益的请求》，要求灰汤华天城监事会立即起诉华天酒店集团及华天控股，要求其赔偿超过年利率10%部分的利息。因灰汤华天城监事会在收到恒德利投资公司函件后在1个月内既未起诉也没有任何答复，恒德利投资公司遂以华天酒店集团及华天控股为被告，以灰汤华天城为第三人起诉至法院。依据《公司法》第20条[①]的规定，一审法院裁判认定华天酒店集团作为第三人控股股东，向第三人提供1540万元借款时，在第三人未按照惯例召开股东会的情况下，在财务中擅自按照年利率20%的标准从2011年12月计息至2016年1月，致使第三人产生了高额利息。显然华天酒店集团的行为构成了滥用公司控股股东权利损害灰汤华天城权益的情形，并且要求第三人监事会起诉损害公司利益无果，故对恒德利投资公司提出的以华天集团名义出借给第三人1540万元本金协议无效的诉讼请求予以支持。

华天集团公司不服一审判决，遂提起上诉。

① 本案中适用的是2018年《公司法》，相关规定参见2023年《公司法》第21条。

【争议焦点】

控股股东出借给公司的借款并提高利息之行为是否损害公司利益?

【审理结果与裁判要点】

二审法院认为,关联交易是企业关联方之间的交易。关联交易在市场经济条件下的公司运作中广泛存在,有利的关联交易可以提高交易效率,但如果不对关联交易的程序、内容加以限制,公司控制方极可能利用关联交易损害小股东权益,造成不公平结果。本案中,华天酒店集团是灰汤华天城的控股股东,也系另一股东华天控股的关联公司,两公司合计持有灰汤华天城72%的股份。华天酒店集团多次向灰汤华天城提供大额借款,属于典型的关联交易。其中2011年6月至9月的借款已经灰汤华天城股东会会议并经全体股东一致同意,按照年利率10%的标准支付利息。但案涉款项1540万元系华天酒店集团于2011年12月单方出借给灰汤华天城,对于该借款事实、金额及利息等重大事项均未履行股东会决策程序。华天酒店集团主张2012年度第三次股东会已对案涉款项形成借款决议,但其未提供证据证明该次股东会已通知小股东恒德利投资公司参加,恒德利投资公司未出席该次股东会,更未在书面股东会决议上签名盖章,程序明显违反法律规定。该决议约定案涉借款按年利率15%的标准支付利息,明显改变、提高了2011年6月3日和9月2日前两次借款10%年利率的标准。与此同时,该行为明显属于华天酒店集团滥用公司控股股东权利损害小股东恒德利投资公司权益的行为,对灰汤华天城造成的损失,应予赔偿。因此,二审法院驳回上诉,维持原判。

违规的关联借款系内部人通过控制公司,直接以借款的形式变相侵占公司资金的行为。例如,控股股东、实际控制人等内部人长期占有公司资金,损害中小股东等公司的利益。①

具体到本案中,华天酒店集团向灰汤华天城借款1540万元,并将利率从10%调整为20%,其并未经过股东会的决议且无其他股东进行签名、盖章,其决议程序不当,系变相侵占公司资金的行为表现。公司关联交易损害责任纠纷

---

① 参见王力玉:《关联交易内部赔偿责任研究》,云南大学2020年硕士学位论文,第3页。

应归属侵权责任纠纷，应具备侵权责任的一般构成要件。关联交易主体之间存在控制与被控制关系或一方对另一方施加重大影响，导致形式上平等交易主体可能实质上并不平等。2023 年《公司法》第 22 条旨在防止因关联交易导致公司利益受损，侧重于交易的公平。①

基于上述分析，违规的关联借款关系导致交易主体实质利益上的不平等，损害公司利益，故法律明确规定禁止实际控制人利用关联关系损害公司利益的情形。

2. 高级管理人员关联交易损害公司利益纠纷

案例 | 陕鼓汽轮机公司、高某华、程某等公司关联交易损害责任纠纷

审理法院：最高人民法院

案号：(2021)最高法民再 181 号

【基本案情】

2009 年 5 月 26 日，陕鼓汽轮机公司注册成立，经营范围包括汽轮机及其辅助设备、备品、配件设计、生产批发零售本公司产品，中小型发电设备成套销售；技术服务；进出口贸易。公司股东包括陕鼓动力公司、和诚动力公司、新福义机械设备公司、姜某栋、支某林、颉某康。陈某民任公司法定代表人、董事长；高某华、姜某栋、颉某康、程某任公司董事；姜某栋被聘用为公司总经理。2011 年 7 月 8 日，陕鼓汽轮机公司召开第二届第一次股东会议，决议变更陈某斌为公司法定代表人、董事长，高某华为副董事长、总经理，公司监事会成员为姜某栋、李某、任某涛，董事会成员为陈某斌、高某华、牛某儒、程某、颉某康。2011 年 10 月 9 日，陕鼓汽轮机公司聘任程某兼任总装试车车间代理主任。2012 年 2 月 1 日，解聘程某兼任总装试车车间代理主任职务。2012 年 6 月 7 日，陕鼓汽轮机公司成立销售部，聘任程某为部长(兼)。

2009 年 5 月 12 日，钱塘公司注册成立，经营范围包括批发零售、机电设备(除专控)、仪器仪表、工程成套设备、机械设备，以及其他无须报经审批的一切合法项目。黄某任公司法定代表人，股东黄某、高某华、程某和张某出资额分别

① 参见郭春宏主编：《公司法律师实务》，北京大学出版社 2022 年版，第 520 页。

为20万元、10万元、10万元、10万元，持股比例分别为40%、20%、20%、20%。2009年11月25日，钱塘公司召开股东会，法定代表人变更为张某，股权变更后高某华、程某、张某、包某明出资额分别为20万元、10万元、10万元、10万元，持股比例分别为40%、20%、20%、20%。2016年9月23日，钱塘公司召开的股东会决议清算组正式成立，负责人为张某，成员为张某、程某、高某华，并于当日提交清算组备案申请。钱塘公司于2016年11月18日注销。

2015年6月，陕鼓汽轮机公司专项调查工作组作出了《陕鼓汽轮机向钱塘公司采购业务核查报告》，随后陕鼓汽轮机公司监事会作出了《陕鼓汽轮机公司部分高管进行关联交易损害公司利益的调查报告》，都说明了陕鼓汽轮机汽缸类采购价格均高于市场初步询价，且采购量且交易金额大，从而导致公司利润减少。同时，从钱塘公司的资产负债表来看，2010—2015年，其利润都处于盈余的状态，利润额处于上升状态，并确定高某华、程某是钱塘公司的主要股东和实际控制人。陕鼓汽轮机公司与钱塘公司交易金额大。经财务统计核算，陕鼓汽轮机公司自2009—2015年累计向钱塘公司采购入库报销25,689万元，占总采购量的61.4%；累计付款25,152万元，占采购付款的57.2%；应付账款余额537万元。

陕鼓汽轮机公司向法院提起诉讼，主张高某华、程某承担连带赔偿责任。依据陕鼓汽轮机公司与钱塘公司的多份采购合同、相应决议批准程序情况以及《采购业务核查报告》等证据，一审法院裁判认定高某华、程某作为陕鼓汽轮机公司的董事、高级管理人员均未违反忠诚的义务，在陕鼓汽轮机公司与钱塘公司之间的关联交易中未损害陕鼓汽轮机公司的利益，故驳回了陕鼓汽轮机公司的诉讼请求。

陕鼓汽轮机公司不服一审判决，遂提起上诉。二审法院认为，钱塘公司与陕鼓汽轮机公司之间的关联交易行为并未损害陕鼓汽轮机公司的利益，故对原判决予以维持。

陕鼓汽轮机公司不服二审生效判决，遂提起再审诉讼。

【争议焦点】

钱塘公司与陕鼓汽轮机公司之间的关联交易行为是否损害陕鼓汽轮机公

司的利益?

【审理结果与裁判要点】

再审法院认为,首先,关于案涉关联交易价格是否符合市场公允价格的问题。参照最高人民法院《关于适用〈中华人民共和国公司法〉若干问题的规定(五)》(以下简称《公司法解释(五)》)第1条第1款①关于"关联交易损害公司利益,原告公司依据公司法第二十一条规定请求控股股东、实际控制人、董事、监事、高级管理人员赔偿所造成的损失,被告仅以该交易已经履行了信息披露、经股东会或者股东大会同意等法律、行政法规或者公司章程规定的程序为由抗辩的,人民法院不予支持"的精神,应当从交易的实质内容即合同约定、合同履行是否符合正常的商业交易规则以及交易价格是否合理等进行审查。第一,高某华、程某设立钱塘公司后,二人利用关联交易关系和实际控制陕鼓汽轮机公司经营管理的便利条件,主导陕鼓汽轮机公司与钱塘公司签订若干采购合同。案涉诉讼双方均认可交易模式为钱塘公司在市场上采购加工定制产品后,转售给钱塘公司的唯一客户陕鼓汽轮机公司。在这种交易模式中,陕鼓汽轮机公司本可以在市场上采购相关产品,而通过钱塘公司采购产品则增设了不必要的环节,并增加了采购成本,由钱塘公司享有增设环节的利益。第二,仅凭高某华、程某所提交的黄某和仁友公司出具的两份《情况说明》无法认定本案存在大型汽轮机公司对外协加工单位限制的情形,故上述两份证据不足以证明高某华、程某所称设立钱塘公司是为了避开同业公司对外协厂家限制的主张。综上,陕鼓汽轮机公司关于高某华、程某将本可以通过市场采购的方式购买相关产品转由向钱塘公司进行采购而增加购买成本,陕鼓汽轮机公司所多付出的成本,损害了陕鼓汽轮机公司权益的主张,有事实和法律依据。对于陕鼓汽轮机公司关于案涉交易对价高于市场价且不具备公允性的上诉主张,再审院予以采信。

其次,高某华、程某的行为与陕鼓汽轮机公司损害结果的发生有因果关系。关联交易发生在高某华、程某任职董事期间,高某华于2011年7月8日任副董

---

① 本案中适用的是2019年《公司法解释(五)》,相关规定参见2020年《公司法解释(五)》第1条第1款。

事长、总经理。陕鼓汽轮机公司的公司章程中明确约定了总经理职责为主持生产经营工作,陕鼓汽轮机公司亦提交了审批单等证据证明高某华实际履行了总经理的职权。而程某作为公司董事,并兼任其他公司职务,参与并影响陕鼓汽轮机公司的运营。在高某华任总经理主持生产经营工作期间,关联交易额所占陕鼓汽轮机公司采购总额的比例大幅上升,而在高某华、程某被解除相应职务后,关联交易急速减少并消失。关联交易的发生及变化与高某华、程某任职期间及职务变化存在同步性。故高某华、程某共同实施的关联交易行为损害了陕鼓汽轮机公司利益。因此,再审法院裁定撤销原判决,高某华、程某须向西安陕鼓汽轮机有限公司赔偿损失7,064,480.35元。

首先,判断关联交易损害公司利益的关键系达到实质损害公司利益的认定。股东须履行披露义务,即忠诚以及勤勉义务,及时将所进行的关联交易向公司进行披露、报告。《公司法》第22条关于控股股东、实际控制人等人不得利用关联关系损害公司利益的规定,即从另一个角度说明股东须履行自身的披露义务。其次,关联交易价格须符合市场公允价格。根据《公司法解释(五)》第1条的规定,信息披露、股东会同意等程序性规定不能作为否定关联交易损害公司利益的认定要件。换言之,关联交易需要实质审查交易的实质内容,即合同约定、合同履行符合政策的商业交易规则、交易价格合理等来审查。再者,股东的行为与公司利益的损害有因果关系。根据《公司法》第22条的规定,股东不得利用关联关系进行损害公司利益的行为,否则,股东须承担赔偿责任。

具体到本案中,关于案涉关联交易是否损害陕鼓汽轮机公司利益的问题:首先,高某华、程某的行为违反陕鼓汽轮机公司公司章程的约定,不履行相应的披露义务;其次,陕鼓汽轮机公司关于案涉交易对价高于市场价且不具备公允性符合认定标准;最后,高某华、程某的行为与陕鼓汽轮机公司损害结果的发生有因果关系。高某华、程某共同实施关联交易行为,导致陕鼓公司采购总额大幅度变化,损害陕鼓汽轮机公司利益。因此,高某华、程某共同实施的关联交易行为损害陕鼓汽轮机公司利益。

3. 关联公司股权转让损害责任纠纷

案例 | 能化公司、永峰公司与东圣公司公司关联交易损害责任纠纷

审理法院: 最高人民法院

案号: (2020)最高法民终55号

【基本案情】

能化公司、永峰公司、金最公司和恒盛公司共同签署《出资协议书》《东圣公司章程》,设立东圣公司,注册资本为2亿元,金最公司占股45%;能化公司占股40%;恒盛公司占股10%;永峰公司占股5%,4股东分别派出1人为股东代表,其中能化公司派出李某,金最公司派出陶某,永峰公司派出张某。公司董事会7名董事,包括金最公司3人、能化公司3人、恒盛公司1人,金最公司委派的董事贾某为董事长,董事会授权能化公司李某全面主持公司工作,负责收购煤矿、托管经营、投资决策等事项,提交董事会研究决策。

晴隆公司名下拥有6个煤矿的合法采矿权,其法人股东海隆公司的持股比例为80%,为获得6个煤矿的采矿权,东圣公司作出决议:收购海隆公司,海隆公司注册资本为1亿元。金最公司、东陶公司与东圣公司、海隆公司签署《股权转让协议》,约定金最公司占股65%,东陶公司占股35%。两股东将全部股权转让给东圣公司,转让款为1亿元。协议生效后3日内支付定金8000万元,生效后6个月内支付剩余2000万元。2013年12月24日,东圣公司将8000万元转入金最公司账户。

在另案中,最高人民法院认定相关股权收购事宜确为关联交易,但相关董事会决议、股东会决议合法。能化公司、永峰公司遂向法院起诉,要求确认案涉关联交易即股权转让为抽逃出资行为。一审法院裁判认定股权转让协议履行后,东圣公司即可实现股权转让协议目的,故该协议履行并不损害东圣公司的利益,即金最公司不符合抽逃出资的构成要件。

能化公司不服一审判决,提起上诉。

【争议焦点】

东圣公司签订股权转让协议及支付定金的行为,是否属于利用关联交易损害公司利益的抽逃出资?

【审理结果与裁判要点】

二审法院认为,关于股权转让协议效力问题,需要从公司决议内容、合同履行情况等综合判断。首先,东圣公司签订股权转让协议对海隆公司股权进行收购,事先召开该公司董事会和临时股东会审议批准并形成决议,公司全体董事代表及股东代表均参加了决议过程并签字。其次,东圣公司在签订股权转让协议前已委托相关机构对海隆公司及晴隆公司进行尽职调查和资产审计,对海隆公司及晴隆公司的资产股权状况进行披露。最后,从合同的履行过程看,东圣公司支付8000万元定金系经该公司财务做账确认,总经理颜某华亦在支付8000万元的《用款联签单》上签字确认,《用款联签单》上载明8000万元的"付款事项"为"定金"。因此,东圣公司签订股权转让协议系其真实意思表示,该协议内容未违反法律、行政法规的强制性规定,合法有效。

关于是否存在抽逃出资并损害公司利益的问题。首先,从协议的签订目的来看,东圣公司签订股权转让协议既符合《出资协议书》第1条载明的成立东圣公司的目的,即"共同出资设立公司作为兼并整合贵州省辖区内煤矿的主体",也符合《出资协议书》第4条载明的收购目标煤矿的范围,即包括"焦煤等其他具有收购价值的中小煤矿"。其次,从合同的履行结果来看,若股权转让协议履行成功,东圣公司不仅可持有海隆公司100%的股权,还可间接控制晴隆公司及该公司持有的6个煤矿的采矿权和贵州省煤矿企业兼并重组的主体资格;若该协议履行失败,东圣公司亦可根据《股权转让协议》第6.9.2条之约定,以已支付的8000万元定金作为转让价款,按照海隆公司届时的实际价值计算东圣公司的持股比例。因此,东圣公司可通过案涉股权交易获得合理对价,该股权交易行为不属于利用关联交易将出资转出的抽逃出资情形,并未损害东圣公司利益,能化公司的相应主张不能成立。故二审法院驳回上诉,维持原判。

一方面,股权关联交易有助于提高公司的效益;另一方面,股权关联交易不正当有可能导致损害公司及其相关利益者的风险。故在实务中,判断是否属于不正当股权关联交易极其关键,审查要点有如下三点:一为《股权转让协议》是否经过公司决议;二为是否对案涉关联公司进行了资产充分审查,相关资产股权状况披露情况如何；三为《股权转让协议》具体履行情况是否与抽逃出资行为具有相类似等情形。从立法层面来看，《公司法》第182条新增董事、监事、高级管理人员关于关联交易的报告义务，须按照公司章程相关规定进行董事会或者股东会决议。

4. 停止侵害并承担关联交易损害赔偿责任纠纷

案例 | **鸿鹏货运公司与贺某、胡某英、大盈物流公司公司关联交易损害责任纠纷**

审理法院：江苏省苏州市中级人民法院

案号：(2021)苏05民终13333号

【基本案情】

鸿鹏货运公司成立于2011年4月14日，经营范围为道路普通货物运输，股东为张某生、贺某，持股比例分别为90%、10%，贺某为法定代表人，任执行董事兼总经理，张某生任监事。贺某于2016年12月5日单独出资成立大盈物流公司，经营范围为道路货运经营、普通货物仓储服务。2017年4月17日，贺某将其所持大盈物流公司股份以0元价格转让给妻子胡某英。2018年11月22日，盈锋紧固公司与大盈物流公司签订《货物运输代理合同书》，约定由大盈物流公司提供货物运输服务。合同订立后，因大盈物流公司未取得道路运输许可证，大盈物流公司将此合同项下运输业务委托给了鸿鹏货运公司。盈锋紧固公司与大盈物流公司发生的运费总额约570万元。就该运输业务，大盈物流公司已付款323万元，剩余247万元由大盈物流公司收取。鸿鹏货运公司以关联交易损害公司利益为由提起诉讼，要求贺某、胡某英、大盈物流公司赔偿其损失。

贺某认为，大盈物流公司将该运输业务委托给了鸿鹏货运公司，双方约定利润比例为鸿鹏货运公司40%、大盈物流公司60%。为证明大盈物流公司与鸿鹏货运公司之间存在运输业务合作关系，贺某、大盈物流公司、胡某英提供《运输协议》一份，鸿鹏货运公司认为，两家公司的公章均掌握在贺某及其妻胡某英手中，其可以随时制作这样的协议。鸿鹏货运公司对该运输业务合作关系不予认可，一审法院裁判认定贺某通过其妻胡某英任法定代表人的大盈物流公司共同侵害了鸿鹏货运公司的利益，贺某、大盈物流公司、胡某英构成共同侵权，应当立即停止经营道路普通货运业务，并应就案涉对鸿鹏货运公司承担的赔偿责任，承担连带责任。

贺某、大盈物流公司、胡某英不服一审判决，遂提起上诉。

【争议焦点】

本案中是否存在关联交易，是否应停止侵害并赔偿损失？

【审理结果与裁判要点】

二审法院认为，大盈物流公司系由贺某设立的，其现任唯一股东以及法定代表人均为贺某妻子胡某英，结合盈锋紧固公司在庭审中关于贺某系代表大盈物流公司与其沟通运输业务的陈述，足以认定大盈物流公司与贺某之间存在关联关系。贺某在大盈物流公司与鸿鹏货运公司之间的《运输协议》上签字，但贺某作为鸿鹏货运公司的董事兼总经理，并未向鸿鹏货运公司其他股东披露过该运输协议，未尽到忠实勤勉义务。该运输业务实际由鸿鹏货运公司完成且大盈物流公司并无运输资质，贺某利用鸿鹏货物公司股东身份以及其妻子胡某英担任大盈物流公司法定代表人的身份，发生关联交易，将原属于鸿鹏货运公司的利益转移至大盈物流公司，损害鸿鹏货运公司的利益。现各方均确认盈锋紧固公司向大盈物流公司支付金额共计570万元，而大盈物流公司向鸿鹏货运公司支付323万元，故剩余款项247万元应当认定为鸿鹏货运公司的损失，贺某应当予以赔偿。

贺某利用大盈物流公司实施了损害公司利益的行为，大盈物流公司对此明知，构成共同侵权。大盈物流公司应当就贺某上述侵权行为承担连带赔偿责任。胡某英作为大盈物流公司的一人股东，在未提供证据证明其财产独立于大盈物流公司的情况下，其应当对大盈物流公司的债务承担连带赔偿责任。

同时，依据《公司法》第148条[①]的规定，董事、高级管理人员在未经股东会或者股东大会同意的情况下，不得自营或者为他人经营与所任职公司同类的业务。本案中，贺某利用与大盈物流公司的关联关系从事案涉交易构成侵权，故

---

① 本案中适用的是2018年《公司法》，相关规定参见2023年《公司法》第181条。

其应停止侵权。但大盈物流公司、胡某英正常经营普通货运业务与案涉侵权行为之间并不具备完整对应性，故二审法院对一审法院作出的大盈物流公司、胡某英立即停止经营道路普通货运业务的判决予以纠正，变更为贺某立即停止经营道路普通货运业务，维持其他事项判决结果。

公司董事、高级管理人员应当遵守法律、行政法规和公司章程，对公司负有忠实义务和勤勉义务，不得利用职权获取其他非法收入，不得利用其关联关系损害公司利益，不得侵占公司的财产。《公司法》第 184 条规定，董事、监事、高级管理人员未向董事会或者股东会报告，并按照公司章程的规定经董事会或者股东会决议通过，不得自营或者为他人经营与其所任职公司同类的业务。第 188 条规定，董事、监事、高级管理人员执行职务违反法律、行政法规或者公司章程的规定，给公司造成损失的，应当承担赔偿责任。从上述法律规定可知，董事、高级管理人员不得实施关联交易行为，导致公司利益受损，否则产生承担赔偿责任的法律后果。

具体到本案中，就停止侵权行为而言，贺某从事经营道路普通货运业务，与大盈物流公司从事同类业务相一致，故贺某应当停止经营道路普通货运业务；就承担赔偿责任而言，贺某利用大盈物流公司实施了损害公司利益的行为，而胡某东作为大盈物流公司的唯一股东且财产并未独立，故贺某、胡某英、大盈物流公司应当就大盈物流公司的债务承担连带赔偿责任。

（三）疑难法律问题解答

1. 不正当关联交易的性质认定

关联交易概念在理论界存在多种学说：资源义务转移说，即公司与其关联人之间的任何财产、权利或义务的转移；利益冲突说，即控股股东通过对少数股东的剥夺而获取的利益，从而构成“控制权私利”的主要来源；法律行为说，即基于现行规范对上市公司、保险公司等主体的关联交易合规性监管的功利目的，将关联交易概念界定为经济法范畴，而非商事组织于交易法。[1] 无论哪种

---

[1] 参见钟凯：《关联交易相关概念比较与学说评析》，载《安徽大学法律评论》2008 年第 1 期。

学说,都是为了更好地对关联交易概念本身进行界定。但从交易行为来界定关联交易,能够更好地理解关联交易的表现形式,从而准确认定关联交易法律责任的性质,其也更符合如今商事交易行为多样化与复杂化的趋势。

一方面,关联交易有助于提高公司的交易效率、节省交易成本,所以法律并不绝对禁止关联交易;另一方面,关联交易又存在侵害公司及利益相关者的风险,使公司与关联方之间的利益严重失衡,所以法律禁止损害公司利益的不正当关联交易。是否属于不正当的关联交易,主要从以下三个方面进行判断。

(1)是否充分披露交易并经决策

根据《公司法》第182条的规定,董事、监事、高级管理人员,直接或者间接与本公司订立合同或者进行交易,董事、监事、高级管理人员的近亲属,董事、监事、高级管理人员或者其近亲属直接或者间接控制的企业,以及与董事、监事、高级管理人员有其他关联关系的关联人,应当就与订立合同或者进行交易有关的事项向董事会或者股东会报告,并按照公司章程的规定经董事会或者股东会决议通过。

实务中,部分公司出于风险控制目的会在章程中添加关联交易决策程序的安排,对于章程明确约定披露要求的情形,股东会或董事会决策程序自然是必不可少的。而在章程未明确要求的情况下,未充分披露及决策的关联交易是否必然构成不正当关联交易,参照《公司法解释(五)》第1条第1款关于"关联交易损害公司利益,原告公司依据民法典第八十四条、公司法第二十一条规定请求控股股东、实际控制人、董事、监事、高级管理人员赔偿所造成的损失,被告仅以该交易已经履行了信息披露、经股东会或者股东大会同意等法律、行政法规或者公司章程规定的程序为由抗辩的,人民法院不予支持"的精神,公司关联方对不正当关联交易的赔偿责任并不以程序违法为构成要件,即使公司的关联股东或董事、监事、高级管理人员已经按照法定程序予以回避,但是通过施加影响致使公司进行不公正关联交易的,仍然应当承担赔偿责任。

(2)交易是否实质公允

关于实质公允的认定标准,通常从价格公允、商业合理性两个方面进行判断。价格公允主要指关联交易的价格低于标准评估价或同类交易的市场价格。常见的价格不公允情形包括交易价格未经评估、审计确定,价格远低于市场价等。与价格公允标准不同，商业合理性并不单纯只是核查交易价格是否公允，更需要判断该笔交易本身是否具备真实性及必要性，以及开展交易是否会使公司潜在可得的利益减少、交易背后的真实目的是否为转移公司利益。

(3)是否损害公司利益

控股股东、实际控制人、董事、监事、高级管理人员因关联交易承担赔偿责任的结果要件便是关联交易损害了公司利益。事实上，当一项关联交易存在价格不公允、缺乏商业合理性等实质不公平时，必然会导致公司利益受到损害，只是损害的具体金额需要原告举证。① 例如，在前述典型案例 2 中，法院认为，陕鼓汽轮机公司于 2010 年至 2015 年 5 月与钱塘公司签订大量购货合同，跳过市场采购环节选择与其签订合同并增加不必要的采购成本，此交易实质而言不具有公允性。

2. 关联交易内外部赔偿责任关系

有学者认为，公司“内部人”通过关联交易实施侵害公司及中小股东利益，其与关联方对该侵害行为是明知的，系共同侵权行为，须承担连带赔偿责任。该观点被一些法院适用，例如，在固利电源公司与其某、力盟新能源公司损害公司利益责任纠纷案②中，审理法院即持此观点。也有学者认为，效力审查与损害赔偿各自具有不同的法律要件和功能，不能相互替代。③ 关联交易内部责任基于《公司法》之规定向内部控制公司的内部人主张赔偿责任；外部责任基于《民法典》合同编向合同相对方主张合同责任。但从社会经济发展趋势来看，正当的关联交易有利于提高效率、降低交易成本，而非正当的关联交易仅会损害公司、中小股东利益。因此，法律应当选择公司内部承担赔偿责任，而不能轻易将外部责任予以一致认定。

3. 股东对不正当关联交易的救济途径

因关联交易的结果与股东存在直接利害关系，当不正当关联交易侵害到股

① 参见廖明松、李雪：《关联交易与公司利益保护》，载《中国律师》2020 年第 2 期。

② 参见北京市第一中级人民法院民事判决书，(2016)京 01 民终 5874 号。

③ 参见钟凯：《公司法实施中的关联交易法律问题研究》，中国政法大学出版社 2015 年版，第 189 页。

东的利益时，股东需要采取救济方式来保护其权利。对此，除根据《公司法》第189条的规定按照程序提起诉讼之外，还可以选择以下途径进行救济：(1)行使变更权，股东请求法院变更不正当关联交易的权利和义务内容的权利；(2)行使撤销权，股东请求法院撤销不正当关联交易的权利；(3)行使无效确认权，股东请求法院确认不正当关联交易无效的权利。

(四)2023年《公司法》关于关联交易损害责任的修订要点

1. 新增董事、监事、高级管理人员及关联人与本公司交易的报告义务及规则

2023年《公司法》第182条规定："董事、监事、高级管理人员，直接或者间接与本公司订立合同或者进行交易，应当就与订立合同或者进行交易有关的事项向董事会或者股东会报告，并按照公司章程的规定经董事会或者股东会决议通过。董事、监事、高级管理人员的近亲属，董事、监事、高级管理人员或者其近亲属直接或者间接控制的企业，以及与董事、监事、高级管理人员有其他关联关系的关联人，与公司订立合同或者进行交易，适用前款规定。"

此条新增董事、监事、高级管理人员关于利益冲突事项的报告义务，新增董事会可作为公司章程授权董事、监事、高级管理人员自我交易与关联交易行为的决议机关，扩大自我交易与关联交易中关联人的范围。实务中，公司应制定专门的关联交易管理制度，对董事、监事、高级管理人员可能实施的关联交易行为进行规范，明确关联交易的报告义务、决议机关及表决机制。

2. 新增正当利用公司机会的例外规则

2023年《公司法》第183条规定："董事、监事、高级管理人员，不得利用职务便利为自己或者他人谋取属于公司的商业机会。但是，有下列情形之一的除外：(一)向董事会或者股东会报告，并按照公司章程的规定经董事会或者股东会决议通过；(二)根据法律、行政法规或者公司章程的规定，公司不能利用该商业机会。"

第184条规定："董事、监事、高级管理人员未向董事会或者股东会报告，并按照公司章程的规定经董事会或者股东会决议通过，不得自营或者为他人经营与其任职公司同类的业务。"

所谓商业机会，本质上属于公司的一种可期待的利益，是一种公司通过该机会获利的可能性。董事、监事、高级管理人员依法与该交易相对人订立合同进行交易的，不违反第183条的规定。合法利用公司的商业机会应当满足的程序性要件与关联交易的情形类似，都应当满足事先报告和机构决议的条件。行为人应当向董事会或股东会报告，并经董事会或股东会决议通过。

3. 新增利益冲突事项关联董事回避表决的规则

2023年《公司法》第185条规定："董事会对本法第一百八十二条至第一百八十四条规定的事项决议时，关联董事不得参与表决，其表决权不计入表决权总数。出席董事会会议的无关联关系董事人数不足三人的，应当将该事项提交股东会审议。"

本条规定新增关联董事回避制度，同时将表决权例外排除的主体范围覆盖董事、监事及高级管理人员。因此，在公司治理过程中，如未合理设置关联董事的回避事项、回避程序及决议效力，则存在董事会决议被撤销的风险。

（五）关联交易损害责任纠纷诉讼的实务操作

1. 诉讼主体

（1）原告：公司、股东。

（2）被告：股东、实际控制人、董事会、监事会、高级管理人员及关联交易主体。

2. 案由

《民事案件案由规定》将公司关联交易损害责任纠纷划分为独立的一个三级案由。

公司关联交易损害责任纠纷与损害公司利益责任纠纷密切相关，实践中应注意两者区别。该两类案由所涉案件有所重合，共同之处在于原告均主张被告存在损害公司利益。主要区别在于，是否利用关联交易形式损害公司利益。

3. 管辖

原则上以《民事诉讼法》中管辖的相关规定为基础，即以侵权行为地确定管辖法院,但要综合考虑公司所在地等因素来确定管辖法院。

4. 诉讼时效

3 年。

5. 诉讼请求

(1)请求依法确定关联主体之间关联交易行为。

(2)请求依法判决股东、实际控制人、董事会、监事会、高级管理人员及其他关联交易主体停止侵害、赔偿损失。

十三、上市公司收购纠纷

(一)上市公司收购纠纷概述

上市公司收购纠纷,是指在购买上市公司股份以获得其控制权的过程中,投资者或购买者与被收购者之间发生的纠纷。上市公司收购包括要约收购和协议收购两种方式。要约收购,是指收购人向被收购公司股东发出的、愿意按照要约条件购买被收购公司股东所持有的股份,从而实现对上市公司的收购。协议收购,是指收购人依照法律、行政法规的规定,以与被收购公司的股东签订协议的方式进行收购的行为。《证券法》对于上市公司收购的程序、方式等进行了严格规定。中国证监会也以部门规章的方式发布《上市公司收购管理办法》,进一步规范上市公司的收购及相关股份权益变动活动,保护上市公司和投资者的合法权益,维护证券市场秩序和社会公共利益,促进证券市场资源的优化配置。根据上述法律及规章,上市公司的收购,必须遵守法律、行政法规及中国证监会的规定,当事人应当诚实守信、遵守社会公德、商业道德,自觉维护证券市场秩序,接受政府、社会公众的监督,必须遵循公开、公平、公正的原则。近年来,上市公司收购频繁,从而发生在上市公司收购过程中的纠纷也不断增多。①

---

① 参见昆明哦客商贸有限公司、熊志民与李长友等股东资格确认纠纷案,载《最高人民法院公报》2022 年第 6 期。

在实施上市公司收购过程中，收购方与被收购方（包括但不限于目标公司的管理层、董事会、股东）、第三方投资者或其他利益相关者之间易因收购行为引发争议和矛盾。这类纠纷可能涉及收购价格、收购条件、信息披露、交易执行过程、反收购措施、合规性问题等方面的各种问题，包括但不限于以下四种争议：(1)交易条款和条件的争议，可能涉及价格、交易时间、支付方式等方面的问题。(2)交易合法性的争议，可能涉及收购程序、信息披露、监管合规等方面的问题。(3)股东权益的争议，可能涉及股东权益的保护、公司治理结构的问题等。(4)反垄断和竞争法的争议，可能涉及反垄断审查、竞争法合规等方面的问题。

从争议解决的角度，上市公司并购重组纠纷可以划分为合同纠纷、公司纠纷两大类型，具体包括：(1)并购重组各方之间的合同纠纷，如缔约过失责任纠纷、并购重组合同效力纠纷、并购重组合同履行纠纷等。(2)因并购重组引发的公司纠纷，如公司决议效力纠纷，公司章程效力纠纷，股东资格、股东权利限制纠纷，公司股东、高级管理人员损害公司利益、股东利益纠纷，等等。

此外，上市公司敌意收购的争议焦点主要集中在以下四种类型：(1)股东权利之争；(2)阻击举牌收购措施之争；(3)章程设置反收购条款之争；(4)新型金融工具使用之争。

在处理上市公司收购纠纷时，需要考虑许多因素，包括法律、商业、政治等。解决上市公司收购纠纷的方法包括协商、调解、仲裁和诉讼等。诉讼是解决纠纷的最终手段，但通常耗时较长，成本较高。因此，在实践中，协商和调解是解决上市公司收购纠纷的常用方法。

（二）典型案例分析

1. 一致行动人协议的效力认定

案例 | 美尚企业与东方财智公司合同纠纷

审理法院：广东省深圳市中级人民法院

案号：(2017)粤03民初2465号

【基本案情】

2015年10月31日，原告美尚企业(乙方)与被告东方财智公司(甲方)签订一份《合作协议》和《一致行动人协议》，约定：因甲方持有海南椰岛5000万股股份，占海南椰岛总股本11.16%，双方约定乙方通过二级市场增持海南椰岛不少于10%(含10%)的股份，并与甲方成为海南椰岛一致行动人，以谋求公司控制权。同时，甲方同意向乙方转让所持有的海南椰岛5000万股股份。并且乙方同意在协议签署前向甲方指定账户支付1000万元作为保证金。

在合同约定要求美尚企业及时增持的10个交易日期间，东方财智公司通过信托计划增持海南椰岛股份达91,471,773股，同时与该信托计划达成一致行动人，成为海南椰岛的第一大股东。后美尚企业向法院提起诉讼，主张东方财智公司擅自增持股票并与第三方达成一致行动人的行为，构成根本违约并要求其承担违约责任。

【争议焦点】

美尚企业与东方财智公司签订的《一致行动人协议》的效力如何?

【审理结果与裁判要点】

美尚企业与东方财智公司签订的《合作协议》和《一致行动人协议》，是双方就美尚企业为了谋求上市公司实际控制权目的，以在二级市场购买一定比例上市公司股份为条件，进而与作为上市公司主要股东的东方财智公司达成一致行动人，并由东方财智公司向美尚企业转让已持有的上市公司股权而约定的权利义务关系。本案美尚企业与东方财智公司签订的上述相关协议，并没有违反法律法规的效力性强制性规定，是双方当事人真实意思表示，合同内容也没有违反有关上市公司及其股东信息披露义务的规定或者为了达到规避信披义务的目的，故双方均应诚实履行。

无证据证明东方财智公司的增持行为与美尚企业进行了协商或征得其同意，违反了双方合同的约定，构成违约。故美尚企业请求解除双方合同，东方财智公司退还履约保证金1000万元，具有事实和法律依据，法院予以支持。因此，法院确认美尚企业与东方财智公司签订的《一致行动人协议》解除，东方财智公司承担相应违约责任。

上市公司一致行动人,是指通过协议、其他安排(如合作、关联方关系)等合法途径扩大其对一个上市公司股份的控制比例,或者巩固其对上市公司的控制地位,在行使上市公司表决权时采取相同意思表示的两个以上的自然人、法人或其他组织。对于《一致行动人协议》效力而言,其应符合两个要件:一为《民法典》总则编第143条有关民事法律行为效力要件的认定,即主体是完全民事行为能力人、意思表示真实、不违反强制性规定与公序良俗;二为《公司法》第66条有关决议内容层面的规定,即决议本身应当符合《公司法》有关一般事项或者特别事项的规定。本案中,美尚企业与东方财智公司签订的《一致行动人协议》系双方真实意思表示,并不违反法律法规等效力性强制规定,且符合公司章程规定,故应当认可其协议效力。

2. 上市公司收购决策程序

案例 | 华融公司与南桐公司请求公司收购股份纠纷

审理法院:重庆市高级人民法院

案号:(2018)渝民初146号

【基本案情】

2000年5月18日,华融公司与南桐矿务局、信达公司签订了《债权转股权协议》,约定华融公司以7300万元的债权对南桐公司出资,同时还约定了南桐公司、南桐矿务局在2006年12月31日前全部回购或收购华融公司出资7300万元所对应的股权。2011年9月30日,华融公司与能投集团签订了《三户煤炭企业股权的置换协议》,约定华融公司将其持有的松藻煤电公司和天府矿业公司合计7100万元的股权,与能投集团持有的南桐公司7100万元股权按1∶1的比例进行置换。截至2018年5月24日,华融公司持有南桐公司4.66%的股权,能投集团持有南桐公司95.34%的股权,华融公司授权其重庆市分公司管理该股权资产。

2018年5月24日,南桐公司召开股东会议,通过了将南桐煤矿、红岩煤矿、东林煤矿、选煤厂、救护队资产(包括存货、固定资产、在建工程、土地使用权及矿业权)共计账面价值218,484.17万元,按照评估结果153,541.09万元作为转让价格转让给渝新公司(南桐公司另一股东能投集团的关联公司)的决议，但华融公司对该项决议投反对票，并且股东会的该项决议涉及转让南桐公司的主要财产。

2018 年 7 月 11 日，华融公司重庆市分公司向南桐公司发出《关于要求回购股权的函》，但华融公司与南桐公司未能达成股权收购协议。华融公司主张南桐公司回购股权并支付利息，向法院提起诉讼。

【争议焦点】

华融公司要求南桐公司收购股权是否符合法定的程序条件？

【审理结果与裁判要点】

法院认为，华融公司于 2018 年 8 月 22 日提起本案诉讼要求南桐公司收购股权，符合关于“九十日内提起诉讼”的规定，但前提是华融公司在股东会决议形成后的 60 日内，即 2018 年 7 月 23 日前向南桐公司提出了收购申请且未能与其达成股权收购协议。华融公司于 2018 年 8 月 1 日向南桐公司发送的《关于要求回购股权的函》虽已超出股东会决议通过之日起 60 日的期限，但根据法院查明的事实，在股东会会议决议通过之日起 60 日内，华融公司曾与南桐公司的控股股东能投集团召开会议，结合会后华融公司员工曾某与其上级的往来邮件“李某鹏对南桐矿业情况进行了介绍，对我方提出退出南桐进行了回复”的内容、能投集团的黎某成会后向曾某发送了《渝新公司组建及增资扩股方案》以及证人曾某的证言，华融公司在股东会会议决议通过之日起 60 日内与南桐公司控股股东能投集团协商了退出南桐公司事宜。

法院认为，公司是法律拟制的人，公司的法定代表人对外代表公司，公司股东会是公司的意思形成机构和最高权力机构。南桐公司仅有两名股东，能投集团持有南桐公司 95.34% 的股权，是南桐公司的控股股东，华融公司提出股权收购是公司内部治理关系问题，其与能投集团协商股权收购事宜，能够产生华融公司向南桐公司要约收购股权的实际效果，因此，华融公司提起本案诉讼符合《公司法》第 74 条第 2 款①关于要求公司收购股权的法定程序的规定。故法院对华融公司回购股权的诉讼请求予以支持。

---

① 本案中适用的是 2018 年《公司法》，相关规定参见 2023 年《公司法》第 89 条第 2 款。

异议股东回购请求权旨在鼓励异议股东及时行使权利，贯彻“法律不保护躺在权利上睡觉的人”的理念，明确权利状态归属。

《公司法》第89条第2款规定：“自股东会决议作出之日起六十日内，股东与公司不能达成股权收购协议的，股东可以自股东会会议决议作出之日起九十日内向人民法院提起诉讼。”异议股东在股东会决议形成后的60日内，应当首先在公司内部寻求救济，如果没有向公司申请，则视为放弃权利，不能与公司达成股权收购协议是股东提起收购诉讼的前提。法律规定60日的诉讼时效，是为了促使异议股东尽快行使权利，避免不确定状态持续存在。股东如果未在60日内向公司提出收购申请，就丧失向法院提出诉讼的权利。

3. 强制要约对实际控制人的约束

案例｜蒋某群与李某盛等股权转让纠纷

审理法院：北京市海淀区人民法院

案号：（2020）京0108民初44672号

【基本案情】

2017年7月28日，视酷公司发布《股票发行方案》显示，凯盾公司与视酷公司签署《视酷公司股票认购协议》约定，凯盾公司以货币方式认购视酷公司定向发行的股票1050万股，每股1.45元，认购金额总计1522.5万元。本次定向发行股票完成后，凯盾公司持有的视酷公司的股权比例增至50.15%，成为视酷公司的控股股东，迟某升、李某盛成为视酷公司的实际控制人。同日，视酷公司的全体股东即凯盾公司、杨某伟、梁某锋、蒋某群、黄某明及视酷伟业合伙一致通过新的视酷公司章程，该公司章程第21条约定：“公司控股股东或实际控股人应在要约收购时点触发之日起5个工作日内向全部股东发出全面要约收购。”2020年4月24日，凯盾公司股东星网公司受让了股东贾某及晁某博共计17.43%股权，并办理了工商变更登记手续。据此，星网公司持有凯盾公司的股权比例增至68.65%。视酷公司实际控制人迟某升、李某盛通过其控制的星网公司，并通过凯盾公司对视酷公司间接持股比例为47.57%；迟某升、李某盛通过其控制的星网公司并通过凯盾公司通过视酷基业合伙及视酷伟业合伙对视酷公司间接持股比例为4.47%。综上，迟某升、李某盛通过其控制的星网公司对视酷公司间接持股比例共计为52.04%。根据上述公司章程规定，星网公司对凯盾公司持股比例的变更触发了公司控股股东及实际控制人的要约收购义务。

2020年7月16日，蒋某群向迟某升、李某盛发出《请求收购视酷公司股份的回购函》，告知其已触发公司章程约定的要约收购条件，请求立即履行相关收购义务，但迟某升、李某盛没有履行。后蒋某群主张迟某升、李某盛回购股权，向法院提起诉讼。

【争议焦点】

《视酷公司章程》增加的要约收购条款是否对视酷公司的实际控制人迟某升、李某盛发生约束力？

【审理结果与裁判要点】

法院认为，首先，从《公司法》以及《视酷公司章程》的相关规定来看，2015年8月、2015年9月21日、2016年5月6日、2017年11月28日的4份《视酷公司章程》第9条均规定，公司章程为规范公司的组织与行为、公司与股东、股东与股东之间权利义务关系的具体法律约束力的文件，对公司、股东、董事、监事、高级管理人员具有法律约束力的文件。公司或公司股东可将公司章程作为起诉依据。上述规定内容符合我国《公司法》第11条①的规定。由于视酷公司实际控制人迟某升、李某盛不是视酷公司股东，因此，视酷公司章程对迟某升、李某盛没有约束力。

其次，从视酷公司历次公司章程规定来看，2015年8月、9月21日的公司章程第21条，2016年5月6日的公司章程第20条，2017年11月28日的公司章程第20条，均载明公司在下列情况下，可以依照法律、行政法规、部门规章和公司章程的规定，收购本公司的股份：(1)减少公司注册资本；(2)与持有本公司股票的其他公司合并；(3)将股份奖励给本公司职工；(4)股东因对股东大会作出的公司合并、分立决议持异议，要求公司收购其他股份的。除上述情形外，公司不进行买卖本公司股份的活动。2015年8月、2015年9月21日、2016年5月6日的3份公司章程规定的第一种选择方式为向全体股东按照相同比例

① 本案中适用的是2018年《公司法》，相关规定参见2023年《公司法》第5条。

发出回购要约;2017 年 11 月 28 日的公司章程将第一种选择方式变更为要约收购,同时对要约收购的具体定义、要约收购启动时点、要约收购价格、要约收购方式等事项进行了详细的规定。从上述这些规定的内容来看,该要约收购规定的主体不是公司,而是公司控股股东或实际控制人。在公司收购本公司股份方式的规定中,规定公司实际控制人收购公司股东股份的事项,与该条规定本身的立意相冲突,条款规定本身存在瑕疵,既不产生公司收购本公司股份的效力,也不会对公司实际控制人产生约束力。

最后,如前所述,公司章程具有契约的性质,体现了股东的共同意志,而《视酷公司章程》增加的要约收购条款体现的公司实际控制人与公司股东之间的权利义务,体现了实际控制人的意思表示,由于公司实际控制人不是公司股东,不会参与公司章程的制定,在实际控制人不认可该条规定的情况下,公司章程为其设定要约收购的义务,显然违背了当事人意思自治的原则,剥夺了实际控制人以自己的真实意思来表达自己的意愿,根据自己的意愿来设立、变更和终止民事法律关系的权利。因此,在视酷公司的实际控制人迟某升、李某盛对上述要约收购的规定不认可的情况下,该条款对其二人不发生法律效力。

故法院对蒋某群的诉讼请求予以驳回。

我国《公司法》第 5 条规定:“设立公司应当依法制定公司章程。公司章程对公司、股东、董事、监事、高级管理人员具有约束力。”该条明确了公司章程的法律效力,主要涉及三个方面的:一是针对公司产生的法律效力,公司章程明确规定了公司法定代表人、董事会、股东会等公司内部组织和活动的情形,故公司章程对公司内部组织和活动产生约束力;并且,公司章程明确了公司经营范围,并对超越经营范围的效力认定规则体系予以明确。二是针对公司股东的法律效力,股东依照公司章程规定行使股东权利。三是针对公司董事、监事、高级管理人的法律效力,董事、监事、高级管理人员应当对公司负有忠实、勤勉义务,依照章程规定行使权利和履行义务。具体到本案中,《视酷公司章程》增加的要约收购条款限制实际控制人迟某升、李某盛的权利,但两者并非公司股东,故该章程内容对二人并不产生法律约束力。

4. 收购失败的违约责任

案例 | 王某理与李某合伙纠纷

审理法院:湖北省荆门市东宝区人民法院

案号:(2016)鄂0802民初129号

【基本案情】

2012年1月13日,王某理与李某签订《关于合资组建黑马集团收购名流公司股权的协议》(以下简称《收购协议》),约定:双方共同筹资3000万元收购名流公司股东持有的100%的股权,其中王某理筹资300万元作为首付收购款,李某筹资2700万元作为收购余款,双方委托李某与名流公司股东签订股权转让协议。当日,李某以自己的名义与名流公司股东(名流投资集团和现代农业公司)签订了《名流公司股权转让协议书》(以下简称《股权转让协议书》),该协议约定,签订协议时支付定金300万元,剩余价款2700万元于2012年4月30日前支付完毕。王某理按照协议及李某的安排于2012年1月13日向名流公司股东名流投资集团支付300万元。由于李某未能筹集2700万元支付剩余股权转让款,致使名流公司股东解除了《股权转让协议书》,对王某理已经支付的300万元不予退还。

由于李某未能在2012年4月30日前筹集2700万元支付股权转让款,致使收购失败,王某理多次要求李某承担已支付的300万元,李某以正在与名流公司股东协商为由拖延。2013年12月10日,王某理书面要求李某按照双方收购协议的约定履行义务,赔偿王某理的资金损失,李某当日书面回复"关于我们累托石矿的事,我们尽快想办法去要回来"。由于李某长期借各种理由拖延,王某理委托律师调查名流公司经营状况才得知,名流公司股东已在2012年11月将持有的股权作价1600万元转让给他人并完成了工商变更登记手续。王某理认为,因李某的过错,造成了其经济损失,李某在明知名流公司股权已转让的情况下仍然向王某理作出虚假承诺,应当承担过错责任。王某理主张李某赔偿股权收购首付款以及利息,向法院提起诉讼。

【争议焦点】

(1)王某理向名流投资集团支付300万元股权收购款对李某是否有约束力?

(2)王某理要求李某赔偿300万元股权收购首付款及利息损失有无依据?

【审理结果与裁判要点】

法院认为,首先,关于王某理向名流投资集团支付300万元股权收购款是否经过李某同意,对李某是否有约束力的问题。李某在王某理催告下履行协议义务后,书面承诺"关于我们累托石矿的事,我们尽快想办法去要回来",该承诺意为向被收购方追讨300万元首付款,也表明李某对王某理已向被收购方支付300万元首付款知情并同意。因此,李某抗辩王某理支付300万元收购款未经其同意,其不应当承担损失的意见不能成立,法院不予采纳。

其次,关于王某理要求李某赔偿300万元股权转让首付款及利息损失有无依据的问题。需要重点审查《收购协议》的条款内容。按照《收购协议》第2条的约定,收购失败的,李某应当承担300万元首付款的51%(153万元)的损失,即王某理支付的300万元中有153万元属于李某应承担的损失,李某应该偿还王某理;另外147万元属于王某理的损失,该损失系因李某单方违约造成,王某理有权按照《收购协议》第3条"对单方不履行义务给另一方造成可以直接计价方式计算损失的,应按损失的3至5倍给另一方赔偿"的约定向李某主张违约责任。王某理自愿降低违约责任计算标准,要求李某按照王某理损失的1倍即147万元赔偿,不违反合同约定,因此,法院对王某理的诉讼请求予以支持。

协议收购,是指交易双方通过签署转让协议的方式,直接转让上市公司股份的场外交易方式。协议收购本质系股权收购协议,故在实务中应予以重点审查股权收购协议的成立与效力问题。

《民法典》第502条规定,依法成立的合同,自成立时生效;第566条第2款规定,合同因违约解除的,解除权人可以请求违约方承担违约责任,但是当事人另有约定的除外。

基于上述分析,对于股权收购协议须依照《民法典》相关规定审查其成立与效力问题。

(三)疑难法律问题解答

1. 上市公司收购的分类

《证券法》第62条规定,投资者可以采取要约收购、协议收购及其他合法方式收购上市公司。这是证券法对收购的法定分类,但实务中的分类更加丰富,主要有以下几种。

(1)要约收购、协议收购与其他方式收购

这是上市公司收购的主要分类。狭义的收购指的是要约收购,是指投资者向上市公司股东以公开要约方式收购上市公司股份的行为。要约收购分为全面要约和部分要约。全面要约是向被收购公司所有股东发出收购其所持有的全部股份的要约,如果全面要约收购的结果是收购了所有上市公司的股份,那股票就私有化退市了。

例如,2016年,当当网达成私有化确定性协议,时任董事长俞渝、首席执行官李国庆等管理层牵头的买方财团计划以美国存托股每股6.7美元的价格收购买方财团尚未持有的全部当当网股票,完成了私有化退市。"私有化"实际上是大股东的收购行为。部分要约是向被收购公司所有股东发出收购其所持有的部分股份的要约。协议收购是针对上市公司特定大股东的不公开的场外股份收购,可以看作以获取控制权为目的的协议转让。《证券法》对上市公司收购的规制主要针对要约收购,同时也对协议收购作出了规定。

《证券法》还规定了以其他合法方式收购上市公司,如集中竞价收购、无偿划转、继承、认购上市公司定增股份等。著名的"宝万之争"就是通过集合竞价进行的。此外,2020年10月,北京金融控股集团有限公司通过无偿划转的方式受让北京国有资本经营管理中心持有的上市公司中信建投证券35.11%的A股股份,成为中信建投证券的第一大股东;2020年10月,桂林旅游发展总公司以现金方式认购上市公司桂林旅游股份有限公司本次非公开发行的A股股票,非公开发行完成后,桂林旅游发展总公司直接持有上市公司股份比例增加至37.20%,仍为上市公司控股股东……还有很多收购是多种收购方式的综合运用,如2020年易通公司收购唐德影视,就是同时通过协议转让、表决权委托和认购上市公司定增股份的方式进行的。

(2)直接收购、间接收购和管理层收购

根据收购人的不同,上市公司收购还可以分为直接收购、间接收购和管理层收购。直接收购是直接以股东名义进行收购。间接收购是不直接以股东名义收购,而是通过投资关系、协议、其他安排取得对上市公司股东的控制权。管理层收购指的是上市公司董事、监事、高级管理人员、员工或者其所控制、委托的法人或者其他组织,拟对本公司进行收购或者通过间接收购取得本公司的控制权。

(3)友好收购和敌意收购

实务中需要明确的一组概念是友好收购与敌意收购。所谓敌意收购,指的是投资者事先未与上市公司控制人和管理层沟通,以获得控制权为目的的增持和收购活动。通常这种增持和收购活动不会以协议收购的方式进行。股权结构比较分散的上市公司面临敌意收购的可能性比较大。敌意收购一般都会受到公司控制人和管理人的反抗,采取反收购措施,因此收购成本通常较高。为了防止敌意收购,保障中小投资者的知情权,我国《证券法》规定了权益披露制度和要约收购制度。大体而言,对于取得上市公司股权的权益变动,将持股5%以上设定为一个预警点,触发信息披露义务,但只作简式信息披露;将持股20%以上作为有较大可能的控制意图,要求进行详式信息披露;将持股30%以上作为取得控制权的象征,需要采取要约方式或者向中国证监会申请豁免。

在我国证券市场上,最知名的、影响也最深远的"敌意收购"与反收购的案例就是2015年的"宝万之争"。这场以2015年股市异常波动和保险资金"救市"为背景,以宝能系、华润集团、万科管理层,以及后续加入的恒大集团、深圳地铁集团、安邦集团等围绕上市公司万科控制权(更准确地说是第一大股东的身份)的博弈展开的、持续2年多的事件,是对我国上市公司收购规则的一次系统性检验。

(4)现金收购与非现金收购

收购的对价多种多样,实务中有支付现金收购,也有交换股权收购,还有混合收购。股市繁荣助推了更多的并购交易,以股票作为交易对价的收购非常常见。但是,以私有化为目的的全面要约收购原则上须以现金方式进行。

(5)横向收购、纵向收购与混合收购

这是从收购方与被收购方的业务角度对收购作出的分类。横向收购指的是同行业内企业之间的收购;纵向收购指的是行业上下游企业之间的收购;混合收购也被称为跨界收购,是不同行业、企业之间的收购。

(6)权益变动与收购

上市公司的收购与股份权益的变动密切相关。收购必然导致股份权益的变动,股份权益的变动也常常是收购的开始,特别是在恶意收购的情形下。而且,上市公司股份权益的变动本身也是与上市公司有关的重要信息,应当进行相应的规制。因此,股份权益变动是上市公司收购制度的重要组成部分,共同发挥保护上市公司和投资者的合法权益,维护证券市场秩序和社会公共利益,促进证券市场资源优化配置的重要作用。

2. 上市公司"毒丸计划"、"降落伞计划"和"白衣骑士"反收购措施

反收购措施,是指目标公司的控制人或管理层采取的阻止公司控制权转移的措施。作家布赖恩·伯勒的《门口的野蛮人》一书的出版,让公司控制权争夺战和反收购措施成为商业世界中的热门话题,"阻止野蛮人入侵"也成为反收购的代名词。从反收购的具体措施来看,常见的包括发起诉讼,"毒丸计划"和"降落伞计划"等反收购条款,停牌或寻找"白衣骑士"等。

发起诉讼,指的是通过诉讼的方式阻碍收购。例如,在 ST 生化收购过程中,振兴集团向山西省高级人民法院提起诉讼,认为收购人浙民投天弘不具备收购人的主体资格,要求法院判令浙民投天弘停止对 ST 生化实施要约收购行为。

"毒丸计划"和"降落伞计划",两者都是通过在章程中加入反收购条款的方式,抵御可能的恶意收购。"毒丸计划"指的是目标公司通过赋予特定的股份在特定条件下的优先权利,从而在面临收购的情况下改变公司的财务结构、股权结构或者弱化收购方的控制权,从而使收购方像吞下毒丸一样,以此来阻却收购。"降落伞计划"指的是在目标公司的控制权发生变动后,给予目标公司被踢出的管理层和员工巨额补偿金的计划,从而事实上提高收购人的收购成本。

停牌或寻找“白衣骑士”,通常是指以筹划重大资产重组停牌的名义,引入其他认可的收购者成为目标公司的收购人,当然,这两者不一定是同时发生的。“宝万之争”中的深圳地铁就担任了这样一种角色,在最终尘埃落定前,万科的股票经历了相当长时间的停牌。

“宝万之争”后,A股许多上市公司都开始在章程中设置反收购条款。为此,中国证监会专门强调:上市公司不得利用反收购条款限制股东的合法权利。根据《证券法》《公司法》《上市公司收购管理办法》的规定,上市公司章程中涉及公司控制权条款的约定需遵循法律、行政法规的规定,不得利用反收购条款限制股东的合法权利。中国证监会依法监管上市公司收购及相关股份权益变动活动,发现违法违规的,将依法采取监管措施。反收购措施与股东合法权利之间的平衡也是实务中的热点问题。①

(四)2023年《公司法》关于上市公司收购的修订要点

1. 明确上市公司设立独立董事的具体管理办法由国务院证券监督管理机构规定,且新增上市公司章程应载明的法定记载事项

2023年《公司法》第136条规定:“上市公司设独立董事,具体管理办法由国务院证券监督管理机构规定。上市公司的公司章程除载明本法第九十五条规定的事项外,还应当依照法律、行政法规的规定载明董事会专门委员会的组成、职权以及董事、监事、高级管理人员薪酬考核机制等事项。”

我国关于上市公司独立董事制度的规定,主要体现为国务院证券监督管理机构对上市公司董事会、监事会的特别规定。主要是指中国证监会对上市公司所作的具体规定,包括《上市公司章程指引》《上市公司独立董事管理办法》《上市公司治理准则》等部门规章中关于董事会和监事会的特别规定。上市公司在遵守《公司法》规定的同时,还应当符合国务院证券监督管理机构在部门规

① 参见何川:《上市公司不得利用反收购条款限制股东权利》,载中国政府网,https://www.gov.cn/xinwen/2016-08/27/content_5102788.htm。

章中所作的特别规定。

2. 新增上市公司审计委员会有权对有关财务和审计工作等四类决议事项作出前置性批准的规定

2023 年《公司法》第 137 条规定:“上市公司在董事会中设置审计委员会的,董事会对下列事项作出决议前应当经审计委员会全体成员过半数通过:(一)聘用、解聘承办公司审计业务的会计师事务所;(二)聘任、解聘财务负责人;(三)披露财务会计报告;(四)国务院证券监督管理机构规定的其他事项。”

审计委员会这一制度虽然是首次出现在《公司法》中,但在公司治理实践中其实早已存在。根据中国证监会发布的《上市公司治理准则》《上市公司独立董事管理办法》的规定,上市公司应当在董事会中设置审计委员会。2023 年《公司法》将审计委员会制度以法律的形式确定下来,并将审计委员会的适用范围扩大至非上市股份有限公司。该条规定,上市公司审计委员会有权对披露财务会计报告等几类董事会决议事项作出前置性批准,上市公司在划定审计委员会前置性批准事项范围时,仍需注意符合中国证监会的其他已有规定。

3. 新增上市公司关联董事对关联事项的报告义务

2023 年《公司法》第 139 条规定:“上市公司董事与董事会会议决议事项所涉及的企业或者个人有关联关系的,该董事应当及时向董事会书面报告。有关联关系的董事不得对该项决议行使表决权,也不得代理其他董事行使表决权。该董事会会议由过半数的无关联关系董事出席即可举行,董事会会议所作决议须经无关联关系董事过半数通过。出席董事会会议的无关联关系董事人数不足三人的,应当将该事项提交上市公司股东会审议。”

关联关系,是指公司控股股东、实际控制人、董事、监事、高级管理人员与其直接或者间接控制的企业之间的关系,以及可能导致公司利益转移的其他关系。当涉及关联交易事项时,存在关联关系的董事必须向董事会书面报告、关联董事不得行使表决权。如果排除了关联董事后,剩下的无关联关系的董事已经不到 3 人,这种情况将视为董事会无法合理地进行决策,则该关联事项需要提交股东会审议决策。这有助于保障公司经营关联的透明度和诚信度，确保董事会决策的公正性和独立性，避免利益相关方利用董事权利损害公司利益。

4. 新增上市公司披露股东和实际控制人信息的义务，禁止违反法律、行政法规代持上市公司股票的规定

2023 年《公司法》第 140 条规定："上市公司应当依法披露股东、实际控制人的信息，相关信息应当真实、准确、完整。禁止违反法律、行政法规的规定代持上市公司股票。"

本条款确定了上市公司披露股东和实际控制人信息的义务，旨在规避实际控制人实施不当关联交易及其他有违证券市场监管规则而损害公司及债权人利益的行为，破坏证券市场交易规范。

5. 新增上市公司控股子公司不得取得该上市公司的股份的限制及控股子公司因特定原因持股的处置规则

2023 年《公司法》第 141 条规定："上市公司控股子公司不得取得该上市公司的股份。上市公司控股子公司因公司合并、质权行使等原因持有上市公司股份的，不得行使所持股份对应的表决权，并应当及时处分相关上市公司股份。"

此条新增上市公司控股子公司不得取得该上市公司股份的规定，并明确了特殊情况下的股份权利和处理规则。

6. 新增法律、行政法规或者国务院证券监督管理机构，可对上市公司股东、实际控制人限售本公司股份另行规定的规则

2023 年《公司法》第 160 条第 1 款、第 2 款规定："公司公开发行股份前已发行的股份，自公司股票在证券交易所上市交易之日起一年内不得转让。法律、行政法规或者国务院证券监督管理机构对上市公司的股东、实际控制人转让其所持有的本公司股份另有规定的，从其规定。公司董事、监事、高级管理人员应当向公司申报所持有的本公司的股份及其变动情况，在就任时确定的任职期间每年转让的股份不得超过其所持有本公司股份总数的百分之二十五；所持本公司股份自公司股票上市交易之日起一年内不得转让。上述人员离职后半年内,不得转让其所持有的本公司股份。公司章程可以对公司董事、监事、高级管理人员转让其所持有的本公司股份作出其他限制性规定。”

此条款明确法律、行政法规或者国务院证券监督管理机构对上市公司的股东、实际控制人转让其所持有的本公司股份另有规定的,从其规定;明确公司章程可以对公司董事、监事、高级管理人员转让其所持有的本公司股份作出其他限制性规定。

7. 新增股份有限公司股东的异议回购请求权

2023 年《公司法》第 161 条规定:“有下列情形之一的,对股东会该项决议投反对票的股东可以请求公司按照合理的价格收购其股份,公开发行股份的公司除外:(一)公司连续五年不向股东分配利润,而公司该五年连续盈利,并且符合本法规定的分配利润条件;(二)公司转让主要财产;(三)公司章程规定的营业期限届满或者章程规定的其他解散事由出现,股东会通过决议修改章程使公司存续。自股东会决议作出之日起六十日内,股东与公司不能达成股份收购协议的,股东可以自股东会决议作出之日起九十日内向人民法院提起诉讼。公司因本条第一款规定的情形收购的本公司股份,应当在六个月内依法转让或者注销。”

该条款为保护中小股东权益之规定,非上市股份公司连续 5 年盈利且符合分红条件又不分红的,股东可以退股,即要求公司按照合理的价格回购股份。但大股东可能不会让公司连续 5 年盈利,如在第 5 年亏损,此时中小股东可以根据《公司法》第 57 条自己或委托中介机构行使股东知情权。

8. 删除上市公司信息披露的具体要求,概括性规定应遵守法定信息披露义务

2023 年《公司法》第 166 条规定:“上市公司应当依照法律、行政法规的规定披露相关信息。”

相比 2018 年《公司法》,此条删除了上市公司信息披露的具体要求,概括性规定应遵守法定信息披露义务,实则是在加强上市公司的信息披露义务。

（五）上市公司收购纠纷诉讼的实务操作

1. 诉讼主体

（1）原告：收购方、上市公司、上市公司管理层、董事会、股东、第三方投资者或其他利益相关者。

（2）被告：收购方、上市公司、上市公司管理层、董事会、股东、第三方投资者或其他利益相关者。

2. 案由

《民事案件案由规定》将上市公司收购纠纷列为三级案由。司法实务中，要注意上市公司收购纠纷适用的条件及对象。上市公司收购纠纷的双方当事人应为收购人与被收购人，适用的条件是双方在购买上市公司股份以获得其控制权的过程中发生的纠纷。收购人之间发生的纠纷不属于本案由。

3. 管辖

上市公司收购纠纷中，如果涉及上市公司的事项，如股东权益保护、公司治理结构调整等，原告可以选择向上市公司所在地法院提起诉讼。

4. 诉讼时效

3 年。

5. 诉讼请求

（1）请求确认收购协议无效或撤销收购协议。

（2）请求判令收购方履行收购义务。

（3）请求判令收购方赔偿因收购行为造成的损失。

（4）请求判令收购方承担违反法定程序的法律责任。

（5）请求判令收购方承担虚假陈述、内幕交易等行为的法律责任。

（6）请求确认收购价格不合理或要求调整收购价格。

第三章

与股东权利有关的纠纷

一、股东资格确认纠纷

（一）股东资格确认纠纷概述

股东资格确认纠纷，是指股东与股东之间或者股东与公司之间就股东资格是否存在，或者具体的股权持有数额、比例等发生争议而引起的纠纷。《公司法》对股东资格确认的事项等进行了明确规定，包括股东资格认定标准、股东资格确认产生的效力。为满足股东资格确认的各项事项要求，从而明晰股东身份，股东资格确认身份需要符合《公司法》的相关规定要求。进而，这就衍生了股东对股东资格身份所产生的权利义务纠纷，即股东确认资格纠纷。其主要包括以下三个方面。

1. 股东资格原始取得确认纠纷

依据《公司法》的规定，有限责任公司股东的姓名或名称须记载于股东名册及公司章程；股份有限公司发起人的姓名或名称须记载于公司章程，持有记名股票的股东姓名或名称应记载于股东名册。股东资格的原始取得，是指股东向公司出资，从而原始取得股东资格。此类型在《公司法解释（三）》第22条①

---

① 《公司法解释（三）》第22条规定："当事人之间对股权归属发生争议，一方请求人民法院确认其享有股权的，应当证明以下事实之一：（一）已经依法向公司出资或者认缴出资，且不违反法律法规强制性规定；（二）已经受让或者以其他形式继受公司股权，且不违反法律法规强制性规定。"

有所具体规定，其需要证明已经向公司出资或者认缴出资即可。

2. 股东资格继受取得确认纠纷

股东资格的继受取得，是指通过股权转让和继承等方式，取得现有股东所持公司股权，从而取得公司股东资格。依据公司章程规定确认资格，公司章程未规定的则依据《公司法》等相关法律规定认定股东资格身份。

3. 隐名股东显名化的股东资格确认纠纷

司法实践中，出于规避法律或其他目的，隐名股东的存在越来越普遍，其与显名股东在股东资格确认、股权转让、投资权益归属等方面存在纠纷。针对此类纠纷，如果隐名股东能够显名化，则是一条有效避免纠纷的途径。在常规情形下，隐名股东在确认完成实际认缴出资的情况下，可以要求名义股东配合本人完成显名化。内部程序上，隐名股东可以向公司要求确认自身股权，并通过半数以上股东同意即可。外部程序上，隐名股东在名义股东和公司的配合下，到相应的工商部门办理变更登记，成为显名股东。司法实践中，隐名股东显名化往往涉及多方利益纠纷，涉诉情形屡见不鲜。基于商事外观主义原则，隐名股东涉诉时，确认股东资格成为关键。依据《公司法解释(三)》第 21 条[①]的规定，股东可以向有管辖权的法院提起股东资格确认之诉。

现实中，我们常见以人和基础为主要形式的公司股东在创业之初风雨同舟，却在公司面临利益分配时走向“感情破裂”，甚至对簿公堂。而这种现象的背后恰恰反映了股东资格系公司自治与股东行权的基础，系公司的生命源泉。在公司发展过程中，股东之间的利益冲突也会越来越多，因股东主体具有善变性的特点，尤其显名股东与隐名股东之间的股东权利归属问题复杂，股权持有数额发生争议的案件频繁出现。因此，明晰股东资格正确归属为大势所趋，能够更为全面地维护公司利益。

① 《公司法解释(三)》第 21 条规定：“当事人向人民法院起诉请求确认其股东资格的，应当以公司为被告，与案件争议股权有利害关系的人作为第三人参加诉讼。”

（二）典型案例分析

1. 实际出资人要求确认股东资格纠纷

案例｜高控公司等与鲁某某股东资格确认纠纷

审理法院：北京市第二中级人民法院

案号：(2022)京02民终344号

【基本案情】

高控公司成立于2015年9月，法定代表人为王某某，登记股东为王某某、刘某某。2019年至2021年，公司注册资本多次变更，公司股东变更为王某某、刘某某、胡某某、宋某。鲁某某主张确认自己持有高控公司10%的股权并要求办理相应工商变更登记，遂向法院提起确认股东资格之诉。依据鲁某某提供的转账凭证、通话录音等多份证据，一审法院裁决认定鲁某某为高控公司的股东并享有约7.7%的股权。

后高控公司不服一审判决，主张不确认鲁某某的股东资格身份，提起上诉。

【争议焦点】

(1)鲁某某是否为高控公司的实际股东？

(2)能否确认鲁某某的实际股东资格身份？

【审理结果与裁判要点】

二审法院认为，首先，鲁某某与王某某存在委托持股关系。鲁某某提交的2万元转账凭证、通话录音等证明鲁某某与王某某之间存在委托持股关系。其次，鲁某某的股东资格显名要求必须符合法律规定的实质和形式要件。依据《公司法解释(三)》第24条第3款“实际出资人未经公司其他股东半数以上同意，请求公司变更股东、签发出资证明书、记载于股东名册、记载于公司章程并办理公司登记机关登记的，人民法院不予支持”的规定，二审法院认定，鲁某某应举证证明公司其他股东半数以上同意或者其他股东半数以上知道其实际出资且未提出异议的事实，现高控公司变更前的登记股东以及现登记股东均不同意鲁某某显名成为高控公司股东，故无法实现鲁某某显名成为高控公司股东身份要求。因此，二审法院裁定撤销一审判决，驳回鲁某某全部诉讼请求。

根据《公司法解释(三)》第24条的规定，若存在实际股东与名义股东签订委托合同，形成股权代持关系，实际出资人有权请求确认股东资格身份。这就涉及股东确认资格的审查认定标准，结合《公司法解释(三)》第1条、第22条等的相关规定，应注重审查诉讼主体是否达成出资合意并实际出资、是否实际享有股东权利，将公司章程、出资证明、工商登记等形式证明要件作为参考性要素。

具体到本案来说，鲁某某虽系实际出资股东，但基于股东身份资格认定条件后，要求该股东身份显名必须经过公司其他股东半数以上同意，或者其他股东半数以上知道且不存在任何异议情形，而现公司股东均不同意鲁某某股东身份显名，故鲁某某无法要求股东身份显名。

2. 股权让与担保人请求变更股权登记至名下的，股东资格确认不予以支持

案例 | **哦客公司、熊某与李某某等股东资格确认纠纷**

审理法院：江西省高级人民法院

案例来源：《最高人民法院公报》2022年第6期

【基本案情】

鸿荣公司由哦客公司和熊某共同出资设立(哦客公司占股比51%，熊某占股比49%)，注册资本为1000万元。2014年12月2日，熊某与余某某签订了一份《股权转让协议》，即熊某将其持有的鸿荣公司49%的股权转让给余某某，转让价为490万元；哦客公司与徐某某签订了一份《股权转让协议》，即哦客公司将其持有的鸿荣公司51%的股权转让给徐某某，转让价为510万元。2014年12月23日，其办理了鸿荣公司股东变更登记，法定代表人变更为徐某某，公章移交给了徐某某、余某某。哦客公司与熊某主张，其向余某某、徐某某借款800万元用于鸿荣公司项目中，后余某某、徐某某称继续借款的前提为履行《股权转让协议》，即名为股权让与，实为借贷关系，遂向法院提起股权让与担保诉讼。一审法院认为，熊某、哦客公司与余某某、徐某某签订的《股权转让协议》系当事人的真实意思表示，属于合法有效的合同，故发生股权转让效力，而现有证据无法证明双方为股权让与担保的法律关系。

熊某、哦客公司不服一审判决，遂提起上诉。

【争议焦点】

股权转让协议应当认定为股权让与担保还是股权转让？

【审理结果与裁判要点】

二审法院认为，基于股东转让和股权让与担保的相似性与区别性，结合本案情形，认定案涉《股权转让协议》属于股权让与担保。第一，股权转让存在债权债务关系，案涉资金制作了借条，外观上呈现借条款型且并未注明股权转让款等事项。第二，股权转让各方具有担保意思。综合案件证据，本案《股权转让协议》应当认定为债务提供担保。基于股权让与担保享有的权利不应超过以股权设定担保这一目的，当事人熊某享有鸿荣公司49%的股权、哦客公司享有鸿荣公司51%的股权，但当事人之间并未清偿完债务，因而不允许办理工商变更登记。

概括而言，名为股权转让，但转让各方资金往来表现为借贷关系，存在以债务清偿为股权返还条件、表达了担保意思等不享有股权权利特征的，应当认定为股权让与担保，让与担保人仅为名义股东，不实际享有股东权利。[①]

实务中，基于担保的从属性，股权让与担保的认定主要包括两方面的因素：一是形成真实有效的主债权债务关系；二是工商变更登记并非股权让与担保法律关系认定的因素之一。上述案例中，依据案涉款项的信息内容、双方沟通情况内容，可以认定《股权转让协议》存在真实合法有效的主债权债务关系，即存在担保的意思；而工商变更登记并非认定股权让与担保的因素之一；反之为相应担保法律关系消灭后产生的工商变更登记义务。

基于上述分析，熊某、哦客公司要求进行工商变更登记并不符合要求。

---

① 参见昆明哦客商贸有限公司、熊志民与李长友等股东资格确认纠纷案，载《最高人民法院公报》2022年第6期。

3. 股东死亡,继承人以享有被继承人的股权请求确认股东资格纠纷

案例 | **建都公司、周某乙股东资格确认纠纷**

审理法院:最高人民法院

案号:(2018)最高法民终 88 号

【基本案情】

建都公司成立于 1997 年 10 月 10 日,法定代表人系周某甲。经过多次资本增加变动,公司股东转变为 21 名自然人股东,法定代表人仍系周某甲。2016 年 3 月,法定代表人变更为陈某某。

自成立以来,公司先后 4 次修改章程,针对股权转让条款作出了较大的更改,变更内容包括股权不得向股东之外的人转让;正常到龄退休、死亡等的股东及时办理股权转让手续,退股时予以相应回报等。周某甲作为公司股东,于 2011 年患病并于 2015 年死亡,立下遗嘱将其所享有的公司股权转让给其女儿周某乙。后周某乙提起诉讼,要求确认其股东资格身份。依据《公司法》第 75 条①关于继承股东资格条款的规定,一审法院裁判该公司章程虽明确规定了正常到龄退休、死亡等情况的股东股权由其他股东受让,但并未规定其他股东无人认购周某甲的股权的情形如何处理,故依照法律规定认可周某乙的合法股东继承资格。

建都公司不服一审判决,遂提起上诉。

【争议焦点】

周某甲死亡之后,其继承人是否有权享有被继承人的股权资格?

【审理结果与裁判要点】

二审法院认为,2007 年 9 月建都公司章程第 20 条规定"自然人股东死亡后,其合法继承人可以继承股东资格";2009 年 2 月、4 月,2012 年 3 月建都公司章程删除了章程股东资格允许继承的条款;同时规定"股东不得向股东以外的人转让股权……股本金实行动态持股管理办法。对免职、调离、终止合同、退休等人员及时办理股权转让手续……"2015 年 1 月,建都公司章程增加规定,

---

① 本案中适用的是 2018 年《公司法》,相关规定参见 2023 年《公司法》第 90 条。

“对正常到龄退休、长病、长休、死亡的股东，应及时办理股权转让手续，股东退股时，公司累计有盈余的，持股期间按本人持股额每年享受 20% 以内回报”。周某甲自 2011 年诊断患病至 2015 年 12 月 4 日去世，对于前述章程的修订，其作为法定代表人均有参与，且签字确认，进而公司章程对全体股东均具有约束力。首先，根据建都公司自 2007 年以来先后经历 5 次章程修订，能反映出建都公司具有高度的人合性和封闭性特征。其次，周某甲去世前，2015 年 1 月 1 日的公司章程对死亡股东股权的处理已经作出了规定，并结合该条所反映的建都公司高度人合性和封闭性的特征，可以认定排除股东资格继承是章程的真实意思表示。最后，周某甲去世之前，股东郁某某、曹某某在离职时均将股权进行了转让，建都公司亦根据章程规定支付了持股期间的股权回报款，进一步印证了股东离开公司后按照章程规定不再享有股东资格的实践情况。因此，纵观建都公司章程的演变，本案应当认定公司章程已经排除了股东资格的继承。

建都公司作为有限责任公司，具有独立的法人人格和治理结构，案涉股权排除继承后，究竟是由公司回购还是由其他股东受让，均可通过公司自治实现。这两种方式均有利于打破公司僵局，维持公司的人合性和封闭性，体现公司意志，保护股东权益。因此，周某乙作为周某甲的继承人，将从建都公司获取较为丰厚的财产收益，对其权益的保护亦属合理。同时，建都公司目前离职的股东均采取收回股本金和领取一定比例回报款的方式获得补偿，遵照公司章程对股东权益平等予以保护，符合本案实际情况。故二审法院裁定撤销一审判决，驳回周某乙确定股东资格的诉讼请求。

根据《公司法》第 90 条的规定，判断继承人是否有权继承被继承人的股东资格，关键在于公司章程有无对股东资格继承问题作出例外规定。若根据公司章程的规定达到排除股东资格继承，则标的股权如何处理属于公司治理事项，即通过公司自治实现。具体到本案来说，公司章程经过了 5 次修改，由原来股东能够继承演变为不能继承且不能转让给公司股东之外的人，正常股东离职后需要办理股权转让手续并获得相应持股的回报款，都在不同程度上否认股东继承资格的确认，使股东不能进行继承。

基于上述分析,除非章程未规定,否则应当依据《公司法》等的相关规定判断股东资格是否有权继承。

(三)疑难法律问题解答

1. 股东资格确认纠纷诉讼主体

(1)原告

司法实践中,实际股东作为原告请求确认其股东身份为常见情形。由此产生的与之相对的概念系名义股东。基于股权代持的权利义务关系,即委托合同关系,若名义股东不再继续履行委托合同或者需要自身承担责任,则有权请求其确认股东资格身份。

对于公司能否作为原告,司法实务中存在不一致的观点。第一种观点认为,公司能够作为原告提起诉讼,由于其诉讼本质系确定股权的归属问题,而这关乎公司的根本利益,因而具备原告资格。第二种观点认为,公司不符合法律的起诉条件,不应当作为原告。

根据《公司法解释(三)》第 26 条的规定,公司债权人有权请求实际股东承担责任。从侧面承认了公司债权人作为原告的诉讼主体资格。但需要注意的是,基于争议股东客观归属于实际股东的特殊情形,实际股东的债权人当然地作为股东资格确认之诉的原告。

(2)被告

以公司作为适格的诉讼被告主体地位。

2. 股东资格的认定标准

理论上,对于股东资格的认定存在三种学说的争议。第一种,形式要件说,对书面形式记载内容的审查,结合股东成为公司股东的时间和方式,从而确认股东资格。其强调商事活动的公示主义和外观主义,包括公司章程、出资证明书、股东名册等记载事项。第二种,实质要件说,股东实际履行出资义务或者行使股东权利,进而确认股东资格。其能够更具体地反映股东与公司内部之间产生的法律关系。第三种,折中说,分析股东资格认定的内外部关系,进而确认股东资格。具体而言,当各方主体接收的信息冲突时,内部股东之间适用内部均知晓的股东资格确认要件，外部善意第三人因无法掌握公司内部股东信息，应依据公司或者市场监管部门对外公示的信息确定公司股东。[①]

目前《公司法》缺乏对股东资格确认的明确标准，下面从实质要件和形式要件两方面对司法实践中一般采取的认定标准进行说明。

(1)实质要件

第一，出资的意思表示。民事主体要有向公司出资、成为该公司股东的意思表示；股东之间就成立股权投资法律关系达成合意，签订相应的合同。

第二，实际享有股东权利。股东实际享有股东权利，能够确认其与公司之间产生了实际的法律关系。《九民纪要》第 28 条明确规定了实际享有股东权利当事人的股东资格。但应当注意的是，股东权利实际享有者实际行使权利时，必须被其他股东所知悉，否则在股权代持情形下，隐名股东要想确认股东资格即显名化，法院不予以支持。

(2)形式要件

第一，在公司章程中记载为股东具有决定性作用。依据《公司法》第 46 条的规定，有限责任公司章程应当载明股东的姓名或名称等具体事项。而公司章程作为公司内部行为规范的“小宪法”，对股东资格的认定具有决定性作用。

第二，公司签发出资证明具有初步证明作用。依据《公司法》第 55 条的规定，有限责任公司应当向股东签发出资证明书。其作为形式要件下的要件证据，能够对外产生公示作用。

第三，在股东名册中记载为公司股东具有推定效力。依据《公司法》第 56 条的规定，有限责任公司应当置备股东名册，股东名册应当记载股东出资的相关信息。股东名册是公司内部记载股东信息的文件，代表公司对民事主体股东资格的确认，具有真实性。同时，依据该条的规定，记载于股东名册的股东，可以依股东名册主张行使股东权利。因此，股东名册记载的股东事项能够推定其享有股东权利。

第四，工商登记为股东对外具有优先效力。依据《公司法》第 34 条的规

① 参见刘阅春：《有限责任公司股东身份认定的法理分析》，载《人民司法》2003 年第 12 期。

定，公司应当将股东的姓名或者名称进行登记，并采取登记对抗主义。对公司信息的工商登记，对外起到公示作用。基于商事权利外观主义，第三人有理由对公司对外公示登记的内容产生合理信赖，并且善意第三人可以要求所登记的股东对外承担责任。但需要注意的是，基于存在股权代持等情形，若出现实际股东与登记股东不一致的情况，则需要通过内部审查股东与公司之间真实的意思表示来确认，不能仅凭外部展现的工商登记确认其效力。例如，上述典型案例 1 中的隐名股东鲁某某要想确认其股东资格，需要通过一定外在公示形式进行记载表明对外效力，而这对外效力需要公司其余股东半数以上同意才能办理相应变更登记手续。

3. 隐名出资关系的股权资格认定

投资者为了规避风险或是其他原因，会选择以不在公司股东名册等公司文件中显名的方式向公司投资认购股份，从而形成隐名出资关系。在此种情况下，对于股东资格的认定存在争议。

理论上，存在三种学说争议。第一种，实质说，强调当事人的意思自治。例如，邓峰教授主张公司本质系股东财产；[①]王保树教授主张股东对公司的出资享有股东资格。[②] 第二种，形式说，强调工商登记等公司文件的外观主义效力，无法要求公司负有注意义务从而查明公司出资资金的真实来源。[③] 第三种，区分说，依据不同情况采取不同的学说标准。[④]

司法实务中，案件裁判标准有所不同。有的法院依据实质说进行裁判，例如，在深圳兴华骐公司与济南迅华公司股权确认纠纷案[⑤]中，法院认为实际出资人享有股权资格。2023 年《公司法》修订后第 34 条第 2 款关于公司登记事项未经登记或者未经变更登记，不得对抗的相对方规定，从“第三人”修改为“善意相对人”，亦是对实际出资人权利的保护。有的法院依据形式说进行裁

① 参见邓峰：《普通公司法》，人民大学出版社 2009 年版，第 421 页。

② 参见王保树主编：《商法原理与实务》，北京大学出版社 2002 年版，第 222 页。

③ 参见[日]穗积陈重：《法律进化论》，黄尊三译，中国政法大学出版社 1997 年版，第 315 页。

④ 参见金剑锋等：《公司诉讼的理论与实务问题研究》，人民法院出版社 2008 年版，第 477 页。

⑤ 参见最高人民法院民事判决书，(2013)民申字第 389 号。

判，例如，在广诚公司与飞越集团股权确认纠纷案①中，法院认为，在案件涉及公司之外的第三方时，应遵循商事外观原则，以工商登记等公示内容为准，显名股东才享有股东资格。

《公司法解释（三）》第 24 条第 3 款规定："实际出资人未经公司其他股东半数以上同意，请求公司变更股东、签发出资证明书、记载于股东名册、记载于公司章程并办理公司登记机关登记的，人民法院不予支持。"以前述典型案例 1 为例，鲁某某作为隐名股东，请求确认其股东资格，必须能够证明其实际向公司出资或者认缴出资，审理法院通常是以工商登记等公示内容为准，从而使隐名出资股东享有显名的股权资格。根据上述规定，当事人请求确认股东资格及记载于股东名册，除实际出资外，还应当经公司其他股东半数以上同意。

（四）2023 年《公司法》关于股东资格确认的修订要点

2023 年《公司法》新增了对股东失权制度的规定。

2023 年《公司法》第 52 条规定："股东未按照公司章程规定的出资日期缴纳出资，公司依照前条第一款规定发出书面催缴书催缴出资的，可以载明缴纳出资的宽限期；宽限期自公司发出催缴书之日起，不得少于六十日。宽限期届满，股东仍未履行出资义务的，公司经董事会决议可以向该股东发出失权通知，通知应当以书面形式发出。自通知发出之日起，该股东丧失其未缴纳出资的股权。依照前款规定丧失的股权应当依法转让，或者相应减少注册资本并注销该股权；六个月内未转让或者注销的，由公司其他股东按照其出资比例足额缴纳相应出资。股东对失权有异议的，应当自接到失权通知之日起三十日内，向人民法院提起诉讼。"

此条规定新增股东失权制度。股东失权制度对股东资格确认纠纷审理中焦点问题的认定有积极作用，根据该制度，如果股东未按规定缴纳出资，经催缴后仍未出资，董事会就可以向该股东发出失权通知，该股东将失去未缴纳出资的股权和相应的股东权利。该制度的亮点在于解决了以往对于未缴纳出资股

---

① 参见最高人民法院民事判决书，（2013）民申字第 758 号。

东权利限制范围的争议，明确对于未履行或未全面履行出资义务或者抽逃出资的股东的权利限制不仅包括涉及利益分配的自益权(参见《公司法解释(三)》第17条)，也包括表决权等公益权，并明确了对未缴纳出资的股东可以按比例失权，未依约出资的股东丧失其"未缴纳出资的股权"，即按未缴纳出资的比例失权。

(五)股东资格确认纠纷诉讼的实务操作

1. 诉讼主体

(1)原告：隐名股东、权利人。

(2)被告：公司、显名股东。

2. 案由

《民事案件案由规定》将股东资格确认纠纷划分为独立的一个三级案由。股东在要求名册记载、主张知情权、请求回购股份、提出盈余分配、享受优先认购权、追究损害股东利益责任时，都不可避免地涉及股东资格的确认问题。在公司内部股东资格确认诉讼中，法院应从股东出资的形式要件和实质要件两个方面进行审查。实质要件的核心是出资，形式要件的核心是对股东出资的记载和证明。从形式要件上看，法院应当审查是否签署过公司章程、是否参与过公司股东会决议、是否持有公司签发的出资证明书等事实；从实质要件上看，法院应重点审查原告是否存在向公司出资的事实。

3. 管辖

《民事诉讼法》第27条规定："因公司设立、确认股东资格、分配利润、解散等纠纷提起的诉讼，由公司住所地人民法院管辖。"因此，因公司设立纠纷而提起的诉讼应该以公司住所地法院为管辖法院。

实践中，通常会发生公司住所地与实际经营地不一致的情况，根据《民事诉讼法解释》第3条"法人或者其他组织的住所地是指法人或者其他组织的主要办事机构所在地。法人或者其他组织的主要办事机构所在地不能确定的，法人或者其他组织的注册地或者登记地为住所地"的规定，公司设立纠纷，以公司住所地法院为管辖法院，在有证据可以证明公司主要办事机构所在地的情况下，办事机构所在地法院为管辖法院。

4. 诉讼时效

3年。

5. 诉讼请求

（1）请求依法确认股权代持协议的效力。

（2）请求确认原告为公司股东，将显名股东所持股份变更至原告名下。

（3）请求确认原告持有公司的股权比例。

（4）请求公司向原告签发出资证明书，将原告记载于股东名册，并办理工商变更登记。

二、股东名册记载纠纷

（一）股东名册记载纠纷概述

股东名册是有限责任公司和发行记名股票的股份有限公司必须置备的，记载股东及持股数量的法律文件。作为连接股东与公司的纽带，股东名册直接与股东利益挂钩，不仅关系股东资格的确认，更影响股东权利的行使。于股东而言，股东名册是其行使知情权等股东权利的依据；于公司而言，股东名册是确定股东资格、召集股东会、进行分红的根本依据。

股东名册记载纠纷，是指依照《公司法》的规定股东名册必须记载股东的姓名或名称、持股数量等内容，但在股东转让股权或者发生其他应当变更股东名册记载事项时，由于转让方股东或公司懈怠或者过失而未变更股东名册所产生的纠纷。包括有转让瑕疵出资股权引起的请求撤销股权转让合同涉及名册记载纠纷；有实际出资人即隐名股东要求显名登记时，应当经公司其他股东半数以上同意，否则请求公司变更股东、签发出资证明书、记载于股东名册、记载于公司章程，并办理公司登记机关变更登记，不予以支持而引发的纠纷；有公司股权被无权转让后，受让方起诉主张善意取得公司股权，因股权的善意取得纠纷涉及股东名册记载纠纷；等等。

对于有限责任公司以及发行记名股票的股份有限公司而言，股东名册必须记载股东的姓名或名称、持股数量等内容；当股东转让股权或者发生其他应当变更股东名册记载事项的情形时，公司应当予以变更，否则可能产生股东名册记载纠纷。股东名册记载纠纷直接关系股东资格的确认与股权的行使，与股东利益密切相关，实践中存在大量此类纠纷。在通常情况下，股东名册上记载的股东可以被认定为公司的股东，否认股东名册上记载的股东的权益的人要承担举证责任。将股东记入股东名册是公司的义务、股东的权利，如果公司拒绝作股东登记或登记有错误，则属于履行义务不当，不能产生否定股东资格的效力，故建议公司完善股东名册登记制度，股权转让过程严格按照《公司法》规定的程序进行，避免发生纠纷。为了促使公司能够及时变更股东名册的内容，保障股东名册进一步得到有效的置备，《公司法》第 86 条第 1 款明确规定，股东转让股权的，应当书面通知公司，请求变更股东名册，并且规定的相应在的诉讼权利，解决了不置备股东名册在责任和义务上分配的问题。该条第 2 款规定，股权转让的，受让人自记载于股东名册时可以向股东主张行使股东权利。这个条款旗帜鲜明地表明了股东名册是作为股权变动的标识而存在的。

（二）典型案例分析

1. 股权转让合同解除后，基于该解除不具有溯及既往的效力，不能自然恢复股东资格纠纷

案例 | 明达意航公司、抚顺银行股东名册记载纠纷

审理法院：最高人民法院

案号：（2020）最高法民终 642 号

【基本案情】

2010 年 10 月 13 日，明达意航公司参与抚顺银行改制，以发起人身份出资 15,000 万元取得抚顺银行 7.332% 股份，抚顺银行于 2011 年 8 月 1 日向明达意航公司颁发股权证。2012 年 1 月 13 日，在李某诉明达意航公司等一案中，法院查封了明达意航公司持有的抚顺银行 15,000 万股股权。

2012年1月、5月，明达意航公司两次股东会形成的决议均显示，持有该公司100%股权的两位股东同意向亿丰公司、金信公司转让所持有的抚顺银行股权。2012年5月，金信公司与亿丰公司分别与明达意航公司签订《股权转让协议书》。2012年7月4日，金信公司、亿丰公司向合同约定的抚顺银行账户转账付款共计22,500万元。同日，抚顺银行从其账户向明达意航公司账户转款24,000万元，其中22,500万元为股权转让款，1500万元为2011年明达意航公司应获得的股利。

2012年12月，辽宁省原银保监局核准抚顺银行就金信公司、亿丰公司分别受让明达意航公司股权修改章程。但上述股权因被法院执行查封，未能在抚顺市原工商行政管理局办理过户，仍然登记在明达意航公司名下。2015年3月16日，明达意航公司向抚顺银行出具通知函，载明：因其持有股权被查封，不再委托抚顺银行办理股权转让、变更、出卖等事宜，已出具的相关文件作废。同日，明达意航公司向抚顺市原工商行政管理局也出具了内容一致的通知函，通知其向抚顺银行出具的相关文件作废，如抚顺银行私自使用相关文件提出登记变更申请，则拒绝办理。

2017年10月24日、25日，亿丰公司、金信公司先后向法院提起主张明达意航公司返还股权转让款、赔偿同期贷款利息和可得利益损失的诉讼。对于亿丰公司的诉讼，案涉股权转让协议被法院生效判决解除。对于金信公司的诉讼，法院判决认定股权转让协议有效，但协议无法实际履行，协议目的无法实现，同意金信公司解除股权转让协议并要求明达意航公司返还股权转让款的主张。

2017年，明达意航公司在法院向抚顺银行、亿丰公司、金信公司提起股东名册记载、赔偿股东分红款及同期利息、赔偿因股权转让获得的非法利益的诉讼。2018年10月19日，案外人秦某对明达意航公司提出破产清算申请，法院受理了该申请，并指定破产管理人。后明达意航公司主张抚顺银行将其名下的股权进行变更登记，并赔偿经济损失，遂向法院提起诉讼。一审法院裁判认定案涉股权处在执行拍卖阶段，加之明达意航公司已进入破产清算阶段，故无法支持明达意航公司股权变更工商登记的诉讼请求。

明达意航公司不服一审判决，提起上诉。

【争议焦点】

(1)明达意航公司主张其为抚顺银行股东并办理股东名册、章程等变更登记是否应支持?

(2)明达意航公司主张抚顺银行、亿丰公司、金信公司连带支付2012年至2018年的股权分红款及利息是否应支持?

(3)抚顺银行是否有权扣划2.4亿元股权转让款,抚顺银行及亿丰公司、金信公司是否应当对此承担连带赔偿责任?

【审理结果与裁判要点】

(1)二审法院认为,关于明达意航公司主张其为抚顺银行股东并办理股东名册、章程等变更登记是否应支持的问题。

首先,明达意航公司依据《股权转让协议书》丧失抚顺银行股东身份。具体而言,明达意航公司与亿丰公司、金信公司签订的《股权转让协议书》有效,明达意航公司同意股权转让并收到全部股权转让款。此后,经辽宁省原银保监局批复同意变更亿丰公司、金信公司为抚顺银行股东并记载于该行股东名册及章程。据此,亿丰公司、金信公司经履行股权转让协议并经行政机关审批作为股东记载于抚顺银行股东名册之时,即亿丰公司、金信公司成为抚顺银行股东,而明达意航公司丧失抚顺银行股东身份。《股权转让协议书》解除后,明达意航公司须办理股权变更程序成为抚顺公司股东。由于明达意航公司不符合股东资格的相关规定,其无权取得股东身份并要求变更登记。因此,案涉《股权转让协议书》解除前,亿丰公司、金信公司的股东身份及基于股东对公司投资而获得的分红收益仍然有效。股权转让合同解除后,基于该解除不具有溯及既往的效力,明达意航公司并不能自然恢复股东资格,而需要通过重新办理股权变更程序再次成为抚顺银行的股东。

其次,明达意航公司进入破产程序,不符合股东的资格条件,无权要求取得股东身份并要求办理登记。《商业银行法》第24条第1款规定:“商业银行有下列变更事项之一的,应当经国务院银行业监督管理机构批准:……(五)变更持有资本总额或者股份总额百分之五以上的股东……”案涉股权占比逾7%,明达意航公司在股权转让协议解除后,要重新成为抚顺银行股东,除应履行公司内部的股东变更程序外，还须经银行业监督管理机构的审查批准。《商业银行股权管理暂行办法》第5条规定："商业银行股东应当具有良好的社会声誉、诚信记录、纳税记录和财务状况，符合法律法规规定和监管要求。"明达意航公司已进入破产清算程序，显然不符合前述规定要求的成为商业银行股东的条件，辽宁省原银保监局亦在向法院回函中明确指出明达意航公司不符合原中国银保监会《中资商业银行行政许可事项实施办法》关于股东资格的相关规定。因此，明达意航公司无权主张其为抚顺银行股东并要求变更登记。

最后，案涉股权转让协议解除后，明达意航公司因不符合商业银行股东条件而不能重新取得抚顺银行股东身份，但其在该股权中的财产性权益却应依法予以保护，明达意航公司可通过申请拍卖案涉股份而以其价款折价补偿。

(2)关于明达意航公司主张抚顺银行、亿丰公司、金信公司连带支付2012年至2018年的股权分红款及利息是否应支持的问题。

案涉股权转让后，亿丰公司与金信公司依据股东身份行使股东权利并取得2012年至2016年案涉股权的分红款，该款项系两家公司作为股东期间对公司投资和参与经营决策所得的收益，该项收益在受让人具备股东身份期间应归属受让股东，不因嗣后股权转让合同被解除而应予返还。

股权转让协议解除后，明达意航公司因未经审批记载于股东名册而尚未取得抚顺银行股东资格，其也无权就股权转让协议解除后的分红款主张权利。因此，明达意航公司关于抚顺银行、亿丰公司及金信公司连带支付2012年至2018年分红款的主张缺乏事实基础和法律依据，法院不予支持。

(3)关于抚顺银行是否有权扣划2.4亿元股权转让款，抚顺银行及亿丰公司、金信公司是否应当对此承担连带赔偿责任的问题。

2012年7月4日，抚顺银行从明达意航公司账户扣划案涉转让款用于偿还明达意航公司所担保的到期借款本息，符合上述合同约定，且明达意航公司对抚顺银行扣划转让款前后的《资产负债表》均盖章确认，亦通过在抚顺银行同年11月出具的《银企对账单对公》上签字盖章确认了被扣款账户的对账情况。据此，明达意航公司当时应当知晓其账户中转让款被扣划事宜，现有证据亦无法证明其当时提出异议。因此，一审法院对明达意航公司关于抚顺银行擅自扣划转让款造成其损失的主张不予支持,并无不当。

前述生效裁判文书已确认案涉股权转让协议有效及亿丰公司、金信公司向明达意航公司履行了支付对价的义务,抚顺银行在明达意航公司账户收到转让款后再予扣划用以清偿债务的行为,与亿丰公司、金信公司无关,明达意航公司主张该两家公司承担连带责任,缺乏请求权基础和法律依据。综上,二审法院驳回上诉,维持原判。

股东名册是有限责任公司和股份有限公司必须具备的文件,是指公司依法置备的记载股东及其持股情况的簿册。股东名册记载已经进行了股权变更,后股权转让协议解除,转让方不能自动恢复股东身份。

根据《民法典》第566条第1款的规定,合同解除后,尚未履行的,终止履行;已经履行的,根据履行情况和合同性质,当事人可以请求恢复原状或者采取其他补救措施,并有权请求赔偿损失。上述案例中,基于《股权转让协议书》的合同性质以及合同履行情况,明达意航公司无法自动恢复股东身份,无法律上或者客观上能够自动恢复股东身份的前提条件。换言之,股权转让合同解除后,基于该解除不具有溯及既往的效力,明达意航公司并不能自然恢复股东资格,而需要通过重新办理股权变更程序再次成为抚顺银行的股东。

基于上述分析,股权转让协议解除后,明达意航公司因未经审批及记载于股东名册而尚未取得抚顺银行股东资格,其也无权就股权转让协议解除后的分红款主张权利。

2. 实际出资人要求变更股权登记,公司应予配合之股东名册记载纠纷

案例 | 李某保、金永业塑胶公司等股东名册记载纠纷

审理法院:江西省井冈山市人民法院

案号:(2021)赣0881民初294号

【基本案情】

2013年12月24日,李某保出资875,000元购买井冈山农商银行股金500,000股,并以井冈山市林野大酒店名义持有。截至2016年9月22日,井冈山市林野大酒店合计代持有井冈山农商银行股金694,548股。2015年9月11

日,李某保出资购买井冈山农商银行股金401,294股,并以利源矿业公司名义持有。截至2016年9月22日,利源矿业公司合计代持井冈山农商银行股金433,398股。

2016年9月23日,井冈山市林野大酒店将所持井冈山农商银行股金694,548股转给金永业塑胶公司,利源矿业公司将所持井冈山农商银行股金433,398股转给金永业塑胶公司,转让后金永业塑胶公司合计持有井冈山农商银行股金1,127,946股。在金永业塑胶公司持有股金期间,井冈山农商银行对金永业塑胶公司进行了配股和现金分红,截至2020年9月30日,金永业塑胶公司共持有井冈山农商银行股金13××65股。

2020年9月30日,李某保与金永业塑胶公司签订《代持股协议书》,约定:至2020年9月30日,甲方(李某保)持有井冈山农商银行股金13××65股,该股份已由乙方(金永业塑胶公司)代为持股;乙方在此声明并确认,代持股份的投资款完全由甲方提供,只是由乙方以其自己的名义代为投入井冈山农商银行,故代持股份的实际所有人应为甲方,乙方系根据本协议代甲方持有代持股份;乙方在此进一步声明并确认,由代持股份产生的或代持股份有关之收益归甲方所有,在乙方将上述收益交付给甲方之前,乙方系代甲方持有该收益;在代持期间,获得因代持股份而产生的收益,包括但不限于利润、现金分红等,由甲方按出资比例享有;在代持股期限内,甲方有权在条件具备时,将相关股东权益转移到甲方或甲方指定的任何第三人名下,届时涉及的相关法律文件,乙方须无条件同意并提供必要的协助及便利;乙方为无偿代持,不得向甲方收取代持股份的任何费用;乙方代持股期间,因代持股份产生的相关费用及税费由甲方承担。2021年2月8日,法院依法作出判决,确认《代持股协议书》合法有效。李某保与金永业塑胶公司、井冈山农商银行就股权变更登记等事宜无法达成一致意见,李某保遂向法院提起诉讼。

【争议焦点】

(1)李某保与金永业塑胶公司签订的《代持股协议书》是否有效?

(2)股份公司能否以股东有逾期未还贷款为由拒绝配合股权转让登记?

【审理结果与裁判要点】

法院认为,关于李某保与金永业塑胶公司签订的《代持股协议书》是否有效的问题。李某保与金永业塑胶公司于2020年9月30日签订的《代持股协议书》合法有效。《代持股协议书》约定,李某保持有井冈山农商银行13×××65股股份,该股份已由金永业塑胶公司代为持股,李某保为金永业塑胶公司代持井冈山农商银行13×××65股股份的实际出资人,享有井冈山农商银行的股东资格,因此,对李某保要求确认其享有井冈山农商银行股东资格的诉讼请求,法院予以支持。

《代持股协议书》约定,在代持股期限内,李某保有权在条件具备时,将相关股东权益转移到李某保或李某保指定的任何第三人名下,届时涉及的相关法律文件,金永业塑胶公司须无条件同意并提供必要的协助及便利。金永业塑胶公司应履行《代持股协议书》约定的义务,与李某保到工商登记管理部门办理股权变更手续。庭审中,金永业塑胶公司也同意将代持井冈山农商银行13×××65股的股权变更为李某保持有。为此,对于李某保要求金永业塑胶公司将其代持的井冈山农商银行的13×××65股的股权变更登记在李某保名下的诉讼请求,法院予以支持。

关于股份公司能否以股东有逾期未还贷款为由拒绝配合股权转让登记的问题。根据《井冈山农商银行章程》第43条的规定,该行股东有未清偿逾期贷款的,在该笔贷款未清偿之前,该股东持有该行股份不得转让或质押。虽然金永业塑胶公司在井冈山农商银行有逾期未还贷款,但金永业塑胶公司贷款时以其持有的股权进行了质押担保,井冈山农商银行对金永业塑胶公司的贷款质押担保未提出异议也未提供证据证明金永业塑胶公司质押的股权不能偿还贷款本息。金永业塑胶公司对井冈山市金永业实业有限公司在井冈山农商银行的逾期贷款被法院判决承担连带清偿责任,该债务系连带清偿之债,并非金永业塑胶公司在井冈山农商银行逾期贷款之债,不符合《井冈山农商银行章程》第43条规定的情形,且未被法院采取查封、冻结等强制执行措施,井冈山农商银行抗辩金永业塑胶公司不符合股权转让条件的理由不成立。因此,李某保要求井冈山农商银行立即将其持有井冈山农商银行的13×××65股的股权变更登记至李某保名下的诉讼请求，法院予以支持。

《代持股协议书》系意思自治的产物，若不存在法律无效事由等情形，其应当认可其效力。对于隐名股东要求显名的，其必须经过公司股东半数以上同意，否则无权要求办理股权转让登记。2023 年修订的《公司法》新增股权转让后公司负有变更股东名册的法定义务，该规定的前提是实质权利人必须完成相应股东名册变更登记，方可依据股东名册向公司主张权利。

（三）疑难法律问题解答

1. 隐名股东提起股东名册记载纠纷要求显名的，必须经过公司其他股东过半数同意

《公司法解释（三）》第 24 条第 3 款规定："实际出资人未经公司其他股东半数以上同意，请求公司变更股东、签发出资证明书、记载于股东名册、记载于公司章程并办理公司登记机关登记的，人民法院不予支持。"根据上述规定，当事人请求确认股东资格及记载于股东名册，除实际出资外，还应当经公司其他股东半数以上同意。我国公司法并未赋予实际出资人当然的股东身份，因此实际出资人在未依据法定程序的要求取得股东身份前，并不能转让股权，只能转让其基于与名义股东之间的合同所取得的合同债权，或者对自己在合同中的权利和义务一并转让，故受让人不能因为与实际出资人签订有所谓的股权转让协议而取得相应的股权。

2. 名义股东转让股权，受让人可依据善意取得制度要求计入股东名册

名义股东通常为股权代持方，本无权处置股权，发生名义股东转让股权纠纷时，法院在审理时着重审查受让方是否具有善意取得的要件。依据《民法典》第 313 条的规定，善意取得是所有权取得的特别规定，取得人通过善意的方式取得物的所有权时，原所有权人不得要求返还。受让人可依据善意取得制度要求计入股东名册。处理这类案件时，既要考虑公司法律关系具有外观公示的特点，又要注意善意取得制度的基本原理，依法保护公司股东和善意第三人的合法权益。

(四)2023 年《公司法》关于股东名册记载的修订要点

1. 明确公司登记事项并应予以公示

2023 年《公司法》第 32 条规定:“公司登记事项包括:(一)名称;(二)住所;(三)注册资本;(四)经营范围;(五)法定代表人的姓名;(六)有限责任公司股东、股份有限公司发起人的姓名或者名称。公司登记机关应当将前款规定的公司登记事项通过国家企业信用信息公示系统向社会公示。”

2023 年《公司法》将企业信息公示机制及国家企业信用信息公示系统全面纳入立法层面,将实践中行之有效的企业信息公示机制凝练为公司法律规范,对加强经营主体信用建设、维护交易安全、维护市场秩序和公众利益、推动经济社会高质量发展具有重大意义。

2. 新增有限责任公司股东名册记载事项

2023 年《公司法》第 56 条规定:“有限责任公司应当置备股东名册,记载下列事项:(一)股东的姓名或者名称及住所;(二)股东认缴和实缴的出资额、出资方式和出资日期;(三)出资证明书编号;(四)取得和丧失股东资格的日期。记载于股东名册的股东,可以依股东名册主张行使股东权利。”

股东名册,是指由公司置备的,记载股东个人信息和股权信息的法定簿册。2023 年《公司法》将置备公司股东名册作为有限责任公司的法定义务。股东名册是记录公司股东信息的关键文件,具有确认股东身份、分配股东权利等重要功能。公司在置备了股东名册后,还应当向公司登记机关登记股东姓名或名称以及股东的出资额这两项关键内容。如有涉及股东权益的争议,股东名册可以作为重要证据来确认股东身份,在涉及第三人的权益时,股东名册的效力可能受到一定限制。因此,公司应当及时将股东信息向登记机关进行登记或变更登记,以避免潜在的权益纠纷。这有助于维护公司治理秩序,保障股东的合法权益。

公司应当严格遵守相关法律法规,确保股东名册的设立、记载和管理符合法律要求。

3. 新增股权转让后公司负有变更股东名册的义务，并赋予转让人、受让人相应诉讼权利

2023 年《公司法》第 86 条规定："股东转让股权的，应当书面通知公司，请求变更股东名册；需要办理变更登记的，并请求公司向公司登记机关办理变更登记。公司拒绝或者在合理期限内不予答复的，转让人、受让人可以依法向人民法院提起诉讼。股权转让的，受让人自记载于股东名册时起可以向公司主张行使股东权利。"

如前所述，公司应当及时将股东信息向登记机关进行登记或变更登记，以避免潜在的权益纠纷。这有助于维护公司治理秩序，保障股东的合法权益。实质上的权利人在尚未完成股东名册登记或者股东名册上的股东名义变更前，不能对抗公司，只有完成股东名册的登记或者名义变更后，才能依股东名册对公司主张行使股东权利。因此，公司拒绝或在合理时间内未对股东的变更请求作出回应的，转让人和受让人有权向法院提起诉讼，受让人自记载于股东名册时起可以向公司主张行使股东权利。本条规定有助于防止权益受损并确保股权的明确性。

（五）股东名册记载纠纷的实务操作

1. 诉讼主体

（1）原告：对股东名册记载存异议的当事人。

（2）被告：公司。

2. 案由

《民事案件案由规定》将股东名册记载纠纷作为三级案由规定在内，但在司法实务中该类案由容易与请求变更公司登记纠纷混淆。《公司法》第 34 条、第 35 条对请求变更公司登记纠纷作了具体规定，请求变更公司登记纠纷的诉讼目的在于变更公司在登记机关所登记的事项。股东名册记载纠纷适用于对股东名册本身记载事项存有争议而产生的纠纷。

3. 管辖

《民事诉讼法解释》第 22 条规定："因股东名册记载、请求变更公司登记、股东知情权、公司决议、公司合并、公司分立、公司减资、公司增资等纠纷提起的诉讼，依照民事诉讼法第二十七条规定确定管辖。”《民事诉讼法》第 27 条规定：“因公司设立、确认股东资格、分配利润、解散等纠纷提起的诉讼，由公司住所地人民法院管辖。”据此，股东名册记载纠纷而提起的诉讼应该以公司住所地法院为管辖法院。

4. 诉讼时效

当事人请求法院或仲裁机构变更股东名册记载的，均非实体法上的请求权，此类纠纷不适用诉讼时效。

5. 诉讼请求

(1)请求依法确认股权代持协议的效力。

(2)请求确认原告为公司股东，将显名股东所持股份变更至原告名下。

(3)请求确认原告持有公司的股权比例。

(4)请求公司向原告签发出资证明书，将原告记载于股东名册，并办理工商变更登记。

三、股东知情权纠纷

(一)股东知情权纠纷概述

知情权是股东获取公司信息，了解公司经营情况的权利，是股东享有的一项重要的基础性权利。股东知情权具有独立性，不依附于其他股东权利而存在，是股东参与公司管理的前提和基础，没有知情权的保障，股东的其他权利将成为空中楼阁。股东知情权是股东享有的法定权利，公司章程不得对股东知情权进行变相剥夺或加以限制。

我国《公司法》及其司法解释对股东知情权有明确规定，且未对股东持股比例加以限制，即无论股东占股比例多少，均享有知情权。该项立法旨在保障公司股东尤其是中小股东的合法权益，优化公司治理以实现公司效益最大化，保障了股东各项权利的落实，制止公司实际控股股东滥用公司控制权侵犯其他股东合法权益，保障了公司的良性运转。

根据《公司法》及其司法解释的规定，股东知情权主要包括以下权利：

1. 有限责任公司股东有权查阅、复制公司章程、股东名册、股东会会议记录、董事会会议决议、监事会会议决议和财务会计报告。

2. 有限责任公司股东可以要求查阅公司会计账簿、会计凭证。股东要求查阅公司会计账簿、会计凭证的，应当向公司提出书面请求，说明目的。公司有合理根据认为股东查阅会计账簿、会计凭证有不正当目的，可能损害公司合法利益的，可以拒绝提供查阅，并应当自股东提出书面请求之日起 15 日内书面答复股东并说明理由。公司拒绝提供查阅的，股东可以向法院提起诉讼。

3. 有限责任公司股东查阅上述材料，可以委托会计师事务所、律师事务所等中介机构进行。

4. 股东及其委托的会计师事务所、律师事务所等中介机构查阅、复制有关材料，应当遵守有关保护国家秘密、商业秘密、个人信息及个人隐私、法律、行政法规的规定。股东要求查阅、复制公司全资子公司相关材料的，适用上述规定。

5. 股份有限公司股东有权查阅、复制公司章程、股东名册、股东会会议记录、董事会会议决议、监事会会议决议、财务会计报告，对公司的经营提出建议或者质询。连续 180 日以上单独或者合计持有公司 3% 以上股份的股东要求查阅公司的会计账簿、会计凭证的，适用上述规定。

6. 上市公司股东查阅、复制相关材料的，应当遵守《证券法》等法律、行政法规的规定。

法院审理股东请求查阅或者复制公司特定文件材料的案件，对原告诉讼请求予以支持的，应当在判决中明确查阅或者复制公司特定文件材料的时间、地点和特定文件材料的名录。

公司所有权与经营权分离治理结构的出现使公司控股股东或实际控制人凭借管控优势侵犯股东权利的现象时有发生。这使经营和管理信息在控制人和普通股东间的对称和平衡，构建和完善股东知情权制度显得尤为必要。股东知情权系股东的一项基础性权利，是股东知晓公司经营状态和财务状况的前提和基础，具有固有权利、基础性权利等性质，且其确立是基于股东平等原则、公司履行对社会的责任等法理，非因法定事由不得随意限制或剥夺。2023 年《公司法》对股东知情权进一步完善充实,在保证公司合法经营、有效发展的基础上充分有效保障未参与经营股东的合法权益。

(二)典型案例分析

1. 股东行使股东知情权是否具有不正当目的的股东知情权纠纷

案例 | 阿特拉斯公司、河北阿特拉斯公司股东知情权纠纷

审理法院:最高人民法院

案号:(2020)最高法民再170号

【基本案情】

2005年7月16日,阿特拉斯公司与河北阿特拉斯公司的中方股东签订《合同、章程的修改协议》,阿特拉斯公司通过股权转让成为河北阿特拉斯公司的股东,持股比例为50%。自2010年起至本案起诉期间,河北阿特拉斯公司曾发出过召开董事会会议的通知,但因阿特拉斯公司与河北阿特拉斯公司中方股东的矛盾,双方未再召开过董事会。

2015年,阿特拉斯公司主张河北阿特拉斯公司允许自己查阅、复制公司章程等资料,并对账目进行审计。依据《公司法》第33条[①]第1款有关股东绝对知情权条款内容以及第2款有关股东相对知情权条款内容,向法院提起诉讼。一审法院裁判认定,河北阿特拉斯公司应当向阿特拉斯公司提供最新的年度审计报告和财务报表,但因不符合正当目的要求不支持阿特拉斯公司查阅会计账簿的要求。

阿特拉斯公司不服一审判决,提起上诉。二审法院裁决认为,股东知情权旨在保障股东了解公司信息的权利,阿特拉斯公司查阅会计账簿影响河北阿特拉斯公司的利益,故阿特拉斯公司无权查阅并复制上述文件,无权查阅会计账簿。

二审判决生效后,阿特拉斯公司认为二审判决缺乏证据证明、适用法律错误,遂提起再审。

---

① 本案中适用的是2018年《公司法》,相关规定参见2023年《公司法》第57条。

【争议焦点】

(1)阿特拉斯公司行使股东知情权是否具有不正当目的?

(2)在阿特拉斯公司查阅目的正当的前提下,其是否有权查阅包括原始和计账凭证在内的所有会计账簿?

【审理结果与裁判要点】

再审法院认为,首先,阿特拉斯公司有权行使股东知情权,不宜对之进行查阅权的不当限制。合资公司章程、董事会会议记录、财务会计报告等是合资公司应当置备的文件材料,属于合资双方有权请求查阅的范围,这些材料是在合资公司内部需要公开的资料,应当允许合资双方不受限制地查阅或者复制。阿特拉斯公司有权在合适的时间自行查阅,否则将构成对其行使查阅权的不当限制。

其次,阿特拉斯公司查阅合资公司会计账簿不具有不正当目的。河北阿特拉斯公司以股东自营或者为他人经营与公司主营业务有实质性竞争关系的业务为由主张阿特拉斯公司具有不正当目的,对此负有证明义务。河北阿特拉斯公司的经营范围为研究、设计、生产渣浆泵、脱硫泵、疏浚泵、其他工业水泵及泵系统,生产耐磨机械部件、销售自产产品并提供咨询、维修等配套服务。阿特拉斯公司的经营范围为泵件销售,在生产环节二者不存在竞争关系。在销售环节,合作初期,Atlas LLC. 采购河北阿特拉斯公司的产品在北美地区销售,二者存在分工合作的关系。河北阿特拉斯公司没有证据证明阿特拉斯公司与 Atlas LLC. 存在主体混同的情形,其以公司关联关系为由限制合资一方查阅会计账簿的权利,没有法律依据。故再审法院撤销原判决,支持了阿特拉斯公司的诉讼请求。

股东知情权是保障股东了解公司信息的权利,对股东知情权不应加以限制,公司章程、股东会会议记录、董事会会议决议、监事会会议决议和财务会计报告属于股东有权查阅、复制的范围,股东有权在合适的时间自行请求查阅、复制,公司应当予以配合。

《公司法》第 57 条第 1 款、第 2 款规定:“股东有权查阅、复制公司章程、股东名册、股东会会议记录、董事会会议决议、监事会会议决议和财务会计报告。股东可以要求查阅公司会计账簿、会计凭证。股东要求查阅公司会计账簿、会计凭证的，应当向公司提出书面请求，说明目的。公司有合理根据认为股东查阅会计账簿、会计凭证有不正当目的，可能损害公司合法利益的，可以拒绝提供查阅，并应当自股东提出书面请求之日起十五日内书面答复股东并说明理由。公司拒绝提供查阅的，股东可以向人民法院提起诉讼。"

《公司法解释（四）》第8条对上述规定中的"不正当目的"的条件进行了明确，但对股东行使知情权"不正当目的"的认定是个难点。首先，应当由公司承担股东具有不正当目的的举证责任；其次，对"实质性竞争关系"应如何认定存在难度。"实质性竞争关系"应当指股东和公司之间存在利益冲突，其情形需要根据案件事实综合认定，包括对股东和公司的经营范围、经营方式、业务领域等方面的认定，不能概括地以股东或其关联公司与公司经营业务相同即认定股东行使知情权存在不正当目的，公司应当举证证明股东利用其控股地位或利用其知悉的公司内部财务信息，直接或利用关联关系，实施了损害公司利益的行为。

《公司法》第57条第2款规定了股东可以要求查阅公司会计账簿、会计凭证，并未规定股东可以查阅原始凭证和记账凭证，该条规定的意旨主要是防止小股东滥用知情权干扰公司的正常经营活动。一般情况下，审计师在审计公司账目时，必然涉及原始凭证和记账凭证，在股东不存在不正当目的的前提下，股东知情权的范围不宜加以缩减，应当综合案件情况分析股东持股比例、查阅目的，以及是否具有干扰公司正常经营活动的恶意。

2. 强制执行股东知情权过程中，股东查阅会计账簿时能否进行摘抄之纠纷

案例 | 倍爱康公司、东峰公司股东知情权纠纷

审理法院：最高人民法院

案号：（2020）最高法执监97号

【基本案情】

东峰公司与倍爱康公司股东知情权纠纷一案，审理法院作出民事判决，判令倍爱康公司提供公司章程、股东会会议记录、董事会会议决议、监事会会议决

议和财务会计报告供东峰公司查阅、复制，东峰公司在倍爱康公司正常工作时间内至倍爱康公司办公场所查阅、复制；倍爱康公司提供该公司的公司会计账簿供东峰公司查阅，由东峰公司在倍爱康公司正常工作时间内至倍爱康公司办公场所查阅。

东峰公司向法院申请强制执行的过程中，要求对会计账簿进行摘抄，其认为摘抄属于判决中的“查阅”，倍爱康公司提出执行异议，倍爱康公司认为摘抄不属于“查阅”，东峰公司对公司会计账簿进行记录的行为超出了法律规定。双方当事人对执行依据判项中“查阅”公司会计账簿存在不同理解。依据生效的民事判决，法院认为东峰公司依据生效判决查阅倍爱康公司会计账簿并不包括复制的情形，故撤销原有的执行裁定。后东峰公司不服，申请复议。

复议法院认为，查阅包含摘抄这一情形方才保障股东知情权的实现，故撤销执行法院的裁定。

倍爱康公司不服，提起申诉。

【争议焦点】

强制执行股东知情权过程中，股东查阅会计账簿时能否进行摘抄，即查阅是否包含摘抄？

【审理结果与裁判要点】

再审法院认为，公司作为执行义务人，时常会以判决书只判令查阅为由，阻挠股东对相关资料进行摘抄，会计资料包括大量数据信息，除非具备过目不忘的本领，否则若仅允许股东查看会计账簿而绝对禁止其摘抄，那么经胜诉判决所救济的股东查阅权，很可能会再次落空，生效判决的司法执行也将面临走过场的尴尬境地。①

查阅包括摘抄，属于基本常识，法院应依据基本常识作出判断。在查阅资料时允许进行一定的摘抄符合日常生活工作习惯，股东查阅自己出资成立公司的会计账簿，对发现的问题做必要的记录符合立法本意。财务数据信息量巨

---

① 参见杜万华主编：《最高人民法院公司法司法解释（四）理解与适用》，人民法院出版社2017年版，第119页。

大，同时具有专业化、细致性的特点，如果不允许股东进行必要的摘抄，则无法保障股东知情权的实现。故再审法院判决驳回了倍爱康公司的申诉请求。

《公司法》第57条规定了股东有权查阅、复制公司章程、股东会会议记录、董事会会议决议、监事会会议决议和财务会计报告。股东可以要求查阅公司会计账簿。

对公司会计账簿的查阅，是否包括摘抄？这是股东知情权诉讼中常见的争议焦点。由于会计账簿及会计凭证涉及公司商业秘密和重要经营信息，法律在股东获悉公司财务记录的问题上往往采取谨慎态度，为维护其他股东和公司的利益，需要对股东知情权行使的范围、方式进行必要的限制。股东通过查阅公司的经营管理信息，再以摘抄等方式将信息从之前的载体搬运到新的载体的行为，完全超越了查阅权的界限，附着在新载体上的公司财务数据、商业秘密等信息，面临后续持续扩散、传播的风险。如股东将经营信息提供给他人，将有可能损害公司利益。① 还有观点认为，允许股东知情权诉讼的胜诉当事人查看、摘抄和复制所需内容，是司法解释、司法政策的明确规定，也是司法实践中的主流意见。鉴于会计账簿包含大量的数据信息，特别是对于本案中近十年的会计账簿，允许股东采取摘抄的方式辅助进行查阅，方能保障其知情权得到实现。如果仅允许股东查看会计账簿而不允许其进行摘抄，那么胜诉判决确认的股东查阅权可能落空。②

需要注意的是，一般情况下，摘抄不等同于复制。从词义上理解，“摘抄”与“摘录”意思相近，均可理解为“选取一部分内容抄录下来”，“复制”可理解为“依照原件制作成同样的”。可见，摘录、摘抄与复制的含义不同，不能产生“制作成同样的”的效果，不能认为摘抄本质上属于复制。股东对会计账簿进行摘抄，不违反《公司法》的规定，因此，本案中倍爱康公司关于“摘抄”本质上属于“复制”的主张不能成立。

---

① 参见北京市第一中级人民法院民事判决书，(2023)京01民终5742号；广东省珠海市中级人民法院民事判决书，(2019)粤04民终2242号。

② 参见北京市第二中级人民法院民事判决书，(2023)京02民终7460号；北京市第一中级人民法院执行复议裁定书，(2021)京01执复195号。

而且，股东应依法行使股东权利，否则需承担滥用股权权利造成损失的赔偿责任。多项法律和司法解释已明确规定股东负有保守公司秘密的义务，以及公司因此利益受损时的救济途径。

综上所述，东峰公司在行使股东知情权的过程中，应尽到保密义务，如倍爱康公司认为东峰公司在行使股东知情权过程中因"摘抄"会计账簿内容泄露了公司商业秘密，导致公司合法利益受到损害，可依法进行救济。

3. 为向他人通报有关信息查阅公司会计账簿，可能损害公司合法利益的情形认定纠纷

案例 | **源德公司、化学发光香港公司股东知情权纠纷**

审理法院：最高人民法院

案号：(2019)最高法民申1713号

【基本案情】

源德公司于2003年4月成立，该公司股东将各自持有的源德公司股份转让给了中国医疗技术公司，即中国医疗技术公司持有源德公司全部股份。2008年12月，中国医疗技术公司将其持有的源德公司股份转让给了化学发光香港公司，即化学发光香港公司成为源德公司唯一股东。2012年6月，威明顿信托公司提出对中国医疗技术公司清盘的申请，中国医疗技术公司尚未支出款项以及利息，任命保某武为中国医疗技术公司的共同法定清盘人。该年9月，保某武以化学发光香港公司董事长名义致函源德公司董事、法定代表人，要求查阅源德公司财务资料事宜，行使股东知情权。同年10月，源德公司回函给化学发光香港公司，认为该公司提出的查阅资料请求超越股东知情权的范围，具有不正当目的，故拒绝提供查阅。后化学发光香港公司向法院提起股东知情权诉讼。依据《公司法》第33条[①]的规定，一审法院裁判认为股东查阅会计账簿须符合正当目的要求，化学发光香港公司系源德公司股东，亦是代表中国医疗技术公司债权人利益，故化学发光香港公司具有正当目的，支持其查阅公司会计

① 本案中适用的是2018年《公司法》，相关规定参见2023年《公司法》第57条。

账簿要求。

化学发光香港公司认为一审法院关于限定公司股东知情权的范围和方式存在错误,即其认为源德公司章程赋予了化学发光香港公司审计和复制公司会计账簿的权利,故提起上诉;源德公司亦不服一审判决,提起上诉。二审期间,源德公司进一步强调,化学发光香港公司查阅会计账簿的通报对象不仅是中国医疗技术公司,更实质的是向中国医疗技术公司的清盘人和债券持有人通报,这一行为可能导致公司商业秘密泄露,损害公司利益。同时,源德公司认为一审判决忽略了本案存在符合“股东有不正当目的的其他情形”,即化学发光香港公司查阅账簿可能会使公司商业秘密扩散至立场不一致甚至对立的非股东方。但二审法院综合考量后,认为保某武在境外及我国香港特别行政区进行的诉讼均依法定程序进行,即便相关信息用于境外诉讼,也不应认定为损害源德公司合法利益。况且源德公司自称未收到相关募集资金,化学发光香港公司查阅账簿也无法实现获取资金流向目的,不存在损害源德公司合法利益的可能,因此二审维持了一审关于化学发光香港公司有权行使股东知情权的判决。

后源德公司不服二审判决,主张认定股东查阅会计账簿有不正当目的时,公司应当证明股东行使知情权“可能”而非“必然或者实际”导致公司的合法利益受损,遂提起再审诉讼。

【争议焦点】

(1)股东行使股东知情权目的是否具有不正当目的,判断依据是什么?

(2)股东化学发光香港公司是否存在“为了向他人通报有关信息查阅公司会计账簿,可能损害公司合法利益的”情形?

【审理结果与裁判要点】

再审法院认为,化学发光香港公司在本案一审、二审期间认可其行使股东知情权的目的之一是了解源德公司最上层母公司中国医疗公司所募集的4.26亿美元的流向以及是否用于源德公司,故本案并不排除化学发光香港公司为了向中国医疗技术公司通报有关资金流向信息而查阅源德公司会计账簿的情形。但公司拒绝查阅所保护的是公司的合法利益,而不是一切利益,目的正当与否的判断也受此限制。即使化学发光香港公司通过本案股东知情权诉讼将所获取的信息运用到境外诉讼当中，也不应认定其行为损害或可能损害源德公司合法利益。因此，法院对化学发光香港公司行使知情权具有不正当目的的主张不予支持。

知情权是股东的法定权利、固有权利。化学发光香港公司行使股东知情权获取相关信息，与境外进行的刑事程序并无必然联系，亦不宜认定为“向外国提供证据材料和协助”的情形。故再审法院判决驳回了源德公司的申诉请求。

股东知情权设立的初衷在于保护股东的合法权益，但在实务中存在股东滥用股东知情权的情况，即具有不正当的目的，损害公司的合法利益。针对此种情况，需要审查股东行使知情权的内容、法律有无相应规定限制，以及是否实质上有损公司利益。

《公司法解释（四）》第8条规定：“有限责任公司有证据证明股东存在下列情形之一的，人民法院应当认定股东有公司法第三十三条第二款规定的‘不正当目的’：（一）股东自营或者为他人经营与公司主营业务有实质性竞争关系业务的，但公司章程另有规定或者全体股东另有约定的除外；（二）股东为了向他人通报有关信息查阅公司会计账簿，可能损害公司合法利益的；（三）股东在向公司提出查阅请求之日前的三年内，曾通过查阅公司会计账簿，向他人通报有关信息损害公司合法利益的；（四）股东有不正当目的的其他情形。”

具体到上述案例中，化学发光香港公司的代表人保某武被开曼群岛大法院任命为中国医疗技术公司的共同清盘人。化学发光香港公司系源德公司股东，依法享有股权知情权，具备了解源德公司的公司资金流向以及钱款用途的正当目的，并不存在为了向他人通报信息查阅公司会计账簿并损害公司合法利益的情形，故源德公司不得拒绝股东行使知情权。

（三）疑难法律问题解答

1. 股东资格系提起知情权之诉的必要条件

根据《公司法解释（四）》第7条第2款的规定，“公司有证据证明前款规定的原告在起诉时不具有公司股东资格的，人民法院应当驳回起诉，但原告有初步证据证明在持股期间其合法权益受到损害，请求依法查阅或者复制其持股期间的公司特定文件材料的除外”。股东知情权之诉的必要条件是原告具有股东资格,实践中存在隐名股东、退股股东和瑕疵出资股东的特殊情形,股东资格存在争议的,应先提起股东确认之诉。

(1)隐名股东

隐名股东是在公司章程、股东名册和工商登记中不显名,借用他人名义设立公司或以他人名义出资的实际出资人。隐名股东并不具备公司股东的资格,因此不能直接行使股东知情权,其只能通过显名股东主张行使知情权。在司法实务中,隐名股东和显名股东会签订代持股协议,以合同条款来约束双方的权利义务。需要注意的是,对于隐名股东是否有知情权,法律并没有明确规定,但根据司法判例及部分法院的指导意见可以看出,隐名股东直接要求行使股东知情权是不被支持的。例如,依据《公司法解释(三)》第 24 条第 3 款的规定,隐名股东若想显名化,需要经过其他股东过半数同意。隐名股东在显名化后可以直接行使股东的知情权;北京市高级人民法院《关于审理公司纠纷案件若干问题的指导意见》第 16 条规定:“公司的实际出资人在其股东身份未显名化之前,不具备股东知情权诉讼的原告主体资格,其已诉至法院的,应裁定驳回起诉。”因此,原告作为股东身份未显名化的隐名股东,不具备股东知情权诉讼的原告主体资格。

(2)退股股东

《公司法解释(四)》第 7 条明确规定,即便诉讼时股东资格丧失,股东身份存续期间的知情权也应受到保护,即持股期间其合法权益仍应受到保护。退股股东只要能初步证明自己在持股期间权益受到侵害就有资格提起股东知情权之诉,以维护其持股期间合法权益。但需要注意的是,该类股东需要对其权利受损承担举证责任,而向法院提供的初步证据不要求为证明其权益受损的充分证据,仅需要能够初步证明其权益受损即可。

(3)瑕疵出资的股东

根据《公司法》第 49 条的规定,股东应当按期足额缴纳公司章程规定的各自所认缴的出资额。股东未按期足额缴纳出资的,除应当向公司足额缴纳外,还应当对给公司造成的损失承担赔偿责任,但不能将此理由作为股东知情权之诉的抗辩。因此可以明确,瑕疵出资的股东虽未履行出资义务,但其作为工商登记的股东,在未经法定程序解除其股东资格的情况下,其股东资格并不被法律当然否定,瑕疵股东的股东知情权不应以其未履行出资义务为由加以剥夺。

2. 股东知情权中"不正当目的"的认定

股东知情权,是指公司股东了解公司信息的权利。股东可以要求查阅公司会计账簿、会计凭证。股东要求查阅公司会计账簿、会计凭证的,应当向公司提出书面请求,说明目的。公司有合理根据认为股东查阅会计账簿、会计凭证有"不正当目的",可能损害公司合法利益的,可以拒绝提供查阅。公司拒绝提供查阅的,股东可以请求法院要求公司提供查阅。

依据《公司法解释(四)》第 8 条的规定,有限责任公司有证据证明股东存在下列情形之一的,法院应当认定股东有《公司法》规定的"不正当目的":(1)股东自营或者为他人经营与公司主营业务有实质性竞争关系业务的,但公司章程另有规定或者全体股东另有约定的除外;(2)股东为了向他人通报有关信息查阅公司会计账簿,可能损害公司合法利益的;(3)股东在向公司提出查阅请求之日前的 3 年内,曾通过查阅公司会计账簿,向他人通报有关信息损害公司合法利益的;(4)股东有不正当目的的其他情形。司法实践中,一些案例中也出现了前三项情形之外的抗辩事由,如公司主张股东涉嫌职务侵占罪、挪用资金罪等犯罪行为侵害了公司合法利益;股东与公司存在矛盾冲突,有扰乱公司正常经营秩序的不当行为等。

随着我国经济和商业社会的快速发展,公司治理方式和运营模式日渐复杂,股东想要了解公司真实经营状况的诉求日益凸显,股东知情权的范围也随之扩大,相应的法律规范也在随之不断完善。

(四)2023 年《公司法》关于股东知情权的修订要点

1. 新增股东有权查阅、复制公司的股东名册

2023 年《公司法》第 57 条第 1 款规定:"股东有权查阅、复制公司章程、股东名册、股东会会议记录、董事会会议决议、监事会会议决议和财务会计报告。"

此条规定对有限责任公司股东的知情权扩展了股东可查阅和复制的资料

范围。基于法律行为变动有限责任公司股权的标志性节点为股东名册变更记载之时,依据《公司法》第 86 条第 2 款“股权转让的,受让人自记载于股东名册时起可以向公司主张行使股东权利”的规定,股东名册的功能被极大强化,理应允许股东查阅和复制。

2. 新增股东有权查阅、复制公司的会计凭证

2023 年《公司法》第 57 条第 2 款规定:“股东可以要求查阅公司会计账簿、会计凭证。股东要求查阅公司会计账簿、会计凭证的,应当向公司提出书面请求,说明目的。公司有合理根据认为股东查阅会计账簿、会计凭证有不正当目的,可能损害公司合法利益的,可以拒绝提供查阅,并应当自股东提出书面请求之日起十五日内书面答复股东并说明理由。公司拒绝提供查阅的,股东可以向人民法院提起诉讼。”

此条规定明确将会计凭证纳入查阅权范围。这是一项重大立法举措,也是对多年来司法实践极具争议问题的立法回应,对实现股东知情权的立法目的具有关键作用。根据《会计法》第 14 条的规定,会计凭证包括原始凭证和记账凭证。前述凭证资料包含丰富的会计信息,考虑到当前企业编制假账和隐瞒真实财务信息的情况不容乐观,若只允许股东查阅会计账簿而将会计凭证排除在外,有些公司就将肆无忌惮地以虚假会计账簿欺瞒胜诉原告,实质架空知情权的制度功能。鉴于此,允许股东查阅会计凭证可视为股东知情权的一项重大制度进展。

3. 明确股东委托会计师事务所、律师事务所等中介机构辅助行使查阅权的权限及其合法行使查阅权的要求

2023 年《公司法》第 57 条第 3 款、第 4 款规定:“股东查阅前款规定的材料,可以委托会计师事务所、律师事务所等中介机构进行。股东及其委托的会计师事务所、律师事务所等中介机构查阅、复制有关材料,应当遵守有关保护国家秘密、商业秘密、个人隐私、个人信息等法律、行政法规的规定。”

允许股东委托专业中介机构进行查阅行为,并将委托辅助查阅时的保密义务客体扩展至国家秘密、商业秘密、个人隐私和个人信息等敏感信息是股东知情权的一个突破。《公司法解释(四)》第10条第2款规定股东委托中介机构执业人员辅助查账必须在股东本人在场条件下进行,2023年《公司法》第57条第3款在吸收继承的基础上,作了两方面修订,一是明确受托人为会计师事务所、律师事务所等中介机构而非自然人个体;二是不再要求股东本人在场。这两项技术性修订非常合理。会计查账乃专业行为,绝大多数股东欠缺此能力,如不允许股东委托专业机构代为之,则知情权制度的功能将大打折扣。但是,法律需要在保障股东知情利益与公司商业秘密利益之间保持平衡,所以查账人的保密义务以及违反保密义务的赔偿责任势必不可或缺。

4. 新增股东对全资子公司相关资料的查阅、复制权

2023年《公司法》第57条第5款规定:"股东要求查阅、复制公司全资子公司相关材料的,适用前四款的规定。"第110条第3款规定:"股东要求查阅、复制公司全资子公司相关材料的,适用前两款的规定。"

此两款规定均引入了穿透查阅规则,允许股东查阅、复制全资子公司的相关材料。知情权是一项工具权利,股东提起知情权诉讼的终极目的通常不仅在于获取某一特定信息,而是希望进一步利用该信息提起针对控股股东、实际控制人、董事、监事、高级管理人员或其他侵犯公司利益主体的相关诉讼等。许多大型企业已迈向集团化运营时代,集团公司内部存在错综复杂的持股架构,某些公司仅为持股平台,构成其价值基础的实际资产可能在其全资子公司,穿透查阅规则与新公司法引入的双重股东派生诉讼相呼应。

5. 新增股份有限公司股东知情权的准用规则及其条件

2023年《公司法》第110条第1款、第2款规定:"股东有权查阅、复制公司章程、股东名册、股东会会议记录、董事会会议决议、监事会会议决议、财务会计报告,对公司的经营提出建议或者质询。连续一百八十日以上单独或者合计持有公司百分之三以上股份的股东要求查阅公司的会计账簿、会计凭证的,适用本法第五十七条第二款、第三款、第四款的规定。公司章程对持股比例有较低规定的,从其规定。"

上述规定将原本只适用于有限责任公司的会计账簿和会计凭证查阅权拓

展至股份有限公司。该条规定的第4款为新增条款,减轻了有限责任公司与非上市股份有限公司少数股东知情权保护的强度差异。针对两类公司的规定在细节上存在以下差别:一是将股份有限公司股东的会计账簿和会计凭证查阅权构造为少数股东权,查阅主体限于"连续一百八十日以上单独或者合计持有公司百分之三以上股份的股东"群体;二是不允许公司章程提高前述持股比例限制,捍卫了少数股东知情权的固有权本质,界定了不可实质剥夺的边界,按照目的解释与体系解释,此规则可类推适用于其他股东固有权和少数股东权。

6. 新增上市公司股东查阅、复制权的引制规定

2023年《公司法》第110条第4款规定:"上市公司股东查阅、复制相关材料的,应当遵守《中华人民共和国证券法》等法律、行政法规的规定。"

鉴于证监会、交易所对上市公司严格的信息披露义务,《公司法》明确规定上市公司股东知情权的行使应当遵守《证券法》等法律、行政法规的规定。

(五)股东知情权纠纷诉讼的实务操作

1. 诉讼主体

(1)原告:股东、公司。

(2)被告:公司、股东。

2. 案由

《民事案件案由规定》将股东知情权纠纷作为三级案由规定在内。公司存续期间,只要具备正当目的和合理理由,股东行使知情权原则上就不受次数限制。但股东反复进行查阅,可能会在一定程度上影响公司的正常经营,因此应当综合考察具体案件事实,以平衡股东知情权和公司正常经营活动。实践中,股东为了掌握公司运营状况、收集相关证据和线索,股东知情权便成为提起其他诉讼的手段和证据来源。

3. 管辖

由公司住所地法院管辖。公司住所地,是指公司主要办事机构所在地。公司办事机构不明确的,由其注册地法院管辖。

4. 诉讼时效

不适用诉讼时效制度。

5. 股东知情权纠纷的诉讼请求

(1)请求查阅、复制其公司章程、股东名册、股东会会议记录、董事会会议决议、监事会会议决议及财务会计报告。

(2)请求查阅其包括原始会计凭证在内的所有会计账簿并指定审计师进行审计。

(3)请求依法确认股东行使股东知情权具有不正当目的。

四、股东出资纠纷

(一)股东出资纠纷概述

股东出资形成了公司最基本的资产和对外信用基础。真实有效的股东出资对于公司的存续经营、公司实质资产信用的形成以及债权人利益的保障都有着极为重要的意义。履行出资责任是股东对公司的基本义务,也是形成公司财产的基础。基于出资制度在整个公司制度中的重要意义,《公司法》对于数额、期限、方式及其责任等都有相应规定。如果公司股东未按规定缴纳出资,或者存在抽逃出资、虚假出资、出资不足等情况,则可能会引起公司与股东之间、股东与股东之间、股东与债权人之间的出资纠纷,主要表现为以下四种情形。

1. 虚假出资纠纷。虚假出资,是指公司的发起人、股东违反公司设立股东出资的规定和公司章程的约定,未交付或未全部交付出资,或以欺骗手段造成已出资的假象。虚假出资为欺诈行为,具体表现形式包括:(1)以无实际现金流通的虚假银行进账单、对账单骗取验资报告;(2)以虚假的实物出资手续验资报告;(3)以实物、知识产权、土地使用权出资,但未办理产权转移手续;(4)股东设立公司时,为了应付验资,将款项短期转入公司账户后又立即转出,公司未实际使用该项款项进行经营;(5)未对投入的净资产进行审计,仅以投资者提供的少记负债高估资产的会计报表验资等。

2. 出资不足纠纷。出资不足,是指在约定期限内,股东仅履行部分出资义务或者未能补足出资的情形。有限责任公司成立后,发现作为设立公司出资的非货币财产的实际价额显著低于公司章程所定价额的,即股东未按期足额缴纳出资的,除应当向公司足额缴纳外,还应当对给公司造成的损失承担赔偿责任;公司设立时的其他股东与该股东在出资不足的范围内承担连带责任。出资不足的具体表现形式包括:(1)货币出资只履行了部分出资义务;(2)作为出资的实物、知识产权、土地使用权的实际价额显著低于公司章程所定价额等。

3. 逾期出资纠纷。逾期出资,是指股东没有按期缴足出资的情形。股东应当按期足额缴纳公司章程规定的各自所认缴的出资,这是设立公司的前提条件,也是股东的法定义务。股东以货币出资的,应当将货币出资足额存入有限责任公司在银行开设的账户;以非货币财产出资的,应当依法办理其财产权的转移手续。股东不按照规定缴纳出资的,除应当向公司足额缴纳外,还应当对给公司造成的损失承担赔偿责任。实践中经常发生的逾期出资是股东首次出资后未及时履行后续分期出资义务。

4. 抽逃出资纠纷。抽逃出资,是指股东在已经向公司履行出资义务之后,又通过违法手段将出资抽回,但仍保留股东身份和原有出资数额的行为。抽逃出资的具体表现形式包括:(1)股东设立公司时,验资后将出资转出,公司并未实际使用出资;(2)公司收购股东的股份,但未按规定处置该股份;(3)公司未弥补亏损、提取法定公积金即先行分配利润;(4)公司制作虚假会计报表进行利润分配;(5)公司利用关联交易转移出资等。抽逃出资主体是特殊主体,即公司发起人或者股东。公司发起人或者股东抽逃出资的,公司依法享有返还财产请求权,抽逃出资的股东应当向公司返还所抽逃的出资,并支付按其抽逃出资的数额和时间计付利息的侵权责任。

出资是股东最基本、最重要的义务,股东未按出资协议、公司章程或者《公司法》的规定缴纳出资,除应当向公司足额缴纳外,还应当对给公司造成的损失承担赔偿责任,公司设立时的其他股东与该股东在出资不足的范围内承担连带责任。公司经营应当保持资本充实状态、贯彻资本充实原则。我国《公司法》对有限责任公司发起人和股东设定了严格的出资要求,并赋予了债权人、其他股东等追缴出资的权利。了解和掌握关于有限责任公司股东出资纠纷的常见法律问题，依法追究股东出资不实的责任，有利于完善公司股东有限责任制度，对有效减少市场风险，鼓励投资，具有重要的社会经济价值。

（二）典型案例分析

1. 股权代持、抽逃出资引发的股东出资纠纷

案例｜信诺公司、李某进等追收抽逃出资纠纷、股东出资纠纷

审理法院：最高人民法院

案号：（2021）最高法民申4683号

【基本案情】

信诺公司、李某进因与水体公司追收抽逃出资纠纷一案，不服二审判决，申请再审，请求：撤销原审判决，驳回水体公司的全部诉讼请求。事实与理由：（1）水体公司成立后，增加了隐名股东，信诺公司与水体公司之间存在真实的、与工商登记不一致的出资约定，即《深圳市亿玛水体环境科技有限公司股改协议》及《公司扩股协议》。（2）发生于2011年9月13日的案涉增资登记，是水体公司与显名股东约定的虚假出资。信诺公司既未真实向水体公司缴纳新增出资440万元，也没有取得中介转走的验资资金。（3）案涉增资登记完成后，水体公司及全体股东于2012年8月12日签署《股东会决议》，同意陈某雄退股。该决议确认：陈某雄退股前，水体公司的注册资本仍按515万元计。由此可以证明，水体公司与全部股东约定的持股比例、出资额与增资登记前一致，并未因为增资登记而变化。（4）公司与股东之间因出资产生纠纷时，应以公司与股东之间符合真实意思表示的内部协议确定股东的出资，而不应以外部工商登记为准。

【争议焦点】

信诺公司是否应向水体公司返还出资款及相应利息？

【审理结果与裁判要点】

再审法院认为：第一，水体公司在2011年9月召开股东大会形成决议、修订公司章程确认了增资事项，并将有关事项在工商管理部门进行登记，符合公

司增资的法定条件和程序。信诺公司与罗某等人另行签订内部出资协议，其内部协议对出资金额、持股比例等问题的约定不影响公司股东按照工商登记的股权状况履行出资义务，故信诺公司作为公司股东对水体公司于2011年9月13日通过修改章程并进行登记确认的增资事项具有出资义务。

第二，2011年9月13日，信诺公司向水体公司银行账户转账完成增资，深圳思杰会计师事务所出具验资报告后，次日出资款以往来款的形式被转入南昌晨源贸易有限公司账户，用途摘要载明"往来"。该转出行为未经任何法定程序，亦非基于正常的交易关系。信诺公司在原审庭审中确认其知晓并许可增资以及通过中介公司垫资完成增资登记等事项，构成抽逃出资。

第三，2011年9月13日，水体公司进行增资时，李某进担任水体公司的执行董事、总经理，系公司法定代表人。李某进不但未监督股东履行出资义务，反而放任并协助股东抽逃出资，应对信诺公司的返还出资责任承担连带责任。

故再审法院驳回了李某进、信诺公司的再审请求。

抽逃出资纠纷是实务中的常见纠纷类型，其具体类型具有多元化的特点，包括通过制作虚假财务会计报表虚增利润分配抽逃出资、通过虚构债权债务关系认定抽逃出资、利用关联交易认定抽逃出资、未经法定程序抽逃出资等。本案中，信诺公司以获取验资为目的，未经法定程序将资金转入并转出的行为应被认定为抽逃出资行为。

抽逃出资行为认定后，其背后责任归属主体法律亦有明确规定。根据《公司法解释(三)》第14条的规定，股东抽逃出资，公司或者其他股东请求其向公司返还出资本息、协助抽逃出资的其他股东、董事、高级管理人员或者实际控制人对此承担连带责任的，法院应予以支持。

2. 虚假出资、股东出资不实引发的股东出资纠纷

案例 | 中人瑞众公司、李某亮等股东出资纠纷

审理法院：最高人民法院

案号：(2021)最高法民申2380号

【基本案情】

1998年12月8日，中人瑞众公司注册成立为有限责任公司，李某亮、廖某、肖某松为公司股东。2004年1月3日，中人瑞众公司曾增资，李某亮、夏某清、陆某成为公司股东。2010年4月17日、11月2日，廖某分别与高科公司、李某亮签订股权转入协议，约定廖某受让两人分别持有的中人瑞众公司股权，共持股比例达到20%。2014年12月22日，廖某与瑞众鑫通公司签订《股权转让协议》，约定瑞众鑫通公司受让廖某持有中人瑞众公司20%的股权，以分期付款的方式支付股权转让款。

2014年12月23日，中人瑞众公司通过股东会决议，一是同意廖某、肖某冰分别持有的20%股权转入给瑞众鑫通公司，则李某新持股55%、李某亮持股5%、瑞众鑫通公司持股40%；二是同意为瑞众鑫通公司提供担保，即自愿承担连带保证责任。同日，廖某与中人瑞众公司、瑞众鑫通公司签订《担保合同》，约定中人瑞众公司担保瑞众鑫通公司足额支付股权转让款给廖某。2015年5月4日，工商行政管理部门完成中人瑞众股公司股东、法定代表人变更登记事宜。

2017年4月17日，中人瑞众公司主张李某亮向其支付2004年1月认缴的新增注册资本1500万元以及利息，廖某、肖某冰承担连带责任，遂提起诉讼。

一审法院裁判认定李某亮向中人瑞众公司履行1500万元出资义务，廖某、肖某冰分别在279.2万元、820万元范围内对李某亮的债务承担连带责任。

李某亮、廖某、肖某冰不服一审判决，提起上诉。二审法院裁判认定李某亮并不存在出资瑕疵情形，裁定撤销一审判决，驳回中人瑞众公司的全部诉讼请求。

中人瑞众公司不服二审判决，提起再审。

【争议焦点】

（1）李某亮是否构成虚假出资？

（2）股东出资不实情况下举证责任如何分配？

【审理结果与裁判要点】

法院认为，本案诉讼中，李某亮提交了案涉增资过程中包括验资报告、新增注册资本实收情况明细表等在内的完整的工商登记资料;中人瑞众公司提交了记载诉争出资金额及性质的银行对账单和转账记账凭证;武汉中人厂提供了关于转账性质的情况说明。上述证据能够证明李某亮在中人瑞众公司案涉增资过程中已履行出资义务。对于股东出资情况及财务账册等相关资料,中人瑞众公司理应掌握并及时核查,但中人瑞众公司在长达13年的时间里未向李某亮主张出资不实,并向李某亮、廖某、肖某冰分红。中人瑞众公司较李某亮、廖某、肖某冰等个人的举证能力更强,且中人瑞众公司在其对武汉中人厂的收购仲裁案中能够提供更多关于武汉中人厂财务情况的资料。在李某亮提供前述证据并由武汉中人厂出具情况说明证明李某亮已履行出资义务的情况下,如中人瑞众公司认为李某亮的抗辩主张不能成立,中人瑞众公司有能力也有责任进一步提供其与武汉中人厂之间资金往来的财务账册等相关证据,以增强对李某亮虚假出资的合理怀疑。但中人瑞众公司仅提供了很短时间内的转账凭证,并未进一步提供公司完整账册、财务资料等相关证据。二审判决依据《公司法解释(三)》第20条的规定,判定由中人瑞众公司承担举证不能的不利后果,并无不当。故再审法院驳回中人瑞众公司的再审申请。

股东是否构成虚假出资,既涉及股东提供履行出资义务的证据,亦涉及异议股东对股东履行出资义务产生合理怀疑的证据。法律层面来看,其规定了股东证明自身履行出资义务的证明责任,也规定了异议股东进一步举证证明股东虚假出资的义务,否则承担举证不能的法律风险。

依据《公司法解释(三)》第20条的规定,当事人之间对是否已履行出资义务发生争议,原告提供对股东履行出资义务产生合理怀疑证据的,被告股东应当就其已履行出资义务承担举证责任。具体到本案中,在被告股东李某亮提供证据证明已履行出资义务的情况下,原告公司有能力也有责任进一步提供证据以增强对股东李某亮虚假出资的合理怀疑,否则应当承担举证不能的责任。

3. 抽逃出资引发的股东出资纠纷

案例 | 铁科公司、周某艳等股东出资纠纷

审理法院:最高人民法院

案号:(2021)最高法民申 2395 号

【基本案情】

周某艳系铁科公司最大股东,持股比例为 90%。2011 年 11 月 9 日,周某艳(甲方)、王某琴(乙方)、百利公司(丙方)、让某奇(丁方)就铁科公司股权转让以及合作运营××地商务金融土地事宜签订《股权转让及合作合同》,约定周某艳将一定持股比例转让给百利公司和让某奇,让某奇将其持有 10% 股权转让给百利公司。该合同实际履行过程中,各方按约履行股权变更义务,百利公司以铁科公司名义进行房产开发并按照持股比例进行房屋分配和销售。

房屋建成,周某艳按约销售部分房屋给他人,但百利公司实际控制的铁科公司未配合办理销售房屋的产权登记手续。后铁科公司主张周艳福、让某奇将出资款转入铁科公司账户验资后又转出的行为属于抽逃出资行为,向法院提起诉讼。一审法院认为,案涉《股权转让及合作合同》经过公司及其全部股东的决议,周某艳将铁科公司股权转让给百利公司,并约定由百利公司作为受让方将股权转让款直接投入铁科公司,铁科公司实际资本并未因退回周某艳出资造成贬损,周某艳取回出资的行为经铁科公司及公司股东同意且并未违反公司资本维持原则,也未侵害公司、其他股东及债权人的利益。故一审法院驳回了铁科公司诉讼请求。

铁科公司不服一审判决,提起上诉。二审法院认为,周某艳、让某奇因铁科公司设立及增资成为登记股东,是以服务、配合百利公司、铁科公司的项目开发,并从项目开发中获取其提供服务相应回报为目的,即周某艳、让某奇的上述行为不构成抽逃出资,故二审法院驳回上诉,维持原判。

铁科公司不服二审判决,提起再审。

【争议焦点】

股东周某艳、让某奇的行为是否属于抽逃出资?

【审理结果与裁判要点】

再审法院认为,根据原审查明,案涉《股权转让及合作合同》约定,周某艳、王某琴对百利公司的股权转让款均作为周某艳将来对公司的投入资金由受让各方直接投入公司;周某艳负责以项目公司名义办理郑东新区商务金融用地的摘牌及办证手续，取得土地使用权后由项目公司进行开发建设；各方同意公司注册资金由当时的1100万元增加到1亿元，增资部分金额由周某艳、王某琴双方解决，百利公司不予出资，且不承担任何责任及债务。在股权转让后，增资部分款项由周某艳、王某琴双方自行支配，百利公司不予干涉，增资后，周某艳、百利公司、让某奇三方股权比例不变；摘牌不成功，百利公司的出资在政府退回资金后5个工作日内退回其账户，其他股东的出资无息收回，其他任何各方无须承担违约责任。

前述《股权转让及合作合同》经各方当事人签字并加盖铁科公司合同专用章，铁科公司及其股东在协议履行过程中亦未提出异议。前述《股权转让及合作合同》约定周某艳将项目公司增资并将大部分股权让与百利公司，目的在于共同实现摘牌土地并开发建设，合同对于交易目的和交易安排具有充分表述，因此不能认定股东周某艳、让某奇的行为属于抽逃出资。故再审法院驳回了铁科公司的再审申请。

股东构成抽逃出资须满足两个要件：一是未经法定程序抽逃出资；二是损害公司权益。

《公司法解释（三）》第12条规定："公司成立后，公司、股东或者公司债权人以相关股东的行为符合下列情形之一且损害公司权益为由，请求认定该股东抽逃出资的，人民法院应予支持：（一）制作虚假财务会计报表虚增利润进行分配；（二）通过虚构债权债务关系将其出资转出；（三）利用关联交易将出资转出；（四）其他未经法定程序将出资抽回的行为。"

具体到本案中，周某艳、让某奇借用中介机构资金注入公司验资后将资金转出偿还，意在取得案涉项目用地以履行《股权转让及合作合同》。虽然《股权转让及合作合同》仅对其第三次增资及取回事宜作出记载，但其之前出资及取回的行为与此并无实质区别。铁科公司其他股东在协议签订和履行过程中未有异议，亦可对此印证。原审法院结合案涉项目已开发完成且无证据证明铁科公司遭受实际损害的情况，认定周某艳、让某奇的行为不属抽逃出资，并无明显不当。

(三)疑难法律问题解答

1. 对出资人以瑕疵财产出资的处理

根据《公司法》第 48 条第 1 款的规定,股东可以用货币出资,也可以用实物、知识产权、土地使用权、股权、债权等可以用货币估价并可以依法转让的非货币财产作价出资;但是,法律、行政法规规定不得作为出资的财产除外。司法实践中常存在出资财产瑕疵的问题,可分为以下两种。

(1)出资人以无处分权的财产出资的问题。在出资财产处分权产生争议时,通常应确定出资人对无处分权的财产是否善意取得。根据《民法典》第 311 条第 1 款的规定,出资人以不享有处分权的他人财产出资,公司可以依据善意取得制度取得该财产的所有权,但必须同时符合下列要件:第一,公司在受让该财产时是善意的,即公司不知道也不应当知道出资人对出资财产不享有处分权。在原始设立公司的场合,善意与否的判断应以其他发起人是否知道出资人对其出资不享有处分权为标准。第二,该出资财产转让价格合理。判断转让价格是否合理,一般应依法进行评估。第三,出资的财产依照法律规定应当登记的已经登记至公司名下,不需要登记的已经交付给公司。

(2)出资人以犯罪所得货币出资的问题。首先,关于以犯罪所得货币出资的效力。民法理论上一般认为,货币作为种类物和可替代物,其所有权与占有权合一,推定货币占有人为货币所有人,其享有对货币的处分权。因此,出资人即使以贪污、受贿、侵占、挪用等违法犯罪手段取得货币出资,也不宜认定出资人构成民法上的无权处分。因此,出资人将其非法取得的货币投入公司后,公司即取得货币的所有权,该出资行为应当有效,出资人依法取得与该出资对应的股权。只是这种通过非法手段获得的股权属于出资人的违法犯罪所得,根据《刑法》的相关规定,应予追缴以补偿受害人的损失。其次,关于出资人以犯罪所得货币出资的处理。出资人将其以违法犯罪手段取得的货币投入公司并取得与该出资对应的股权的,该股权应属违法犯罪所得。在追究出资人犯罪行为责任时,不应直接从公司抽回货币,只能对上述股权进行处置。对此,《公司法解释(三)》第 7 条规定了两种股权处置方式,即拍卖或者变卖。拍卖,是指以公开竞价的方式，将上述股权转让给最高应价者。变卖，是指出卖上述股权，换取现款。应当注意的是，以拍卖或者变卖方式处置股权时，应当符合《公司法》关于股权转让的法定条件和程序。

2. 对出资人以非货币财产出资未依法评估作价的处理

根据《公司法》第48条第2款的规定，对作为出资的非货币财产应当评估作价，核实财产，不得高估或者低估作价。法律、行政法规对评估作价有规定的，从其规定。司法实践中存在未进行评估作价和评估作价不合法等"未依法评估作价"的情形，其中评估作价不合法比较常见，主要表现为评估机构不具有合法资格，评估作价程序违法，评估方法不当，评估结果不真实、不合理等。根据《公司法》等相关规定，我国对非货币财产出资采取建议性评估模式，出资人以非货币财产出资，应当依法进行评估作价，如果出资人未依法评估作价，相关当事人则有权要求认定出资人未履行出资义务。为尽快解决纠纷、落实公司资本是否充实，《公司法解释(三)》第9条明确规定，认定股东未依法全面履行出资义务的标准是评估确定的价额显著低于公司章程确定的价额。此处的"显著"不应作绝对化理解，主要应看二者的差额与章程确定价额之间的比例，同时也可以对绝对数额予以一定考虑。因此，在当事人提出申请的情况下，法院应当依职权委托具有合法资格的评估机构对出资财产进行评估作价，并依评估结果认定股东未全面履行出资义务的标准。

3. 股东出资可加速到期的情形范围

(1)公司破产时，股东出资可加速到期

公司破产，破产财产应在破产程序中一并公平分配。注册资本系公司对所有债权人承担民事责任的财产保障，在股东出资不到位的情况下，如公司被裁定宣告进入破产程序，根据《企业破产法》第35条"人民法院受理破产申请后，债务人的出资人尚未完全履行出资义务的，管理人应当要求该出资人缴纳所认缴的出资，而不受出资期限的限制"的规定，作为股东首先应补缴出资。依据《企业破产法》第30条的规定，该补缴的出资应属于破产财产的组成部分，只能用于向破产企业所有债权人进行公平清偿，而不能向个别债权人清偿，否则就与《企业破产法》第16条“人民法院受理破产申请后，债务人对个别债权人的债务清偿无效”的规定相悖，侵害了其他债权人的合法利益，只能在破产程序中依照全体债权审核通过的财产分配方案进行公平分配。

（2）公司清算时，股东出资可加速到期

《公司法解释（二）》第22条规定：“公司解散时，股东尚未缴纳的出资均应作为清算财产。股东尚未缴纳的出资，包括到期应缴未缴的出资，以及依照公司法第二十六条和第八十条的规定分期缴纳尚未届满缴纳期限的出资。公司财产不足以清偿债务时，债权人主张未缴出资股东，以及公司设立时的其他股东或者发起人在未缴出资范围内对公司债务承担连带清偿责任的，人民法院应依法予以支持。”

通常公司解散时股东应满足出资义务，但就具体情境而言，当公司资产已经足以覆盖对外债务时，股东未足额缴纳出资并不必然导致债权人的权益受到侵害，此时的影响可能只涉及公司股东之间利润分配和亏损分摊问题。因此，在此情况下，债权人、公司及其他股东不应要求未足额出资股东认缴期限加速到期，届时可根据《公司法》第236条第2款、第3款“公司财产在分别支付清算费用、职工的工资、社会保险费用和法定补偿金，缴纳所欠税款，清偿公司债务后的剩余财产，有限责任公司按照股东的出资比例分配，股份有限公司按照股东持有的股份比例分配。清算期间，公司存续，但不得开展与清算无关的经营活动。公司财产在未依照前款规定清偿前，不得分配给股东”和《公司法解释（三）》第16条“股东未履行或者未全面履行出资义务或者抽逃出资，公司根据公司章程或者股东会决议对其利润分配请求权、新股优先认购权、剩余财产分配请求权等股东权利作出相应的合理限制，该股东请求认定该限制无效的，人民法院不予支持”的规定，或依照公司章程及股东会决议，确定公平合理的剩余财产分配方式及亏损分摊方式。由此，在保护公司债权人利益的基础上，既可保障未届出资期限股东的期限利益，也可维护全体股东的合法权益。

（3）公司经营过程中无力偿债时，股东出资可加速到期的情形

《公司法解释（三）》第13条第2款规定：“公司债权人请求未履行或者未全面履行出资义务的股东在未出资本息范围内对公司债务不能清偿的部分承

担补充赔偿责任的，人民法院应予支持……”但该条规定赋予债权人的权利被限定在股东出资到期而未（全面）出资的情形。

公司不能清偿到期债务时，未经申请破产、清算的前置程序，债权人可请求未（全面）出资股东缴付出资期限加速到期，法律没有明确规定，但可根据最高人民法院以下裁判观点来确定。

①最高人民法院民二庭2015年12月24日发布的《关于当前商事审判工作中的若干具体问题》中明确：

“要遵循《公司法》新精神处理好新类型案件。《公司法》施行后，会出现一批新类型案件。比如，《公司法》司法解释（三）第十八条对虚假出资时补缴出资民事责任作出了规定。但目前尚无法律、司法解释对股东因出资期限未届满而未缴纳出资就转让股权时由谁承担出资责任进行明确规定。因为此时的未缴纳出资为合法而不是非法，所以不能当然适用上述司法解释的规定。目前还要特别注意债权人请求股东提前履行出资义务以偿债的问题。对此，有不同的认识：一种意见认为，债务人公司无法清偿到期债务，而股东又有出资款未到期，此时通过出资义务加速到期的方式即可以解决债务清偿问题，所以应当许可此时出资义务加速到期，债权人可以直接向股东主张清偿债务。另一种意见认为，如果公司不能清偿单个债权人到期债权，那么其往往也资不抵债，或者明显缺乏清偿能力，或者有丧失清偿能力可能。此时按照《企业破产法》第二条，公司已经符合破产条件，所以更应当保障全体债权人的利益。单个的债权追及诉讼不尽符合《企业破产法》第三十一、三十二条的精神。债权人应当申请债务人破产，进入破产程序后再按照《企业破产法》第三十五条使股东出资义务加速到期，最终在真正意义上保护全体债权人利益。以上两种意见中，我们倾向于按照后一种意见处理。所以，在类似诉讼中，法院应当注意向当事人释明，如债务人公司不能通过融资或其股东自行提前缴纳出资以清偿债务，债权人有权启动破产程序。”

②2017年12月2日，最高人民法院民二庭第7次法官会议纪要就“认缴出资能否加速到期”进行了讨论，纪要认为：公司不能清偿到期债务时，单个或部分债权人起诉请求股东以其认缴但未届出资期限的出资承担清偿责任的，法

院一般不应支持。某项债权发生时股东的相关行为已使该债权人对股东未届出资期限的出资额产生高度确信和依赖，在公司不能清偿该债权时，法院可以判令特定的股东以其尚未届出资期限的出资额向该债权人承担清偿责任。

该会议纪要对公司在无力偿还债务时，债权人是否能以“股东出资义务加速到期”为案由起诉股东承担债务清偿责任提出了“原则否定例外肯定”的意见。“原则否定例外肯定”，是指公司不能清偿到期债务，在公司治理的层面看已经是一个非常严重的问题。此时，对该公司的关注，已经不再仅仅属于合同法（债务清偿法）的领域，而是涉及合同法、公司法、企业破产法等多个领域，也必须在相关的利害关系人之间进行审慎的利益平衡。否定说原则上应予采纳。但是应当允许一些例外情况，比如某股东使债权人对其认缴但未届出资期限的出资额已产生高度确信和依赖的情形下可以考虑在个案中对债权人予以保护。

③2019 年 11 月 8 日，最高人民法院发布的《九民纪要》第 6 条对股东出资应否加速到期作进一步明确。

“在注册资本认缴制下，股东依法享有期限利益。债权人以公司不能清偿到期债务为由，请求未届出资期限的股东在未出资范围内对公司不能清偿的债务承担补充赔偿责任的，人民法院不予支持。但是，下列情形除外：（1）公司作为被执行人的案件，人民法院穷尽执行措施无财产可供执行，已具备破产原因，但不申请破产的；（2）在公司债务产生后，公司股东会决议或以其他方式延长股东出资期限的。”

该条列明的情形是，在执行程序中，法院穷尽执行措施，仍未发现作为被执行人的公司有可供执行的财产，但公司已具备《企业破产法》《企业破产法解释（一）》所规定的不能清偿到期债务，并且资产不足以清偿全部债务或者明显缺乏清偿能力之公司破产原因的，而未申请破产，公司主体仍然存续的情况下，债权人可以请求未届出资期限的股东在未出资范围内对公司不能清偿的债务承担补充赔偿责任。根据《公司法》的相关规定，公司股东会决议有权延长股东出资期限，但从保护债权人的角度，在公司不能清偿到期债务之时，公司股东会决议或以其他方式延长股东出资期限的，债权人可以主张加速到期。

《九民纪要》第 6 条对出资未届期股东期限利益的保护界限是明确的，有利于对股东有限责任这一公司法基础制度进行维护,同时对债权人其他救济途径从出资加速到期的角度着手,确定股东应按其认缴承担出资义务系法定不可改变的责任。《九民纪要》第6条的例外规定体现了法律对债权人权益的保护,确保在公司财产不足以清偿债务时,债权人能够通过法律途径追索股东的出资责任。

(四)2023年《公司法》关于股东出资的修订要点

1. 新增有限责任公司股东认缴出资额应在5年内缴足的规定

2023年《公司法》第47条规定:"有限责任公司的注册资本为在公司登记机关登记的全体股东认缴的出资额。全体股东认缴的出资额由股东按照公司章程的规定自公司成立之日起五年内缴足。法律、行政法规以及国务院决定对有限责任公司注册资本实缴、注册资本最低限额、股东出资期限另有规定的,从其规定。"

2024年7月1日发布的国务院《关于实施〈中华人民共和国公司法〉注册资本登记管理制度的规定》第2条针对在该规定施行前已登记设立的公司,如果其出资期限超过规定期限的,作出过渡期规定:"2024年6月30日前登记设立的公司,有限责任公司剩余认缴出资期限自2027年7月1日起超过5年的,应当在2027年6月30日前将其剩余认缴出资期限调整至5年内并记载于公司章程,股东应当在调整后的认缴出资期限内足额缴纳认缴的出资额;股份有限公司的发起人应当在2027年6月30日前按照其认购的股份全额缴纳股款。公司生产经营涉及国家利益或者重大公共利益,国务院有关主管部门或者省级人民政府提出意见的,国务院市场监督管理部门可以同意其按原出资期限出资。"

第3条对出资期限、出资额明显异常的公司作出了规定:"公司出资期限、注册资本明显异常的,公司登记机关可以结合公司的经营范围、经营状况以及股东的出资能力、主营项目、资产规模等进行研判,认定违背真实性、合理性原则的,可以依法要求其及时调整。"

注册资本经历了"实缴—认缴—5年内缴足"的立法变化,这一改革进一步完善了注册资本认缴登记制,主要目的是加强市场监管,防范注册资本虚高和抽逃出资等问题,维护资本充实和交易安全,促进企业的稳健发展和社会经济的稳定。

自 2014 年实施认缴制以来,公司注册及市场准入门槛大大降低,有力地推动了“大众创业、万众创新”的热潮,激发了市场经济活力。但很多创业者错误地认为开公司无须投入实际资金,盲目填写注册资本,试图通过填写高额的注册资本来展现公司强大的实力,从而去吸引更多的业务。而这种盲目和随意的行为实际上增加了创业的风险,存在一定程度的隐患。

2023 年《公司法》重新设定了有限责任公司认缴出资额须 5 年内缴足的要求,将在引导创业者理性认缴出资、及时足额缴纳出资,促使企业呈现更客观的经营数据,优化经营环境、保障交易安全、保护各方利益等方面起到积极的作用。

2. 新增股权、债权可以作为非货币财产的出资形式

2023 年《公司法》第 48 条规定:“股东可以用货币出资,也可以用实物、知识产权、土地使用权、股权、债权等可以用货币估价并可以依法转让的非货币财产作价出资;但是,法律、行政法规规定不得作为出资的财产除外。对作为出资的非货币财产应当评估作价,核实财产,不得高估或者低估作价。法律、行政法规对评估作价有规定的,从其规定。”

股东出资形式的多样化,意味着投资公司出资方式的灵活性。股权、债权作为新增的两种出资方式和出资资产,在注册资本时应做好评估、入账、过户等记录。同时,股权、债权也需要符合能够评估作价等相关法定条件。

3. 明确有限责任公司股东未按期足额缴纳出资对公司的赔偿责任

2023 年《公司法》第 49 条规定:“股东应当按期足额缴纳公司章程规定的各自所认缴的出资额。股东以货币出资的,应当将货币出资足额存入有限责任公司在银行开设的账户;以非货币财产出资的,应当依法办理其财产权的转移手续。股东未按期足额缴纳出资的,除应当向公司足额缴纳外,还应当对给公司造成的损失承担赔偿责任。”

此条规定明确了股东出资义务中的主体问题,股东作为出资义务主体,公司作为接收出资的主体，如股东未能按照约定出资，实际利益遭受损害的是公司，所以本次修订中增加“应当对给公司造成的损失承担赔偿责任”系明确了股东未能按约出资遭受损害的主体，也明确约定了股东未能按期出资的情况下，即便按期补足外还需要赔偿公司损失。而关于损失赔偿责任，股东与公司有约定的按约定，没有约定的，至少需要承担逾期缴纳出资的利息，利率通常为按贷款市场报价利率（LPR）计算的同期贷款利率。

将股东出资不足对股东承担违约责任修订为对公司承担赔偿责任，这一条文取消了股东间承担违约责任的规定。需要注意的是，没有规定不意味着其他股东不可以追究违约股东的违约责任。

4. 明确股东、发起人非货币财产出资价额显著低于所认缴的出资额的，其他发起人、股东与该股东、发起人承担连带责任

2023年《公司法》第50条规定：“有限责任公司设立时，股东未按照公司章程规定实际缴纳出资，或者实际出资的非货币财产的实际价额显著低于所认缴的出资额的，设立时的其他股东与该股东在出资不足的范围内承担连带责任。”第99条规定：“发起人不按照其认购的股份缴纳股款，或者作为出资的非货币财产的实际价额显著低于所认购的股份的，其他发起人与该发起人在出资不足的范围内承担连带责任。”

上述规定确定了公司设立时股东间的相互监督、相互连带责任，保证公司资本充实，以维护市场经济秩序、保障债权人等合法权益。

5. 新增有限责任公司董事会的催缴义务，及其未履行义务的赔偿责任

2023年《公司法》第51条规定：“有限责任公司成立后，董事会应当对股东的出资情况进行核查，发现股东未按期足额缴纳公司章程规定的出资的，应当由公司向该股东发出书面催缴书，催缴出资。未及时履行前款规定的义务，给公司造成损失的，负有责任的董事应当承担赔偿责任。”

此条规定赋予董事会（或者不设董事会公司的董事）核查股东出资并催缴出资的义务，同时不作为的董事将承担赔偿责任，强化了董事信义义务，将督促公司董事会积极行使权利和履行义务，保障公司资本充足。判断董事相应责任时，应当坚持主客观相统一的原则，应当结合董事会召开情况、董事会会议记录、董事提案等相关情形，考察董事是否存在积极作为与消极不作为的情形。

6. 新增股东失权制度

2023 年《公司法》第 52 条规定："股东未按照公司章程规定的出资日期缴纳出资，公司依照前条第一款规定发出书面催缴书催缴出资的，可以载明缴纳出资的宽限期；宽限期自公司发出催缴书之日起，不得少于六十日。宽限期届满，股东仍未履行出资义务的，公司经董事会决议可以向该股东发出失权通知，通知应当以书面形式发出。自通知发出之日起，该股东丧失其未缴纳出资的股权。依照前款规定丧失的股权应当依法转让，或者相应减少注册资本并注销该股权；六个月内未转让或者注销的，由公司其他股东按照其出资比例足额缴纳相应出资。股东对失权有异议的，应当自接到失权通知之日起三十日内，向人民法院提起诉讼。"

《公司法解释(三)》第 17 条规定了股东未履行出资义务或抽逃全部出资时，经公司催告缴纳或者返还，在合理期间内仍未缴纳或者返还出资的，公司可以通过股东会决议解除该股东的资格，即股东除名。适用情形仅限于股东全部未履行出资义务或抽逃全部出资，对于股东部分未履行出资义务或抽逃部分出资时的情形没有规定。同时，对于除名规则项下的催告时间，法律没有明确规定。

2023 年《公司法》规定的失权制度是对之前除名规则的延伸和完善。股东未按照公司章程规定的出资日期缴纳出资，不限于股东全部未履行出资义务或抽逃全部出资。公司发现股东未能按期足额缴纳公司章程规定的出资，应当由公司给股东发出一个书面的催缴通知书。通知书可以载明公司给予股东一个宽限期，宽限期的期限按照法律规定不得少于 60 日。

过了宽限期股东仍然没有履行出资义务的，2023 年《公司法》规定经董事会决议可以向该股东发出失权通知，通知自发出之日起生效，即通知发出后，股东就丧失了其对应没有缴纳出资的股权。因此，在 6 个月内，股东面临两个选择：一是依法转让，二是将其股权注销，也就是减资。股东在 6 个月内没有进行相应的转让或者注销的，将由公司的其他股东来认缴股权。

7. 明确股东抽逃出资的责任承担规则

2023 年《公司法》第 53 条规定:“公司成立后,股东不得抽逃出资。违反前款规定的,股东应当返还抽逃的出资;给公司造成损失的,负有责任的董事、监事、高级管理人员应当与该股东承担连带赔偿责任。”

第 253 条规定:“公司的发起人、股东在公司成立后,抽逃其出资的,由公司登记机关责令改正,处以所抽逃出资金额百分之五以上百分之十五以下的罚款;对直接负责的主管人员和其他直接责任人员处以三万元以上三十万元以下的罚款。”

《公司法解释(三)》第 12 条列举了抽逃出资的表现形式,并且在第 14 条第 1 款规定:“股东抽逃出资,公司或者其他股东请求其向公司返还出资本息、协助抽逃出资的其他股东、董事、高级管理人员或者实际控制人对此承担连带责任的,人民法院应予支持。”值得注意的是,2023 年《公司法》第 53 条将董事、监事、高级管理人员应当与该股东承担连带赔偿责任的条件由“协助”变更为“负有责任”,“协助”可以理解为存在主观故意,而“负有责任”则将过失情形亦纳入其中,增强了董事、监事、高级管理人员承担责任的因果关系。

8. 新增主管单位对公司的股东或者发起人未按照本规定缴纳认缴的出资额或者股款的监管设施

国务院《关于实施〈中华人民共和国公司法〉注册资本登记管理制度的规定》第 9 条规定:“公司的股东或者发起人未按照本规定缴纳认缴的出资额或者股款,或者公司未依法公示有关信息的,依照公司法、《企业信息公示暂行条例》的有关规定予以处罚。”

公司调整股东认缴和实缴的出资额、出资方式、出资期限等,应当依法向社会公示。公司登记机关对公司公示认缴和实缴情况进行监督检查,根据公司的信用风险状况实施分类监管。公司未按照规定调整出资期限、注册资本的,由公司登记机关责令改正;逾期未改正的,由公司登记机关在国家企业信用信息公示系统作出特别标注并向社会公示。同时可依据《公司法》第 252 条的规定,公司的发起人、股东虚假出资,未交付或者未按期交付作为出资的货币或者非货币财产的,由公司登记机关责令改正,可以处以 5 万元以上 20 万元以下的罚款;情节严重的,处以虚假出资或者未出资金额5%以上15%以下的罚款;对直接负责的主管人员和其他直接责任人员处以1万元以上10万元以下的罚款。

9. 新增股东出资加速到期制度

2023年《公司法》第54条规定:“公司不能清偿到期债务的,公司或者已到期债权的债权人有权要求已认缴出资但未届出资期限的股东提前缴纳出资。”

在《公司法》本次修订之前,立法领域并没有股东出资加速到期制度的规定,在法律层面,仅有公司在进入破产程序后的出资期限加速到期的规定(《企业破产法》第35条),但该规定并不能适用于非破产公司,仍不能从根本上平衡债权人与股东的利益。

除此之外,最高人民法院在《公司法解释(二)》第22条中,对于公司解散时如果股东存在尚未缴纳的出资也规定了加速到期的规则,但该规则同样存在适用的狭隘性,其仅能适用在公司清算的过程中,并不能对正常经营的公司适用。

2019年最高人民法院出台的《九民纪要》对股东出资加速到期制度进行了进一步的明确规定,其首先承认在注册资本认缴制下,股东对出资依法享有期限利益,但是在特殊情况下,债权人可以以公司不能清偿到期债务为由,请求未届出资期限的股东在未出资范围内对公司不能清偿的债务承担补充赔偿责任。该特殊情况限定在以下两种情形:(1)公司作为被执行人的案件,法院穷尽执行措施无财产可供执行,已具备破产原因,但不申请破产的;(2)在公司债务产生后,公司股东会决议或以其他方式延长股东出资期限的。

该纪要虽然提出了“股东出资加速到期”的问题,但该等相关规定是以保障股东的“期限利益”为原则,以“股东出资加速到期”为例外的。

而2023年《公司法》正式确立了股东出资加速到期制度。如发生公司不能清偿到期债务的情况,则股东不再享有期限利益,公司或已到期债权的债权人有权无须附加任何条件要求股东提前缴纳出资。这标志着股东出资加速到期制度的正式确立。

10. 新增未届出资期限股权转让后的出资责任规定

2023 年《公司法》第 88 条规定:“股东转让已认缴出资但未届出资期限的股权的,由受让人承担缴纳该出资的义务;受让人未按期足额缴纳出资的,转让人对受让人未按期缴纳的出资承担补充责任。未按照公司章程规定的出资日期缴纳出资或者作为出资的非货币财产的实际价额显著低于所认缴的出资额的股东转让股权的,转让人与受让人在出资不足的范围内承担连带责任;受让人不知道且不应当知道存在上述情形的,由转让人承担责任。”

此条吸收了《公司法解释(三)》第 13 条及第 18 条的相关规定,并进行了完善。未届出资期限的股权转让和已届出资期限的股权转让,两者出资责任的承担主体和承担方式均不同,此条分两款进行规定。

此条第 1 款规定,在认缴期限届满前,股东享有期限利益,虽然出资义务未产生,但为确保股东兑现认缴承诺,维护资本充实原则,保护债权人利益,在受让人未按期缴纳出资的情况下,转让股东仍应对受让人的出资责任兜底,承担补充责任。

此条第 2 款规定,股东未尽出资义务即转让股权,转让股东的出资义务不得因股权转让而消除,其仍然应当承担出资义务。由于受让人在受让股权时应当查证该股权所对应的出资义务是否履行,具有较公司其他股东更高的注意义务,在受让人明知或应知转让股东未尽出资义务仍受让股权时,其更应对转让股东未尽的出资义务承担连带责任。其不能因其与转让股东之间的约定对抗其他股东、公司或者债权人。同时,此条还规定了非货币出资不足情形下的责任承担。股东以实物、土地使用权、知识产权等非货币财产作价出资,其实际价额显著低于所认缴出资额的,属于出资不足,股东在此情形下转让股权的,转让人自然应承担出资义务,同时非善意受让人在出资不足的范围内与该股东承担连带责任。

11. 配套股份有限公司的出资制度,修改股份公司注册资本的定义

2023 年《公司法》第 96 条规定:“股份有限公司的注册资本为在公司登记机关登记的已发行股份的股本总额。在发起人认购的股份缴足前,不得向他人募集股份。法律、行政法规以及国务院决定对股份有限公司注册资本最低限额另有规定的,从其规定。”

本条明确了注册资本与股份、股本的关系，并确定发起人认购的股份必须缴足才能向他人募集股份，包括募集设立、公开发行新股和定向发行新股。要求股份有限公司在向他人募集股份前发起人必须缴足其认购股份，一方面是基于社会公共利益的考虑，另一方面也是制约部分发起人借募集股份之名损害他人利益的措施。

12. 调整股份有限公司出资方式为实缴制

2023 年《公司法》第 97 条规定："以发起设立方式设立股份有限公司的，发起人应当认足公司章程规定的公司设立时应发行的股份。以募集设立方式设立股份有限公司的，发起人认购的股份不得少于公司章程规定的公司设立时应发行股份总数的百分之三十五；但是，法律、行政法规另有规定的，从其规定。"

第 98 条规定："发起人应当在公司成立前按照其认购的股份全额缴纳股款。发起人的出资，适用本法第四十八条、第四十九条第二款关于有限责任公司股东出资的规定。"

股份有限公司的出资方式采用的是实缴制，旨在保护中小股东及债权人的利益。新设的股份有限公司，应结合自身实际出资能力合理设置公司章程中的注册资本以及各股东所认购的股份，确保可实缴到位；对于已经设立的股份有限公司，如拟发行新股实施股权激励计划，则应结合自身实际情况妥善安排发行规模及股权激励对象的认购能力，保证足额缴纳股款。

（五）股东出资纠纷诉讼的实务操作

1. 诉讼主体

（1）原告：公司、股东、债权人、清算组、破产管理人。

（2）被告：违反出资义务的股东、协助抽逃出资的高级管理人员、瑕疵股权的受让人。

2. 案由

《民事案件案由规定》将公司决议纠纷作为三级案由并列出两个细分的四级案由，即公司决议效力确认纠纷和公司决议撤销纠纷规定在内。股东未按规定缴纳出资,或者虚假出资、出资不足、抽逃出资等,可能引发股东与公司之间、股东与股东之间、股东与公司债权人之间的出资等纠纷。

3. 管辖

依据《民事诉讼法》第27条的规定,因公司设立、确认股东资格、分配利润、解散等纠纷提起的诉讼,由公司住所地法院管辖。法律未对股东出资纠纷诉讼的管辖单独作出明确规定,一般依照《民事诉讼法》第27条,并结合案件实际情况确定具体管辖法院。实践中,股东出资纠纷引发的诉讼,既有由被告住所地法院管辖的案例,也有由公司住所地法院管辖的案例。

4. 诉讼时效

股东出资纠纷不适用诉讼时效的规定,最高人民法院《关于审理民事案件适用诉讼时效制度若干问题的规定》第1条规定:"当事人可以对债权请求权提出诉讼时效抗辩,但对下列债权请求权提出诉讼时效抗辩的,人民法院不予支持:(一)支付存款本金及利息请求权;(二)兑付国债、金融债券以及向不特定对象发行的企业债券本息请求权;(三)基于投资关系产生的缴付出资请求权;(四)其他依法不适用诉讼时效规定的债权请求权。"同时,《公司法解释(三)》第19条规定:"公司股东未履行或者未全面履行出资义务或者抽逃出资,公司或者其他股东请求其向公司全面履行出资义务或者返还出资,被告股东以诉讼时效为由进行抗辩的,人民法院不予支持。公司债权人的债权未过诉讼时效期间,其依照本规定第十三条第二款、第十四条第二款的规定请求未履行或者未全面履行出资义务或者抽逃出资的股东承担赔偿责任,被告股东以出资义务或者返还出资义务超过诉讼时效期间为由进行抗辩的,人民法院不予支持。"

因此,对股东出资的请求权不适用诉讼时效的规定。

5. 诉讼请求

(1)在以货币资产出资的纠纷案件中,诉讼请求一般为请求股东履行出资义务,支付出资款及逾期支付期间的利息(自约定的出资之日起至判决生效之日止,按银行同期贷款利率计算);或者判令股东补足抽逃的注册资本金,并承担连带责任。

(2)在以非货币资产出资的纠纷案件中,诉讼请求一般为如下两种:一是请求将股东名下的资产登记至公司名下或交付给公司使用;二是请求股东向公司支付自公司设立之日至上述资产变更或交付至原告之日止的使用费(按照市场标准计算)。

五、新增资本认购纠纷

(一)新增资本认购纠纷概述

新增资本认购纠纷是有限责任公司新增资本认购、股份有限公司发行新股认购产生的纠纷,是对增资行为本身有异议产生的纠纷,主要是发生在新出资人与公司之间以及原股东与公司之间的纠纷,包括股东或者公司之外的其他人起诉要求确认享有公司股权。而公司增资纠纷主要是公司在增加资本过程中因增资行为而引起的民事纠纷。司法实践中,新增资本认购纠纷大多数为新出资人或原股东请求确认股东地位或返还投资款的案件,而公司增资纠纷大多数为因侵害股东优先认缴权而引发的案件。

有限责任公司新增资本认购、股份有限公司发行新股认购时,新出资人与公司之间、原股东与公司之间可能因新增资本认购而产生权利归属等争议,表现为增资程序、优先认购权的行使、股份有限公司增资的特殊要求、认购协议解除等常见的纠纷形式。实践中具体包括两大类。

1. 双方因行使优先购买权产生的纠纷

公司新增资本的优先购买权是指有限责任公司新增资本或股份有限公司发行股份时,原有股东享有优先于非股东购买新股的权利。在我国,《公司法》在2023年修订时在第84条对有限责任公司股东对外转股权的规定中删除“同意权”,明确“优先购买权”,即股东向股东以外的人转让股权的,应当将股权转让的数量、价格、支付方式和期限等事项书面通知其他股东,其他股东在同等条件下有优先购买权。股东自接到书面通知之日起30日内未答复的,视为放弃优先购买权。两个以上股东行使优先购买权的,协商确定各自的购买比例;协商不成的,按照转让时各自的出资比例行使优先购买权。第227条规定,有限责任公司新增资本时,股东有权按照出资比例优先认缴出资,但是全体股东约定不按照出资比例优先认缴出资的除外;明确股份有限公司不享有优先购买权,公司章程另有规定或者股东会决议决定股东享有优先认购权的除外。规定上的差异是因为有限责任公司具有人合性,其股东比较固定,股东之间具有相互信赖、依赖的关系;而股份有限公司具有资合性,体现交易的市场性与公正性。

股东优先购买权纠纷主要体现在数个其他股东同时主张行使优先购买权,以及视为同意对外转让出资的股东的优先购买权问题上。

2. 股东或者公司之外的其他人起诉要求确认公司股权纠纷

在满足以下条件时,法院应判令公司向公司登记机关办理相应的变更登记,确认出资人享有公司股权:(1)公司股东会关于增加公司注册资本的决议合法、有效;(2)公司股东会决议新增资本总额已经认缴;(3)新增资本已经向公司缴纳并经依法设立的验资机构验资;(4)股份有限公司增加注册资本依法需要报经国务院证券监督管理机构核准的,已经核准。

(二)典型案例分析

1. 增资扩股协议解除导致返还资产、减持手续的新增资本认购纠纷

案例 | 海胶公司、华阳投资公司等新增资本认购纠纷

审理法院:最高人民法院

案号:(2021)最高法民申3136号

【基本案情】

2017年10月25日,华阳投资公司与海胶公司签订《合作框架协议》和《合资协议》,在海口发起设立合资公司华橡公司。合资公司的注册资本为8000万元,华阳投资公司认缴5200万元,占股65%,以货币出资;海胶公司认缴2800万元,占股35%,以实物出资。

2017年12月21日,华阳投资公司、海胶公司、华阳致远公司、华橡公司共

同签订《增资扩股协议》，华阳投资公司在原出资金额5200万元的基础上，增资110,149.50万元，以货币加股权方式出资，其中5200万元货币出资于2017年12月31日前缴纳，用于出资的翔宇公司100%股权须在2018年3月31日前办理完过户手续，其余出资须在2019年12月31日前全部出资到位；海胶公司增资59,311.27万元，原出资金额2800万元由实物出资变更为股权出资，海胶公司用于出资的股权为其持有的经纬公司、安顺达公司、老城海胶公司、知知公司四家全资子公司100%股权，评估价值合计62,111.27万元，于2017年12月31日前办理过户手续。华橡公司增资后的注册资本为177,460.77万元，华阳投资公司持股65%，海胶公司持股35%。

2017年12月27日，海胶公司完成股权变更登记；2018年1月15日，华阳投资公司完成股权变更登记；2018年1月19日，华阳投资公司向华橡公司转账5200万元，华阳投资公司剩余未缴出资款约4.9亿元。

2018年4月16日，海胶公司认为华阳投资公司逾期缴纳投资款，且华阳投资公司在双方未对翔宇公司的资产评估值达成一致的情况下，于2018年1月15日将股权转入华橡公司名下的行为不符合协议的约定，已构成违约。海胶公司起诉请求解除《增资扩股协议》并返还海胶公司因2017年12月21日签订的《增资扩股协议》而注入华橡公司的资产（经纬公司、安顺达公司、老城海胶公司、知知公司四家公司100%股权）并办理相应的减资手续。一审法院裁判认定华橡公司依照公司章程成立，海胶公司依照《增资扩股协议》将其持有的经纬公司等四家公司的资产转化为华橡公司资产，故海胶公司无权主张返还已经注资到华橡公司的股权。

海胶公司不服一审判决，提起上诉。二审法院认为，《增资扩股协议》系海胶公司与华阳投资公司等各方主体的意思表示，海胶公司依据其履约行为获得华橡公司的股权，而华阳投资公司的义务履行期限尚未届满，故海胶公司不享有《增资扩股协议》约定的解除权，亦不能要求返还已工商变更登记的出资。

海胶公司不服生效判决，提起再审申请。

【争议焦点】

（1）海胶公司主张案涉《增资扩股协议》已经解除是否应予支持？

(2)海胶公司请求返还已经注入华橡公司的资产是否应予支持?

(3)海胶公司请求华橡公司办理减资手续是否应予支持?

【审理结果与裁判要点】

再审法院认为,公司以资本为信用,公司资本一经增加非依法定程序不可随意变更,对外具有公示效力的公司股东非依法定程序不得随意抽回出资。因此,原审认为海胶公司不能以华阳投资公司的履约瑕疵为由要求返还其已经工商变更登记的出资,不支持海胶公司关于返还其因《增资扩股协议》而注入华橡公司资产的请求,适用法律并无不当。公司减资属于公司内部自治事项,公司法规定了经股东会决议后公司减资应履行的程序,强制公司减资也违背公司法关于公司自治的立法精神。原审法院认为司法不宜直接干预公司自治事项,不支持海胶公司关于办理减资手续的诉请,亦无不当。故再审法院驳回了海胶公司的再审申请。

股东出资纠纷处理的是股东违法出资行为,而新增资本认购纠纷是有限责任公司新增资本认购、股份有限公司发行新股认购产生的纠纷。新增资本认购纠纷的当事人请求确认解除相应《增资扩股协议》,应当依照《民法典》《公司法》等相关法律规定适用。

《民法典》对合同的解除做了明确规定,第 562 条规定,当事人协商一致,可以解除合同。第 563 条规定,以持续履行的债务为内容的不定期合同,当事人可以随时解除合同,但是应当在合理期限之前通知对方。实务中,不符合当事人约定的解除条件,公司存在预期违约、迟延履行等根本违约的情形,相对方可行使法定的违约解除权,当事人亦享有法定解除权。

根据《公司法》的相关规定,公司是企业法人,有独立的法人财产,享有法人财产权。公司以其全部财产对公司的债务承担责任。有限责任公司的股东以其认缴的出资额为限对公司承担责任;股份有限公司的股东以其认购的股份为限对公司承担责任。公司成立后,股东不得抽逃出资。根据公司公示公信效力,如本案中,股东依据《增资扩股协议》履行股权出资,相应股权经法定程序评估后变更至目标公司,并完成工商变更登记,符合公司增资的法定条件和程序。公司资本一经增加,非依法定程序不可随意变更。公司减资会对债权人利益产生影响，公司需要减少注册资本时，必须编制资产负债表及财产清单，应当自作出减少注册资本决议之日起10日内通知债权人，并于30日内在报纸上公告。债权人自接到通知书之日起30日内，未接到通知书的自公告之日起45日内，有权要求公司清偿债务或者提供相应的担保。公司减资属于典型的公司内部自治，按照法律规定，需履行较为严格和较为复杂的程序，目前法律并无规定强制公司减资的制度。对于办理公司减资，在无法律规定的情况下司法不宜直接干预。

《公司法》第59条规定："股东会行使下列职权：……（七）对公司合并、分立、解散、清算或者变更公司形式作出决议；……对本条第一款所列事项股东以书面形式一致表示同意的，可以不召开股东会会议，直接作出决定，并由全体股东在决定文件上签名或者盖章。"第66条第3款规定："股东会作出修改公司章程、增加或者减少注册资本的决议，以及公司合并、分立、解散或者变更公司形式的决议，应当经代表三分之二以上表决权的股东通过。"如本案中，并未形成有效的关于减资的股东会决议，也不存在全体股东协商一致在决定文件上签名、盖章的情形，不符合公司减资的法律规定，海胶公司请求返还出资缺乏法律依据。

2. 新增资本认购协议的效力问题及引发的股权回购纠纷

案例｜甄投中心、运货柜公司新增资本认购纠纷

审理法院：最高人民法院

案号：(2020)最高法民申1191号

【基本案情】

2016年4月28日，甄投中心（有限合伙）与龙某、广州市鹏合物流企业（有限合伙）、广州广投资有限公司、深圳前海深汇股权投资合伙企业（有限合伙）、运货柜公司签订《增资协议》，约定甄投中心向运货柜公司增资1050万元。同日，上述人员与任某签订《增资协议的补充协议》，约定了运货柜公司的回购情形及回购款总额，当运货柜公司无法履行回购义务时，任某承担无条件的全额连带回购责任。2016年5月27日，甄投中心向运货柜公司转款1050万元。

2018年1月26日，甄投中心与任某再次签订《补充协议二》，约定在原《补充协议》约定的各方权利义务不变的基础上，任某同意若甄投中心以诉讼或其他任何司法手段向标的公司主张回购权利，无论判决（或调解）结果如何，任某或任某指定的第三方应于判决书或调解书下发之日起60日内，全额回购甄投中心所持全部标的公司股权，并承诺回购事宜最迟于2018年12月31日完成，否则回购利率调整为10%。

2018年8月，甄投中心向法院提起诉讼，要求运货柜公司、任某按《增资协议》及《补充协议》的约定履行回购义务。依据《补充协议》约定，回购价格须保证甄投中心的年投资收益不得低于50%，一审法院裁判认定该约定违反资本维持原则和损害公司、公司债权人利益，驳回了甄投中心的诉讼请求。

甄投中心不服一审判决，提起上诉。依据公司资本维持原则要求，二审法院判决维持原裁判结果。

甄投中心不服二审判决，提起再审。

【争议焦点】

（1）本案系担保合同纠纷还是新增资本认购纠纷？

（2）任某与甄投中心签订的协议是否有效；任某是否应承担股权回购的义务？

【审理结果与裁判要点】

再审法院认为，《九民纪要》第5条第2款明确规定："投资方请求目标公司回购股权的，人民法院应当依据《公司法》第35条关于'股东不得抽逃出资'或者第142条关于股份回购的强制性规定进行审查。经审查，目标公司未完成减资程序的，人民法院应当驳回其诉讼请求。"具体到本案中，针对甄投中心要求运货柜公司回购股权这一事项，应当分两方面进行审理：一是《补充协议》的效力问题；二是基于合同有效前提下的履行问题。原判决并未说明《补充协议》存在符合合同无效的法定情形，合同本身应当认定为有效。至于《补充协议》约定的股权回购实际上是不是可以履行，存在多种可能性，而非一种必然性。股权回购是否经过2/3以上有表决权的股东通过、目标公司是否已完成减资程序、债权人是否同意等事项均具有不确定性。原判决在上述事实未经审理的情形下直接认定合同本身必然无效，确有不当。但鉴于甄投中心并未主张运货柜公司已完成减资程序，也未提交有关减资的证据，故原判决从实体结果处理上来说并无不当。故再审法院驳回了甄投中心的再审申请。

“对赌协议”，即投资方与融资方达成融资协议时，对于未来不确定的情况进行一种约定。此类协议一方面满足了实体经济在资本市场上市前对融资的需求；另一方面满足了资金融出方对投资盈利的需求，其本质上是融资方式的创新，有利于社会资本的有效利用和资本市场的流通繁荣。

资本认购协议纠纷类型多元化，主要涉及因行使有限认股权而产生的纠纷、认缴人不履行新增资本出资义务而产生的纠纷。“对赌协议”涉及的股权回购条款系当事人意思自治范畴，若不存在法律无效事由，应当认定其有效。

3. 解除增资协议，返还增资认购投资款纠纷

案例｜华帝公司、陶某王新增资本认购纠纷

审理法院：最高人民法院

案号：(2019)最高法民终1993号

【基本案情】

2016年5月4日，蓝德公司作为甲方和陶某王作为乙方、施某教作为丙方签订《5.4增资协议》，约定标的公司为华帝公司，其中陶某王和施某教为标的公司的现有登记股东（施某教所持股权，在该协议生效后工商增资变更登记时由陶某王全额吸收并变更法定代表人）。该协议第1条约定：“各方同意，标的公司的注册资本变更为8650万元。甲方向标的公司投资人民币6050万元，占标的公司70%的股权。乙方向标的公司增加投资人民币1万元。投资后，乙方与丙方占标的公司的注册资本合计为2595万元，占公司30%的股权。”该协议第2条约定：“甲方的投资款投入前置条件为在当地工商主管部门股权变更完毕。”

2016年6月8日，李某祥作为甲方和陶某王作为乙方、华帝公司作为标的公司签订《6.8增资协议》，约定华帝公司将1766.25万元股权过户给李某祥，李某祥暂不支付该股权转让款。完成过户后，陶某王持有标的公司827.75万

元股权,标的公司按此持股比例在当地工商主管部门进行股权变更登记、股东登记,并将李某祥变更为标的公司的法定代表人,同时办理变更标的公司其他各项资质证照。各方增资后,李某祥实际出资额为6055万元,占变更后总注册资本的70%,陶某王实际出资额为2595万元,占变更后总注册资本的30%,标的公司总注册资本变更为8650万元,标的公司按此持股比例在当地工商主管部门再次进行股权变更登记。自协议生效之日起5年内李某祥和陶某王不得将其持有的标的公司的股权以转让或以其他任何方式退出。一旦有股东退出,退出股东的股权全部无偿划归未退方。陶某王承诺标的公司如未能实现该协议第2条第1款和第2款规定内容,则该协议无效,华帝公司和陶某王收到的李某祥增资款及借款必须由陶某王负责足额退换,并按年利率15%计算占用期间之利息。李某祥在该协议签订前以蓝德公司名义向标的公司汇款600万元,陶某王予以承认并同意计入李某祥投资款内,由标的公司财务进行账务处理。该协议最后有甲方李某祥签字,乙方陶某王签字,标的公司华帝公司未盖章。华帝公司系注册资本2594万元的自然人独资有限责任公司。2016年6月8日,股东由陶某王和施某教两人变更为陶某王一人。

蓝德公司提起诉讼,请求解除《5.4增资协议》《6.8增资协议》,华帝公司和陶某王共同返还投资款并支付利息。一审法院认为,《5.4增资协议》欠缺当事人签字这一生效要件,故该合同并未成立,不涉及解除协议之事项;《6.8增资协议》应为合法有效,但陶某王和华帝公司并未按约定将股权变更,符合该协议的解除条件,故华帝公司和陶某王共同返还投资款并支付利息。

华帝公司不服一审判决,提起上诉。

【争议焦点】

(1)案涉《6.8增资协议》是否应予解除?

(2)华帝公司、陶某王对蓝德公司已付投资款是否应予返还?

【审理结果与裁判要点】

二审法院认为,从《6.8增资协议》第4条第4款约定的内容看,“乙方承诺标的公司如未能实现本协议第二条之2.1款和第2.2款规定内容,则本协议无效,标的公司和乙方收到的甲方增资款及借款乙方必须负责足额退还,并按年利率 15% 计算占用期间之利息”，该条款是双方对合同解除条件的约定。本案中，由于华帝公司的股东仍为陶某王一人、截至本案判决时未完成股权变更登记、股东登记等，未能实现《6.8 增资协议》第 2 条第 1 款规定的情形，且双方均认可矿山由华帝公司的债权人控制、蓝德公司无法参与经营，故蓝德公司起诉解除《6.8 增资协议》，有事实和法律依据。一审判决解除《6.8 增资协议》，并无不当。

根据《民法典》第 566 条的规定，合同解除后，已经履行的，当事人可以请求恢复原状、采取其他补救措施，并有权要求赔偿损失。双方在《6.8 增资协议》第 4 条第 4 款中约定了合同解除后，对于标的公司（华帝公司）和乙方（陶某王）收到的甲方（李某祥）增资款及借款，乙方必须负责足额退还，并按年利率 15% 计算占用期间之利息。根据蓝德公司（甲方）和华帝公司（乙方）2016 年 4 月 1 日至 2017 年 7 月 31 日的结算对账单，双方认可甲方应收乙方累计欠款共 35,262,063.39 元。因此，根据《民法典》第 507 条的规定，“合同不生效、无效、被撤销或者终止的，不影响合同中有关解决争议方法的条款的效力”，一审判决华帝公司、陶某王共同返还蓝德公司投资款 35,262,063.39 元，并按年利率 15% 支付利息，有事实和法律依据。故二审法院驳回上诉，维持原判。

公司新增资本认购属于公司自治范围，在增资协议有效且存在约定解除条款内容时，增资协议可因合同违约而解除。

增资协议本质系合同，属于当事人意思自治的范畴，若不存在法律无效事由，应当认可其效力，依照增资协议相关条款内容履行义务。若存在合同违约或者法定违约情形，则一方当事人可依据相关法律规定或者增资协议本身行使解除权。具体到本案中，《6.8 增资协议》系李某祥和陶某王双方的真实意思表示，并不违反法律法规等效力性强制规定，故该增资协议有效。同时，工商登记具有公示效力，目标公司在接受增资后，股权未办理工商变更之前，可以因增资协议解除返还相应投资款。依据《6.8 增资协议》第 4 条第 4 款的双方解除权内容，华帝公司并未完成工商登记，未能实现合同条款内容，则蓝德公司有权主张解除该协议。

(三)疑难法律问题解答

1. 新增资本认购协议所涉“对赌协议”效力与履行

“对赌协议”,又称估值调整协议,是指投资方与融资方在达成股权性融资协议时,为解决交易双方对目标公司未来发展的不确定性、信息不对称以及代理成本而设计的包含了股权回购、金钱补偿等对未来目标公司的估值进行调整的协议。

从订立“对赌协议”的主体来看,有投资方与目标公司的股东或者实际控制人“对赌”,投资方与目标公司“对赌”,投资方与目标公司的股东、目标公司“对赌”等形式。

法院在审理“对赌协议”纠纷案件时,不仅应当适用公司法的相关规定,还应当适用合同相关的法律规定;既要坚持鼓励投资方对实体企业特别是科技创新企业投资原则,从而在一定程度上缓解企业融资难的问题,又要贯彻资本维持原则和保护债权人合法权益原则,依法平衡投资方、公司债权人、公司之间的利益。

对于投资方与目标公司的股东或者实际控制人订立的“对赌协议”,如无其他无效事由,认定有效并支持实际履行,实践中并无争议。但投资方与目标公司订立的“对赌协议”是否有效以及能否实际履行,存在争议。对此,应当把握如下处理规则:

(1)对于投资方主张实际履行与目标公司签订的“对赌协议”的,根据《九民纪要》意见,法院应当审查是否符合《公司法》关于“股东不得抽逃出资”及股份回购的强制性规定,判决是否支持其诉讼请求。

(2)投资方请求目标公司回购股权的,法院应当依据《公司法》第 53 条关于股东不得抽逃出资或者第 162 条关于股份回购的强制性规定进行审查。经审查,目标公司未完成减资程序的,人民法院应当驳回其诉讼请求。

(3)投资方请求目标公司承担金钱补偿义务的,法院应当依据《公司法》第 53 条关于股东不得抽逃出资和第 210 条关于利润分配的强制性规定进行审查。经审查,目标公司没有利润或者虽有利润但不足以补偿投资方的,法院应当驳回或者部分支持其诉讼请求。今后目标公司有利润时,投资方还可以依据该事实另行提起诉讼。

2. 新增资本认购纠纷中所涉“明股实债”问题

《公司法》第 4 条第 2 款规定:“公司股东对公司依法享有资产收益、参与重大决策和选择管理者等权利。”股东投资设立公司属于经营行为,旨在通过投资获得股东资格以及与股权相关的财产性权益;公司作为营利法人,以取得利润并分配给股东等出资人为目的。

司法实践中,有在《资本认购协议》中对“利润分配”作出如此约定的:目标公司损益不按照双方出资占出资总额的比例分配,认购方虽然为目标公司的股东,但不参与目标公司利润分配亦不承担亏损和经营失败的风险,而是享有固定比例资金回报。该约定不符合股权投资的法律特征。如发生纠纷,通常按照民间借贷法律关系的相关规定就案涉争议作出处理。

3. 新增资本认购纠纷中所涉“让与担保”问题

公司融资过程中,为借款而用公司股权质押担保,贷款人或者投资人为了增加对股权的控制,要求借款人将股权过户,还款后再把股权予以变更。这时就形成了法律专业术语中的“股权让与担保”。因此,股权让与担保下的股权转让,并不是真正意义上的转让。《担保制度解释》第 69 条规定,股东以将其股权转移至债权人名下的方式为债务履行提供担保,公司或者公司的债权人以股东未履行或者未全面履行出资义务、抽逃出资等为由,请求作为名义股东的债权人与股东承担连带责任的,法院不予支持。债权人可以要求转让人对出资瑕疵承担相应的责任。

在让与担保法律关系中,债务人或者第三人偿还债务后,有权要求债权人返还抵押或质押的担保财产。

要注意的是,让与担保中的“名义股东”与股权代持中的“显名股东”是不同的法律关系,在责任认定中也有区别。

4. 增资协议单方解除后,出资股东请求返还投资款能否得到支持

根据最高人民法院相关判决的裁判要旨,增资协议解除后,出资股东能否要求返还其投资,应以是否完成标的公司注册资本变更登记为准作不同处理。

未完成变更登记的,因未产生对外公示效力,属于出资股东与标的公司及原股东的内部交易关系,可以依据合同关系返还;已经完成变更登记的,由于涉及债权人等信赖利益保护问题,未经减资等法定程序,不得返还。

(四)2023年《公司法》关于新增资本认购的修订要点

1. 新增股权、债权可以作为非货币财产的出资形式

2023年《公司法》第48条规定:"股东可以用货币出资,也可以用实物、知识产权、土地使用权、股权、债权等可以用货币估价并可以依法转让的非货币财产作价出资;但是,法律、行政法规规定不得作为出资的财产除外。对作为出资的非货币财产应当评估作价,核实财产,不得高估或者低估作价。法律、行政法规对评估作价有规定的,从其规定。"

此条规定新增的股权和债权出资形式对实践的影响,主要体现在增加了出资方式的灵活性,为企业提供了更多的融资选择。股权和债权作为出资形式,需权属清楚、权能完整,价值评估等需要严格遵守相关法律法规和公司章程的规定,无权利瑕疵或权利负担,确保出资的合法性和有效性。

2. 删除有限责任公司股东对外转让股权时其他股东的同意权规则

2023年《公司法》第84条规定:"有限责任公司的股东之间可以相互转让其全部或者部分股权。股东向股东以外的人转让股权的,应当将股权转让的数量、价格、支付方式和期限等事项书面通知其他股东,其他股东在同等条件下有优先购买权。股东自接到书面通知之日起三十日内未答复的,视为放弃优先购买权。两个以上股东行使优先购买权的,协商确定各自的购买比例;协商不成的,按照转让时各自的出资比例行使优先购买权。公司章程对股权转让另有规定的,从其规定。"

2018年《公司法》规定的"同意+优先"规则,2023年《公司法》只需要"优先"规则就能实现,简化了股权转让程序。尽管取消了同意权规则,但其他股东仍享有优先购买权。如果多个股东行使优先购买权,可以协商确定各自的购买比例;协商不成的,按照转让时各自的出资比例行使优先购买权。

3. 明确股份有限公司股东不享有优先认购权

2023 年《公司法》第 227 条规定:“有限责任公司增加注册资本时,股东在同等条件下有权优先按照实缴的出资比例认缴出资。但是,全体股东约定不按照出资比例优先认缴出资的除外。股份有限公司为增加注册资本发行新股时,股东不享有优先认购权,公司章程另有规定或者股东会决议决定股东享有优先认购权的除外。”

作为一种资合型公司组织形式,在股份有限公司中,股东之间的股权转让行为并不牵涉对其他股东的优先购买权问题。此条规定更好地平衡了公司筹资效率和股东权利保护。

(五)新增资本认购纠纷诉讼的实务操作

1. 诉讼主体

(1)原告:公司股东、公司新股东及已获得股东会许可的新增资本认购人。

(2)被告:公司。

2. 案由

《民事案件案由规定》将公司决议纠纷作为三级案由规定在内,并下设公司决议效力确认纠纷、公司决议撤销纠纷两个四级案由。新增资本认购纠纷系有限责任公司因增资行为而产生的纠纷,该案由易与公司增资纠纷、股东出资纠纷发生混淆。新增资本认购纠纷的关键在于“新增”,公司增资是公司原股东之间协商一致对公司注册资本进行增加,而新增资本是公司股东之外的人对公司进行投资。审查的关键在于增资行为主体系公司内部还是外部人员,主要从增资协议的订立主体与增资目的进行审查。

3. 管辖

因新增资本认购纠纷提起的诉讼,应以《民事诉讼法》第 27 条“因公司设立、确认股东资格、分配利润、解散等纠纷提起的诉讼,由公司住所地人民法院管辖”和《民事诉讼法解释》第 22 条“因股东名册记载、请求变更公司登记、股东知情权、公司决议、公司合并、公司分立、公司减资、公司增资等纠纷提起的诉讼,依照民事诉讼法第二十七条规定确定管辖”为法律依据,结合起诉金额,综合考虑案件具体情况以确定具体管辖法院。

4. 诉讼时效

不应适用诉讼时效的规定。最高人民法院《关于审理民事案件适用诉讼时效制度若干问题的规定》第1条规定:“当事人可以对债权请求权提出诉讼时效抗辩,但对下列债权请求权提出诉讼时效抗辩的,人民法院不予支持:(一)支付存款本金及利息请求权;(二)兑付国债、金融债券以及向不特定对象发行的企业债券本息请求权;(三)基于投资关系产生的缴付出资请求权;(四)其他依法不适用诉讼时效规定的债权请求权。”新增资本认购的请求权并不属于上述债权请求权范围。

5. 诉讼请求

(1)请求确定增资扩股协议无效、撤销或者解除。

(2)请求公司依照约定一次性回购股东所持有的股权,同时支付回购款。

(3)请求公司返还投资款、支付投资收益款及违约金。

六、请求公司收购股份纠纷

(一)请求公司收购股份纠纷概述

请求公司收购股份,又称异议股东回购请求权、异议评估权,是指当股东会基于多数表决,就有关公司重大事项作出决议时,即公司连续5年不向股东分配利润,而公司该5年连续盈利,并且符合《公司法》规定的分配利润条件的,公司合并、分立、转让主要财产的,公司章程规定的营业期限届满或者章程规定的其他解散事由出现,股东会通过决议修改章程使公司存续的等。如果股东明确表示了反对意见,而该事项获得决议通过,则该股东有权要求公司以合理的价格收购其所持有的公司股份。否则,自股东会决议作出之日起60日内,股东与公司不能达成股权收购协议的,股东可以自股东会决议作出之日起90日内向法院提起诉讼;公司的控股股东滥用股东权利,严重损害公司或者其他股东利益的,其他股东有权请求公司按照合理的价格收购其股权;公司因上述情形收购的本公司股权,应当在6个月内依法转让或者注销。

异议股东回购请求权制度的价值主要在于保护中小股东的利益,使异议股东选择以获得合理而公平的股份补偿的方式“离开”,而不再受到“多数决”形成的决议的约束。同时,该制度还有助于公司提升决策水平,改进经营管理。《公司法》第89条、第161条分别规定了有限责任公司与股份有限公司的异议股东均享有请求公司收购其股份的权利。对于股权收买价格,《公司法》只规定股东可以请求公司按“合理的价格”收购其股权。对于何谓“合理”,并未说明。从各国立法来看,回购价格的确定主要以公司和异议股东协商一致为原则,协商不成的,则可启动股权估价程序进行估价。

股份有限公司的资合性决定了其股份转让较为自由,尤其是公开上市公司的异议股东可以随时通过证券市场卖出股份,所以《公司法》第162条规定股份有限公司股东因对股东会作出的公司合并、分立决议等情形持异议,有权要求公司收购其股份。尽管该条对股份有限公司股东与公司达不成收购协议时可否向法院寻求救济未作明确规定,但为了使该条规定的异议股东回购请求权发挥实际意义,应当赋予异议股东请求法院进行司法救济的权利。

实务中,股份回购请求权纠纷在裁判中存在的争议主要包括股权回购协议是否有效、特殊股东如何行使股份回购请求权、行使股份请求权是否以股东对股东会决议投反对票为前提、如何界定转让主要财产以及如何确定回购的合理价格等。该制度是保护小股东最有力的方式,也是最后一道救济程序,与股东会决议撤销、无效之诉、公司解散之诉、股东派生诉讼等诉讼救济方式相比节约了成本,因此各国公司法中大多规定了异议股东回购请求权制度。

(二)典型案例分析

1.依据有效的“对赌协议”主张异议股东回购请求权纠纷

案例 | 广华投资企业、财神岛公司请求公司收购股份纠纷

审理法院:最高人民法院

案号:(2020)最高法民再350号

【基本案情】

2010年10月10日，财神岛公司、李某、于某兰和广华投资企业共同签订《广华投资企业（有限合伙）投资财神岛公司协议》（以下简称《投资协议》）。该协议记载：财神岛公司注册资本为1300万元，李某认缴700万元，持股比例53.58%；于某兰认缴出资600万元，持股比例46.15%。广华投资企业向财神岛公司投资3000万元认购新增注册资本。财神岛公司及其董事会同意接受广华投资企业的现金投资成为股东。广华投资企业认购新增注册资本金325万元，成为持有财神岛公司20%股权的股东，财神岛公司注册资本额增至1625万元。股东李某和于某兰认缴出资数额不变，持股比例变更为43%和37%。广华投资企业投资中的2550万元作为财神岛公司的资本公积金。广华投资企业向财神岛公司提供免费咨询，具体包含符合上市标准的财务管理、税务管理、改进建议等。财神岛公司拟于2013年开始上市材料申报工作，争取于2013年完成上市进程。

2010年12月10日，李某（甲方）、于某兰（乙方）和广华投资企业（丙方）共同签订《财神岛公司增资协议书》（以下简称《增资协议》）。该协议记载：鉴于财神岛公司系合法设立的有限责任公司，注册资产为1300万元，甲、乙双方是财神岛公司股东，甲、乙双方同意丙方出资成为新股东。各方同意，甲、乙双方以夫妻共有价值900万元房产认购新增注册资本900万元，广华投资企业投入现金3000万元成为持股20%的股东。调整后股权结构为李某认缴出资1150万元，持股41.82%；于某兰认缴出资1050万元，持股38.18%；广华投资企业认缴550万元，持股20%。广华投资企业其余投资（款）2450万元，作为财神岛公司的资本公积金。

2012年3月30日，财神岛公司（甲方）和广华投资企业（乙方）签订协议书。该协议记载，鉴于乙方于2011年出资3000万元参股甲方，双方共同追求的目标是财神岛公司改制上市，甲方具体负责公司的日常运作。甲、乙双方补充协议如下：如不能完成上市，则甲、乙双方无条件同意，以乙方投资额3000万元为基数，以2011年1月1日为始点，以年利率10%为标准，由甲方全额收购乙方投资的财神岛公司股权。任何一方违反前述规定，应对由此给对方造成的损失承担全部赔偿责任。

2017 年 12 月 15 日，财神岛公司（甲方）、广华投资企业（乙方）、广华集团（丙方）、刘某明（丁方）共同签订协议书。该协议记载了甲、乙、丙、丁四方就有关甲方退还乙方 3000 万元投资款事宜协议如下：“一、甲方同意在 2017 年 12 月 31 日前向乙方退还丙方（1250 万元）投资款和丁方（1000 万元）投资款至乙方账户；二、如甲方按时退还前述 2250 万元投资款，丙方、丁方同意放弃 2250 万元投资款对应的利息；三、作为补偿，甲方同意自 2018 年开始每年向丙方、丁方提供 100 万元海参，累计提供 7 年至 2024 年；本协议经四方签字确认生效。”

广华投资企业诉至法院，请求财神岛公司按照协议约定回购广华投资企业持有的财神岛公司股权，并请求李某、于某兰承担连带债务。一审法院认为，依据《公司法》第 74 条[①]有关回购公司股权的规定，回购协议滥用公司法人地位和可能损害公司债权人利益，故驳回广华投资企业的诉讼请求。

广华投资企业不服一审判决，提起上诉。二审法院裁判认定，广华投资企业回购股权不符合章程规定情形，亦不符合有关股权收购的法律规定，故驳回上诉。

广华投资企业不服二审判决，遂提起再审诉讼。

【争议焦点】

（1）财神岛公司收购广华投资企业持有股权的协议效力如何认定？

（2）财神岛公司是否应按约定回购广华投资企业所持的财神岛公司 20% 股权？

（3）李某、于某兰是否应对 2250 万元股权收购款及相应利息承担连带清偿责任？

【审理结果与裁判要点】

再审法院认为，首先，案涉该两份协议书应系当事人的真实意思表示，内容并不具有法定无效情形，为合法有效的约定。关于禁止公司股东权利滥用的规定，旨在维护公司内部治理机制的良好运行，调解公司相关利益主体之间的冲

① 本案中适用的是 2018 年《公司法》，相关规定参见 2023 年《公司法》第 89 条。

突。本案中财神岛公司、李某、于某兰未能举证证明广华投资企业违反《公司法》第20条[①]规定滥用股东权利,即便广华投资企业存在财神岛公司主张的滥用股东权利行为,根据《公司法》第20条之规定,也仅能得出广华投资企业应为此承担相关责任,而非案涉上述该两份协议书协议无效的结论。

其次,关于财神岛公司是否应按约定回购广华投资企业所持的财神岛公司20%股权的问题,依照《公司法》的规定,有限责任公司注册资本确定后,未经法定程序,不得随意减少或抽回,尽管2012年3月30日的协议书是双方当事人的真实意思表示,但协议中关于财神岛公司回购股份的约定不属于《公司法》(2018)第74条和财神岛公司章程所列举的情形,不符合公司法关于资本维持的基本原则,广华投资企业请求财神岛公司收购其股权的条件并不具备。原审判决未支持广华投资企业要求财神岛公司按约定价格收购其20%股份的诉讼请求,并无不当。

最后,2017年12月15日四方共同签订的协议书为合法有效的约定,对各方当事人均具有法律约束力。该协议书的"甲方"为财神岛公司及其股东李某、于某兰,而非仅为财神岛公司。在财神岛公司不具备履行股权回购的法定或约定条件而广华投资企业不能要求其收购股权并返还投资款的情况下,李某、于某兰作为财神岛公司的股东,在该协议书上签字,表明其作为财神岛公司股东,同意按照协议约定独立承担收购广华投资企业持有的财神岛公司股权。广华投资企业有权要求李某、于某兰就该协议书约定的股权回购款中的本金2250万元及相应利息承担连带清偿责任。故再审法院支持了广华投资企业关于股东回购的诉讼请求,裁判认定李某、于某兰共同返还广华投资企业股权收购款及利息。

我国公司法对股份回购有强制性规定,即使投资方与公司签订有效的"对赌协议",投资方主张实际履行的,法院也在审查是否符合公司法关于"股东不得抽逃出资"及股份回购的强制性规定的情形下,判决是否支持其诉讼请求。

---

① 相关规定参见2023年《公司法》第21条。

《公司法》第89条第1款、第2款规定："有下列情形之一的，对股东会该项决议投反对票的股东可以请求公司按照合理的价格收购其股权：（一）公司连续五年不向股东分配利润，而公司该五年连续盈利，并且符合本法规定的分配利润条件；（二）公司合并、分立、转让主要财产；（三）公司章程规定的营业期限届满或者章程规定的其他解散事由出现，股东会通过决议修改章程使公司存续。自股东会决议作出之日起六十日内，股东与公司不能达成股权收购协议的，股东可以自股东会决议作出之日起九十日内向人民法院提起诉讼。"

针对公司能否依据有效的"对赌协议"主张异议股东回购请求权这一问题，我国采取严格的公司资本维持制度，原则上禁止有限责任公司收购本公司股权，仅针对个别情形作出例外规定，如正常经营期间，有限责任公司依约以现金价款收购其股东股权，必然导致公司现金量减少，流动性降低，可能出现财务困难情形危及公司的正常运营，进而损害盈利能力。有限责任公司收购本公司股权使公司有效资本减少还可能直接导致公司不能清偿到期债务，且资产不足以清偿全部债务或明显缺乏清偿能力，而超越破产边界，导致公司停止经营。因此，没有法定程序保障的前提下，该种可能严重损害清偿能力的交易安排不仅损害公司债权人的合法利益，还可能危害公司的持续经营能力，并给股东之间串通抽逃有效资本留有空间。

基于上述分析，"对赌协议"虽然是双方当事人的真实意思表示，但并不能突破公司法的规定，请求公司回购股东持有的股份。

2. 公司章程规定的营业期限届满或者章程规定的其他解散事由出现，股东会通过决议修改章程使公司存续的，股东请求公司收购股份纠纷

案例｜信达公司与太西集团请求公司收购股份纠纷

审理法院：最高人民法院

案号：（2016）最高法民终34号

【基本案情】

2000年5月29日，信达公司与华融公司、石炭井矿务局签订三方《石炭井矿务局债权转股权协议》，共同设立太西集团，公司初始注册资本为133,976万

元，其中石炭井矿务局出资107,783万元，占注册资本的80.45%；华融公司出资20,000万元，占注册资本的14.93%；信达公司出资6193万元，占注册资本的4.62%。该协议还约定，华融公司、信达公司所持有新公司的股权可采取新公司回购、债权方转让和丙方（石炭井矿务局）收购三种退出方式，退出的时间为7年，从2000年开始退出，在2007年前全部退出。

2001年12月28日，工商行政部门核发了太西集团企业法人营业执照，营业期限为2000年6月28日至2010年6月28日。2002年6月，太西集团给华融公司、信达公司核发股权证明书，载明太西集团出资106,258万元，出资比例为80.22%；华融公司出资比例为15.10%，信达公司出资比例为4.68%。该月，太西集团支付信达公司股权回购款35万元，信达公司持股比例由4.68%减少为4.65%，出资额由6193万元减少为6158万元。

2011年8月18日，太西集团向各股东发出《关于以信函方式召开太西集团临时股东会会议的通知》，决定采取信函方式于2011年8月28日召开临时股东会会议并形成股东会决议。2011年8月28日，太西集团形成《关于太西集团有限责任公司延长经营期限股东会决议》，将营业期限延长至2016年6月28日，太西集团和华融公司在决议上盖章，信达公司未盖章。信达公司于2011年9月13日向太西集团发出关于对太西集团临时股东会议题表决的函，表示不同意延长太西集团经营期限。2011年9月20日，经工商登记部门核准，太西集团营业期限延长至2014年6月28日。

信达公司于2002年至2007年每年均获得上一年度的股份分红，2007年以后再未获得分红。《石炭井矿务局债权转股权协议》《债权转股权补充协议》关于债权方股权通过新公司回购方式退出的约定，除2002年6月太西集团支付信达公司股权回购款35万元，信达公司持股比例由4.68%减少为4.65%，出资额由6193万元减少为6158万元外，其他债权方股权回购内容没有履行。

2011年10月20日，信达公司向神华宁煤集团发出《关于要求以合理价格收购我公司持有的太西集团有限责任公司股权的函》，要求在法定期限内收购信达公司的股权，但双方未能达成一致意见。为此，信达公司依法提起诉讼，请求依法判决太西集团以合理价格回购信达公司持有太西集团的4.65%的股份。一审法院认为，信达公司于股东会决议通过之日起90日内提起异议回购诉讼，符合《公司法》第74条①的规定，但应当依照《石炭井矿务局债权转股权协议》《债权转股权补充协议》来计算回购款。

信达公司不服一审判决，提起上诉。

【争议焦点】

信达公司是否有权依照《公司法》(2018年)第74条规定请求太西集团收购其股份？

【审理结果与裁判要点】

二审法院认为，2011年8月18日，太西集团向信达公司等股东发出《关于以信函方式召开太西集团临时股东会会议的通知》，决定采取信函方式于2011年8月28日召开临时股东会会议并形成股东会决议，上述内容为太西集团召集临时股东会会议及形成决议的时间，并非限制各股东对决议的异议期限。信达公司在太西集团三个股东中有两个股东于2011年8月28日形成了《关于太西集团有限责任公司延长经营期限股东会决议》的情况下，于2011年9月13日向太西集团发出关于对太西集团临时股东会议题表决的函，表示不同意延长太西集团经营期限，并在法定期限内向原审法院提起诉讼，请求太西集团以合理的价格收购其在太西集团的股份，符合《公司法》第74条第1款第3项规定的法定收购股权条件，即"公司章程规定的营业期限届满或者章程规定的其他解散事由出现，股东会会议通过决议修改章程使公司存续的"，信达公司对太西集团关于延长经营期限的股东会决议书面提出反对意见，当然有权依法请求太西集团按照合理的价格收购其股权，且符合相应程序规定。太西集团的上诉理由不符合事实，缺乏法律依据。综上所述，原审判决认定事实清楚，适用法律正确，信达公司和太西集团的上诉请求和理由，不能成立。故二审法院驳回上诉，维持原判。

依据《公司法》第89条第1款第3项的规定，公司章程规定的营业期限届满或者章程规定的其他解散事由出现，股东会通过决议修改章程使公司存续

① 本案中适用的是2013年《公司法》，相关规定参见2023年《公司法》第89条。

的，其他股东有权请求公司按照合理价格收购其股份。换言之，若股东会决议修改章程以延续公司经营，异议股东有权请求公司回购其股份，维护异议股东的合法权益。具体到本案中，太西集团的两个股东形成《关于太西集团延长经营期限股东会决议》，并向太西集团发函。而异议股东信达公司不同意延长经营期限，则信达公司有权要求太西集团依法收购其持有股份。

（三）疑难法律问题解答

1. 公司章程约定“人走股留”是否有效

基于有限责任公司封闭性和人合性的特点，由公司章程对公司股东转让股权作出某些限制性规定，系公司自治的体现。例如，在公司进行企业改制时，劳动者基于劳动合同关系成为公司的股东，公司章程将是否与公司具有劳动合同关系作为取得股东身份的依据继而作出“人走股留”的规定，以及公司股权不向公司以外的任何团体和个人出售、转让的规定，符合有限责任公司封闭性和人合性的特点，不违反公司法的禁止性规定，应当认定有效。劳动者如离开公司应当遵守公司章程的规定。

2. 行使异议股东回购请求权需满足哪些条件

（1）在公司股东会作出利润分配、合并、分立或者是解散事由出现后继续存续等决议时，股东对于前述的决议投反对票，这是股东行使股份收购请求权的前提条件。

（2）股东投反对票的股东会决议事项仅限于法律规定的三类情形。除此之外，即使股东投了反对票也无权要求公司收购股权。

（3）股东必须在法定的期限内行使这一权利，即在股东会决议作出之日起60 日内和公司进行协商或者从股东会决议作出之日起 90 日内向法院提起诉讼。如果股东在法律规定的时间内，既没有通过协商，也没有通过诉讼的方式来要求公司收购股权，将会导致这一权利消灭，那么股东就只能寻求其他途径来维护自己的权利了。

3. 异议股东回购请求权的前置程序

（1）原则上股东须在相关股东会决议上投反对票

股东行使股权回购请求权之前，须在相关股东会上投出反对票。如果股东表示异议但未在股东会上投出反对票，如弃权或者同意票，那么一般不得再主张异议股东股权回购。

对于持反对意见这一前置条件，《公司法》针对股份有限公司的规定较为宽松，其充分考虑股份有限公司特别是上市公司具有开放性，股东数量众多且分散的情形，规定股份有限公司股东不受此限制，只要对决议持异议即可；有限责任公司具有人合性和封闭性，股东投票容易实现，如果股东不能亲自参会亦可委托代理人代为投票，规定只有对股东会决议投反对票的股东才能请求公司收购其所有的股权。

（2）股东会决议作出之日起 60 日内，股东须与公司就股权收购事宜协商

根据《公司法》第 89 条第 2 款的规定，自股东会决议作出之日起 60 日内，股东与公司不能达成股权收购协议的，股东可以自股东会决议作出之日起 90 日内向法院提起诉讼。由此可见，协议回购是基于当事人意思自治达成的，股东与公司就回购问题达不成协议的，异议股东可以在股东会决议作出之日起 90 日内向法院提起诉讼。司法实践案例中，出于公司自治和节约司法资源宗旨，股东应将履行协议回购作为前置程序，若协商不成则可依据法律保障中小股东利益。

考虑到司法实务中的相反处理以及学理上的不同观点，笔者建议中小股东在以起诉方式行使异议股东回购请求权前先与公司进行协商，避免在该问题上产生争议。

（四）2023 年《公司法》关于请求公司收购股份的修订要点

1. 新增有限责任公司控股股东压迫情形下中小股东回购权制度的一般规定

2023 年《公司法》第 89 条第 1 款、第 2 款、第 3 款规定：“有下列情形之一的，对股东会该项决议投反对票的股东可以请求公司按照合理的价格收购其股

权:(一)公司连续五年不向股东分配利润,而公司该五年连续盈利,并且符合本法规定的分配利润条件;(二)公司合并、分立、转让主要财产;(三)公司章程规定的营业期限届满或者章程规定的其他解散事由出现,股东会通过决议修改章程使公司存续。自股东会决议作出之日起六十日内,股东与公司不能达成股权收购协议的,股东可以自股东会决议作出之日起九十日内向人民法院提起诉讼。公司的控股股东滥用股东权利,严重损害公司或者其他股东利益的,其他股东有权请求公司按照合理的价格收购其股权。"

此条规定是2023年《公司法》最重要的创新和亮点之一,是赋予有限责任公司中小股东权利保护的一大利器,且公司因本条第1款、第2款和第3款规定的情形收购的本公司股权,应当在6个月内依法转让或者注销。该条第3款在原有异议股东回购请求权的基础上,新增规定控股股东如果滥用股东权利,严重损害公司或其他股东的利益的,则其他股东有权请求公司按照合理的价格收购其股权,以缓解公司解散制度的适用。这一条款是中小股东用于抗衡大股东滥用控制权的有力机制,将成为中小股东向大股东施压或退出公司的重要请求权基础。

2. 新增有限责任公司收购的本公司股权依法转让或者注销的期限

2023年《公司法》第89条第4款规定:"公司因本条第一款、第三款规定的情形收购的本公司股权,应当在六个月内依法转让或者注销。"

本条款规定的6个月的时效,为股东提供了一个明确的时间框架,要求公司在收到收购请求后必须在6个月内完成股权的收购和转让。有助于减少纠纷,提高公司治理的效率,确保公司的正常运营不受长期股权争议的影响。同时,亦可加快司法程序的进展,保护当事人的合法权益。

3. 新增股份有限公司异议股东回购请求权

2023年《公司法》第161条规定:"有下列情形之一的,对股东会该项决议投反对票的股东可以请求公司按照合理的价格收购其股份,公开发行股份的公司除外:(一)公司连续五年不向股东分配利润,而公司该五年连续盈利,并且符合本法规定的分配利润条件;(二)公司转让主要财产;(三)公司章程规定的营业期限届满或者章程规定的其他解散事由出现,股东会通过决议修改章程使公司存续。自股东会决议作出之日起六十日内,股东与公司不能达成股份收购协议的,股东可以自股东会决议作出之日起九十日内向人民法院提起诉讼。公司因本条第一款规定的情形收购的本公司股份,应当在六个月内依法转让或者注销。”

异议股东回购请求权是公司治理领域内保护少数股东权益的重要制度安排。在我国公司股权分布普遍集中的现状下,股东之间的利益冲突始终是公司治理的焦点所在。2023 年《公司法》对异议股东回购请求权制度的调整与完善,可视为对既往少数股东救济制度供给不足的一种回应。相较对知情权、分红权等单项权益进行救济的制度安排,股东回购请求权直接为受压制少数股东提供了一条退出公司的渠道,是更为彻底和终局性的保护手段,且与资本流出所导致的债权保护问题相交叉。正因如此,适用股东回购请求权规则应当更为审慎,需要遵循严格的实质条件和程序要求。

(五)请求公司收购股份纠纷诉讼的实务操作

1. 诉讼主体

(1)原告:股东。

(2)被告:公司。

2. 案由

《民事案件案由规定》将公司决议纠纷作为三级案由规定在内,并下设公司决议效力确认纠纷、公司决议撤销纠纷两个四级案由。请求公司收购股份纠纷案由项下,既包括有限责任公司异议股东的股权回购请求权,也包括股份有限公司异议股东的股份回购请求权。股权回购请求权通常指公司股东会基于资本多数决,就有关公司利润分配、合并、分立等重大事项作出决议后,持反对意见的少数股东有权要求公司以合理的价格购买其持有的股份,从而退出公司的权利。

3. 管辖

《民事诉讼法》第 27 条规定:“因公司设立、确认股东资格、分配利润、解散等纠纷提起的诉讼，由公司住所地人民法院管辖。”因此，因公司设立纠纷而提起的诉讼应该以公司住所地法院为管辖法院。

实践中，通常会发生公司住所地与实际经营地不一致的情况，根据《民事诉讼法解释》第3条“法人或者其他组织的住所地是指法人或者其他组织的主要办事机构所在地。法人或者其他组织的主要办事机构所在地不能确定的，法人或者其他组织的注册地或者登记地为住所地”的规定，请求公司收购股份纠纷，以公司住所地法院为管辖法院，在有证据可以证明公司主要办事机构所在地的情况下，办事机构所在地法院为管辖法院。

4. 诉讼时效

3年。

5. 诉讼请求

(1)请求依法确认收购持有股权的协议效力。

(2)请求依法回购所持的公司股权。

(3)请求支付股权收购款及相应利息。

七、公司盈余分配纠纷

(一)公司盈余分配纠纷概述

公司盈余分配请求权，与新股优先认购权、剩余财产分配请求权等同属于自益权，是股东享有的财产权，指股东根据其股东地位依法享有的请求公司按照自己的持股比例向自己分配股利的权利。

《公司法》第4条第2款规定，公司股东对公司依法享有资产收益的权利，但对公司如何分配利润并未作出强制性规定。原则上，是否进行公司盈余分配及分配多少，属于公司自治范畴，公司可通过章程、股东会决议等形式，根据现实需要，作出有利于股东建立合作关系的利润分配约定。但由于股利分配方案需要经过股东会通过，在资本多数决原则下，公司大股东可能利用股利政策损害中小股东的利益。当部分股东变相分配利润、隐瞒或转移公司利润损害其他股东实体利益时，应当由司法适度干预以制止权利滥用。

在公司实际运作中，公司可能有可供分配的盈余，却以各种理由不正当地拒绝向股东派发盈余，或者公司过分提取任意公积金而损害股东的股利分配权，从而引发公司盈余分配权纠纷。公司盈余分配纠纷主要发生在有限责任公司中。在有限责任公司中，大股东往往兼任公司管理职务，因此可以通过薪水、奖金等形式从公司实质性获得回报，而小股东则被排除在公司管理层之外，无法通过这些方式从公司获得回报。

盈余分配请求权是股东从公司获取投资回报的主要手段，亦是保护中小股东投资收益权的有效手段。司法实践中，公司盈余分配纠纷审理裁判通常审查利润分配决议的效力，利润分配方案中分配利润数额、分配政策、分配范围以及分配时间等具体分配事项内容，执行公司盈余分配方案是否具备提取当年法定公积金、弥补亏损的条件。在未对盈余分配方案形成股东会决议的情况下司法介入盈余分配纠纷，系因控制公司的股东滥用权利损害其他股东利益，在确定盈余分配数额时，要严格公司举证责任以保护弱势小股东的利益，但还要注意优先保护公司外部关系中债权人、债务人等的利益。但无论是在法学理论界还是司法实务界，对于前述问题均有不同的观点及意见，只能有待通过将来的立法及司法解释来明确。

（二）典型案例分析

1. 在未对盈余分配方案形成股东会决议情况下司法介入盈余分配纠纷

案例｜居立门业公司与太一热力公司、李某军公司盈余分配纠纷

审理法院：最高人民法院

案号：（2016）最高法民终528号

【基本案情】

太一热力公司由李某军和张某龙二人于2006年3月设立，公司注册资本为1000万元，李某军以货币212万元、实物438万元总计出资650万元，占注册资本65%；张某龙出资350万元，占注册资本35%。2006年6月，太一热力公司经庆阳市原工商行政管理局登记注册成立，经营范围为热能供给、管道安

装维修。

2007年4月,张某龙与居立门业公司签订股权转让协议,将其在太一热力公司的350万元股权转让给居立门业公司。2007年5月,李某军与太一工贸公司、居立门业公司签订股权转让协议,将其在太一热力公司的股权600万元转让给太一工贸公司,50万元转让给居立门业公司。同年5月,太一热力公司修改公司章程,将公司股东变更为太一工贸公司和居立门业公司,太一工贸公司持股比例为60%,居立门业公司持股比例为40%,并在工商行政管理部门进行变更登记。

2006年10月,太一热力公司受让取得甘肃省庆阳市西峰区南二环一路与长庆路交会口西南角46,200.4平方米市政设施建设用地。

2009年9月29日,庆阳市人民政府召开市长办公会,决定对太一热力公司进行整体收购,并形成第23期会议纪要。会议纪要主要内容有:(1)收购内容包括资产和土地两大项。资产包括7791.33平方米的新建办公楼、锅炉房、换热站等房屋建筑;2台40吨的供热锅炉、1台10吨的供热锅炉,高、低压配电系统和电气自控系统各1套,以及与之相配套的设施设备;226万元的备用供热管材和相关工程物资;已完成铺设的20.44公里的供热管道;在建的12个换热站和供热管线。土地按热源厂现有占地36.6亩收购,平行分割。(2)收购价款除政府已拨付的支持资金和截至2009年8月15日太一热力公司已收取的城市供热配套费(共计3234.72万元)外,政府再支付7000万元。(3)换热站、供热管线等在建工程,包括内配设施,由太一热力公司负责建成,具备供热条件;所有工程的善后工作由太一热力公司负责,并按程序做好竣工验收;项目建设的所有遗留问题,包括项目建设的各种规费、税费、工程建设费等,一律由太一热力公司负责,不留尾巴。(4)对于现有的69.3亩热源厂建设用地(不含代征城市道路用地7.14亩),36.6亩用于热源厂的建设和发展,32.7亩留太一热力公司开发,庆阳市人民政府允许对留太一热力公司开发的土地性质依法依规转换。

2009年10月6日,庆阳市西峰区人民政府(甲方)与太一热力公司(乙方)签订《庆阳市西峰区新区集中供热站工程回购合同》,约定按照庆阳市人民政府2009年第23期会议纪要制定该合同，回购太一热力公司资产，经甘肃华信会计师事务所评估价款为9126.48万元，递减政府拨付的补助资金和已交付乙方的城市供热配套费，共计3234.72万元。甲方再支付乙方收购价款7000万元。该合同还约定，甲方已于2009年10月前向乙方支付1000万元，其余6000万元于2009年采暖期结束前一次性付清。

2010年7月10日，经发投公司向太一热力公司支付资产转让余款57,616,003.25元。另外，2010年6月17日，庆阳市国土资源局（出让人）与太一热力公司（受让人）签订了《国有土地使用权出让合同变更协议》，约定出让人于2006年10月14日向受让人出让位于西峰区南二环一路与长庆路交会口西南角的46,200.4平方米市政设施用地，受让人申请、出让人同意将21,661.96平方米土地的用途变更为商业、住宅用地，变更后土地使用权出让年限为商业40年、住宅70年，从2006年9月28日起算，土地使用权出让金金额为909,700元。同日，庆阳市人民政府就前述21,661.96平方米土地向太一房地产公司颁发了庆市国用（2010）第4106号国有土地使用证。

居立业公司依据上述协议内容提起盈余分配诉讼。依据有关盈余分配的规定以及该公司章程规定，一审法院裁判明确太一热力公司应当分配的盈余数额，李某军承担连带责任。

太一热公司不服一审判决，遂提起上诉。

【争议焦点】

（1）太一热力公司是否应向居立门业公司进行盈余分配？

（2）如何确定居立门业公司应分得的盈余数额？

（3）太一热力公司是否应向居立门业公司支付盈余分配款的利息？

（4）李某军是否应对太一热力公司的盈余分配给付承担赔偿责任？

【审理结果与裁判要点】

二审法院认为，关于太一热力公司是否应向居立门业公司进行盈余分配的问题。首先，太一热力公司的全部资产被整体收购后没有其他经营活动，一审法院委托司法审计的结论显示，太一热力公司清算净收益为75,973,413.08元，即使扣除双方有争议的款项，太一热力公司也有巨额的可分配利润，具备公司进行盈余分配的前提条件。其次,李某军为太一热力公司及其控股股东太一工贸公司法定代表人,未经公司另一股东居立门业公司同意,在没有合理事由的情况下将5600余万元公司资产转让款转入兴盛建安公司账户,转移公司利润,给居立门业公司造成损失,属于太一工贸公司滥用股东权利,符合《公司法解释(四)》第15条但书条款规定的应进行强制盈余分配的实质要件。最后,《公司法解释(四)》规定的股东盈余分配的救济权利,并未规定须以采取股权回购、公司解散、代位诉讼等其他救济措施为前置程序,居立门业公司对不同的救济路径有自由选择的权利。因此,一审判决关于太一热力公司应当进行盈余分配的认定有事实和法律依据,太一热力公司、李某军关于没有股东会决议不应进行公司盈余分配的上诉主张不能成立。

关于如何确定居立门业公司分得的盈余数额的问题。首先,一审卷宗材料显示,一审法院组织双方对公司账目进行了核查和询问,对审计报告的异议,一审庭审中也进行了调查和双方当事人的质证辩论。太一热力公司、李某军虽然上诉主张审计材料存在未质证问题,但并未明确指出哪些材料未经质证,故二审法院对该上诉理由不予支持。其次,对于太一热力公司能否收取诉争的10,382,100元入网"接口费",双方当事人各执一词,因该款项涉及案外人的实体权益,应当依法另寻救济路径解决,而不应在本案公司盈余分配纠纷中作出认定和处理,故该款项不应在本案中被纳入太一热力公司的可分配利润,一审判决未予扣减不当,二审法院予以纠正。最后,太一热力公司、李某军上诉主张的审计报告其他5项具体问题均属事实问题,其在二审中并未提交充分证据证明一审判决的相关认定有误,故二审法院不予调整。因此,居立门业公司应分得的盈余数额,以一审判决认定的太一热力公司截至2014年10月31日可分配利润51,165,691.8元为基数,扣减存在争议的入网"接口费"10,382,100元,再按居立门业公司40%的股权比例计算,即为16,313,436.72元。

关于太一热力公司是否应向居立门业公司支付盈余分配款利息的问题。首先,居立门业公司通过诉讼应分得的盈余款项系根据本案司法审计的净利润数额确定,此前太一热力公司对居立门业公司不负有法定给付义务,若审计报告未将公司资产转让款此前产生的利息计入净利润,则计入本次盈余分配后的公司资产,而不存在太一热力公司占用居立门业公司资金及应给付利息的问题。其次,李某军挪用太一热力公司款项到关联公司放贷牟利,系太一热力公司与关联公司之间如何给付利息的问题,居立门业公司据此向太一热力公司主张分配盈余款利息,不能成立。最后,居立门业公司一审诉讼请求中并未明确要求太一热力公司给付该判决生效之后的盈余分配款利息。因此,一审判决既缺乏事实和法律依据,也超出当事人的诉讼请求,二审法院予以纠正。

关于李某军是否应对太一热力公司的盈余分配给付不能承担赔偿责任的问题。首先,李某军既是太一热力公司法定代表人,又是兴盛建安公司法定代表人,其利用关联关系将太一热力公司5600余万元资产转让款转入关联公司,若其不能将相关资金及利息及时返还太一热力公司,则应当按照《公司法》第20条第2款[①]、第21条[②]、第149条[③]的规定对该损失向公司承担赔偿责任。其次,居立门业公司应得的盈余分配先是用太一热力公司的盈余资金进行给付,在给付不能时,则李某军转移太一热力公司财产的行为损及该公司股东居立门业公司利益,居立门业公司可要求李某军在太一热力公司给付不能的范围内承担赔偿责任。最后,《公司法》第152条[④]规定的股东诉讼系指其直接利益受到损害的情形,本案中李某军利用关联关系转移公司资金直接损害的是公司利益,应对公司不能收回的资金承担赔偿责任,并非因直接损害居立门业公司的股东利益而对其承担赔偿责任,一审判决对该条规定法律适用不当,二审法院予以纠正。因此,一审判决判令太一热力公司到期不能履行本案盈余分配款的给付义务由李某军承担赔偿责任并无不当,李某军不承担责任的上诉主张,二审法院不予支持。

二审法院判决撤销原判决,太一热力公司于判决生效后10日内给付居立门业公司盈余分配款16,313,436.72元;太一热力公司到期不能履行上述给付义务,由李某军承担赔偿责任;驳回居立门业公司的其他诉讼请求。

---

① 本案中适用的是2013年《公司法》,相关规定参见2023年《公司法》第21条第2款。

② 相关规定参见2023年《公司法》第22条。

③ 相关规定参见2023年《公司法》第188条。

④ 相关规定参见2023年《公司法》第190条。

在公司盈余分配纠纷中，虽然请求分配利润的股东未提交载明具体分配方案的股东会决议，但当有证据证明公司有盈余且存在部分股东变相分配利润、隐瞒或转移公司利润等滥用股东权利情形的，诉讼中可强制盈余分配，且不以股权回购、代位诉讼等其他救济措施为前提。

在确定盈余分配数额时，要严格公司举证责任以保护弱势小股东的利益，但还要注意优先保护公司外部关系中债权人、债务人等的利益，对于有争议的款项，因涉及案外人实体权利而不应在公司盈余分配纠纷中作出认定和处理。

有盈余分配决议的，即在公司股东会作出决议时，在公司与股东之间形成债权债务关系，若未按照决议及时给付则应计付利息；司法干预的强制盈余分配则不然，在盈余分配判决未生效之前，公司不负有法定给付义务，故不应计付利息。

在未对盈余分配方案形成股东会决议的情况下司法介入盈余分配纠纷，系因控制公司的股东滥用权利损害其他股东利益，在确定盈余分配数额时，要严格公司举证责任以保护弱势小股东的利益，但还要注意优先保护公司外部关系中债权人、债务人等的利益。盈余分配义务的给付主体是公司，若公司的应分配资金因被部分股东变相分配利润、隐瞒或转移公司利润而不足以实现支付，则不仅直接损害了公司的利益，也损害到其他股东的利益，利益受损的股东可直接依据《公司法》第 21 条第 2 款的规定向滥用股东权利的公司股东主张赔偿责任，或依据第 22 条的规定向利用其关联关系损害公司利益的控股股东、实际控制人、董事、监事、高级管理人员主张赔偿责任，还可依据第 188 条的规定向违反法律、行政法规或者公司章程的规定给公司造成损失的董事、监事、高级管理人员主张赔偿责任。

2. 原告要求分配公司利润的前提是其仍具有股东身份

案例 | 天怡投资公司诉依兰风电公司公司盈余分配纠纷

审理法院：黑龙江省高级人民法院

案号：(2019)黑民终 391 号

【基本案情】

2007 年 12 月 18 日，黑龙江发电公司、汇丰电气公司、鹤峰能源公司出资成立依兰风电公司。2008年9月16日，天怡投资公司受让依兰风电公司44.76%的股权。2010年3月29日，黑龙江发电公司将其持有的依兰风电公司股权无偿划转给大唐集团。大唐集团后更名为大唐公司。2011年6月28日，天怡投资公司持有依兰风电公司的股权比例变更为13.43%。依兰风电公司部分经营情况如下：2012年、2015年，依兰风电公司亏损；2009年、2010年、2011年、2013年、2014年、2016年、2017年，依兰风电公司均盈利。2011年4月8日，依兰风电公司召开第三次股东会，审议批准了董事会提交的公司2010年利润分配议案。因大唐集团所属公司与天怡投资公司就依兰风电公司的股权，还有相关事宜有待解决，依兰风电公司暂不予向大唐公司、天怡投资公司分配利润。按照股东出资比例，依兰风电公司对鹤峰能源公司分配利润（此次股东会分配的2010年利润实际包含2009年利润）。2012年6月28日，依兰风电公司召开第五次股东会，决议向鹤峰能源公司分配2011年未分配的利润。2014年4月25日，依兰风电公司第七次股东会没有讨论2013年利润分配问题。2015年5月19日，依兰风电公司召开第八次股东会，审议批准了董事会提交的公司2014年利润分配议案，因股东双方有未决事项，暂不进行利润分配。天怡投资公司对2014年度利润分配议案存在异议。天怡投资公司认为，依兰风电公司应向其支付未分配的公司利润，故起诉至法院，请求判令依兰风电公司向天怡投资公司支付2010年度至2017年度公司未分配利润22,159,679.18元及利息。

依据《公司法》第4条[①]有关股东分配利润的规定，一审法院裁判认为，天怡投资公司有分配利润的权利，但依兰风电公司并未向天怡投资公司支付2009年度、2010年度应分配利润，造成天怡投资公司实际损失，故依兰风电公司应当支付相应未分配利润20,349,450.16元以及相应利息。

依兰风电公司不服一审判决，提出上诉，请求驳回天怡投资公司诉讼请求。

【争议焦点】

依兰风电公司是否应向天怡投资公司分配利润？

① 本案中适用的是2018年《公司法》，相关规定参见2023年《公司法》第4条第2款。

【审理结果与裁判要点】

二审法院认为,《公司法解释(四)》第15条规定:"股东未提交载明具体分配方案的股东会或者股东大会决议,请求公司分配利润的,人民法院应当驳回其诉讼请求,但违反法律规定滥用股东权利导致公司不分配利润,给其他股东造成损失的除外。"依兰风电公司分别于2011年、2012年召开第三次、第五次股东会,对2009年度、2010年度、2011年度可分配利润予以确定,并按照鹤峰能源公司的持股比例向鹤峰能源公司分配了利润。据此可以确定,依兰风电公司针对2009年至2011年的利润作出了载明具体分配方案的股东会决议。但因天怡投资公司与大唐公司股权事宜尚未解决,该股东会决议对天怡投资公司与大唐公司的利润暂不分配。对于该尚未解决的纠纷,哈尔滨市中级人民法院于2015年6月2日作出了民事判决,且已于2018年5月21日执行完毕。此时,依兰风电公司暂不分配利润的原因已经消除,具备分配利润的条件。因此,自2018年5月22日起,依兰风电公司应当按照上述股东会决议,向天怡投资公司分配2009年至2011年相应的利润。2012年、2015年,依兰风电公司经营亏损,无利润可供分配。虽然依兰风电公司2013年、2014年、2016年、2017年存在盈利,有可供分配的利润,但天怡投资公司并未提供依兰风电公司针对2012年至2017年载有具体分配利润方案的股东会或股东大会决议,亦未提交依兰风电公司大股东大唐公司滥用股东权利,导致公司不分配利润的证据。

综上所述,二审法院依法撤销原判决,支持依兰风电公司向天怡投资公司支付未分配利润15,038,525.99元以及相应利息的诉讼请求;驳回天怡投资公司的其他诉讼请求。

《公司法》第4条第2款规定:"公司股东对公司依法享有资产收益,参与重大决策和选择管理者等权利。"《公司法解释(四)》第14条规定:"股东提交载明具体分配方案的股东会或者股东大会的有效决议,请求公司分配利润,公司拒绝分配利润且其关于无法执行决议的抗辩理由不成立的,人民法院应当判决公司按照决议载明的具体分配方案向股东分配利润。"实务中,除非股东自愿放弃利润,若股东会议已确认股东可分配利润,分配完的剩余利润应当按照股权比例计算出股东应分配的利润。

根据《公司法解释(四)》第15条的但书规定,在股东滥用权利导致公司不分配利润给其他股东造成损失的情况下,即使没有分配方案或决议,也可以强制分配利润。该条规定进一步明确了股东利润分配请求权的理论基础,即分配权源于股东平等原则的要求,其直接法律依据为《公司法》第21条第1款,即股东不得滥用权利损害其他股东的利益。股东会关于暂不分配公司利润的原因消除后,公司股东享有具体利润分配请求权,公司应给付此部分利润。但缺乏证据证明大股东滥用股东权利致股东利益受到损害,又未召开股东会就利润分配问题进行决议,此时股东享有的抽象利润分配请求权仍属于期待权,在实务中难以使用。

3. 股东会作出利润分配决议后,抽象利润分配请求权转化为具体利润分配请求权,性质等同于普通债权,股东可以债权人身份要求公司根据利润分配决议分配利润

案例｜金安桥公司、云南能投公司公司盈余分配纠纷

审理法院:最高人民法院

案号:(2022)最高法民申111号

【基本案情】

金安桥公司股东为云南能投公司(8%)、云南华电公司(12%)、汉能控股公司(80%)。2015年5月8日、2016年11月18日、2018年6月1日,金安桥公司召开董事会以及股东会,分别制定年度利润分配议案,决定按各股东出资比例分配2014~2016年利润。2018年5月16日、12月26日,2019年6月19日,金安桥公司先后向云南能投公司发出3份2014年至2016年未支付股利资金占用费统计表函件。2019年6月19日,金安桥公司向云南能投公司发送确认2014年至2016年未支付股利以及2019年1月1日至5月31日资金占用费统计表的函件。

云南能投公司主张金安桥公司并未按约支付股利以及资金占用费,遂向法院提起公司盈余分配诉讼。一审、二审法院裁判认定云南能投公司作为金安桥公司的8%比例的股东,即享有分配利润的请求。

金安桥公司不服二审生效判决,遂提起再审诉讼。

【争议焦点】

云南能投公司是否能作为金安桥公司股东享有分配利润的请求权?

【审理结果与裁判要点】

再审法院认为,案涉2014~2016年度的利润分配方案系金安桥公司依据当年度审计报告载明的利润情况,通过董事会决议作出后报经股东会决议同意,公司利润分配方案的决议符合法律规定并经各方股东认可,不存在无效事由,金安桥公司亦多次确认。至此,股东会作出利润分配决议后,抽象利润分配请求权转化为具体利润分配请求权,性质等同于普通债权,股东可以债权人身份要求公司根据利润分配决议分配利润,依照《公司法》第4条①"公司股东依法享有资产收益、参与重大决策和选择管理者等权利"及《公司法解释(四)》第14条"股东提交载明具体分配方案的股东会或者股东大会的有效决议,请求公司分配利润,公司拒绝分配利润且其关于无法执行决议的抗辩理由不成立的,人民法院应当判决公司按照决议载明的具体分配方案向股东分配利润"的规定,云南能投公司作为金安桥公司持股比例8%的股东,有分配利润的请求权。

金安桥公司(甲方)在与中信银行昆明分行(乙方)等金融机构签订的《固定资产贷款合同》中约定,在合同项下借款全部清偿完毕前,未经乙方书面同意,甲方不得以任何方式向其股东分配本项目的经营利润。审计报告记载,从2014年到2016年12月31日,金安桥公司的另一股东汉能控股集团有限公司以"资金归集"方式(每年度的审计报告"财务报表附注"中记载为关联方交易中的"关联方未结算项目余额")划走了金安桥公司的资金104.144亿元(概数,取整万最小值,2014年为57.8368亿元、2015年增加到69.8009亿元、2016年增加到104.144亿元)。因此,《固定资产借款合同》中虽有"合同项下贷款全部清偿完毕前,未经银行方书面同意,金安桥公司不得以任何方式向其股东分配本项目的经营利润"的约定,但该约定不应构成对股东基本权利的限制,违反该约定的后果也不应导致前述股东会关于利润分配方案决议内容无效。

---

① 本案中适用的是2018年《公司法》,相关规定参见2023年《公司法》第4条第2款。

2014～2016 年度金安桥公司不存在未归还当期银行贷款的情形，2014 年之前金安桥公司正常向其股东进行利润分配，也并未出现有关金融机构主张该分配无效的情形。原审法院的判决合理合法。

综上所述，再审法院驳回了金安桥公司的再审申请。

股东的盈余分配请求权，是指股东基于股东身份而享有的，请求公司按照自己的持股比例分配股利的请求权。股利分配请求权分为抽象利润分配请求权和具体利润分配请求权，若公司未作出利润分配决议，股东享有的是抽象利润分配请求权；若股东会作出利润分配决议，抽象利润分配请求权转化为具体利润分配请求权，性质等同于普通债权，股东可以债权人身份要求公司根据利润分配决议分配利润。本案中，金安桥公司作出了有效的利润分配决议，故其应当向股东进行利润分配。

（三）疑难法律问题解答

1. 何种情形构成法院强制公司分配盈余的条件

原则上，盈余分配属于公司自治范畴，是否进行公司盈余分配及分配多少，应当由股东会作出公司盈余分配的具体方案。但是，当部分股东变相分配盈余、隐瞒或转移公司利润时，则会损害其他股东的实体利益，已非公司自治所能解决，此时若司法不加以适度干预则不能制止权利滥用，亦有违司法正义。虽然目前有股权回购、公司解散、代位诉讼等法定救济路径，但不同的救济路径对股东的权利保护有实质区别，故需司法解释对股东的盈余分配请求权进一步予以明确。为此，《公司法解释（四）》第 15 条规定，“股东未提交载明具体分配方案的股东会或者股东大会决议，请求公司分配利润的，人民法院应当驳回其诉讼请求，但违反法律规定滥用股东权利导致公司不分配利润，给其他股东造成损失的除外”（参见本部分典型案例 1）。

2. 未尽出资义务股东的利润分配请求权是否必然受其实缴出资程度的限制

《公司法》第 4 条第 1 款规定：“有限责任公司的股东以其认缴的出资额为

限对公司承担责任;股份有限公司的股东以其认购的股份为限对公司承担责任。”第210条规定:“公司分配当年税后利润时,应当提取利润的百分之十列入公司法定公积金。公司法定公积金累计额为公司注册资本的百分之五十以上的,可以不再提取。公司的法定公积金不足以弥补以前年度亏损的,在依照前款规定提取法定公积金之前,应当先用当年利润弥补亏损。公司从税后利润中提取法定公积金后,经股东会决议,还可以从税后利润中提取任意公积金。公司弥补亏损和提取公积金后所余税后利润,有限责任公司按照股东实缴的出资比例分配利润,全体股东约定不按照出资比例分配利润的除外;股份有限公司按照股东所持有的股份比例分配利润,公司章程另有规定的除外。公司持有的本公司股份不得分配利润。”同时,《证券法》第91条规定了上市公司章程应当明确分配现金股利的具体安排和决策程序。从以上规定可以看出,相较有限责任公司,股份有限公司利润分配的自治空间较小,上市公司则主要由中国证监会进行监管,实践中公司盈余分配纠纷主要集中在有限责任公司。基于《公司法》的私法属性和有限责任公司的人合性,法律作出了全体股东可通过约定不按出资比例分取红利的特别规定,由此赋予股东对于盈余利润分配意思自治的权利。原则上讲,未尽出资义务股东获取财产利益的权利应当受其实缴出资程度的限制。但是公司红利分配属于公司自治范畴,股东之间可以就红利分配另行约定,故在另有约定的情况下公司须按照该约定执行分配。

3. 公司盈余分配是否应当支付利息

有盈余分配决议的,在公司股东会作出盈余分配决议时,在公司与股东之间即形成债权债务关系,若未按照决议及时给付则应计付相应利息;对于公司盈余分配存在争议,由司法干预的强制盈余分配则不然,在盈余分配判决未生效之前,公司不负有法定给付义务,故不应计付利息。

(四)2023年《公司法》关于公司盈余分配的修订要点

1. 明确违法分配的股东及负有责任的董事、监事、高级管理人员的赔偿责任

2023年《公司法》第211条规定:“公司违反本法规定向股东分配利润的,

股东应当将违反规定分配的利润退还公司；给公司造成损失的，股东及负有责任的董事、监事、高级管理人员应当承担赔偿责任。”

本次修订明确违法分红时股东的退还与赔偿责任。笔者建议，股东分配利润应严格按照法定程序进行，尤其需注意，2023 年《公司法》第 225 条新增的简易减资情形下“在法定公积金和任意公积金累计额达到公司注册资本百分之五十前，不得分配利润”的规定，对股东及负有责任的董事、监事、高级管理人员违法分配利润作出了较严格的规定。

2. 新增利润分配的法定期限

2023 年《公司法》第 212 条规定：“股东会作出分配利润的决议的，董事会应当在股东会决议作出之日起六个月内进行分配。”

此条新增内容主要是为了防止股东会作出利润分配决议后董事会迟迟不实施利润分配。如果董事会未在股东会作出决议之日起 6 个月内实施利润分配，则股东有权提起诉讼要求公司分配利润。

3. 新增发行无面额股所得股款未计入注册资本的金额列入资本公积金

2023 年《公司法》第 213 条规定：“公司以超过股票票面金额的发行价格发行股份所得的溢价款、发行无面额股所得股款未计入注册资本的金额以及国务院财政部门规定列入资本公积金的其他项目，应当列为公司资本公积金。”

面额股规则承载了保护股东公司认购股份和协助保护债权人的制度功能，公司以超过股票票面金额的发行价格发行股份所得的溢价款、发行无面额股所得股款列为公司资本公积金，旨在保护全体股东及债权人的利益。

4. 取消资本公积不得用于弥补公司亏损的法定限制，新增公积金弥补亏损的顺序规则

2023 年《公司法》第 214 条规定：“公司的公积金用于弥补公司的亏损、扩大公司生产经营或者转为增加公司注册资本。公积金弥补公司亏损，应当先使用任意公积金和法定公积金；仍不能弥补的，可以按照规定使用资本公积金。法定公积金转为增加注册资本时，所留存的该项公积金不得少于转增前公司注册资本的百分之二十五。”

早在1993年的《公司法》就曾允许资本公积用于补亏，但2005年至今的《公司法》均禁止以资本公积金弥补公司亏损。本次《公司法》修订，再一次取消资本公积金不得用于弥补公司亏损的法定限制，允许资本公积金用于弥补亏损，同时为防止公司在亏损年度直接将资本公积用于补亏从而释放当年利润进行利润分配，2023年《公司法》对补亏顺序作出了明确限制，即明确任意公积金和法定公积金应先于资本公积补亏。

（五）公司盈余分配纠纷的实务操作

1. 诉讼主体

（1）原告：权利受到侵害的股东。

（2）被告：公司。

2. 案由

《民事案件案由规定》将公司盈余分配纠纷作为三级案由规定在内。在公司存续的情况下，盈余分配请求权是股东从公司获取投资回报的主要手段。

3. 管辖

公司住所地法院管辖。

4. 诉讼时效

3年。

5. 诉讼请求

请求法院判令公司向其支付盈余分配款及利息。

八、损害股东利益责任纠纷

（一）损害股东利益责任纠纷概述

股东利益包括身份权益和财产权益，另外还分为自益权和共益权，自益权包括股东请求分配红利的权利、剩余财产分配请求权、新股优先认购权等；共益权包括参与决策表决权、查阅公司财务账簿、股东代表诉讼起诉权等。损害股东利益责任纠纷指的是股东、董事、高级管理人员违反法律、行政法规和公司章程的规定或者其他股东滥用股东权利，侵害股东利益引起的纠纷。《公司法》第21条、第190条分别对公司股东和董事、高级管理人员损害股东利益的行为予以概括规定，损害股东利益纠纷主要有两种形式：一种是公司股东滥用股东权利损害其他股东利益；另一种是董事、监事、高级管理人员违反忠实勤勉义务等法定义务，损害股东利益。

公司董事、高级管理人员，损害股东利益责任纠纷在司法实践中主要有以下几种情况：(1)股东、董事、高级管理人员违反法律或章程故意拖延或拒发股息；(2)不合理地向董事及高级管理人员提高薪资及福利待遇；(3)利用“不断发展恶意兼并”“短期合并”“增加或减少公司资本”等手段，达到排挤少数股东的目的；(4)通过各种方式为股东、董事、监事、高级管理人员控股的其他公司提供贷款优惠或免除债务；等等。

损害股东利益责任纠纷是实践中较为普遍的公司类纠纷。损害股东利益纠纷需注意适格被告的问题，股东对公司享有股权，但并不一定直接参与公司的经营管理，而是通过选择公司董事、高级管理人员，由董事、高级管理人员对公司进行经营管理，因此，适格被告是侵犯股东利益的公司董事与高级管理人员，高级管理人员包括经理、副经理、财务负责人，上市公司董事会秘书和公司章程规定的其他人员同时也导致了损害股东利益责任纠纷之诉频发。

(二)典型案例分析

1.上市公司以“隐藏承诺”对抗限售股解禁中的责任认定

案例｜东方证券与皇氏集团损害股东利益责任纠纷

审理法院：上海市高级人民法院

案号：(2020)沪74民初3479号①

【基本案情】

东方证券因与案外人李某某进行质押回购交易，经法院执行，明确东方证

① 由于解除限售损害东方证券利益纠纷仅在一审阶段存在争议，故本案仅描述一审法院裁判经过。

券有权以李某某出质的58,410,000股皇氏集团股票优先受偿。上述股票存在限售承诺,因为李某某的股票系皇氏集团以股票为对价收购李某某持有的御嘉影视100%股权所得。李某某承诺2014年至2017年不转让上述股票,此外,针对御嘉影视作出的业绩承诺,上述股票在业绩承诺完成前不转让。

2018年1月,该院向皇氏集团出具协助执行通知书,要求其协助执行法院查明上述质押股份是否达到解除限售条件。皇氏集团答复称:皇氏集团2017年度审计报告尚未出具,御嘉影视2017年度业绩完成情况仍有待审计机构的审定,尚未具备办理股票解除限售手续的相关条件。上述股票最终因拍卖无成交于2018年9月办理了过户手续以抵债,执行法院随后向皇氏集团出具协助执行通知书,要求皇氏集团协助办理的解除限售手续,但皇氏集团未予办理。

针对御嘉影视盈利与业绩承诺情况,皇氏集团2015年至2018年发布多份关于御嘉影视盈利情况报告、承诺完成情况的说明。上述报告确认御嘉影视2014年至2017年业绩承诺完成率均超100%。在法院拍卖股票之时,2018年7月31日皇氏集团发布了《关于公司持股5%以上股东股权将被司法拍卖的提示性公告》,告知了上述法院准备拍卖股票的情况,并载明"本次司法拍卖对公司的正常生产经营不产生影响,公司将持续关注此次拍卖的进展,并根据相关法律法规的规定及时履行信息披露义务",其中并未提及股票任何限售情况和业绩承诺未完成情况。自2020年3月起,东方证券工作人员王某通过微信向皇氏集团了解解禁流程及所需材料,皇氏集团工作人员回复告知了办理解禁需要的相关材料,但在收到东方证券相关材料后,未予办理。东方证券沟通未果,遂于2020年12月2日向一审法院起诉,诉请:(1)皇氏集团停止对东方证券股东权利的侵害,并立即为上述限售股办理解除限售手续;(2)皇氏集团赔偿因延迟解除限售而给东方证券造成的损失50,000,000元。

【争议焦点】

(1)李某某向皇氏集团出具的承诺函的真实性如何?该函对东方证券要求皇氏集团解除限售是否具有约束力?

(2)皇氏集团通过的股东大会决议是否可以限制东方证券请求解除限售条件?

(3)若皇氏集团应配合而不配合东方证券解除限售,皇氏集团应赔偿的东方证券损失如何确定?

【审理结果与裁判要点】

一审法院认为,直至2020年8月,皇氏集团才向东方证券及深圳证券交易所提及该承诺函。此前皇氏集团发布的多个公告中,不仅未曾提及该承诺函,而且明确披露解禁条件已成就。在法院司法拍卖系争股票、东方证券联系解除限售过程中,多次与皇氏集团联系,但皇氏集团从未提及存在承诺函,故该承诺函真实性存疑。即便该承诺函签署日期确系2018年3月20日,但其内容有别于原先的限售承诺,对市场、投资者、东方证券均有重大影响,故应按中国证监会《上市公司信息披露管理办法》、深圳证券交易所《中小企业板上市公司规范运作指引(2015年修订)》[①]进行披露。皇氏集团直至2020年10月28日才披露,现有的或者潜在的投资者此前无从知晓系争股票又增加了限制条件。东方证券作为司法执行程序的当事人,对执行过程中的公告信息有充分的信赖,根据当时公开信息及拍卖公告,案涉股票上并不存在承诺函、不存在除业绩承诺之外的承诺,原有业绩承诺已经完成,在此基础上才形成了以司法拍卖的保留价作为抵债价格。如果存在承诺函,就自然会对抵债价格产生重大影响。基于对东方证券信赖利益的保护,股票抵债过户之后方才披露的承诺函对东方证券并无约束力。而且,皇氏集团无权通过股东大会决议的形式限制某个股东出售股票的权利。综上所述,法院认定皇氏集团拒绝配合解禁的行为存在过错,限制了东方证券的交易自由与交易机会,故判决皇氏集团配合办理手续解除限售。

关于损失的认定,2020年4月至本案起诉之时即2020年12月,皇氏集团的股价经历了先涨后跌的过程。本案起诉后,股价先跌后涨。根据一审中这一股价波动情况,法院酌定皇氏集团先行赔偿损失500万元,其余损失待配合解禁后东方证券卖出后可视情主张。

一审法院作出一审判决:(1)皇氏集团在判决生效之日起10日内配合办

① 此指引已失效。

理解除限售手续;(2)皇氏集团赔偿东方证券损失500万元;(3)皇氏集团支付东方证券律师费18万元;(4)驳回东方证券其余诉讼请求。

皇氏集团不服一审判决,提起上诉。二审法院判决驳回上诉,维持原判。

在限售股相关承诺条件已完成的情况下,受让人针对其在司法执行程序中取得的股票,有权要求上市公司配合办理解除限售手续。作为上市公司,不愿配合并突然提交了一份此前未曾公开的隐藏承诺进行对抗。如存在这样一份承诺并新增了许多解禁条件,会影响上市公司原来已经符合条件的股票解禁,却不去对投资者提及,并不符合企业经营常理,该承诺作出时间的真实性存疑。尤其是这类隐藏承诺在作出之后两年,直至争议发生时才披露,现有的或者潜在的投资者此前无从知晓系争股票又增加了限制条件。受让人作为司法执行程序的当事人,对执行过程中的公告信息亦有充分的信赖。另外,上市公司亦无权通过股东大会决议的形式限制某个股东出售股票的权利。①

基于上述分析,未曾公开并公告的隐藏承诺,无权对抗公告之前的善意受让人。

2. 隐名股东能否提起涉及损害股东利益诉讼

案例 | 汤某凤诉李某兰损害股东利益责任纠纷

审理法院:湖北省宜昌市中级人民法院

案号:(2018)鄂05民终2303号

【基本案情】

2005年8月21日,原告汤某凤和被告李某兰、案外人何某等人签订了《共同办企业协议》,协议约定三方共同出资开办益寿堂药品零售公司及内设延年诊所,汤某凤因公职身份限制,以"张某敏"名义登记股东,并实际出资10万元。被告李某兰系公司法定代表人、日常经营者。2016年6月3日,李某兰未经原告汤某凤对账、同意,私自将宜昌市益寿堂药品零售有限公司工商注销,并

---

① 参见《上市公司以"隐藏承诺"对抗限售股解禁中的责任认定——东方证券股份有限公司诉皇氏集团股份有限公司损害股东利益责任纠纷案》,载上海金融法院官网2023年4月11日,http://www.shjrfy.gov.cn/jrfy/gweb/xx_view.jsp?pa=aaWQ9ODE4NwPdcssPdcssz。

独自霸占公司转让款及货款。李某兰的行为严重损害了原告隐名股东的利益。因此，原告诉至法院，请求判令被告因违反法律和公司章程给原告造成的财产损失 10 万元。一审法院裁判认定汤某凤须先确认股东资格身份，后再提起损害股东利益责任诉讼，故驳回起诉。

汤某凤不服一审判决，提起上诉。

【争议焦点】

隐名股东能否提起涉及公司清算、利益分配的诉讼？

【审理结果与裁判要点】

二审法院认为，《公司法解释（三）》第 24 条第 3 款[①]规定，“实际出资人未经公司其他股东半数以上同意，请求公司变更股东、签发出资证明书、记载于股东名册、记载于公司章程并办理公司登记机关登记的，人民法院不予支持”。本案中，汤某凤提交的益寿堂药品零售公司章程、自然人股东身份证明及股东会决议证实，益寿堂药品零售公司的股东为李某兰、金某明和张某敏，并非汤某凤。因此，汤某凤在未确认其为益寿堂药品零售公司股东的情况下，提起损害股东利益责任之诉不具备适格的诉讼主体资格，故一审法院以此为由裁定驳回汤某凤的起诉并无不当，应予维持。

故二审法院驳回上诉，维持原裁定。

隐名出资是目前公司实践中大量存在的特殊现象。不少实际出资人误以为，谁实际出资谁就是公司真正的股东，工商登记并不重要，故实际出资人出于某种目的选择隐身幕后，在工商登记管理部门登记备案的名义股东与实际出资人非同一主体，极易引发股东身份之争。隐名股东显名或者行使其他股东权利的，需要重点审查以下两点：首先，实际出资人、名义股东、公司之间存在独立的法律关系；其次，考虑公司的人合性、社团性等特征，实际出资人成为股东必须经过半数以上的其他股东同意，否则实际出资人可能面临显名失败的局面。

《公司法解释（三）》在 2020 经过了修正，其第 24 条第 1 款规定，有限责任

---

① 本案中适用的是 2014 年《公司法解释（三）》，相关规定参见 2020 年《公司法解释（三）》第 24 条第 3 款。

公司的实际出资人与名义出资人订立合同,约定由实际出资人出资并享有投资权益,以名义出资人为名义股东,实际出资人与名义股东对该合同效力发生争议的,如无法律规定的无效情形,法院应当认定该合同有效。此处规定区别于2014年修正版,范围从"无合同法第五十二条规定的情形"扩大到"无法律规定的无效情形",更符合公司利益。

基于上述分析,实际出资人与名义股东因投资权益的归属发生争议,实际出资人可以以其实际履行了出资义务为由向名义股东主张权利,名义股东不得以公司股东名册记载、公司登记机关登记为由否认实际出资人权利。

3. 股东基于股东身份而享有的公司盈余分配请求权

案例 | 张某某诉双诚公司股东盈余分配权纠纷

审理法院:最高人民法院

案号:(2021)最高法民申6191

【基本案情】

2002年5月28日,柳某(实为姚某)、孟某某、张某某三人组建双诚公司。在工商登记中,该公司注册资金为800,000元,其中柳某(实为姚某)出资480,000元,享有60%股权;孟某某出资280,000元,享有35%股权;张某某出资40,000元,享有5%股权。2003年9月1日,双诚公司召开股东会,通过决议:增加注册资金19,200,000元,其中张某某增资145,000元,并办理工商变更登记。2003年12月31日,柳某(实为姚某)、孟某某、张某某三人签订股份回购协议,约定:双诚公司于2002年由柳某(实为姚某)、孟某某、张某某三人共同组建。前期投入3,600,000元,其中柳某(实为姚某)持有60%股份,孟某某、张某某各持有20%股份,现经三方友好协商,孟某某将其持有股份转给双诚公司其他两位股东,由双诚公司出资收购。该协议现已履行完毕。2010年7月4日,双诚公司再次召开股东会,会议决议将张某某持有的全部股份平价转让给徐某某,并办理了工商变更登记。但张某某、孟某某并未参加此次股东会议,股东会决议及其后的股权转让协议上的张某某签名亦非其本人签字。2014年2月24日,张某某向柳某(实为姚某)、双诚公司主张承担损害股东利益的赔偿责任,向法院提起诉讼。一审法院判决柳某(实为姚某)、双诚公司无须承担赔偿责任。张某某不服,提起上诉。二审法院裁定撤销原判,将本案发回重审。重审一审法院判决:(1)柳某(实为姚某)于判决生效后5日内,给付张某某双诚公司20%的股权并协助其办理工商登记手续;(2)驳回张某某的其他诉讼请求。后各方当事人均提起上诉,重审二审法院判决撤销重审一审判决,判令柳某(实为姚某)于判决生效之日起15日内向张某某赔偿损失2,000,000元,驳回张某某的其他诉讼请求。

张某某不服判决,提起再审申请。

【争议焦点】

(1)张某某是否有权向双诚公司主张盈余分配?

(2)是否应当分配的公司盈余?分配数额是多少?

【审理结果与裁判要点】

再审法院认为,关于原审法院以双诚公司2010年审计报告中载明的"3260万元"为基数计算公司盈余分配数额是否有依据的问题。《公司法解释(四)》第14条规定:"股东提交载明具体分配方案的股东会或者股东大会的有效决议,请求公司分配利润,公司拒绝分配利润且其关于无法执行决议的抗辩理由不成立的,人民法院应当判决公司按照决议载明的具体分配方案向股东分配利润。"张某某原审提交的双诚公司相关银行明细等证据,不能证明双诚公司在其股权被非法转让前曾作出分配利润的股东会决议或进行利润分配,张某某也未提供充分证据证明双诚公司在2010年7月4日前存在擅自转移利润、向实际控制人柳某(实为姚某)转移资金的情况。双诚公司2010年审计报告显示,该公司曾在2010年对累计利润进行分配,当年分配利润3260万元。因2010年7月4日之后张某某不具备双诚公司股东资格,原审法院据此认定双诚公司在2010年曾进行利润分配,并以"3260万元"为基数计算本案公司盈余分配数额,并无不当。原审法院认为张某某要求对双诚公司进行相关审计的申请无必要,具有事实和法律依据。利润分配属于公司内部经营事宜,在无对应载明具体分配方案股东会决议的情况下,不宜通过诉讼方式由法院裁决直接分配。张某某称原审未以2010年审计报告所能反映的双诚公司当年全部利润或者

2010 年 7 月 4 日前后张某某作为公司股东可以分配的全部利润为基数，存在错误的再审理由不成立。故再审法院驳回了张某某的诉讼请求。

《公司法解释(四)》第 15 条规定："股东未提交载明具体分配方案的股东会或者股东大会决议，请求公司分配利润的，人民法院应当驳回其诉讼请求，但违反法律规定滥用股东权利导致公司不分配利润，给其他股东造成损失的除外"。换言之，请求公司利润分配的基础是具有股东资格，但股东资格将伴随股权转让并办理变更登记而丧失，因此股东基于股东身份而享有的公司盈余分配请求权也随之消亡。但是，若股权转让前有证据证明公司分配过股利但未给该股东分配，此时原股东的利润分配请求权转化为债权请求权，丧失股权的原股东仍可主张。

(三)疑难法律问题解答

1."损害公司利益责任纠纷"与"损害股东利益责任纠纷"的区别

"损害公司利益责任纠纷"，是指公司股东滥用股东权利或者董事、监事、高级管理人员违反法定义务，损害公司利益而引发的纠纷。"损害股东利益责任纠纷"，是指公司董事、高级管理人员违反法律、行政法规或者公司章程的规定，损害股东利益，应当对股东承担损害责任而与股东发生的纠纷。显而易见，仅从概念上该两类案由就呈现侵权主体及损害主体的不同。该两类案由的区别有起诉主体不同、侵权责任主体不同、请求权基础不同及胜诉利益归属不同。

2. 股东身份的获得和持续时间会对是否有权提起损害股东利益诉讼产生影响

司法实务中存在如此争议：股东提起代表诉讼时具有股东身份，但在诉讼过程中被公司股东会决议取消股东身份，此时虽然被决议取消股东身份的股东可能另有隐情，但提起损害股东利益责任纠纷诉讼的审理范围并不包括股东资格争议；而且经公司股东会决议取消股东身份还涉及决议效力判断的问题，无论是民事案由、诉讼参加主体还是审理范围等方面，都和损害股东利益责任纠纷不同。因此，法院一般都会以不具备股东资格为由驳回起诉，当事人待股东资格确定后可再提起诉讼。

3. 损害股东利益责任纠纷与股东代表诉讼纠纷诉讼程序的区别

损害股东利益责任纠纷与股东代表诉讼纠纷都是以股东名义起诉，都是以造成损失的相对人为被告。但两种诉讼具有以下区别：损害股东利益责任纠纷是为了股东利益的直接诉讼，所诉的利益应当是受到损害股东所有，被告往往是采取侵害行为的董事、高级管理人员或其他股东，该程序由受到损害的股东直接诉讼，不需要采取前置程序；股东代表诉讼首先是为了公司的利益，所诉的利益应当归公司所有，被告往往是侵害公司利益的股东、实际控制人、董事、监事、其他高级管理人员，需要按照公司法的规定采取前置程序，即书面请求监事会、董事会向法院提起诉讼，监事会或者董事会收到股东书面请求后拒绝提起诉讼，或者自收到请求之日起30日内未提起诉讼，或者情况紧急、不立即提起诉讼将会使公司利益受到难以弥补的损害的，股东方有权为公司利益以自己的名义直接向法院提起诉讼。

（四）2023年《公司法》关于损害股东利益的修订要点

2023年《公司法》新增了对影子董事、影子高管的认定规则的相关规定。

2023年《公司法》第192条规定："公司的控股股东、实际控制人指示董事、高级管理人员从事损害公司或者股东利益的行为的，与该董事、高级管理人员承担连带责任。"

此条规定新增了影子董事、影子高级管理人员的认定规则，对于控股股东、实际控制人对董事和高级管理人员的指示行为予以规范。虽然两者名义上不是董事或高级管理人员，但若事实上指示董事、高级管理人员履行了相关职责的，也等同于董事与高级管理人员的法律地位，将控股股东、实际控制人扩大至实际履行相应职务的董事和高级管理人员范畴，解决了实务中公司设置"傀儡"董事或高级管理人员，以逃避相关责任的问题。笔者建议，公司的控股股东、实际控制人应严格按照公司章程及治理规则行使股东权利与义务，要求董事和高级管理人员执行职务之时应合理合法，避免越界行使职权，若利用董事和高级管理人员从事违法违规行为的，则存在被"连坐"的风险。

（五）损害股东利益纠纷诉讼实务操作

1. 诉讼主体

（1）原告：利益受损害的股东。

（2）被告：公司董事、高级管理人员及其他股东。

2. 案由

《民事案件案由规定》将损害股东利益责任纠纷作为三级案由规定在内。只有在已有的具体案由无法涵盖股东利益受损的情形时，才以“损害股东利益责任纠纷”进行诉讼。

3. 管辖

对于损害公司利益责任纠纷的诉讼管辖，实务中一直都存在争议，代表性观点主要有以下两种：

（1）认为损害公司利益责任纠纷属于民事案由中“与公司有关的纠纷”这一大案由之下，因此应当属于公司组织诉讼，按照特殊地域管辖规则——公司所在地管辖。损害公司利益责任纠纷最终的利益要归入公司、公司所在地便于证据调取等，并据此认为损害公司利益责任纠纷具有公司组织法性质，适用特殊地域管辖规则。

（2）认为损害公司利益责任纠纷不具有公司组织法的特征，其本质是董事、监事、高级管理人员以及第三人对公司利益的侵权行为，因此应当按照《民事诉讼法》第29条有关侵权行为的管辖规定确定管辖，即侵权行为地或被告住所地。

4. 诉讼时效

3年。

5. 诉讼请求

（1）请求停止侵害股东的权益。

（2）请求判令赔偿利益损失。

第四章

与公司解散和清算有关的纠纷

一、公司解散纠纷

(一)公司解散纠纷概述

公司解散,是指已经成立的公司基于一定的合法事由而使公司消灭的法律行为。公司解散是基于一定事由,使公司人格发生消灭的原因行为和程序。通常而言,公司解散的原因有合意解散和行政强制解散。合意解散,即章程规定的营业期限届满或者出现了公司章程规定的其他解散事由、股东会或者股东大会决议解散公司、公司因为合并或者分立需要解散等公司自行解散。行政强制解散,是指公司触犯了法律被依法吊销营业执照、责令关闭或者被撤销,公司依法解散。在我国的公司法中还有一种特殊的解散事由,即司法判决解散,公司自行清算不能时,不仅会损害公司债权人的利益,同样也会损害公司股东的利益,应当赋予公司股东在公司不能自行清算时向法院申请启动强制清算的权利。

最高人民法院《关于适用〈中华人民共和国公司法〉若干问题的规定(二)》(以下简称《公司法解释(二)》)第1条就对司法判决解散公司的情形作出了规定:“单独或者合计持有公司全部股东表决权百分之十以上的股东,以下列事由之一提起解散公司诉讼,并符合公司法第一百八十二条规定的,人民法院应予受理:(一)公司持续两年以上无法召开股东会或者股东大会,公司经营管理发生严重困难的;(二)股东表决时无法达到法定或者公司章程规定的比例,持续两年以上不能做出有效的股东会或者股东大会决议,公司经营管理发生严重困难的;(三)公司董事长期冲突,且无法通过股东会或者股东大会解决,公司经营管理发生严重困难的;(四)经营管理发生其他严重困难,公司继续存续会使股东利益受到重大损失的情形。"

公司解散会涉及税务、劳动关系、债权债务清偿等问题。最高人民法院《关于适用〈中华人民共和国公司法〉若干问题的规定(五)》第5条规定:"人民法院审理涉及有限责任公司股东重大分歧案件时,应当注重调解。当事人协商一致以下列方式解决分歧,且不违反法律、行政法规的强制性规定的,人民法院应予支持:(一)公司回购部分股东股份;(二)其他股东受让部分股东股份;(三)他人受让部分股东股份;(四)公司减资;(五)公司分立;(六)其他能够解决分歧,恢复公司正常经营,避免公司解散的方式。"《公司法》第230条亦规定,公司有公司章程规定的营业期限届满或者其他解散事由出现,或出现股东会决议解散情形,且尚未向股东分配财产的,可以通过修改公司章程或者经股东会决议而存续,有限责任公司须经持有2/3以上表决权的股东通过,股份有限公司须经出席股东会会议的股东所持表决权的2/3以上通过。以此来保护股东、职工权益,保障债权人利益,保障营商环境。

(二)典型案例分析

1. 公司经营管理是否发生严重困难,应从公司组织机构的运行状态进行综合分析

案例 | **林某清诉凯莱公司、戴某明公司解散纠纷**

审理法院:江苏省高级人民法院

案号:(2010)苏商终字第0043号

【基本案情】

凯莱公司成立于2002年1月,林某清与戴某明系股东,各占50%的股份,戴某明任公司执行董事,为公司法定代表人;林某清任公司总经理、公司监事及两个分支机构负责人。戴某明与林某清先后签订《股东内部协议》《会议纪要》

等，对公司内部管理作出约定，包括：戴某明负责公司的经营管理；林某清作为监事对公司财务进行监督；执行董事定时向监事通报情况，借助公司每月碰头会进行通报；聘任中间人参与财务通报；等等。自2006年起，两人之间的矛盾逐渐显现。2006年3月，双方发生肢体冲突。从同年5月开始，双方互相发出召开会议的通知，但均未能召开或未能形成有效决议。自2006年6月1日起至二审终审判决作出之日止，凯莱公司未召开过股东会。凯莱公司经营正常，处于盈利状态。

2006年11月28日，林某清诉至法院，请求判令解散凯莱公司。一审诉讼中，凯莱公司的管理部门常熟服装城管理委员会表示愿意组织林某清和戴某明进行调解。一审法院裁判认定凯莱公司两股东陷入僵局，但公司本身经营状况良好，并不存在公司经营严重困难情形，故驳回林某清的诉讼请求。

林某清不服一审判决，提起上诉。

【争议焦点】

凯莱公司是否符合司法解散的条件？

【审理结果与裁判要点】

二审法院认为，根据《公司法》第182条[①]关于"公司经营管理发生严重困难，继续存续会使股东利益受到重大损失，通过其他途径不能解决的，持有公司全部股东表决权百分之十以上的股东，可以请求人民法院解散公司"的规定，凯莱公司已经符合司法解散的条件。一是凯莱公司的经营管理已发生严重困难，具体表现为：凯莱公司持续未召开股东会、无法形成有效股东会决议的时间已长达4年，股东会机制已经失灵；凯莱公司执行董事管理公司的行为已不再体现权力机构的意志；凯莱公司的监督机构无法正常行使监督职权；凯莱公司虽经营正常，但公司亏损并非认定"公司经营管理发生严重困难"的必要条件。作为一个法律拟制的法人机构，凯莱公司的权力机构、执行机构、监督机构均无法正常运行，其经营管理已发生严重困难。二是凯莱公司继续存续会使股东林某清的利益受到重大损失。三是凯莱公司的僵局通过其他途径长期无法解决。

---

① 本案中适用的是2018年《公司法》，相关规定参见2023年《公司法》第230条。

四是林某清持有凯莱公司 50% 的股份,符合公司法关于提起公司解散诉讼的股东须持有公司 10% 以上股份的条件。故二审法院撤销原审判决,解散凯莱公司。

根据《公司法》第 231 条的规定,公司经营管理发生严重困难,继续存续会使股东利益受到重大损失,通过其他途径不能解决的,持有公司 10% 以上表决权的股东,可以请求法院解散公司。易言之,将“公司经营管理发生严重困难”作为股东提起解散公司之诉的条件之一。判断公司经营管理是否发生严重困难,应从公司组织机构的运行状态进行综合分析。公司虽处于盈利状态,但其股东会机制长期失灵,内部管理有严重障碍,已陷入僵局状态,可以认定为公司经营管理发生严重困难。

具体到本案中,持股 50% 的林某清有权提起公司解散诉讼,其符合公司法及相关司法解释规定的其他条件的,虽然公司处于盈利状态,但由于公司内部各机构无法正常运营、属于经营管理发生严重困难,因此法院可以依法判决公司解散。

基于上述分析,当公司内部组织机构运作严重障碍、可预见持续运营下去必将导致重大损失,股东有权以公司经营管理发生严重困难为由主张解散公司。

2. 提出公司解散诉讼的主体适格问题

案例 | 辽船清华公司、北方船体公司公司解散纠纷

审理法院:最高人民法院

案号:(2020)最高法民申 2287 号

【基本案情】

2005 年 1 月 20 日,北方船体公司与辽船清华公司原法人王某全签订《辽船清华公司设立协议书》,约定公司注册资本为 400 万元,性质是有限责任公司。其中,王某全以固定资产和现金出资,持股比例 90%;北方船体公司以土地作价出资,持股比例为 10%。作价出资土地的土地登记人仍为北方船体公司,即并未发生土地使用权变更登记,但实际交付给辽船清华公司使用。

王某全与其妻孙某凤于2017年6月9日将属于夫妻共有的辽船清华公司90%股份无偿赠与王某刚、王某昌各30%的股份比例。王某全于2017年12月因病去世,但其所持有的辽船清华公司股权并未发生变更。后北方船体公司向法院请求解散辽船清华公司。一审法院认为,辽船清华公司90%股权无持有人,持股10%的北方船体公司仅为一个股东,故公司管理陷入僵局,法院对北方船体公司解散辽船清华公司的诉讼请求予以支持。

辽船清华公司不服一审判决,提起上诉。二审法院裁判认为,辽船清华公司处于公司管理僵局,且无其他救济救济、更无法向其他股东或者股东会提出股权回购申请,故对原一审判决予以维持。

辽船清华公司不服二审判决,提起再审诉讼。

【争议焦点】

(1)北方船体公司是否具备股东资格,提起本案公司解散之诉是否适格?

(2)辽船清华公司是否符合法定的解散的条件?

【审理结果与裁判要点】

再审法院认为,《公司法》第75条①规定:"自然人股东死亡后,其合法继承人可以继承股东资格;但是,公司章程另有规定的除外。"本案中,辽船清华公司的公司章程未有禁止规定股东不得赠与、继承的方式转让其公司股权以及股东身份,因此王某全的继承人孙某凤,以及受赠人王某刚、王某昌作为公司股东,在王某全死亡后可以召开股东会议,行使股东权利,组织公司正常运营。但是,辽船清华公司在再审审查过程中自认"从建厂开始就没有召开过股东会,2017年之后,因为双方已经有了纠纷,所以没有办法开股东会"。根据现有证据,不能证明辽船清华公司曾经持续两年以上召开过股东会议。特别在北方船体公司作为股东已经提出异议,就入股土地提出诉求乃至本案申请公司解散诉讼时,辽船清华公司、孙某凤、王某刚、王某昌仍未采取召开股东会、提出转让股权或者公司回购股权等救济手段,消极不履行责任及行使权利,公司运行机制已陷入僵局,达到前述法律及司法解释规定的公司解散条件。并且双方对北方

① 本案中适用的是2018年《公司法》,相关规定参见2023年《公司法》第90条。

船体公司用于作价出资的4106平方米土地亦在被动迁范围内一事始终无法达成一致意见,公司经营管理出现严重困难。因此,一审、二审法院认定辽船清华公司符合解散的条件并无不当。公司解散后依法清算,清算结束并办理注销登记前,不影响公司及公司股东行使相应权利。故再审法院驳回了辽船清华公司的再审请求。

《公司法》第231条规定了司法解散制度,公司解散适用三要件模式:(1)公司经营管理发生严重困难;(2)继续存续会导致股东利益受损失;(3)通过其他途径不能解决。从三要件的内容来看,第三个要件体现了司法解散制度的兜底性以及适用条款的严苛性。故在实务中,其仍存在许多公司适用"公司僵局"条款的困难。

换言之,《公司法》的规定旨在鼓励公司内部矛盾纠纷解决的基本导向,认定"公司僵局"需要综合考虑公司本身运营状况、股东之间关系等因素来判断。在实务中,可以从公司股东会、董事会召开情况入手,以此判断公司是否存在长期怠于行使召开股东会议、组织公司正常运营的职责,导致公司多项重要事项无法处理、经营管理出现严重困难。

基于上述分析,实务中对于"公司僵局"应当从公司内部股东关系、外部发展矛盾入手,多角度分析判断。

3. 判断公司经营管理是否发生严重困难,应当从公司的股东会、董事会或执行董事及监事会或监事的运行现状进行综合分析

案例 | 黄山温泉公司、东莞联华公司公司解散纠纷

审理法院:最高人民法院

案号:(2020)最高法民申2210号

【基本案情】

2005年3月14日,黄山旅游公司、东莞联华公司、信恒公司签订《中外合作经营合同》,约定三方出资共同设立黄山温泉公司。2005年6月,黄山温泉公司成立;2007年,该公司注册资本相应增加,东莞联华公司持股约为15%、信恒公司持股约为59%、黄山旅游公司持股约为25%。

2005年5月9日，黄山温泉公司三方股东作为发包方与信恒公司作为承包方签订《合作公司承包经营合同》，约定信恒公司按约向黄山旅游公司支付承包金；2007年3月1日，黄山温泉公司作为发包方与承包方黄山恒健公司签订《合作公司承包经营合同》，约定东莞联华公司与信恒关联公司承包经营黄山温泉公司。2014年至2015年，黄山温泉公司董事会分别向众信融资租赁公司及通江睿霖投资企业各融资6000万元事宜进行表决并形成决议。

2016年1月18日，黄山旅游公司向东莞联华公司、信恒公发函，就进行财务情况整改事宜召开董事会沟通。该年7月，东莞联华公司与祥源旅游开发有限公司签订《合作框架协议书》，约定东莞联华公司将其持有的黄山温泉公司股权以一定对价转让给祥源公司。该年10月，黄山旅游公司向祥源公司发出不得介入黄山温泉公司事宜的告知函。后黄山旅游公司向法院提起诉讼，请求解散黄山温泉公司。一审法院裁判认为，有控制关系的东莞联华公司和信恒公司作为黄山温泉公司的大股东，通过董事会实际操控黄山温泉公司，且黄山温泉公司先由信恒公司承包经营，而后又由东莞联华公司与信恒公司设立的关联公司承包经营，承包方对黄山温泉公司具有完全独立的经营管理权，且对黄山温泉公司的所有资产拥有处分权，完全排除了黄山旅游公司作为股东对黄山温泉公司的经营管理，黄山旅游公司受到大股东的严重压制，故支持黄山旅游公司解散黄山温泉公司的诉讼请求。

黄山温泉公司不服一审判决，提起上诉。二审法院认为，黄山温泉公司股东之间矛盾加剧，董事会陷入僵局状态，而黄山旅游公司不愿退出公司，东莞联华公司和信恒公司虽同意以向黄山旅游公司转让股权退出公司的方式解决公司僵局状态，但在资产价格评估上未能达成一致意见，法院调解无果，僵局状态已无法通过其他途径解决，故维持一审判决。

黄山温泉公司不服二审判决，提起再审诉讼。

【争议焦点】

黄山温泉公司是否符合解散条件？

【审理结果与裁判要点】

再审法院认为，本案中，黄山温泉公司公司章程规定，董事会是公司最高权力机构,由董事7名组成,东莞联华公司委派1名、黄山旅游公司委派2名、信恒公司4名。因黄山旅游公司委派董事仅2名,占比不足董事会董事的1/3,故董事会在黄山旅游公司不参加董事会会议的情况下仍能有效召开,不影响董事会的运行。但是由于东莞联华公司是信恒公司的实际控制人,两公司共同委派的董事能有效召开且形成的董事会议决议,实际上能够完全排除黄山旅游公司意见。且从黄山温泉公司成立至今召开的董事会会议实际情况看,董事会虽然可以运行,但是董事会的召开与否和意见形成,完全取决于东莞联华公司和信恒公司,实际并未为黄山温泉公司发展而有效运行。且东莞联华公司、信恒公司作为黄山温泉公司的大股东,确有滥用其控制地位形成决议,使股东之间信任基础不再,矛盾激化,造成自2015年9月25日之后董事会再未召开的现实状况。因此,可以认定黄山温泉公司经营管理陷入僵局,经营管理发生严重困难。

东莞联华公司和信恒公司通过董事会实际操控黄山温泉公司,作为黄山温泉公司的大股东,滥用控制地位,以公司资产抵押向锦州银行借款用于解决其自身资金问题,在未征得黄山旅游公司同意的情况下,引入其他投资方介入黄山温泉公司的经营管理,并协议以1元对价将其与信恒公司股权转让他人等行为,已经损害了黄山温泉公司以及黄山旅游公司利益,明显违背其与黄山旅游公司合作之本意,破坏了股东间合作的信任基础。而且还存在黄山温泉公司部分董事及高级管理人员涉骗取贷款和挪用资金刑事犯罪、公司行政公章目前仍被公安机关调取中、公司被责令停止开采地热资源、固定资产面临强制执行状态等情况。股东之间不可调解的矛盾、严重困难的经营管理和黄山温泉公司难以经营的现状也决定了公司继续存续将会使股东利益受到重大损失。

法院多次调解无果,且黄山温泉公司的经营管理发生严重困难,如继续维系黄山温泉公司,股东权益恐会在僵持中逐渐耗竭,且通过其他途径已不能解决,符合公司解散的条件,一审、二审法院对黄山旅游公司请求解散黄山温泉公司的诉求予以支持,并无不当。故再审法院驳回了黄山温泉公司的再审请求。

《公司法》第231条将公司经营管理发生严重困难作为股东提起解散公司之诉的条件之一,同时,根据该条款和《公司法解释(二)》第1条的规定,判断公司经营管理是否发生严重困难,应当从公司的股东会、董事会或执行董事及监事会或监事的运行现状进行综合分析。如在本案中，黄山温泉公司经营能力显著下降，股东之间权益纠纷加剧，其他途径无法解决黄山温泉公司的正常运营，符合司法解散条件。

基于上述分析，公司经营管理发生严重困难，股东可通过股东会、董事会等途径分析证明困难状况无法维持运营，以此来达到解散公司的目的。

（三）疑难法律问题解答

1. 如何判断“公司经营管理发生严重困难”

“公司经营管理发生严重困难”，是指公司的股东会、董事会以及监事等管理层发生严重的矛盾，无法作出有效的决议或者是作出后无法执行的情况。其与“公司长期资本抵债”属两种不同的情形。

公司经营管理发生严重困难的侧重点在于管理问题，一个公司的正常运营与公司的管理密不可分，法条列举的三种情形都是公司管理层面上出现了无法调和的矛盾，一个陷入“僵局”的公司完全可以是长期盈利并不存在亏损的公司；而公司资不抵债，不具有还款能力的侧重点在于公司的财产问题，可以成为申请公司破产的理由，但不能是司法解散公司的理由，一个长期亏损的公司完全可以是经营管理上和谐一致的公司（参见本部分典型案例 1）。

2. 公司解散案件被告的适格问题

《公司法》规定了提起公司解散诉讼的原告的资格，但对公司解散诉讼的被告资格并未作出规定。目前的司法实践中，各地法院做法不尽一致：有的以公司为被告，有的以相对方股东为被告，还有的以公司为被告、相对方股东为共同被告或第三人。公司解散诉讼是有关公司组织的诉讼，关系到公司能否继续生存的问题，故公司应作为此类诉讼的被告，至于公司的其他股东，可根据案件审理需要列为第三人。

（四）2023 年《公司法》关于公司解散的修订要点

1. 新增公司终止时的注销登记及公告规则

2023 年《公司法》第 37 条规定：“公司因解散、被宣告破产或者其他法定事由需要终止的,应当依法向公司登记机关申请注销登记,由公司登记机关公告公司终止。”

注销登记后,公司终止且法人资格消灭。公司登记机关办理设立登记是公司取得法人资格的前提,而消灭公司资格则以公司登记机关注销其公司登记为依据。由此确立了法人注销登记的生效要件主义:唯有经过注销登记,法人始告终止,可用公式“清算事由 + 清算行为 + 注销登记并公告 = 公司终止”来表述。

2. 新增公司解散应通过国家企业信用信息公示系统公示公司解散的事由

2023 年《公司法》第 229 条规定:“公司因下列原因解散:(一)公司章程规定的营业期限届满或者公司章程规定的其他解散事由出现;(二)股东会决议解散;(三)因公司合并或者分立需要解散;(四)依法被吊销营业执照、责令关闭或者被撤销;(五)人民法院依照本法第二百三十一条的规定予以解散。公司出现前款规定的解散事由,应当在十日内将解散事由通过国家企业信用信息公示系统予以公示。”

此条第 1 款关于解散事由基本延续了 2018 年《公司法》的内容。第 2 款规定了公司解散事由公示制度,明确公司在出现任何解散事由时都负有公示义务,涉及公示的触发条件“出现法定解散事由”、公示的时间“出现解散事由后 10 日内”、公示的内容“出现的解散事由”和公示的途径“通过国家企业信用信息公示系统”。

2023 年修订的《公司法》中未直接规定公司未履行解释事由公示义务的责任(行政责任、民事责任),后续修订《市场主体登记管理条例》《市场主体登记管理条例实施细则》时有必要考虑规定相应的行政责任。

3. 新增公司发生解散事由时特定情形下公司存续的规定

2023 年《公司法》第 230 条规定:“公司有前条第一款第一项、第二项情形,且尚未向股东分配财产的,可以通过修改公司章程或者经股东会决议而存续。依照前款规定修改公司章程或者经股东会决议,有限责任公司须经持有三分之二以上表决权的股东通过，股份有限公司须经出席股东会会议的股东所持表决权的三分之二以上通过。”

此条是对自愿解散创设的“挽回规则”，如果公司章程规定的营业期限届满、公司章程规定的解散事由出现或者股东会决议解散公司，但还没有向股东分配剩余财产，可以通过修改公司章程或者经股东会决议使公司继续存续。这一规定为公司提供了更多的灵活性，允许在特定条件下通过股东会决议或修改公司章程来避免公司立即解散。

（五）公司解散纠纷诉讼的实务操作

1. 诉讼主体

（1）原告：单独或者合计持有公司全部股东表决权10%以上的股东。

（2）被告：公司。

（3）第三人：其他股东。

2. 案由

《民事案件案由规定》将公司解散纠纷作为三级案由规定在内。

3. 管辖

依据《公司法解释（二）》第24条的规定，解散公司诉讼案件和公司清算案件由公司住所地法院管辖。公司住所地是指公司主要办事机构所在地。公司办事机构所在地不明确的，由其注册地法院管辖。

基层法院管辖县、县级市或者区的公司登记机关核准登记公司的解散诉讼案件和公司清算案件；中级法院管辖地区、地级市以上的公司登记机关核准登记公司的解散诉讼案件和公司清算案件。

4. 诉讼时效

3年。

5. 诉讼请求

请求解散公司。

二、清算责任纠纷

(一)清算责任纠纷概述

清算责任纠纷,是指清算义务人在清算期间,因故意或者重大过失给公司、债权人造成损失,应当承担赔偿责任的纠纷。公司清算期间,清算组是对内执行清算事务,对外代表公司处理债权债务的公司机关。《公司法》规定,清算组成员履行清算职责,负有忠实义务和勤勉义务。清算组成员怠于履行清算职责,给公司造成损失的,应当承担赔偿责任;因故意或者重大过失给债权人造成损失的,应当承担赔偿责任。公司清算人的民事责任为过错责任,由于公司清算期间所涉事务较为复杂,不得对清算组成员要求过于严苛,故清算人的过错责任为故意或者重大过失。清算人违反法律法规或公司章程的行为即表明其存在故意或者重大过失。

清算责任纠纷的常见类型有以下五种:

1. 股东未在法定期间履行清算义务引发的纠纷。有限责任公司股东在公司出现法定清算原因后,故意拖延清算义务、拒绝履行清算义务,或者有其他不能进行清算的消极行为。股东怠于履行清算义务,导致公司主要财产闲置,账册、重要文件等灭失,导致公司财产贬值、流失、破坏或灭失,债务无法清偿等后果,其他债权人可要求股东承担赔偿责任。

2. 股东恶意处置公司财产的责任纠纷。当公司面临困难时,一些股东试图将转移股东的有限责任作为盾牌,通过赠与、低价贱卖或者以低价偿债等方式恶意处置公司财产,降低公司偿债能力。股东或高级管理人员恶意处置公司财产,给债权人造成损失,应当承担相应责任。

3. 公司未经清算或虚假清算即办理注销登记引发的纠纷。公司清算、注销过程中,股东应通知而未予通知已知债权人,公司未经清算或以虚假清算报告骗取公司登机关办理公司注销登记,不符合注销条件的债务人公司注销登记,侵害债权人利益,导致债权人无法主张债权,原股东可能被要求在公司注销登记的资产范围内对公司债务承担清偿责任。

4. 清算组成员在清算过程中存在故意或重大过失导致的纠纷。清算组成员在清算过程中若存在故意或重大过失行为，如擅自处置公司财产、未妥善保管财务资料等，导致公司或债权人损失的，应承担相应的赔偿责任。

5. 清算组成员的违法行为责任纠纷。清算组成员在从事清算事务时，若存在利用职权收受贿赂、侵占公司财产等违法行为，应承担相应的赔偿责任。

综上所述，清算责任纠纷主要包括股东等清算组成员的违法行为责任纠纷、未依法履行清算义务引起的纠纷以及股东对清算组成员的诉讼责任纠纷。对这些纠纷的妥善处理，有助于保护公司及其利益相关方的合法权益，确保公司清算过程的公正、公平与高效。

（二）典型案例分析

1. 清算组成员及独资股东承担清算赔偿责任纠纷

案例 | 富力公司、韩某玲清算责任纠纷

审理法院：广东省高级人民法院

案号：(2019)粤民终 2608 号

【基本案情】

2010 年，富力公司与天同公司、天伦公司及张某明签订《文明路项目协议书》，就位于广州市天河区地段的项目用地进行合作。富力公司与天同公司、天伦公司、张某明及南光公司分别于 2012 年 10 月 29 日、2013 年 9 月 23 日就项目用地相关事宜作出签订《补充协议一》《补充协议二》。

根据上述合同的约定，富力公司向南光公司支付定金 4000 万元、拆迁专用款 1000 万元，并应分得土地补偿款 10,585.64 万元。南光公司应在取得相关政府部门支付的土地补偿费后 3 个工作日内，向富力公司退还定金 4000 万元、拆迁专用款 1000 万元以及土地补偿款，南光公司与天同公司相互承担连带责任。经后期协商，明确南光公司、天同公司应向富力公司退还定金、拆迁专用款与土地补偿款合计 1.15 亿元。

南光公司在 2014 年 1 月 1 日前已取得相关政府部门支付的土地补偿费，故南光公司依约应在其取得相关政府部门支付的土地补偿费后 3 个工作日内

(2014年1月4日前)向富力公司支付1.15亿元的定金、拆迁专用款与土地补偿款,但南光公司实际并未在履行期限内支付前述款项。2013年至2018年,富力公司多次向南光公司等债务人催收前述款项。截至2018年12月28日,南光公司与案外人天伦公司才向富力公司合计支付完毕该1.15亿元本金,南光公司仍欠付富力公司因迟延履行付款义务而产生的全部滞纳金。

2016年12月19日,南光公司申请注销登记,清算组成员为孙某将、陈某芳,清算报告载明无债权债务,但是南光公司清算组并未依法通知富力公司申报债权。2016年12月27日,广州市天河区原工商行政管理局准予南光公司注销登记,导致富力公司的合法债权未获清偿。

因南光公司清算组的上述违法清算行为损害了富力公司的债权,富力公司于2018年10月对南光公司的唯一股东兼法定清算组成员天同公司、清算组成员孙某将和陈某芳提起本案诉讼主张权利。然而,2018年12月19日,在富力公司已经提起诉讼维权的情况下,天同公司申请注销登记,清算组成员为张某芳、韩某玲、陈某芳,清算报告载明债权债务已清理完毕,但天同公司清算组同样未依法通知富力公司申报债权。2018年12月21日,广州市天河区原工商行政管理局准予天同公司注销登记,导致富力公司的合法债权未获清偿。由于天同公司在本案诉讼中被违法注销,富力公司申请将被告天同公司变更为其清算组成员张某芳、韩某玲、陈某芳。因此,富力公司主张天同公司承担赔偿责任,追加张某芳、韩某玲、陈某芳作为天同公司清算组成员承担清算赔偿责任,向法院提起诉讼。法院认为,南光公司清算组成员张某芳仅为代表天同公司执行清算事务人员,故清算责任仅能归属于天同公司。韩某玲、陈某芳为天同公司的股东兼清算组成员,应对富力公司未获清偿的滞纳金部分承担清算赔偿责任。张某芳并非天同公司的股东及法定的清算组成员,不应承担清算赔偿责任。故法院支持韩某玲、陈某芳向富力公司支付滞纳金以及利息。

富力公司不服一审判决,提起上诉。

【争议焦点】

南光公司及天同公司的清算组成员、独资股东天同公司应否承担清算赔偿责任?

【审理结果与裁判要点】

二审法院认为，根据一审法院查明的事实，南光公司为法人独资的有限责任公司，股东为天同公司，其经营期限届满后，自行组织清算并注销了公司。南光公司明知其与富力公司的债权债务关系，在清算时并没有书面通知富力公司，导致富力公司的部分债权至案件诉讼时仍未获清偿，根据《公司法》第183条①及《公司法解释(二)》第11条②之规定，一审法院认定天同公司作为唯一股东系南光公司的法定清算责任主体，虽然南光公司清算报告所列的清算组成员为孙某将、陈某芳，但他们仅为代表天同公司执行清算事务的人员，故相关清算责任应由天同公司承担。同理，天同公司于一审审理期间在未通知富力公司的情况下自行组织清算并注销了公司，其股东韩某玲、陈某芳作为天同公司的法定清算责任主体，明知案涉债权债务关系，仍未履行法定通知义务即启动对天同公司的清算程序，导致富力公司的合法债权无法通过清算程序获得清偿，应承担相应的赔偿责任，但富力公司请求天同公司股东之外的张某芳承担清算赔偿责任，依据不足，一审法院据此判决韩某玲、陈某芳向富力公司支付案涉滞纳金并无不当，二审法院予以维持。故二审法院驳回上诉，维持原判。

清算义务人承担清算赔偿责任，需要符合以下构成要件：(1)清算义务人违反法律规定，怠于履行清算义务的行为；(2)清算义务人存在着主观过错；(3)清算义务人怠于履行清算义务导致公司财产不当减少，导致债权人利益损失；(4)清算义务的不当行为与公司财产减少或者债权人利益受损存在因果关系。具体到本案中，南光公司在明知与富力公司的债权债务关系情况下，在清算时没有书面通知富力公司，导致富力公司部分债权至今未获清偿，已违反了公司清算的相关规定，理应承担相应的赔偿责任。与此同时，天同公司作为南光公司的唯一股东，亦为其法定清算组成员，理应承担南光公司清算过程导致富力公司损失的赔偿责任。其中，南光公司清算报告所列的清算组成员孙某将、陈某芳并非南光公司的股东，实为代表天同公司执行清算事务的人员，其清算报告经天同公司确认，

---

① 本案中适用的是2018年《公司法》，相关规定参见2023年《公司法》第232条。

② 本案中适用的是2014年《公司法解释(二)》，相关规定参见2020年《公司法解释(二)》第11条。

其清算行为应视为天同公司的清算行为，相关清算责任也应由天同公司承担。

基于上述分析，债务人在满足清算赔偿责任要件情况下，清算组成员及独资股东应当承担相应赔偿责任。

2. 股东、董事在公司应当进行清算的情况下而不清算，故意逃避债务，损害债权人利益纠纷

案例 | 凯奇公司与科技园公司清算责任纠纷

审理法院：陕西省高级人民法院

案号：(2020)陕民终341号

【基本案情】

电力电子公司成立于2001年，公司注册资本为5000万元，天华公司的出资占公司注册资本的65.1%，碧派克斯中心的出资占公司注册资本的9.9%，欧美公司的出资占公司注册资本的10%，王某元以货币出资500万元，占公司注册资本的10%，科技园公司出资250万元，占公司注册资本的5%。2004年2月23日，北京市第二中级人民法院判决电力电子公司向凯奇公司偿付本金19,190,591元及利息。2006年10月30日，电力电子公司被工商机关吊销营业执照。

因电力电子公司未向凯奇公司清偿前述债务，凯奇公司以科技园公司、天华公司、欧美公司、碧派克斯中心为被告向北京市海淀区人民法院提起诉讼，要求其承担电力电子公司对凯奇公司所负债务及利息。诉讼期间，科技园公司向北京市丰台区人民法院提起股东资格确认纠纷诉讼，要求法院确认其不是电力电子公司股东，凯奇公司遂撤回对科技园公司的起诉，针对其他3名被告的清算责任纠纷由北京市海淀区人民法院继续审理。

针对科技园公司提起的请求确认其不具有电力电子公司股东资格的诉讼，北京市丰台区人民法院决驳回了科技园公司的诉讼请求。科技园公司不服一审判决，提起上诉，二审维持了原判决。

后凯奇公司主张科技园公司连带清偿电力电子公司所欠债务，向法院提起诉讼。一审法院认为，科技园并不存在怠于履行清算义务的行为，亦对电子公司财务、账册等文件灭失不负有责任，故对凯奇公司要求科技园公司承担连带清偿责任的诉讼请求不予支持。

凯奇公司不服一审判决，提起上诉。

【争议焦点】

科技园公司是否应对原告凯奇公司的债务承担连带清偿责任？

【审理结果与裁判要点】

二审法院认为，由《公司法解释（二）》第18条第2款的规定可知，关于有限责任公司股东清算责任的规定，性质是因为股东怠于履行清算义务致使公司无法清算所应当承担的侵权责任。适用该制度的前提是股东“滥用”公司法人独立地位和股东有限责任对债权人的债权造成损害，须股东有过错行为并且该过错行为与损害结果有因果关系。本案中，首先，科技园公司作为电力电子公司持股5%的小股东，既不是公司董事会或者监事会成员，也没有证据显示其参与过公司经营或者选派人员担任过该公司机关成员，在此情形下科技园公司的不作为达不到“滥用”程度的过错，应当认定科技园公司没有怠于履行义务，不存在过错行为，故科技园公司不应对电力电子公司的债务承担连带责任。其次，科技园公司已经提交证据证明其通过联系其他股东等方式试图履行清算义务，且公司的主要财产、账册、重要文件的灭失亦与科技园公司的作为或者不作为没有因果关系，故科技园公司亦不应对电力电子公司的债务承担连带责任。因此，二审法院驳回上诉，维持原判。

《公司法解释（二）》第18条第2款规定：“有限责任公司的股东、股份有限公司的董事和控股股东因怠于履行义务，导致公司主要财产、账册、重要文件等灭失，无法进行清算，债权人主张其对公司债务承担连带清偿责任的，人民法院应依法予以支持。”该条规定的立法本意是防止公司的股东、董事在公司应当进行清算的情况下不清算，故意逃避债务，损害债权人利益，强化清算义务人依法清算的法律责任。股东承担连带清偿责任的前提是其存在怠于履行义务的消极不作为，且因此导致公司主要财产、账册、重要文件等灭失，无法进行清算。

具体到本案中，科技园公司作为小股东，不掌握电力电子公司的财务状况，且其提交相应证据证明已履行清算义务，故其不存在怠于履行义务导致电力电子公司的利益受损的情形。因此,凯奇公司无权要求科技园公司承担连带清偿责任。

基于上述分析,债权人主张股东承担清偿责任,要先满足消极不作为并导致公司无法财产清算这一前置条件。

(三)疑难法律问题解答

1. 公司清算人法律责任构成要件

公司清算人的法律责任,是指在公司因破产、合并、分立等原因解散而进行的清算过程中,清算人因违反公司清算的法律规定或因过错造成公司或债权人的损失所应负的法律责任。具体包括以下三种:(1)实施违法行为,包括违法法律法规及公司章程的行为;(2)清算人的违法行为直接造成债权人或股东利益损失;(3)清算人存在故意或者重大过失。

2. 清算人如何构成"怠于履行清算义务"

根据《公司法》第229条的规定,出现"公司章程规定的营业期限届满或者公司章程规定的其他解散事由出现""股东会决议解散""因公司合并或者分立需要解散""依法被吊销营业执照、责令关闭或者被撤销""人民法院依照本法第二百三十一条的规定予以解散"的情形后,清算义务人未及时成立清算组开始清算,是典型的怠于履行清算义务的行为。此外,清算组成立后,清算组成员故意拖延、违反法律规定、行政法规、公司章程等给债权人造成损失的,也是怠于履行的行为。《九民纪要》对于"怠于履行义务"作了明确的解释,是指公司的股东在法定清算事由出现后,在能够履行清算义务的情况下,故意拖延、拒绝履行清算义务,或者因过失导致无法进行清算的消极行为。因此,对于股东"怠于履行义务"须存在主观过错尚能追究其相关责任。

3. 当事人同时起诉解散及清算公司,法院应否受理的问题

当事人同时起诉解散及清算公司的,法院在立案时应予以必要释明,告知当事人应当根据《公司法》第230条、第231条和第232条之规定并结合公司的实际情况,选择起诉解散公司或者起诉清算公司。当事人坚持一并主张的,法院对其清算的诉请不予受理。已经受理的公司解散、清算纠纷案件,法院应当

按公司解散案件进行审理，对当事人的清算请求应驳回其起诉。同时，应告知当事人如果法院判决解散公司，当事人可依《公司法》第233条之规定先行自行清算，自行清算不能时可请求法院对公司进行清算。同时，在公司不能自行清算时，公司债权人及公司股东有权申请法院进行强制清算。逾期不成立清算组进行清算或者成立清算组后不清算的，利害关系人可以申请法院指定有关人员组成清算组进行清算。法院应当受理该申请，并及时组织清算组进行清算。公司因依法被吊销营业执照、责令关闭或者被撤销而解散的，作出吊销营业执照、责令关闭或者撤销决定的部门或者公司登记机关，可以申请法院指定有关人员组成清算组进行清算。

（四）2023年《公司法》关于清算责任的修订要点

1. 明确董事为清算义务人，新增清算义务未履行清算义务的赔偿责任

2023年《公司法》第232条规定："公司因本法第二百二十九条第一款第一项、第二项、第四项、第五项规定而解散的，应当清算。董事为公司清算义务人，应当在解散事由现之日起十五日内组成清算组进行清算。清算组由董事组成，但是公司章程另有规定或者股东会决议另选他人的除外。清算义务人未及时履行清算义务，给公司或者债权人造成损失的，应当承担赔偿责任。"

2018年《公司法》并未明确规定清算义务人，《民法典》第70条虽将董事设置为清算义务人，但其作为民商合一体系下的一般法，并未在司法实践中真正发挥裁判指引功能。2023年《公司法》第232条明确规定，董事应当在解散事由出现之日起15日内组成清算组进行清算，同时董事亦是默认情况下的清算组成员。清算义务人未及时履行清算义务，给公司或者债权人造成损失的，应当承担赔偿责任。这是对原有法律中未明确规定清算义务人的补充，强化了董事在清算过程中的责任和义务。

2. 将强制清算申请人范围由"债权人"扩大至"利害关系人"

2023年《公司法》第233条规定："公司依照前条第一款的规定应当清算，逾期不成立清算组进行清算或者成立清算组后不清算的，利害关系人可以申请人民法院指定有关人员组成清算组进行清算。人民法院应当受理该申请，并及

时组织清算组进行清算。公司因本法第二百二十九条第一款第四项的规定而解散的,作出吊销营业执照、责令关闭或者撤销决定的部门或者公司登记机关,可以申请人民法院指定有关人员组成清算组进行清算。"

2023 年《公司法》明确,除股东及债权人可以申请强制清算外,赋予利害关系人、相关部门及公司登记机关直接申请强制清算的权利。此处的修订将会产生如下影响。

(1)扩大了强制清算的申请主体范围:明确了利害关系人可以向法院申请强制清算,同时明确赋予了作出吊销营业执照、责令关闭或者撤销决定的部门或者公司登记机关向法院申请强制清算的权利,这预计可使强制清算案件未来呈现增长趋势。

(2)使法院受理强制清算的标准更加明确:如"虽然成立清算组但故意拖延清算的"一项变更为"成立清算组后不清算",相较此前规定,受理条件更简明、适用范围更广。

(3)实践中,强制清算的受理标准还有待进一步完善,建议将以下情形规定为强制清算的启动事由:公司解散后逾期不成立清算组,或者成立清算组后不清算的;违法清算可能严重损害债权人、股东或者其他利害关系人合法权益的;多数股东与清算事务存在利益冲突等,导致自行清算程序难以依法及时完成,或者可能损害股东、债权人或者其他利害关系人合法权益的;股东下落不明等导致无法依法及时完成自行清算的;可能导致公司难以依法及时完成自行清算的其他情形。

3. 新增清算时通过国家企业信用信息公示系统公示的规定

2023 年《公司法》第 235 条第 1 款规定:"清算组应当自成立之日起十日内通知债权人,并于六十日内在报纸上或者国家企业信用信息公示系统公告。债权人应当自接到通知之日起三十日内,未接到通知的自公告之日起四十五日内,向清算组申报其债权。"

通过国家企业信用信息公示系统的联动,可以确保公司信息的透明度和真实性,减少信息不对称的问题,进一步规范公司行为,保护债权人和其他相关方的权益。

4. 明确清算组成员忠实义务，新增清算组成员的勤勉义务，明确清算组成员怠于履行清算职责时对公司的赔偿责任

2023年《公司法》第238条规定："清算组成员履行清算职责，负有忠实义务和勤勉义务。清算组成员怠于履行清算职责，给公司造成损失的，应当承担赔偿责任；因故意或者重大过失给债权人造成损失的，应当承担赔偿责任。"

此条规定对股东董事、监事、高级管理人员忠实、勤勉义务的完善，是对公司治理能力提出的更高要求，也充分反映了立法者对董事、监事、高级管理人员应当"在其位，谋其政"的要求，体现了《公司法》修订说明中提到的"规范公司的组织和行为，完善公司设立、运营、退出各环节相关当事人责任，切实维护公司、股东、债权人及利害关系人的合法权益"。

5. 新增申请注销登记制度

2023年《公司法》第239条规定："公司清算结束后，清算组应当制作清算报告，报股东会或者人民法院确认，并报送公司登记机关，申请注销公司登记。"

此条主要是清算报告与公司注销登记的规定，涉及清算报告的制作、报送和确认等相关内容，确定了公司注销的前置相关程序。

6. 新增简易注销、强制注销制度

2023年《公司法》第240条规定："公司在存续期间未产生债务，或者已清偿全部债务的，经全体股东承诺，可以按照规定通过简易程序注销公司登记。通过简易程序注销公司登记，应当通过国家企业信用信息公示系统予以公告，公告期限不少于二十日。公告期限届满后，未有异议的，公司可以在二十日内向公司登记机关申请注销公司登记。公司通过简易程序注销公司登记，股东对本条第一款规定的内容承诺不实的，应当对注销登记前的债务承担连带责任。"

此制度主要源于《关于全面推进企业简易注销登记改革的指导意见》《关于开展进一步完善企业简易注销登记改革试点工作的通知》《市场主体登记管理条例》，有利于提升市场主体的退出效率，降低退出成本，减少"僵尸企业"数量，提高社会资源利用效率。

第241条规定："公司被吊销营业执照、责令关闭或者被撤销，满三年未向公司登记机关申请注销公司登记的，公司登记机关可以通过国家企业信用信息公示系统予以公告，公告期限不少于六十日。公告期限届满后，未有异议的，公司登记机关可以注销公司登记。依照前款规定注销公司登记的，原公司股东、清算义务人的责任不受影响。”

2023年《公司法》增设了简易注销制度和强制注销制度：为了降低企业退出成本，增设了简易注销制度，允许在满足一定条件下（如公司当前没有任何债权债务关系）的企业通过简化程序注销。同时，为了解决长期存在的“僵尸企业”问题，新法确立了强制注销制度，允许在特定情况下（如公司被吊销营业执照、责令关闭或被撤销、满3年未清算完毕）由公司登记机关依职权注销公司登记。

这些修改旨在强化董事在清算过程中的责任，为公司的解散和清算提供了更多的法律支持，同时也为解决“僵尸企业”问题提供了法律途径。

（五）清算责任纠纷的实务操作

1. 诉讼主体

（1）原告：公司债权人、利害关系人或者股东。

（2）被告：清算公司、董事、股东以及清算组成员。

2. 案由

《民事案件案由规定》将清算责任纠纷作为三级案由规定在内。此类纠纷案件在全国数量不多，但呈现逐年上涨趋势，其原因在于清算责任纠纷属于新类型纠纷，随着经济发展以及《公司法》及司法解释的普及与适用，此类案件必然呈上升趋势。

3. 管辖

（1）从案件性质来看，清算责任纠纷本质上是清算组成员的作为或不作为侵害了债权人的利益，是一种侵权责任，根据《民事诉讼法》第29条的规定，因侵权行为提起的诉讼，由侵权行为地或者被告住所地法院管辖。

（2）清算责任纠纷中清算组成员实施侵权行为（如怠于通知债权人申报债权这种不作为）的地点应当被理解为公司所在地，因为整个清算活动本身在法律上应视为在公司进行的一系列行为。因此,按照侵权行为的管辖原则,公司住所地和被告所在地也应该成为清算责任纠纷管辖的两项选择。

4. 诉讼时效

3 年。

5. 诉讼请求

(1)请求清算义务人在致公司财产损失数额内对公司债务承担赔偿责任,并请求清算组成员对公司债务承担连带清偿责任。

(2)请求被告赔偿因恶意处分给公司清算财产造成财产损失或者返还恶意处分财产。

(3)请求被告对公司债务承担清偿责任。

(4)请求被告赔偿清算财产损失,且请求被告按照损失额对公司债务承担补充赔偿责任。

第五章

与破产有关的纠纷

一、与破产有关的纠纷和与公司有关的纠纷

公司法与企业破产法同属我国商事法律体系,有着非常紧密的联系。公司法是指规定公司设立程序、组织机构、活动原则及其对内对外关系的法律规范的总称。其对公司由出生至消亡的全过程作出了相应的规定,虽然其中涉及公司清算相关程序,但更侧重于解决公司设立及经营治理过程中存在的问题。企业破产法则是对处于危困境地的公司的挽救与清理作出相应的规制,强调公平清理债权债务,保护债权人和债务人的合法权益,是公司法在公司退出阶段的规则的具体化和延伸,与公司法相互配套,同为一体。

与破产有关的纠纷,是指公司不能清偿债务,并且资产不足以清偿全部债务或者明显缺乏清偿能力,依照企业破产法规定的程序清理债权债务过程中所产生的纠纷。在《民事案件案由规定》中,与破产有关的纠纷和与公司有关的纠纷同属一级案由"与公司、证券、保险、票据等有关的民事纠纷"项下的二级案由,二者有着紧密的联系。与公司有关的纠纷在本书中已经作出详尽解释并用相关案例进行了说明。而当公司处于破产状态时,则需要对与破产有关的纠纷加以关注。

一以贯之,公司法系企业破产法的基础,而企业破产法为公司法的特别规定,即公司法确立了公司构成的基本要素,并规定了公司形成和存续的一般条件以及企业政策运转的基本方式;而企业破产法规定是公司消亡的一种特殊形

式。同时，公司法决定企业破产法当中的财产范围以及分配方式，即公司法所界定的公司财产范围决定着公司破产偿债财产的范围，亦部分决定破产财产的分配方式。因此，公司法与企业破产法密不可分，而相对应的公司纠纷与破产纠纷正是基于前述规定而产生的一系列有关公司企业的纠纷。

二、与破产有关的纠纷的法律地位

与破产有关的纠纷是立足于《企业破产法》框架下，有关企业破产程序中发生的一系列债权人、债务人以及管理人权利义务的纠纷，探寻与破产有关的纠纷的法律地位，则必须明晰企业破产法的定位。

就法域属性而言，大多数学者都赞同企业破产法的私法属性。李永军教授认为，我国是一个市场经济国家，必须将企业破产法当作私法，反映和体现私法的基本精神。[①] 沈贵明教授具体提出企业破产法所涵盖的是破产人的“私”财产，即应当保护“私权利”。[②] 但王欣新教授则认为，企业破产法中具有经济法理念，兼具公法和私法的属性。[③] 随着市场经济的不断发展，企业破产法的法域属性趋向融合状态，徐阳光教授将其称为“公私法融合”——私法调整手段与公法调整手段的逐步结合。从破产制度立法目的来看，其经历了从债权人本位（债权人与债务人的利益平衡本位）到社会利益本位的变化过程，其在保障债权人与债务人利益的同时，也兼具保障社会经济秩序稳定的功能。从此语境来看，企业破产法兼具公法与私法两重属性，系公私法融合法的范畴。

就部门法属性而言，学者对此存在多种观点。以李永军教授为代表的学者认为企业破产法属于民商法（商法）的范畴[④]；以许德风教授为代表的学者认为企业破产法属于民事诉讼法的范畴，系民事诉讼的特别程序[⑤]；以王欣新教授

---

① 参见李永军：《重申破产法的私法精神》，载《政法论坛》2002 年第 3 期。

② 参见沈贵明主编：《破产法学》，郑州大学出版社 2004 年版，第 9 页。

③ 参见王欣新：《论破产立法中的经济法理念》，载《北京市政法管理干部学院学报》2004 年第 2 期。

④ 参见李永军、王欣新、邹海林：《破产法》，中国政法大学出版社 2009 年版，第 2 页。

⑤ 参见许德风：《破产法论：解释与功能比较的视角》，北京大学出版社 2015 年版，第 15 页。

为代表的学者认为企业破产法兼具民商法与经济法双重性质，仅是从不同的角度研究。[①] 从现实需求来看，企业破产法规定的大量实体权利源于民商法制度，但其也有社会整体利益平衡的理念，突破民商法的边界，而若适用民事诉讼法的规定则由于破产程序的概括执行、参与分配制度的特殊性，无法被民事诉讼法所容纳。企业破产法更多地体现了综合性的领域法学，不宜将其单向认定为民商法、民事诉讼法或其他。

三、与破产有关的纠纷的类型简述及学理分析

根据《民事案件案由规定》的相关规定，与破产有关的纠纷项下包含 13 个三级案由，涵盖追收未缴出资纠纷、破产债权确认纠纷（职工破产债权确认纠纷和普通破产债权确认纠纷）、对外追收债权纠纷、取回权纠纷（一般取回权纠纷和出卖人取回权纠纷）、破产抵销权纠纷、别除权纠纷、破产撤销权纠纷、请求撤销个别清偿行为纠纷、请求确认债务人行为无效纠纷、追收非正常收入纠纷、追收抽逃出资纠纷、损害债务人利益赔偿纠纷、管理人责任纠纷。其中，“破产债权确认纠纷”与“取回权纠纷”项下各包含两个四级案由。从可公开检索的案例来看，确认债权系参与破产程序的前提和基础。因此，在实践中破产债权确认纠纷占有近 2/3 的比例。

在与破产有关的纠纷类型中，立足于法条目的，可以将其分为维护全体债权人的公平清偿利益的纠纷、维护债务人利益的纠纷、破产管理人行为的纠纷三类。就公平清偿纠纷而言，包括请求撤销个别清偿行为纠纷、请求确认债务人行为无效纠纷、破产撤销权纠纷；就维护债务人利益的纠纷而言，包括对外追收债权纠纷、追收未缴出资纠纷、追收抽逃出资纠纷、追收非正常收入纠纷、破产债权确认纠纷、取回权纠纷、别除权纠纷、损害债务人利益纠纷；就管理人行为纠纷，包括管理人责任纠纷，管理人资格及更换、解除纠纷等。

就与破产相关的纠纷的学理解释而言，其必须追溯到企业破产法的目的功

---

① 参见王欣新：《论破产立法中的经济法理念》，载《北京市政法管理干部学院学报》2004 年第 2 期。

能来说。有学者将其称为企业破产法采用了一种债务人、债权人和社会三方紧密结合的结构形式，旨在提供一个可以对所有利益进行权衡的平台。① 企业破产法的初始目的是实现债权人最大限度地公平清偿债权债务，但随着企业不断发展、市场经济的日益更新，企业破产法不仅立足于此项目的，更多考量破产带来的效率以及社会整体福利问题，进一步使国家对破产公司进行一定救助，实现最大化的公司整体利益的价值。

综上所述，破产程序是为了公平清理债权债务，保护债权人和债务人的合法权益，维护社会主义市场经济秩序而设立；而与破产有关的纠纷则是为保障破产程序中债权人、债务人的实体性权益或者程序性权益而产生。因此，针对此问题涉及的相关裁判规则及实务案例，笔者将以专著即《破产衍生诉讼——裁判规则与实务指南》具体分析，此处不再展开。

① 参见[英]费奥娜·托米：《英国公司和个人破产法》(第2版)，汤维建、刘静译，北京大学出版社2010年版，第1~5页。

附　录

2018年《公司法》与2023年《公司法》修改对照

下画线部分为新增内容 123
删除线部分为删减内容 ~~123~~
阴影部分为调整内容 123

《公司法》(2018年)	《公司法》(2023年)
目　　录	目　　录
第一章　总　　则 第二章　有限责任公司的设立和组织机构 第一节　设　　立 第二节　组织机构 ~~第三节　一人有限责任公司的特别规定~~ ~~第四节　国有独资公司的特别规定~~ 第三章　有限责任公司的股权转让 第四章　股份有限公司的设立和组织机构 第一节　设　　立 第二节　股东大会 第三节　董事会、经理 第四节　监 事 会 第五节　上市公司组织机构的特别规定 第五章　股份有限公司的股份发行和转让	第一章　总　　则 第二章　公司登记 第三章　有限责任公司的设立和组织机构 第一节　设　　立 第二节　组织机构 第四章　有限责任公司的股权转让 第五章　股份有限公司的设立和组织机构 第一节　设　　立 第二节　股 东 会 第三节　董事会、经理 第四节　监 事 会 第五节　上市公司组织机构的特别规定 第六章　股份有限公司的股份发行和转让 第一节　股份发行 第二节　股份转让

续表

《公司法》(2018年)	《公司法》(2023年)
第一节　股份发行 第二节　股份转让 第六章　公司董事、监事、高级管理人员的资格和义务 第七章　公司债券 第八章　公司财务、会计 第九章　公司合并、分立、增资、减资 第十章　公司解散和清算 第十一章　外国公司的分支机构 第十二章　法律责任 第十三章　附　　则	第七章　国家出资公司组织机构的特别规定 第八章　公司董事、监事、高级管理人员的资格和义务 第九章　公司债券 第十章　公司财务、会计 第十一章　公司合并、分立、增资、减资 第十二章　公司解散和清算 第十三章　外国公司的分支机构 第十四章　法律责任 第十五章　附　　则
第一章　总则	**第一章　总则**
第一条　为了规范公司的组织和行为，保护公司、股东和债权人的合法权益，维护社会经济秩序，促进社会主义市场经济的发展，制定本法。	**第一条**　为了规范公司的组织和行为，保护公司、股东、职工和债权人的合法权益，完善中国特色现代企业制度，弘扬企业家精神，维护社会经济秩序，促进社会主义市场经济的发展，根据宪法，制定本法。
第二条　本法所称公司是指依照本法在中国境内设立的有限责任公司和股份有限公司。	**第二条**　本法所称公司，是指依照本法在中华人民共和国境内设立的有限责任公司和股份有限公司。
第三条　公司是企业法人，有独立的法人财产，享有法人财产权。公司以其全部财产对公司的债务承担责任。 有限责任公司的股东以其认缴的出资额为限对公司承担责任；股份有限公司的股东以其认购的股份为限对公司承担责任。 **第五条**　公司从事经营活动，必须遵守法律、行政法规，遵守社会公德、商业道德，诚实守信，接受政府和社会公众的监督，承担社会责任。 公司的合法权益受法律保护，不受侵犯。	**第三条**　公司是企业法人，有独立的法人财产，享有法人财产权。公司以其全部财产对公司的债务承担责任。 公司的合法权益受法律保护，不受侵犯。

续表

《公司法》(2018 年)	《公司法》(2023 年)
第三条 公司是企业法人,有独立的法人财产,享有法人财产权。公司以其全部财产对公司的债务承担责任。 有限责任公司的股东以其认缴的出资额为限对公司承担责任;股份有限公司的股东以其认购的股份为限对公司承担责任。 **第四条** 公司股东依法享有资产收益、参与重大决策和选择管理者等权利。	**第四条** 有限责任公司的股东以其认缴的出资额为限对公司承担责任;股份有限公司的股东以其认购的股份为限对公司承担责任。 公司股东对公司依法享有资产收益、参与重大决策和选择管理者等权利。
第十一条 设立公司必须依法制定公司章程。公司章程对公司、股东、董事、监事、高级管理人员具有约束力。	**第五条** 设立公司应当依法制定公司章程。公司章程对公司、股东、董事、监事、高级管理人员具有约束力。
	第六条 公司应当有自己的名称。公司名称应当符合国家有关规定。 公司的名称权受法律保护。
第八条 依照本法设立的有限责任公司,必须在公司名称中标明有限责任公司或者有限公司字样。 依照本法设立的股份有限公司,必须在公司名称中标明股份有限公司或者股份公司字样。	**第七条** 依照本法设立的有限责任公司,应当在公司名称中标明有限责任公司或者有限公司字样。 依照本法设立的股份有限公司,应当在公司名称中标明股份有限公司或者股份公司字样。
第十条 公司以其主要办事机构所在地为住所。	**第八条** 公司以其主要办事机构所在地为住所。
第十二条 公司的经营范围由公司章程规定,~~并依法登记~~。公司可以修改公司章程,改变经营范围,~~但是应当办理变更登记~~。 公司的经营范围中属于法律、行政法规规定须经批准的项目,应当依法经过批准。	**第九条** 公司的经营范围由公司章程规定。公司可以修改公司章程,变更经营范围。 公司的经营范围中属于法律、行政法规规定须经批准的项目,应当依法经过批准。
第十三条 公司法定代表人依照公司章程的规定,由董事长、执行董事或者经理担任,~~并依法登记。公司法定代表人变更,应当办理变更登记。~~	**第十条** 公司的法定代表人按照公司章程的规定,由代表公司执行公司事务的董事或者经理担任。

续表

《公司法》(2018 年)	《公司法》(2023 年)
	担任法定代表人的董事或者经理辞任的,视为同时辞去法定代表人。 法定代表人辞任的,公司应当在法定代表人辞任之日起三十日内确定新的法定代表人。
	第十一条　法定代表人以公司名义从事的民事活动,其法律后果由公司承受。 公司章程或者股东会对法定代表人职权的限制,不得对抗善意相对人。 法定代表人因执行职务造成他人损害的,由公司承担民事责任。公司承担民事责任后,依照法律或者公司章程的规定,可以向有过错的法定代表人追偿。
第九条　有限责任公司变更为股份有限公司,应当符合本法规定的股份有限公司的条件。股份有限公司变更为有限责任公司,应当符合本法规定的有限责任公司的条件。 有限责任公司变更为股份有限公司的,或者股份有限公司变更为有限责任公司的,公司变更前的债权、债务由变更后的公司承继。	**第十二条**　有限责任公司变更为股份有限公司,应当符合本法规定的股份有限公司的条件。股份有限公司变更为有限责任公司,应当符合本法规定的有限责任公司的条件。 有限责任公司变更为股份有限公司的,或者股份有限公司变更为有限责任公司的,公司变更前的债权、债务由变更后的公司承继。
第十四条　公司可以设立分公司。~~设立分公司,应当向公司登记机关申请登记,领取营业执照。~~分公司不具有法人资格,其民事责任由公司承担。 公司可以设立子公司,子公司具有法人资格,依法独立承担民事责任。	**第十三条**　公司可以设立子公司。子公司具有法人资格,依法独立承担民事责任。 公司可以设立分公司。分公司不具有法人资格,其民事责任由公司承担。
第十五条　公司可以向其他企业投资;~~但是,除法律另有规定外,~~不得成为对所投资企业的债务承担连带责任的出资人。	**第十四条**　公司可以向其他企业投资。 法律规定公司不得成为对所投资企业的债务承担连带责任的出资人的,从其规定。

续表

《公司法》(2018年)	《公司法》(2023年)
第十六条 公司向其他企业投资或者为他人提供担保,依照公司章程的规定,由董事会或者股东会、股东大会决议;公司章程对投资或者担保的总额及单项投资或者担保的数额有限额规定的,不得超过规定的限额。 公司为公司股东或者实际控制人提供担保的,必须经股东会或者股东大会决议。 前款规定的股东或者受前款规定的实际控制人支配的股东,不得参加前款规定事项的表决。该项表决由出席会议的其他股东所持表决权的过半数通过。	**第十五条** 公司向其他企业投资或者为他人提供担保,按照公司章程的规定,由董事会或者股东会决议;公司章程对投资或者担保的总额及单项投资或者担保的数额有限额规定的,不得超过规定的限额。 公司为公司股东或者实际控制人提供担保的,应当经股东会决议。 前款规定的股东或者受前款规定的实际控制人支配的股东,不得参加前款规定事项的表决。该项表决由出席会议的其他股东所持表决权的过半数通过。
第十七条 公司必须保护职工的合法权益,依法与职工签订劳动合同,参加社会保险,加强劳动保护,实现安全生产。 公司应当采用多种形式,加强公司职工的职业教育和岗位培训,提高职工素质。	**第十六条** 公司应当保护职工的合法权益,依法与职工签订劳动合同,参加社会保险,加强劳动保护,实现安全生产。 公司应当采用多种形式,加强公司职工的职业教育和岗位培训,提高职工素质。
第十八条 公司职工依照《中华人民共和国工会法》组织工会,开展工会活动,维护职工合法权益。公司应当为本公司工会提供必要的活动条件。公司工会代表职工就职工的劳动报酬、工作时间、福利、保险和劳动安全卫生等事项依法与公司签订集体合同。 公司依照宪法和有关法律的规定,通过职工代表大会或者其他形式,实行民主管理。 公司研究决定改制以及经营方面的重大问题、制定重要的规章制度时,应当听取公司工会的意见,并通过职工代表大会或者其他形式听取职工的意见和建议。	**第十七条** 公司职工依照《中华人民共和国工会法》组织工会,开展工会活动,维护职工合法权益。公司应当为本公司工会提供必要的活动条件。公司工会代表职工就职工的劳动报酬、工作时间、休息休假、劳动安全卫生和保险福利等事项依法与公司签订集体合同。 公司依照宪法和有关法律的规定,建立健全以职工代表大会为基本形式的民主管理制度,通过职工代表大会或者其他形式,实行民主管理。 公司研究决定改制、解散、申请破产以及经营方面的重大问题、制定重要的规章制度时,应当听取公司工会的意见,并通过职工代表大会或者其他形式听取职工的意见和建议。

续表

《公司法》(2018 年)	《公司法》(2023 年)
第十九条　在公司中,根据中国共产党章程的规定,设立中国共产党的组织,开展党的活动。公司应当为党组织的活动提供必要条件。	**第十八条**　在公司中,根据中国共产党章程的规定,设立中国共产党的组织,开展党的活动。公司应当为党组织的活动提供必要条件。
第五条第一款　公司从事经营活动,必须遵守法律~~、行政~~法规,遵守社会公德、商业道德,诚实守信,接受政府和社会公众的监督,~~承担社会责任~~。	**第十九条**　公司从事经营活动,应当遵守法律法规,遵守社会公德、商业道德,诚实守信,接受政府和社会公众的监督。
	第二十条　公司从事经营活动,应当充分考虑公司职工、消费者等利益相关者的利益以及生态环境保护等社会公共利益,承担社会责任。 国家鼓励公司参与社会公益活动,公布社会责任报告。
第二十条第一款　公司股东应当遵守法律、行政法规和公司章程,依法行使股东权利,不得滥用股东权利损害公司或者其他股东的利益;~~不得滥用公司法人独立地位和股东有限责任损害公司债权人的利益。~~ **第二十条第二款**　公司股东滥用股东权利给公司或者其他股东造成损失的,应当依法承担赔偿责任。	**第二十一条**　公司股东应当遵守法律、行政法规和公司章程,依法行使股东权利,不得滥用股东权利损害公司或者其他股东的利益。 公司股东滥用股东权利给公司或者其他股东造成损失的,应当承担赔偿责任。
第二十一条　公司的控股股东、实际控制人、董事、监事、高级管理人员不得利用其关联关系损害公司利益。 违反前款规定,给公司造成损失的,应当承担赔偿责任。	**第二十二条**　公司的控股股东、实际控制人、董事、监事、高级管理人员不得利用关联关系损害公司利益。 违反前款规定,给公司造成损失的,应当承担赔偿责任。
第二十条第三款　公司股东滥用公司法人独立地位和股东有限责任,逃避债务,严重损害公司债权人利益的,应当对公司债务承担连带责任。	**第二十三条第一款**　公司股东滥用公司法人独立地位和股东有限责任,逃避债务,严重损害公司债权人利益的,应当对公司债务承担连带责任。

续表

《公司法》(2018年)	《公司法》(2023年)
第六十三条 一人有限责任公司的股东不能证明公司财产独立于股东自己的财产的,应当对公司债务承担连带责任。	**第二十三条第二款、第三款** 股东利用其控制的两个以上公司实施前款规定行为的,各公司应当对任一公司的债务承担连带责任。 只有一个股东的公司,股东不能证明公司财产独立于股东自己的财产的,应当对公司债务承担连带责任。
	第二十四条 公司股东会、董事会、监事会召开会议和表决可以采用电子通信方式,公司章程另有规定的除外。
第二十二条第一款 公司股东会或者股东大会、董事会的决议内容违反法律、行政法规的无效。	**第二十五条** 公司股东会、董事会的决议内容违反法律、行政法规的无效。
第二十二条第二款、第三款 股东会或者股东大会、董事会的会议召集程序、表决方式违反法律、行政法规或者公司章程,或者决议内容违反公司章程的,股东可以自决议作出之日起六十日内,请求人民法院撤销。 股东依照前款规定提起诉讼的,人民法院可以应公司的请求,要求股东提供相应担保。	**第二十六条** 公司股东会、董事会的会议召集程序、表决方式违反法律、行政法规或者公司章程,或者决议内容违反公司章程的,股东自决议作出之日起六十日内,可以请求人民法院撤销。但是,股东会、董事会的会议召集程序或者表决方式仅有轻微瑕疵,对决议未产生实质影响的除外。 未被通知参加股东会会议的股东自知道或者应当知道股东会决议作出之日起六十日内,可以请求人民法院撤销;自决议作出之日起一年内没有行使撤销权的,撤销权消灭。
	第二十七条 有下列情形之一的,公司股东会、董事会的决议不成立: (一)未召开股东会、董事会会议作出决议; (二)股东会、董事会会议未对决议事项进行表决; (三)出席会议的人数或者所持表决权数未达到本法或者公司章程规定的人数或者所持表决权数;

续表

《公司法》(2018 年)	《公司法》(2023 年)
	(四)同意决议事项的人数或者所持表决权数未达到本法或者公司章程规定的人数或者所持表决权数。
第二十二条第四款　公司根据股东会或者股东大会、董事会决议已办理变更登记的,人民法院宣告该决议无效或者撤销该决议后,公司应当向公司登记机关申请撤销变更登记。	**第二十八条**　公司股东会、董事会决议被人民法院宣告无效、撤销或者确认不成立的,公司应当向公司登记机关申请撤销根据该决议已办理的登记。 股东会、董事会决议被人民法院宣告无效、撤销或者确认不成立的,公司根据该决议与善意相对人形成的民事法律关系不受影响。
第二章　有限责任公司的设立和组织机构	**第二章　公司登记**
第六条　设立公司,应当依法向公司登记机关申请设立登记。符合本法规定的设立条件的,由公司登记机关分别登记为有限责任公司或者股份有限公司;不符合本法规定的设立条件的,不得登记为有限责任公司或者股份有限公司。 法律、行政法规规定设立公司必须报经批准的,应当在公司登记前依法办理批准手续。	**第二十九条**　设立公司,应当依法向公司登记机关申请设立登记。 法律、行政法规规定设立公司必须报经批准的,应当在公司登记前依法办理批准手续。
	第三十条　申请设立公司,应当提交设立登记申请书、公司章程等文件,提交的相关材料应当真实、合法和有效。 申请材料不齐全或者不符合法定形式的,公司登记机关应当一次性告知需要补正的材料。
第六条第一款　设立公司,应当依法向公司登记机关申请设立登记。符合本法规定的设立条件的,由公司登记机关分别登记为有限责任公司或者股份有限公司;不符合本法规定的设立条件的,不得登记为有限责任公司或者股份有限公司。	**第三十一条**　申请设立公司,符合本法规定的设立条件的,由公司登记机关分别登记为有限责任公司或者股份有限公司;不符合本法规定的设立条件的,不得登记为有限责任公司或者股份有限公司。

续表

《公司法》(2018 年)	《公司法》(2023 年)
第六条第二款 公众可以向公司登记机关申请查询公司登记事项,公司登记机关应当提供查询服务。	**第三十二条** 公司登记事项包括: (一)名称; (二)住所; (三)注册资本; (四)经营范围; (五)法定代表人的姓名; (六)有限责任公司股东、股份有限公司发起人的姓名或者名称。 公司登记机关应当将前款规定的公司登记事项通过国家企业信用信息公示系统向社会公示。
第七条 依法设立的公司,由公司登记机关发给公司营业执照。公司营业执照签发日期为公司成立日期。 公司营业执照应当载明公司的名称、住所、注册资本、经营范围、法定代表人姓名等事项。 公司营业执照记载的事项发生变更的,公司应当依法办理变更登记,由公司登记机关换发营业执照。	**第三十三条** 依法设立的公司,由公司登记机关发给公司营业执照。公司营业执照签发日期为公司成立日期。 公司营业执照应当载明公司的名称、住所、注册资本、经营范围、法定代表人姓名等事项。 公司登记机关可以发给电子营业执照。电子营业执照与纸质营业执照具有同等法律效力。
第三十二条第二款 ~~公司应当将股东的姓名或者名称向公司登记机关登记~~;登记事项发生变更的,应当办理变更登记。未经登记或者变更登记的,不得对抗第三人。	**第三十四条** 公司登记事项发生变更的,应当依法办理变更登记。 公司登记事项未经登记或者未经变更登记,不得对抗善意相对人。
	第三十五条 公司申请变更登记,应当向公司登记机关提交公司法定代表人签署的变更登记申请书、依法作出的变更决议或者决定等文件。 公司变更登记事项涉及修改公司章程的,应当提交修改后的公司章程。 公司变更法定代表人的,变更登记申请书由变更后的法定代表人签署。

续表

《公司法》(2018年)	《公司法》(2023年)
第七条第三款　公司营业执照记载的事项发生变更的，公司应当依法办理变更登记，由公司登记机关换发营业执照。	**第三十六条**　公司营业执照记载的事项发生变更的，公司办理变更登记后，由公司登记机关换发营业执照。
	第三十七条　公司因解散、被宣告破产或者其他法定事由需要终止的，应当依法向公司登记机关申请注销登记，由公司登记机关公告公司终止。
第十四条　~~公司可以设立分公司。~~设立分公司，应当向公司登记机关申请登记，领取营业执照。	**第三十八条**　公司设立分公司，应当向公司登记机关申请登记，领取营业执照。
第一百九十八条　~~违反本法规定，~~虚报注册资本、提交虚假材料或者采取其他欺诈手段隐瞒重要事实取得公司登记的，由公司登记机关责令改正，对虚报注册资本的公司，处以虚报注册资本金额百分之五以上百分之十五以下的罚款；对提交虚假材料或者采取其他欺诈手段隐瞒重要事实的公司，处以五万元以上五十万元以下的罚款；情节严重的，撤销公司登记或者吊销营业执照。	**第三十九条**　虚报注册资本、提交虚假材料或者采取其他欺诈手段隐瞒重要事实取得公司设立登记的，公司登记机关应当依照法律、行政法规的规定予以撤销。
	第四十条　公司应当按照规定通过国家企业信用信息公示系统公示下列事项： （一）有限责任公司股东认缴和实缴的出资额、出资方式和出资日期，股份有限公司发起人认购的股份数； （二）有限责任公司股东、股份有限公司发起人的股权、股份变更信息； （三）行政许可取得、变更、注销等信息； （四）法律、行政法规规定的其他信息。 公司应当确保前款公示信息真实、准确、完整。
	第四十一条　公司登记机关应当优化公司登记办理流程，提高公司登记效率，加强信息化建设，推行网上办理等便捷方式，提升公司登记便利化水平。

续表

《公司法》(2018年)	《公司法》(2023年)
	国务院市场监督管理部门根据本法和有关法律、行政法规的规定,制定公司登记注册的具体办法。
第二章　有限责任公司的设立和组织机构	**第三章　有限责任公司的设立和组织机构**
第一节　设立	**第一节　设立**
第二十四条　有限责任公司由五十个以下股东出资设立。	**第四十二条**　有限责任公司由一个以上五十个以下股东出资设立。
	第四十三条　有限责任公司设立时的股东可以签订设立协议,明确各自在公司设立过程中的权利和义务。
	第四十四条　有限责任公司设立时的股东为设立公司从事的民事活动,其法律后果由公司承受。 公司未成立的,其法律后果由公司设立时的股东承受;设立时的股东为二人以上的,享有连带债权,承担连带债务。 设立时的股东为设立公司以自己的名义从事民事活动产生的民事责任,第三人有权选择请求公司或者公司设立时的股东承担。 设立时的股东因履行公司设立职责造成他人损害的,公司或者无过错的股东承担赔偿责任后,可以向有过错的股东追偿。
第二十三条　设立有限责任公司,应当~~具备下列条件:~~ ~~(一)股东符合法定人数;~~ (二)有符合公司章程规定的全体股东认缴的出资额; (三)股东共同制定公司章程; ~~(四)有公司名称,建立符合有限责任公司要求的组织机构;~~ ~~(五)有公司住所。~~	**第四十五条**　设立有限责任公司,应当由股东共同制定公司章程。

续表

《公司法》(2018 年)	《公司法》(2023 年)
第二十五条 有限责任公司章程应当载明下列事项: (一)公司名称和住所; (二)公司经营范围; (三)公司注册资本; (四)股东的姓名或者名称; (五)股东的出资方式、出资额和出资时间; (六)公司的机构及其产生办法、职权、议事规则; (七)公司法定代表人; (八)股东会会议认为需要规定的其他事项。 股东应当在公司章程上签名、盖章。	**第四十六条** 有限责任公司章程应当载明下列事项: (一)公司名称和住所; (二)公司经营范围; (三)公司注册资本; (四)股东的姓名或者名称; (五)股东的出资额、出资方式和出资日期; (六)公司的机构及其产生办法、职权、议事规则; (七)公司法定代表人的产生、变更办法; (八)股东会认为需要规定的其他事项。 股东应当在公司章程上签名或者盖章。
第二十六条 有限责任公司的注册资本为在公司登记机关登记的全体股东认缴的出资额。 法律、行政法规以及国务院决定对有限责任公司注册资本实缴、注册资本最低限额另有规定的,从其规定。	**第四十七条** 有限责任公司的注册资本为在公司登记机关登记的全体股东认缴的出资额。全体股东认缴的出资额由股东按照公司章程的规定自公司成立之日起五年内缴足。 法律、行政法规以及国务院决定对有限责任公司注册资本实缴、注册资本最低限额、股东出资期限另有规定的,从其规定。
第二十七条 股东可以用货币出资,也可以用实物、知识产权、土地使用权等可以用货币估价并可以依法转让的非货币财产作价出资;但是,法律、行政法规规定不得作为出资的财产除外。 对作为出资的非货币财产应当评估作价,核实财产,不得高估或者低估作价。法律、行政法规对评估作价有规定的,从其规定。	**第四十八条** 股东可以用货币出资,也可以用实物、知识产权、土地使用权、股权、债权等可以用货币估价并可以依法转让的非货币财产作价出资;但是,法律、行政法规规定不得作为出资的财产除外。 对作为出资的非货币财产应当评估作价,核实财产,不得高估或者低估作价。法律、行政法规对评估作价有规定的,从其规定。

续表

《公司法》(2018 年)	《公司法》(2023 年)
第二十八条 股东应当按期足额缴纳公司章程中规定的各自所认缴的出资额。股东以货币出资的,应当将货币出资足额存入有限责任公司在银行开设的账户;以非货币财产出资的,应当依法办理其财产权的转移手续。 股东不按照前款规定缴纳出资的,除应当向公司足额缴纳外,还应当向已按期足额缴纳出资的股东承担违约责任。	**第四十九条** 股东应当按期足额缴纳公司章程规定的各自所认缴的出资额。 股东以货币出资的,应当将货币出资足额存入有限责任公司在银行开设的账户;以非货币财产出资的,应当依法办理其财产权的转移手续。 股东未按期足额缴纳出资的,除应当向公司足额缴纳外,还应当对给公司造成的损失承担赔偿责任。
第三十条 有限责任公司成立后,发现作为设立公司出资的非货币财产的实际价额显著低于公司章程所定价额的,应当由交付该出资的股东补足其差额;公司设立时的其他股东承担连带责任。	**第五十条** 有限责任公司设立时,股东未按照公司章程规定实际缴纳出资,或者实际出资的非货币财产的实际价额显著低于所认缴的出资额的,设立时的其他股东与该股东在出资不足的范围内承担连带责任。
	第五十一条 有限责任公司成立后,董事会应当对股东的出资情况进行核查,发现股东未按期足额缴纳公司章程规定的出资的,应当由公司向该股东发出书面催缴书,催缴出资。 未及时履行前款规定的义务,给公司造成损失的,负有责任的董事应当承担赔偿责任。
	第五十二条 股东未按照公司章程规定的出资日期缴纳出资,公司依照前条第一款规定发出书面催缴书催缴出资的,可以载明缴纳出资的宽限期;宽限期自公司发出催缴书之日起,不得少于六十日。宽限期届满,股东仍未履行出资义务的,公司经董事会决议可以向该股东发出失权通知,通知应当以书面形式发出。自通知发出之日起,该股东丧失其未缴纳出资的股权。

续表

《公司法》(2018 年)	《公司法》(2023 年)
	依照前款规定丧失的股权应当依法转让,或者相应减少注册资本并注销该股权;六个月内未转让或者注销的,由公司其他股东按照其出资比例足额缴纳相应出资。 股东对失权有异议的,应当自接到失权通知之日起三十日内,向人民法院提起诉讼。
第三十五条　公司成立后,股东不得抽逃出资。	**第五十三条**　公司成立后,股东不得抽逃出资。 违反前款规定的,股东应当返还抽逃的出资;给公司造成损失的,负有责任的董事、监事、高级管理人员应当与该股东承担连带赔偿责任。
	第五十四条　公司不能清偿到期债务的,公司或者已到期债权的债权人有权要求已认缴出资但未届出资期限的股东提前缴纳出资。
第三十一条　有限责任公司成立后,应当向股东签发出资证明书。 出资证明书应当载明下列事项: (一)公司名称; (二)公司成立日期; (三)公司注册资本; (四)股东的姓名或者名称、缴纳的出资额和出资日期; (五)出资证明书的编号和核发日期。 出资证明书由公司盖章。	**第五十五条**　有限责任公司成立后,应当向股东签发出资证明书,记载下列事项: (一)公司名称; (二)公司成立日期; (三)公司注册资本; (四)股东的姓名或者名称、认缴和实缴的出资额、出资方式和出资日期; (五)出资证明书的编号和核发日期。 出资证明书由法定代表人签名,并由公司盖章。
第三十二条　有限责任公司应当置备股东名册,记载下列事项: (一)股东的姓名或者名称及住所; (二)股东的出资额; (三)出资证明书编号。	**第五十六条**　有限责任公司应当置备股东名册,记载下列事项: (一)股东的姓名或者名称及住所; (二)股东认缴和实缴的出资额、出资方式和出资日期;

续表

《公司法》(2018 年)	《公司法》(2023 年)
记载于股东名册的股东,可以依股东名册主张行使股东权利。 公司应当将股东的姓名或者名称向公司登记机关登记;登记事项发生变更的,应当办理变更登记。未经登记或者变更登记的,不得对抗第三人。	(三)出资证明书编号; (四)取得和丧失股东资格的日期。 记载于股东名册的股东,可以依股东名册主张行使股东权利。
第三十三条 股东有权查阅、复制公司章程、股东会会议记录、董事会会议决议、监事会会议决议和财务会计报告。 股东可以要求查阅公司会计账簿。股东要求查阅公司会计账簿的,应当向公司提出书面请求,说明目的。公司有合理根据认为股东查阅会计账簿有不正当目的,可能损害公司合法利益的,可以拒绝提供查阅,并应当自股东提出书面请求之日起十五日内书面答复股东并说明理由。公司拒绝提供查阅的,股东可以请求人民法院要求公司提供查阅。	**第五十七条** 股东有权查阅、复制公司章程、股东名册、股东会会议记录、董事会会议决议、监事会会议决议和财务会计报告。 股东可以要求查阅公司会计账簿、会计凭证。股东要求查阅公司会计账簿、会计凭证的,应当向公司提出书面请求,说明目的。公司有合理根据认为股东查阅会计账簿、会计凭证有不正当目的,可能损害公司合法利益的,可以拒绝提供查阅,并应当自股东提出书面请求之日起十五日内书面答复股东并说明理由。公司拒绝提供查阅的,股东可以向人民法院提起诉讼。 股东查阅前款规定的材料,可以委托会计师事务所、律师事务所等中介机构进行。 股东及其委托的会计师事务所、律师事务所等中介机构查阅、复制有关材料,应当遵守有关保护国家秘密、商业秘密、个人隐私、个人信息等法律、行政法规的规定。 股东要求查阅、复制公司全资子公司相关材料的,适用前四款的规定。
第二节 组织机构	**第二节 组织机构**
第三十六条 有限责任公司股东会由全体股东组成。股东会是公司的权力机构,依照本法行使职权。	**第五十八条** 有限责任公司股东会由全体股东组成。股东会是公司的权力机构,依照本法行使职权。
第三十七条 股东会行使下列职权: (一)决定公司的经营方针和投资计划; (二)选举和更换非由职工代表担任的董事、监事,决定有关董事、监事的报酬事项;	**第五十九条** 股东会行使下列职权: (一)选举和更换董事、监事,决定有关董事、监事的报酬事项; (二)审议批准董事会的报告;

续表

《公司法》(2018 年)	《公司法》(2023 年)
(三)审议批准董事会的报告; (四)审议批准监事会或者监事的报告; (五)审议批准公司的年度财务预算方案、决算方案; (六)审议批准公司的利润分配方案和弥补亏损方案; (七)对公司增加或者减少注册资本作出决议; (八)对发行公司债券作出决议; (九)对公司合并、分立、解散、清算或者变更公司形式作出决议; (十)修改公司章程; (十一)公司章程规定的其他职权。 对前款所列事项股东以书面形式一致表示同意的,可以不召开股东会会议,直接作出决定,并由全体股东在决定文件上签名、盖章。	(三)审议批准监事会的报告; (四)审议批准公司的利润分配方案和弥补亏损方案; (五)对公司增加或者减少注册资本作出决议; (六)对发行公司债券作出决议; (七)对公司合并、分立、解散、清算或者变更公司形式作出决议; (八)修改公司章程; (九)公司章程规定的其他职权。 股东会可以授权董事会对发行公司债券作出决议。 对本条第一款所列事项股东以书面形式一致表示同意的,可以不召开股东会会议,直接作出决定,并由全体股东在决定文件上签名或者盖章。
第六十一条　一人有限责任公司不设股东会。股东作出本法第三十七条第一款所列决定时,应当采用书面形式,并由股东签名后置备于公司。	**第六十条**　只有一个股东的有限责任公司不设股东会。股东作出前条第一款所列事项的决定时,应当采用书面形式,并由股东签名或者盖章后置备于公司。
第三十八条　首次股东会会议由出资最多的股东召集和主持,依照本法规定行使职权。	**第六十一条**　首次股东会会议由出资最多的股东召集和主持,依照本法规定行使职权。
第三十九条　股东会会议分为定期会议和临时会议。 定期会议应当依照公司章程的规定按时召开。代表十分之一以上表决权的股东,三分之一以上的董事,监事会或者不设监事会的公司的监事提议召开临时会议的,应当召开临时会议。	**第六十二条**　股东会会议分为定期会议和临时会议。 定期会议应当按照公司章程的规定按时召开。代表十分之一以上表决权的股东、三分之一以上的董事或者监事会提议召开临时会议的,应当召开临时会议。

续表

《公司法》(2018 年)	《公司法》(2023 年)
第四十条 ~~有限责任公司设立董事会的，~~股东会会议由董事会召集，董事长主持；董事长不能履行职务或者不履行职务的，由副董事长主持；副董事长不能履行职务或者不履行职务的，由半数以上董事共同推举一名董事主持。 ~~有限责任公司不设董事会的，股东会会议由执行董事召集和主持。~~ 董事会~~或者执行董事~~不能履行或者不履行召集股东会会议职责的，由监事会~~或者不设监事会的公司的监事~~召集和主持；监事会~~或者监事~~不召集和主持的，代表十分之一以上表决权的股东可以自行召集和主持。	**第六十三条** 股东会会议由董事会召集，董事长主持；董事长不能履行职务或者不履行职务的，由副董事长主持；副董事长不能履行职务或者不履行职务的，由过半数的董事共同推举一名董事主持。 董事会不能履行或者不履行召集股东会会议职责的，由监事会召集和主持；监事会不召集和主持的，代表十分之一以上表决权的股东可以自行召集和主持。
第四十一条 召开股东会会议，应当于会议召开十五日前通知全体股东；但是，公司章程另有规定或者全体股东另有约定的除外。 股东会应当对所议事项的决定作成会议记录，出席会议的股东应当在会议记录上签名。	**第六十四条** 召开股东会会议，应当于会议召开十五日前通知全体股东；但是，公司章程另有规定或者全体股东另有约定的除外。 股东会应当对所议事项的决定作成会议记录，出席会议的股东应当在会议记录上签名或者盖章。
第四十二条 股东会会议由股东按照出资比例行使表决权；但是，公司章程另有规定的除外。	**第六十五条** 股东会会议由股东按照出资比例行使表决权；但是，公司章程另有规定的除外。
第四十三条 股东会的议事方式和表决程序，除本法有规定的外，由公司章程规定。 股东会~~会议~~作出修改公司章程、增加或者减少注册资本的决议，以及公司合并、分立、解散或者变更公司形式的决议，必须经代表三分之二以上表决权的股东通过。	**第六十六条** 股东会的议事方式和表决程序，除本法有规定的外，由公司章程规定。 股东会作出决议，应当经代表过半数表决权的股东通过。 股东会作出修改公司章程、增加或者减少注册资本的决议，以及公司合并、分立、解散或者变更公司形式的决议，应当经代表三分之二以上表决权的股东通过。

续表

《公司法》(2018 年)	《公司法》(2023 年)
第四十四条第一款 有限责任公司设董事会，其成员为三人至十三人；但是，本法第五十条另有规定的除外。 **第四十六条** 董事会对股东会负责，行使下列职权： （一）召集股东会会议，并向股东会报告工作； （二）执行股东会的决议； （三）决定公司的经营计划和投资方案； （四）制订公司的年度财务预算方案、决算方案； （五）制订公司的利润分配方案和弥补亏损方案； （六）制订公司增加或者减少注册资本以及发行公司债券的方案； （七）制订公司合并、分立、解散或者变更公司形式的方案； （八）决定公司内部管理机构的设置； （九）决定聘任或者解聘公司经理及其报酬事项，并根据经理的提名决定聘任或者解聘公司副经理、财务负责人及其报酬事项； （十）制定公司的基本管理制度； （十一）公司章程规定的其他职权。	**第六十七条** 有限责任公司设董事会，本法第七十五条另有规定的除外。 董事会行使下列职权： （一）召集股东会会议，并向股东会报告工作； （二）执行股东会的决议； （三）决定公司的经营计划和投资方案； （四）制订公司的利润分配方案和弥补亏损方案； （五）制订公司增加或者减少注册资本以及发行公司债券的方案； （六）制订公司合并、分立、解散或者变更公司形式的方案； （七）决定公司内部管理机构的设置； （八）决定聘任或者解聘公司经理及其报酬事项，并根据经理的提名决定聘任或者解聘公司副经理、财务负责人及其报酬事项； （九）制定公司的基本管理制度； （十）公司章程规定或者股东会授予的其他职权。 公司章程对董事会职权的限制不得对抗善意相对人。
第四十四条 有限责任公司设董事会，其成员为三人至十三人；但是，本法第五十条另有规定的除外。 两个以上的国有企业或者两个以上的其他国有投资主体投资设立的有限责任公司，其董事会成员中应当有公司职工代表；其他有限责任公司董事会成员中可以有公司职工代表。董事会中的职工代表由公司职工通过职工代表大会、职工大会或者其他形式民主选举产生。 董事会设董事长一人，可以设副董事长。董事长、副董事长的产生办法由公司章程规定。	**第六十八条** 有限责任公司董事会成员为三人以上，其成员中可以有公司职工代表。职工人数三百人以上的有限责任公司，除依法设监事会并有公司职工代表的外，其董事会成员中应当有公司职工代表。董事会中的职工代表由公司职工通过职工代表大会、职工大会或者其他形式民主选举产生。 董事会设董事长一人，可以设副董事长。董事长、副董事长的产生办法由公司章程规定。

续表

《公司法》(2018 年)	《公司法》(2023 年)
	第六十九条 有限责任公司可以按照公司章程的规定在董事会中设置由董事组成的审计委员会,行使本法规定的监事会的职权,不设监事会或者监事。公司董事会成员中的职工代表可以成为审计委员会成员。
第四十五条 董事任期由公司章程规定,但每届任期不得超过三年。董事任期届满,连选可以连任。 董事任期届满未及时改选,或者董事在任期内辞职导致董事会成员低于法定人数的,在改选出的董事就任前,原董事仍应当依照法律、行政法规和公司章程的规定,履行董事职务。	**第七十条** 董事任期由公司章程规定,但每届任期不得超过三年。董事任期届满,连选可以连任。 董事任期届满未及时改选,或者董事在任期内辞任导致董事会成员低于法定人数的,在改选出的董事就任前,原董事仍应当依照法律、行政法规和公司章程的规定,履行董事职务。 董事辞任的,应当以书面形式通知公司,公司收到通知之日辞任生效,但存在前款规定情形的,董事应当继续履行职务。
	第七十一条 股东会可以决议解任董事,决议作出之日解任生效。 无正当理由,在任期届满前解任董事的,该董事可以要求公司予以赔偿。
第四十七条 董事会会议由董事长召集和主持;董事长不能履行职务或者不履行职务的,由副董事长召集和主持;副董事长不能履行职务或者不履行职务的,由半数以上董事共同推举一名董事召集和主持。	**第七十二条** 董事会会议由董事长召集和主持;董事长不能履行职务或者不履行职务的,由副董事长召集和主持;副董事长不能履行职务或者不履行职务的,由过半数的董事共同推举一名董事召集和主持。
第四十八条 董事会的议事方式和表决程序,除本法有规定的外,由公司章程规定。 董事会应当对所议事项的决定作成会议记录,出席会议的董事应当在会议记录上签名。 董事会决议的表决,实行一人一票。	**第七十三条** 董事会的议事方式和表决程序,除本法有规定的外,由公司章程规定。 董事会会议应当有过半数的董事出席方可举行。董事会作出决议,应当经全体董事的过半数通过。 董事会决议的表决,应当一人一票。

续表

《公司法》(2018年)	《公司法》(2023年)
	董事会应当对所议事项的决定作成会议记录,出席会议的董事应当在会议记录上签名。
第四十九条 有限责任公司可以设经理,由董事会决定聘任或者解聘。经理对董事会负责,行使下列职权: (一)主持公司的生产经营管理工作,组织实施董事会决议; (二)组织实施公司年度经营计划和投资方案; (三)拟订公司内部管理机构设置方案; (四)拟订公司的基本管理制度; (五)制定公司的具体规章; (六)提请聘任或者解聘公司副经理、财务负责人; (七)决定聘任或者解聘除应由董事会决定聘任或者解聘以外的负责管理人员; (八)董事会授予的其他职权。 公司章程对经理职权另有规定的,从其规定。 经理列席董事会会议。	**第七十四条** 有限责任公司可以设经理,由董事会决定聘任或者解聘。 经理对董事会负责,根据公司章程的规定或者董事会的授权行使职权。经理列席董事会会议。
第五十条 股东人数较少或者规模较小的有限责任公司,可以设一名执行董事,不设董事会。执行董事可以兼任公司经理。 执行董事的职权由公司章程规定。	**第七十五条** 规模较小或者股东人数较少的有限责任公司,可以不设董事会,设一名董事,行使本法规定的董事会的职权。该董事可以兼任公司经理。
第五十一条 有限责任公司设监事会,其成员不得少于三人。股东人数较少或者规模较小的有限责任公司,可以设一至二名监事,不设监事会。 监事会应当包括股东代表和适当比例的公司职工代表,其中职工代表的比例不得低于三分之一,具体比例由公司章程规定。监事会中的职工代表由公司职工通过职工代表	**第七十六条** 有限责任公司设监事会,本法第六十九条、第八十三条另有规定的除外。 监事会成员为三人以上。监事会成员应当包括股东代表和适当比例的公司职工代表,其中职工代表的比例不得低于三分之一,具体比例由公司章程规定。监事会中的职工代表由公司职工通过职工代表大会、职

续表

《公司法》(2018 年)	《公司法》(2023 年)
大会、职工大会或者其他形式民主选举产生。 监事会设主席一人，由全体监事过半数选举产生。监事会主席召集和主持监事会会议；监事会主席不能履行职务或者不履行职务的，由半数以上监事共同推举一名监事召集和主持监事会会议。 董事、高级管理人员不得兼任监事。	工大会或者其他形式民主选举产生。 监事会设主席一人，由全体监事过半数选举产生。监事会主席召集和主持监事会会议；监事会主席不能履行职务或者不履行职务的，由过半数的监事共同推举一名监事召集和主持监事会会议。 董事、高级管理人员不得兼任监事。
第五十二条 监事的任期每届为三年。监事任期届满，连选可以连任。 监事任期届满未及时改选，或者监事在任期内辞职导致监事会成员低于法定人数的，在改选出的监事就任前，原监事仍应当依照法律、行政法规和公司章程的规定，履行监事职务。	**第七十七条** 监事的任期每届为三年。监事任期届满，连选可以连任。 监事任期届满未及时改选，或者监事在任期内辞任导致监事会成员低于法定人数的，在改选出的监事就任前，原监事仍应当依照法律、行政法规和公司章程的规定，履行监事职务。
第五十三条 监事会~~、不设监事会的公司的监事~~行使下列职权： （一）检查公司财务； （二）对董事、高级管理人员执行~~公司~~职务的行为进行监督，对违反法律、行政法规、公司章程或者股东会决议的董事、高级管理人员提出罢免的建议； （三）当董事、高级管理人员的行为损害公司的利益时，要求董事、高级管理人员予以纠正； （四）提议召开临时股东会会议，在董事会不履行本法规定的召集和主持股东会会议职责时召集和主持股东会会议； （五）向股东会会议提出提案； （六）依照本法第一百五十一条的规定，对董事、高级管理人员提起诉讼； （七）公司章程规定的其他职权。	**第七十八条** 监事会行使下列职权： （一）检查公司财务； （二）对董事、高级管理人员执行职务的行为进行监督，对违反法律、行政法规、公司章程或者股东会决议的董事、高级管理人员提出解任的建议； （三）当董事、高级管理人员的行为损害公司的利益时，要求董事、高级管理人员予以纠正； （四）提议召开临时股东会会议，在董事会不履行本法规定的召集和主持股东会会议职责时召集和主持股东会会议； （五）向股东会会议提出提案； （六）依照本法第一百八十九条的规定，对董事、高级管理人员提起诉讼； （七）公司章程规定的其他职权。

续表

《公司法》(2018年)	《公司法》(2023年)
第五十四条　监事可以列席董事会会议,并对董事会决议事项提出质询或者建议。 监事会、不设监事会的公司的监事发现公司经营情况异常,可以进行调查;必要时,可以聘请会计师事务所等协助其工作,费用由公司承担。	**第七十九条**　监事可以列席董事会会议,并对董事会决议事项提出质询或者建议。 监事会发现公司经营情况异常,可以进行调查;必要时,可以聘请会计师事务所等协助其工作,费用由公司承担。
第一百五十条第二款　董事、高级管理人员应当如实向监事会或者不设监事会的有限责任公司的监事提供有关情况和资料,不得妨碍监事会或者监事行使职权。	**第八十条**　监事会可以要求董事、高级管理人员提交执行职务的报告。 董事、高级管理人员应当如实向监事会提供有关情况和资料,不得妨碍监事会或者监事行使职权。
第五十五条　监事会每年度至少召开一次会议,监事可以提议召开临时监事会会议。 监事会的议事方式和表决程序,除本法有规定的外,由公司章程规定。 监事会决议应当经半数以上监事通过。 监事会应当对所议事项的决定作成会议记录,出席会议的监事应当在会议记录上签名。	**第八十一条**　监事会每年度至少召开一次会议,监事可以提议召开临时监事会会议。 监事会的议事方式和表决程序,除本法有规定的外,由公司章程规定。 监事会决议应当经全体监事的过半数通过。 监事会决议的表决,应当一人一票。 监事会应当对所议事项的决定作成会议记录,出席会议的监事应当在会议记录上签名。
第五十六条　监事会、不设监事会的公司的监事行使职权所必需的费用,由公司承担。	**第八十二条**　监事会行使职权所必需的费用,由公司承担。
第五十一条第一款　有限责任公司设监事会,其成员不得少于三人。股东人数较少或者规模较小的有限责任公司,可以设一至二名监事,不设监事会。	**第八十三条**　规模较小或者股东人数较少的有限责任公司,可以不设监事会,设一名监事,行使本法规定的监事会的职权;经全体股东一致同意,也可以不设监事。
第三节　一人有限责任公司的特别规定	
第五十七条　一人有限责任公司的设立和组织机构,适用本节规定;本节没有规定的,适用本章第一节、第二节的规定。	

续表

《公司法》(2018 年)	《公司法》(2023 年)
本法所称一人有限责任公司,是指只有一个自然人股东或者一个法人股东的有限责任公司。	
第五十八条 一个自然人只能投资设立一个一人有限责任公司。该一人有限责任公司不能投资设立新的一人有限责任公司。	
第五十九条 一人有限责任公司应当在公司登记中注明自然人独资或者法人独资,并在公司营业执照中载明。	
第六十条 一人有限责任公司章程由股东制定。	
第六十二条 一人有限责任公司应当在每一会计年度终了时编制财务会计报告,并经会计师事务所审计。	
第三章 有限责任公司的股权转让	**第四章 有限责任公司的股权转让**
第七十一条 有限责任公司的股东之间可以相互转让其全部或者部分股权。 股东向股东以外的人转让股权,应当经其他股东过半数同意。股东应就其股权转让事项书面通知其他股东征求同意,其他股东自接到书面通知之日起满三十日未答复的,视为同意转让。其他股东半数以上不同意转让的,不同意的股东应当购买该转让的股权;不购买的,视为同意转让。 经股东同意转让的股权,在同等条件下,其他股东有优先购买权。两个以上股东主张行使优先购买权的,协商确定各自的购买比例;协商不成的,按照转让时各自的出资比例行使优先购买权。 公司章程对股权转让另有规定的,从其规定。	**第八十四条** 有限责任公司的股东之间可以相互转让其全部或者部分股权。 股东向股东以外的人转让股权的,应当将股权转让的数量、价格、支付方式和期限等事项书面通知其他股东,其他股东在同等条件下有优先购买权。股东自接到书面通知之日起三十日内未答复的,视为放弃优先购买权。两个以上股东行使优先购买权的,协商确定各自的购买比例;协商不成的,按照转让时各自的出资比例行使优先购买权。 公司章程对股权转让另有规定的,从其规定。

续表

《公司法》(2018 年)	《公司法》(2023 年)
第七十二条　人民法院依照法律规定的强制执行程序转让股东的股权时，应当通知公司及全体股东，其他股东在同等条件下有优先购买权。其他股东自人民法院通知之日起满二十日不行使优先购买权的，视为放弃优先购买权。	**第八十五条**　人民法院依照法律规定的强制执行程序转让股东的股权时，应当通知公司及全体股东，其他股东在同等条件下有优先购买权。其他股东自人民法院通知之日起满二十日不行使优先购买权的，视为放弃优先购买权。
	第八十六条　股东转让股权的，应当书面通知公司，请求变更股东名册；需要办理变更登记的，并请求公司向公司登记机关办理变更登记。公司拒绝或者在合理期限内不予答复的，转让人、受让人可以依法向人民法院提起诉讼。 股权转让的，受让人自记载于股东名册时起可以向公司主张行使股东权利。
第七十三条　依照本法~~第七十一条、第七十二条~~转让股权后，公司应当注销原股东的出资证明书，向新股东签发出资证明书，并相应修改公司章程和股东名册中有关股东及其出资额的记载。对公司章程的该项修改不需再由股东会表决。	**第八十七条**　依照本法转让股权后，公司应当及时注销原股东的出资证明书，向新股东签发出资证明书，并相应修改公司章程和股东名册中有关股东及其出资额的记载。对公司章程的该项修改不需再由股东会表决。
	第八十八条　股东转让已认缴出资但未届出资期限的股权的，由受让人承担缴纳该出资的义务；受让人未按期足额缴纳出资的，转让人对受让人未按期缴纳的出资承担补充责任。 未按照公司章程规定的出资日期缴纳出资或者作为出资的非货币财产的实际价额显著低于所认缴的出资额的股东转让股权的，转让人与受让人在出资不足的范围内承担连带责任；受让人不知道且不应当知道存在上述情形的，由转让人承担责任。

续表

《公司法》(2018年)	《公司法》(2023年)
第七十四条 有下列情形之一的,对股东会该项决议投反对票的股东可以请求公司按照合理的价格收购其股权: (一)公司连续五年不向股东分配利润,而公司该五年连续盈利,并且符合本法规定的分配利润条件的; (二)公司合并、分立、转让主要财产的; (三)公司章程规定的营业期限届满或者章程规定的其他解散事由出现,股东会会议通过决议修改章程使公司存续的。 自股东会会议决议~~通过~~之日起六十日内,股东与公司不能达成股权收购协议的,股东可以自股东会~~会议~~决议~~通过~~之日起九十日内向人民法院提起诉讼。	**第八十九条** 有下列情形之一的,对股东会该项决议投反对票的股东可以请求公司按照合理的价格收购其股权: (一)公司连续五年不向股东分配利润,而公司该五年连续盈利,并且符合本法规定的分配利润条件; (二)公司合并、分立、转让主要财产; (三)公司章程规定的营业期限届满或者章程规定的其他解散事由出现,股东会通过决议修改章程使公司存续。 自股东会决议作出之日起六十日内,股东与公司不能达成股权收购协议的,股东可以自股东会决议作出之日起九十日内向人民法院提起诉讼。 公司的控股股东滥用股东权利,严重损害公司或者其他股东利益的,其他股东有权请求公司按照合理的价格收购其股权。 公司因本条第一款、第三款规定的情形收购的本公司股权,应当在六个月内依法转让或者注销。
第七十五条 自然人股东死亡后,其合法继承人可以继承股东资格;但是,公司章程另有规定的除外。	**第九十条** 自然人股东死亡后,其合法继承人可以继承股东资格;但是,公司章程另有规定的除外。
第四章 股份有限公司的设立和组织机构	**第五章 股份有限公司的设立和组织机构**
第一节 设立	**第一节 设立**
~~**第七十六条** 设立股份有限公司,应当具备下列条件:~~ ~~(一)发起人符合法定人数;~~ ~~(二)有符合公司章程规定的全体发起人认购的股本总额或者募集的实收股本总额;~~ ~~(三)股份发行、筹办事项符合法律规定;~~ ~~(四)发起人制订公司章程,采用募集方式设立的经创立大会通过;~~	

续表

《公司法》(2018 年)	《公司法》(2023 年)
(五)有公司名称,建立符合股份有限公司要求的组织机构; (六)有公司住所。	
第七十七条　股份有限公司的设立,可以采取发起设立或者募集设立的方式。 发起设立,是指由发起人认购公司应发行的全部股份而设立公司。 募集设立,是指由发起人认购公司应发行股份的一部分,其余股份向社会公开募集或者向特定对象募集而设立公司。	**第九十一条**　设立股份有限公司,可以采取发起设立或者募集设立的方式。 发起设立,是指由发起人认购设立公司时应发行的全部股份而设立公司。 募集设立,是指由发起人认购设立公司时应发行股份的一部分,其余股份向特定对象募集或者向社会公开募集而设立公司。
第七十八条　设立股份有限公司,应当有二人以上二百人以下为发起人,其中须有半数以上的发起人在中国境内有住所。	**第九十二条**　设立股份有限公司,应当有一人以上二百人以下为发起人,其中应当有半数以上的发起人在中华人民共和国境内有住所。
第七十九条　股份有限公司发起人承担公司筹办事务。 发起人应当签订发起人协议,明确各自在公司设立过程中的权利和义务。	**第九十三条**　股份有限公司发起人承担公司筹办事务。 发起人应当签订发起人协议,明确各自在公司设立过程中的权利和义务。
	第九十四条　设立股份有限公司,应当由发起人共同制订公司章程。
第八十一条　股份有限公司章程应当载明下列事项: (一)公司名称和住所; (二)公司经营范围; (三)公司设立方式; (四)公司股份总数、每股金额和注册资本; (五)发起人的姓名或者名称、认购的股份数、出资方式和出资时间; (六)董事会的组成、职权和议事规则; (七)公司法定代表人;	**第九十五条**　股份有限公司章程应当载明下列事项: (一)公司名称和住所; (二)公司经营范围; (三)公司设立方式; (四)公司注册资本、已发行的股份数和设立时发行的股份数,面额股的每股金额; (五)发行类别股的,每一类别股的股份数及其权利和义务; (六)发起人的姓名或者名称、认购的股份数、出资方式;

续表

《公司法》(2018 年)	《公司法》(2023 年)
(八)监事会的组成、职权和议事规则; (九)公司利润分配办法; (十)公司的解散事由与清算办法; (十一)公司的通知和公告办法; (十二)股东大会会议认为需要规定的其他事项。	(七)董事会的组成、职权和议事规则; (八)公司法定代表人的产生、变更办法; (九)监事会的组成、职权和议事规则; (十)公司利润分配办法; (十一)公司的解散事由与清算办法; (十二)公司的通知和公告办法; (十三)股东会认为需要规定的其他事项。
第八十条 股份有限公司~~采取发起设立方式设立的,~~注册资本为在公司登记机关登记的全体发起人认购的股本总额。在发起人认购的股份缴足前,不得向他人募集股份。 ~~股份有限公司采取募集方式设立的,注册资本为在公司登记机关登记的实收股本总额。~~ 法律、行政法规以及国务院决定对股份有限公司~~注册资本实缴、~~注册资本最低限额另有规定的,从其规定。	**第九十六条** 股份有限公司的注册资本为在公司登记机关登记的已发行股份的股本总额。在发起人认购的股份缴足前,不得向他人募集股份。 法律、行政法规以及国务院决定对股份有限公司注册资本最低限额另有规定的,从其规定。
第八十三条 以发起设立方式设立股份有限公司的,发起人应当书面认足公司章程规定其认购的股份,并按照公司章程规定缴纳出资。以非货币财产出资的,应当依法办理其财产权的转移手续。 发起人不依照前款规定缴纳出资的,应当按照发起人协议承担违约责任。 发起人认足公司章程规定的出资后,应当选举董事会和监事会,由董事会向公司登记机关报送公司章程以及法律、行政法规规定的其他文件,申请设立登记。 **第八十四条** 以募集设立方式设立股份有限公司的,发起人认购的股份不得少于公司股份总数的百分之三十五;但是,法律、行政法规另有规定的,从其规定。	**第九十七条** 以发起设立方式设立股份有限公司的,发起人应当认足公司章程规定的公司设立时应发行的股份。 以募集设立方式设立股份有限公司的,发起人认购的股份不得少于公司章程规定的公司设立时应发行股份总数的百分之三十五;但是,法律、行政法规另有规定的,从其规定。

续表

《公司法》(2018 年)	《公司法》(2023 年)
第八十三条第一款　以发起设立方式设立股份有限公司的，发起人应当书面认足公司章程规定其认购的股份，并按照公司章程规定缴纳出资。以非货币财产出资的，应当依法办理其财产权的转移手续。 **第八十二条**　发起人的出资方式，适用本法第二十七条的规定。	**第九十八条**　发起人应当在公司成立前按照其认购的股份全额缴纳股款。 发起人的出资，适用本法第四十八条、第四十九条第二款关于有限责任公司股东出资的规定。
第九十三条　股份有限公司成立后，发起人未按照公司章程的规定缴足出资的，应当补缴；其他发起人承担连带责任。 股份有限公司成立后，发现作为设立公司出资的非货币财产的实际价额显著低于公司章程所定价额的，应当由交付该出资的发起人补足其差额；其他发起人承担连带责任。	**第九十九条**　发起人不按照其认购的股份缴纳股款，或者作为出资的非货币财产的实际价额显著低于所认购的股份的，其他发起人与该发起人在出资不足的范围内承担连带责任。
第八十五条　发起人向社会公开募集股份，必须公告招股说明书，并制作认股书。认股书应当载明本法第八十六条所列事项，由认股人填写认购股数、金额、住所，并签名、盖章。认股人按照所认购股数缴纳股款。	**第一百条**　发起人向社会公开募集股份，应当公告招股说明书，并制作认股书。认股书应当载明本法第一百五十四条第二款、第三款所列事项，由认股人填写认购的股份数、金额、住所，并签名或者盖章。认股人应当按照所认购股份足额缴纳股款。
第八十九条　发行股份的股款缴足后，必须经依法设立的验资机构验资并出具证明。发起人应当自股款缴足之日起三十日内主持召开公司创立大会。创立大会由发起人、认股人组成。 发行的股份超过招股说明书规定的截止期限尚未募足的，或者发行股份的股款缴足后，发起人在三十日内未召开创立大会的，认股人可以按照所缴股款并加算银行同期存款利息，要求发起人返还。	**第一百零一条**　向社会公开募集股份的股款缴足后，应当经依法设立的验资机构验资并出具证明。

续表

《公司法》(2018 年)	《公司法》(2023 年)
第一百三十条 公司发行记名股票的,应当置备股东名册,记载下列事项: (一)股东的姓名或者名称及住所; (二)各股东所持股份数; (三)各股东所持股票的编号; (四)各股东取得股份的日期。 ~~发行无记名股票的,公司应当记载其股票数量、编号及发行日期。~~	**第一百零二条** 股份有限公司应当制作股东名册并置备于公司。股东名册应当记载下列事项: (一)股东的姓名或者名称及住所; (二)各股东所认购的股份种类及股份数; (三)发行纸面形式的股票的,股票的编号; (四)各股东取得股份的日期。
第八十九条 发行股份的股款缴足后,必须经依法设立的验资机构验资并出具证明。发起人应当自股款缴足之日起三十日内主持召开公司创立大会。创立大会由发起人、认股人组成。 发行的股份超过招股说明书规定的截止期限尚未募足的,或者发行股份的股款缴足后,发起人在三十日内未召开创立大会的,认股人可以按照所缴股款并加算银行同期存款利息,要求发起人返还。 **第九十条** 发起人应当在创立大会召开十五日前将会议日期通知各认股人或者予以公告。创立大会应有代表股份总数过半数的发起人、认股人出席,方可举行。 创立大会行使下列职权: (一)审议发起人关于公司筹办情况的报告; (二)通过公司章程; (三)选举董事会成员; (四)选举监事会成员; (五)对公司的设立费用进行审核; (六)对发起人用于抵作股款的财产的作价进行审核; (七)发生不可抗力或者经营条件发生重大变化直接影响公司设立的,可以作出不设立公司的决议。	**第一百零三条** 募集设立股份有限公司的发起人应当自公司设立时应发行股份的股款缴足之日起三十日内召开公司成立大会。发起人应当在成立大会召开十五日前将会议日期通知各认股人或者予以公告。成立大会应当有持有表决权过半数的认股人出席,方可举行。 以发起设立方式设立股份有限公司成立大会的召开和表决程序由公司章程或者发起人协议规定。 **第一百零四条** 公司成立大会行使下列职权: (一)审议发起人关于公司筹办情况的报告; (二)通过公司章程; (三)选举董事、监事; (四)对公司的设立费用进行审核; (五)对发起人非货币财产出资的作价进行审核; (六)发生不可抗力或者经营条件发生重大变化直接影响公司设立的,可以作出不设立公司的决议。 成立大会对前款所列事项作出决议,应当经出席会议的认股人所持表决权过半数通过。

续表

《公司法》(2018 年)	《公司法》(2023 年)
创立大会对前款所列事项作出决议,必须经出席会议的认股人所持表决权过半数通过。	
第八十九条第二款　发行的股份超过招股说明书规定的截止期限尚未募足的,或者发行股份的股款缴足后,发起人在三十日内未召开创立大会的,认股人可以按照所缴股款并加算银行同期存款利息,要求发起人返还。 **第九十一条**　发起人、认股人缴纳股款或者交付抵作股款的出资后,除未按期募足股份、发起人未按期召开创立大会或者创立大会决议不设立公司的情形外,不得抽回其股本。	**第一百零五条**　公司设立时应发行的股份未募足,或者发行股份的股款缴足后,发起人在三十日内未召开成立大会的,认股人可以按照所缴股款并加算银行同期存款利息,要求发起人返还。 发起人、认股人缴纳股款或者交付非货币财产出资后,除未按期募足股份、发起人未按期召开成立大会或者成立大会决议不设立公司的情形外,不得抽回其股本。
第九十二条　董事会应于创立大会结束后三十日内,向公司登记机关报送下列文件,申请设立登记: ~~(一)公司登记申请书;~~ ~~(二)创立大会的会议记录;~~ ~~(三)公司章程;~~ ~~(四)验资证明;~~ ~~(五)法定代表人、董事、监事的任职文件及其身份证明;~~ ~~(六)发起人的法人资格证明或者自然人身份证明;~~ ~~(七)公司住所证明。~~ ~~以募集方式设立股份有限公司公开发行股票的,还应当向公司登记机关报送国务院证券监督管理机构的核准文件。~~	**第一百零六条**　董事会应当授权代表,于公司成立大会结束后三十日内向公司登记机关申请设立登记。
	第一百零七条　本法第四十四条、第四十九条第三款、第五十一条、第五十二条、第五十三条的规定,适用于股份有限公司。

续表

《公司法》(2018 年)	《公司法》(2023 年)
第九十五条 有限责任公司变更为股份有限公司时,折合的实收股本总额不得高于公司净资产额。有限责任公司变更为股份有限公司,为增加资本公开发行股份时,应当依法办理。	**第一百零八条** 有限责任公司变更为股份有限公司时,折合的实收股本总额不得高于公司净资产额。有限责任公司变更为股份有限公司,为增加注册资本公开发行股份时,应当依法办理。
第九十六条 股份有限公司应当将公司章程、股东名册、公司债券存根、股东大会会议记录、董事会会议记录、监事会会议记录、财务会计报告置备于本公司。	**第一百零九条** 股份有限公司应当将公司章程、股东名册、股东会会议记录、董事会会议记录、监事会会议记录、财务会计报告、债券持有人名册置备于本公司。
第九十七条 股东有权查阅公司章程、股东名册、公司债券存根、股东大会会议记录、董事会会议决议、监事会会议决议、财务会计报告,对公司的经营提出建议或者质询。	**第一百一十条** 股东有权查阅、复制公司章程、股东名册、股东会会议记录、董事会会议决议、监事会会议决议、财务会计报告,对公司的经营提出建议或者质询。 连续一百八十日以上单独或者合计持有公司百分之三以上股份的股东要求查阅公司的会计账簿、会计凭证的,适用本法第五十七条第二款、第三款、第四款的规定。公司章程对持股比例有较低规定的,从其规定。 股东要求查阅、复制公司全资子公司相关材料的,适用前两款的规定。 上市公司股东查阅、复制相关材料的,应当遵守《中华人民共和国证券法》等法律、行政法规的规定。
第二节 股东大会	第二节 股东会
第九十八条 股份有限公司股东大会由全体股东组成。股东大会是公司的权力机构,依照本法行使职权。	**第一百一十一条** 股份有限公司股东会由全体股东组成。股东会是公司的权力机构,依照本法行使职权。
第九十九条 本法第三十七条第一款关于有限责任公司股东会职权的规定,适用于股份有限公司股东大会。	**第一百一十二条** 本法第五十九条第一款、第二款关于有限责任公司股东会职权的规定,适用于股份有限公司股东会。 本法第六十条关于只有一个股东的有限责任公司不设股东会的规定,适用于只有一个股东的股份有限公司。

续表

《公司法》(2018年)	《公司法》(2023年)
第一百条 股东大会应当每年召开一次年会。有下列情形之一的,应当在两个月内召开临时股东大会: (一)董事人数不足本法规定人数或者公司章程所定人数的三分之二时; (二)公司未弥补的亏损达实收股本总额三分之一时; (三)单独或者合计持有公司百分之十以上股份的股东请求时; (四)董事会认为必要时; (五)监事会提议召开时; (六)公司章程规定的其他情形。	**第一百一十三条** 股东会应当每年召开一次年会。有下列情形之一的,应当在两个月内召开临时股东会会议: (一)董事人数不足本法规定人数或者公司章程所定人数的三分之二时; (二)公司未弥补的亏损达股本总额三分之一时; (三)单独或者合计持有公司百分之十以上股份的股东请求时; (四)董事会认为必要时; (五)监事会提议召开时; (六)公司章程规定的其他情形。
第一百零一条 股东大会会议由董事会召集,董事长主持;董事长不能履行职务或者不履行职务的,由副董事长主持;副董事长不能履行职务或者不履行职务的,由半数以上董事共同推举一名董事主持。 董事会不能履行或者不履行召集股东大会会议职责的,监事会应当及时召集和主持;监事会不召集和主持的,连续九十日以上单独或者合计持有公司百分之十以上股份的股东可以自行召集和主持。	**第一百一十四条** 股东会会议由董事会召集,董事长主持;董事长不能履行职务或者不履行职务的,由副董事长主持;副董事长不能履行职务或者不履行职务的,由过半数的董事共同推举一名董事主持。 董事会不能履行或者不履行召集股东会会议职责的,监事会应当及时召集和主持;监事会不召集和主持的,连续九十日以上单独或者合计持有公司百分之十以上股份的股东可以自行召集和主持。 单独或者合计持有公司百分之十以上股份的股东请求召开临时股东会会议的,董事会、监事会应当在收到请求之日起十日内作出是否召开临时股东会会议的决定,并书面答复股东。
第一百零二条 召开股东大会会议,应当将会议召开的时间、地点和审议的事项于会议召开二十日前通知各股东;临时股东大会应当于会议召开十五日前通知各股东;发行无记名股票的,应当于会议召开三十日前公告会议召开的时间、地点和审议事项。	**第一百一十五条** 召开股东会会议,应当将会议召开的时间、地点和审议的事项于会议召开二十日前通知各股东;临时股东会会议应当于会议召开十五日前通知各股东。 单独或者合计持有公司百分之一以上股份的股东,可以在股东会会议召开十日前

续表

《公司法》(2018 年)	《公司法》(2023 年)
单独或者合计持有公司百分之三以上股份的股东,可以在股东大会召开十日前提出临时提案并书面提交董事会;董事会应当在收到提案后二日内通知其他股东,并将该临时提案提交股东大会审议。临时提案的内容应当属于股东大会职权范围,并有明确议题和具体决议事项。 股东大会不得对前两款通知中未列明的事项作出决议。 无记名股票持有人出席股东大会会议的,应当于会议召开五日前至股东大会闭会时将股票交存于公司。	提出临时提案并书面提交董事会。临时提案应当有明确议题和具体决议事项。董事会应当在收到提案后二日内通知其他股东,并将该临时提案提交股东会审议;但临时提案违反法律、行政法规或者公司章程的规定,或者不属于股东会职权范围的除外。公司不得提高提出临时提案股东的持股比例。 公开发行股份的公司,应当以公告方式作出前两款规定的通知。 股东会不得对通知中未列明的事项作出决议。
第一百零三条 股东出席股东大会会议,所持每一股份有一表决权。但是,公司持有的本公司股份没有表决权。 股东大会作出决议,必须经出席会议的股东所持表决权过半数通过。但是,股东大会作出修改公司章程、增加或者减少注册资本的决议,以及公司合并、分立、解散或者变更公司形式的决议,必须经出席会议的股东所持表决权的三分之二以上通过。	**第一百一十六条** 股东出席股东会会议,所持每一股份有一表决权,类别股股东除外。公司持有的本公司股份没有表决权。 股东会作出决议,应当经出席会议的股东所持表决权过半数通过。 股东会作出修改公司章程、增加或者减少注册资本的决议,以及公司合并、分立、解散或者变更公司形式的决议,应当经出席会议的股东所持表决权的三分之二以上通过。
第一百零四条 本法和公司章程规定公司转让、受让重大资产或者对外提供担保等事项必须经股东大会作出决议的,董事会应当及时召集股东大会会议,由股东大会就上述事项进行表决。	
第一百零五条 股东大会选举董事、监事,可以依照公司章程的规定或者股东大会的决议,实行累积投票制。 本法所称累积投票制,是指股东大会选举董事或者监事时,每一股份拥有与应选董事或者监事人数相同的表决权,股东拥有的表决权可以集中使用。	**第一百一十七条** 股东会选举董事、监事,可以按照公司章程的规定或者股东会的决议,实行累积投票制。 本法所称累积投票制,是指股东会选举董事或者监事时,每一股份拥有与应选董事或者监事人数相同的表决权,股东拥有的表决权可以集中使用。

续表

《公司法》(2018 年)	《公司法》(2023 年)
第一百零六条　股东可以委托代理人出席股东大会会议,代理人应当向公司提交股东授权委托书,并在授权范围内行使表决权。	**第一百一十八条**　股东委托代理人出席股东会会议的,应当明确代理人代理的事项、权限和期限;代理人应当向公司提交股东授权委托书,并在授权范围内行使表决权。
第一百零七条　股东大会应当对所议事项的决定作成会议记录,主持人、出席会议的董事应当在会议记录上签名。会议记录应当与出席股东的签名册及代理出席的委托书一并保存。	**第一百一十九条**　股东会应当对所议事项的决定作成会议记录,主持人、出席会议的董事应当在会议记录上签名。会议记录应当与出席股东的签名册及代理出席的委托书一并保存。
第三节　董事会、经理	**第三节　董事会、经理**
第一百零八条　股份有限公司设董事会,其成员为五人至十九人。 董事会成员中可以有公司职工代表。董事会中的职工代表由公司职工通过职工代表大会、职工大会或者其他形式民主选举产生。 本法第四十五条关于有限责任公司董事任期的规定,适用于股份有限公司董事。 本法第四十六条关于有限责任公司董事会职权的规定,适用于股份有限公司董事会。	**第一百二十条**　股份有限公司设董事会,本法第一百二十八条另有规定的除外。 本法第六十七条、第六十八条第一款、第七十条、第七十一条的规定,适用于股份有限公司。
	第一百二十一条　股份有限公司可以按照公司章程的规定在董事会中设置由董事组成的审计委员会,行使本法规定的监事会的职权,不设监事会或者监事。 审计委员会成员为三名以上,过半数成员不得在公司担任除董事以外的其他职务,且不得与公司存在任何可能影响其独立客观判断的关系。公司董事会成员中的职工代表可以成为审计委员会成员。 审计委员会作出决议,应当经审计委员会成员的过半数通过。 审计委员会决议的表决,应当一人一票。

续表

《公司法》(2018 年)	《公司法》(2023 年)
	审计委员会的议事方式和表决程序，除本法有规定的外，由公司章程规定。 公司可以按照公司章程的规定在董事会中设置其他委员会。
第一百零九条 董事会设董事长一人，可以设副董事长。董事长和副董事长由董事会以全体董事的过半数选举产生。 董事长召集和主持董事会会议，检查董事会决议的实施情况。副董事长协助董事长工作，董事长不能履行职务或者不履行职务的，由副董事长履行职务；副董事长不能履行职务或者不履行职务的，由半数以上董事共同推举一名董事履行职务。	**第一百二十二条** 董事会设董事长一人，可以设副董事长。董事长和副董事长由董事会以全体董事的过半数选举产生。 董事长召集和主持董事会会议，检查董事会决议的实施情况。副董事长协助董事长工作，董事长不能履行职务或者不履行职务的，由副董事长履行职务；副董事长不能履行职务或者不履行职务的，由过半数的董事共同推举一名董事履行职务。
第一百一十条 董事会每年度至少召开两次会议，每次会议应当于会议召开十日前通知全体董事和监事。 代表十分之一以上表决权的股东、三分之一以上董事或者监事会，可以提议召开董事会临时会议。董事长应当自接到提议后十日内，召集和主持董事会会议。 董事会召开临时会议，可以另定召集董事会的通知方式和通知时限。	**第一百二十三条** 董事会每年度至少召开两次会议，每次会议应当于会议召开十日前通知全体董事和监事。 代表十分之一以上表决权的股东、三分之一以上董事或者监事会，可以提议召开临时董事会会议。董事长应当自接到提议后十日内，召集和主持董事会会议。 董事会召开临时会议，可以另定召集董事会的通知方式和通知时限。
第一百一十一条 董事会会议应有过半数的董事出席方可举行。董事会作出决议，必须经全体董事的过半数通过。 董事会决议的表决，实行一人一票。 **第一百一十二条** 董事会会议，应由董事本人出席；董事因故不能出席，可以书面委托其他董事代为出席，委托书中应载明授权范围。 董事会应当对会议所议事项的决定作成会议记录，出席会议的董事应当在会议记录上签名。	**第一百二十四条** 董事会会议应当有过半数的董事出席方可举行。董事会作出决议，应当经全体董事的过半数通过。 董事会决议的表决，应当一人一票。 董事会应当对所议事项的决定作成会议记录，出席会议的董事应当在会议记录上签名。 **第一百二十五条** 董事会会议，应当由董事本人出席；董事因故不能出席，可以书面委托其他董事代为出席，委托书应当载明授权范围。

续表

《公司法》(2018 年)	《公司法》(2023 年)
董事应当对董事会的决议承担责任。董事会的决议违反法律、行政法规或者公司章程、股东大会决议,致使公司遭受严重损失的,参与决议的董事对公司负赔偿责任。但经证明在表决时曾表明异议并记载于会议记录的,该董事可以免除责任。	董事应当对董事会的决议承担责任。董事会的决议违反法律、行政法规或者公司章程、股东会决议,给公司造成严重损失的,参与决议的董事对公司负赔偿责任;经证明在表决时曾表明异议并记载于会议记录的,该董事可以免除责任。
第一百一十三条　股份有限公司设经理,由董事会决定聘任或者解聘。 ~~本法第四十九条关于有限责任公司经理职权的规定,适用于股份有限公司经理。~~	**第一百二十六条**　股份有限公司设经理,由董事会决定聘任或者解聘。 经理对董事会负责,根据公司章程的规定或者董事会的授权行使职权。经理列席董事会会议。
第一百一十四条　公司董事会可以决定由董事会成员兼任经理。	**第一百二十七条**　公司董事会可以决定由董事会成员兼任经理。
~~**第一百一十五条**　公司不得直接或者通过子公司向董事、监事、高级管理人员提供借款。~~	
	第一百二十八条　规模较小或者股东人数较少的股份有限公司,可以不设董事会,设一名董事,行使本法规定的董事会的职权。该董事可以兼任公司经理。
第一百一十六条　公司应当定期向股东披露董事、监事、高级管理人员从公司获得报酬的情况。	**第一百二十九条**　公司应当定期向股东披露董事、监事、高级管理人员从公司获得报酬的情况。
第四节　监事会	**第四节　监事会**
第一百一十七条　股份有限公司设监事会,~~其成员不得少于三人。~~ 监事会应当包括股东代表和适当比例的公司职工代表,其中职工代表的比例不得低于三分之一,具体比例由公司章程规定。监事会中的职工代表由公司职工通过职工代表大会、职工大会或者其他形式民主选举产生。	**第一百三十条**　股份有限公司设监事会,本法第一百二十一条第一款、第一百三十三条另有规定的除外。 监事会成员为三人以上。监事会成员应当包括股东代表和适当比例的公司职工代表,其中职工代表的比例不得低于三分之一,具体比例由公司章程规定。监事会中的

续表

《公司法》(2018 年)	《公司法》(2023 年)
监事会设主席一人,可以设副主席。监事会主席和副主席由全体监事过半数选举产生。监事会主席召集和主持监事会会议;监事会主席不能履行职务或者不履行职务的,由监事会副主席召集和主持监事会会议;监事会副主席不能履行职务或者不履行职务的,由半数以上监事共同推举一名监事召集和主持监事会会议。 董事、高级管理人员不得兼任监事。 本法第五十二条关于有限责任公司监事任期的规定,适用于股份有限公司监事。	职工代表由公司职工通过职工代表大会、职工大会或者其他形式民主选举产生。 监事会设主席一人,可以设副主席。监事会主席和副主席由全体监事过半数选举产生。监事会主席召集和主持监事会会议;监事会主席不能履行职务或者不履行职务的,由监事会副主席召集和主持监事会会议;监事会副主席不能履行职务或者不履行职务的,由过半数的监事共同推举一名监事召集和主持监事会会议。 董事、高级管理人员不得兼任监事。 本法第七十七条关于有限责任公司监事任期的规定,适用于股份有限公司监事。
第一百一十八条 本法第五十三条、第五十四条关于有限责任公司监事会职权的规定,适用于股份有限公司监事会。 监事会行使职权所必需的费用,由公司承担。	**第一百三十一条** 本法第七十八条至第八十条的规定,适用于股份有限公司监事会。 监事会行使职权所必需的费用,由公司承担。
第一百一十九条 监事会每六个月至少召开一次会议。监事可以提议召开临时监事会会议。 监事会的议事方式和表决程序,除本法有规定的外,由公司章程规定。 监事会决议应当经半数以上监事通过。 监事会应当对所议事项的决定作成会议记录,出席会议的监事应当在会议记录上签名。	**第一百三十二条** 监事会每六个月至少召开一次会议。监事可以提议召开临时监事会会议。 监事会的议事方式和表决程序,除本法有规定的外,由公司章程规定。 监事会决议应当经全体监事的过半数通过。 监事会决议的表决,应当一人一票。 监事会应当对所议事项的决定作成会议记录,出席会议的监事应当在会议记录上签名。
	第一百三十三条 规模较小或者股东人数较少的股份有限公司,可以不设监事会,设一名监事,行使本法规定的监事会的职权。

续表

《公司法》(2018 年)	《公司法》(2023 年)
第五节　上市公司组织机构的特别规定	**第五节　上市公司组织机构的特别规定**
第一百二十条　本法所称上市公司,是指其股票在证券交易所上市交易的股份有限公司。	**第一百三十四条**　本法所称上市公司,是指其股票在证券交易所上市交易的股份有限公司。
第一百二十一条　上市公司在一年内购买、出售重大资产或者担保金额超过公司资产总额百分之三十的,应当由~~股东大会~~作出决议,并经出席会议的股东所持表决权的三分之二以上通过。	**第一百三十五条**　上市公司在一年内购买、出售重大资产或者向他人提供担保的金额超过公司资产总额百分之三十的,应当由股东会作出决议,并经出席会议的股东所持表决权的三分之二以上通过。
第一百二十二条　上市公司设独立董事,具体办法由国务院规定。	**第一百三十六条**　上市公司设独立董事,具体管理办法由国务院证券监督管理机构规定。 上市公司的公司章程除载明本法第九十五条规定的事项外,还应当依照法律、行政法规的规定载明董事会专门委员会的组成、职权以及董事、监事、高级管理人员薪酬考核机制等事项。
	第一百三十七条　上市公司在董事会中设置审计委员会的,董事会对下列事项作出决议前应当经审计委员会全体成员过半数通过: (一)聘用、解聘承办公司审计业务的会计师事务所; (二)聘任、解聘财务负责人; (三)披露财务会计报告; (四)国务院证券监督管理机构规定的其他事项。
第一百二十三条　上市公司设董事会秘书,负责公司~~股东大会~~和董事会会议的筹备、文件保管以及公司股东资料的管理,办理信息披露事务等事宜。	**第一百三十八条**　上市公司设董事会秘书,负责公司股东会和董事会会议的筹备、文件保管以及公司股东资料的管理,办理信息披露事务等事宜。

续表

《公司法》(2018 年)	《公司法》(2023 年)
第一百二十四条 上市公司董事与董事会会议决议事项所涉及的企业有关联关系的,不得对该项决议行使表决权,也不得代理其他董事行使表决权。该董事会会议由过半数的无关联关系董事出席即可举行,董事会会议所作决议须经无关联关系董事过半数通过。出席董事会的无关联关系董事人数不足三人的,应将该事项提交上市公司股东大会审议。	**第一百三十九条** 上市公司董事与董事会会议决议事项所涉及的企业或者个人有关联关系的,该董事应当及时向董事会书面报告。有关联关系的董事不得对该项决议行使表决权,也不得代理其他董事行使表决权。该董事会会议由过半数的无关联关系董事出席即可举行,董事会会议所作决议须经无关联关系董事过半数通过。出席董事会会议的无关联关系董事人数不足三人的,应当将该事项提交上市公司股东会审议。
	第一百四十条 上市公司应当依法披露股东、实际控制人的信息,相关信息应当真实、准确、完整。 禁止违反法律、行政法规的规定代持上市公司股票。
	第一百四十一条 上市公司控股子公司不得取得该上市公司的股份。 上市公司控股子公司因公司合并、质权行使等原因持有上市公司股份的,不得行使所持股份对应的表决权,并应当及时处分相关上市公司股份。
第五章 股份有限公司的股份发行和转让	**第六章 股份有限公司的股份发行和转让**
第一节 股份发行	**第一节 股份发行**
第一百二十五条 股份有限公司的资本划分为股份,每一股的金额相等。 公司的股份采取股票的形式。股票是公司签发的证明股东所持股份的凭证。	**第一百四十二条** 公司的资本划分为股份。公司的全部股份,根据公司章程的规定择一采用面额股或者无面额股。采用面额股的,每一股的金额相等。 公司可以根据公司章程的规定将已发行的面额股全部转换为无面额股或者将无面额股全部转换为面额股。 采用无面额股的,应当将发行股份所得股款的二分之一以上计入注册资本。

续表

《公司法》(2018年)	《公司法》(2023年)
第一百二十六条 股份的发行，实行公平、公正的原则，同种类的每一股份应当具有同等权利。 同次发行的同种类股票，每股的发行条件和价格应当相同；任何单位或者个人所认购的股份，每股应当支付相同价额。	**第一百四十三条** 股份的发行，实行公平、公正的原则，同类别的每一股份应当具有同等权利。 同次发行的同类别股份，每股的发行条件和价格应当相同；认购人所认购的股份，每股应当支付相同价额。
	第一百四十四条 公司可以按照公司章程的规定发行下列与普通股权利不同的类别股： （一）优先或者劣后分配利润或者剩余财产的股份； （二）每一股的表决权数多于或者少于普通股的股份； （三）转让须经公司同意等转让受限的股份； （四）国务院规定的其他类别股。 公开发行股份的公司不得发行前款第二项、第三项规定的类别股；公开发行前已发行的除外。 公司发行本条第一款第二项规定的类别股的，对于监事或者审计委员会成员的选举和更换，类别股与普通股每一股的表决权数相同。
	第一百四十五条 发行类别股的公司，应当在公司章程中载明以下事项： （一）类别股分配利润或者剩余财产的顺序； （二）类别股的表决权数； （三）类别股的转让限制； （四）保护中小股东权益的措施； （五）股东会认为需要规定的其他事项。

续表

《公司法》(2018 年)	《公司法》(2023 年)
	第一百四十六条 发行类别股的公司，有本法第一百一十六条第三款规定的事项等可能影响类别股股东权利的，除应当依照第一百一十六条第三款的规定经股东会决议外，还应当经出席类别股股东会议的股东所持表决权的三分之二以上通过。 公司章程可以对需经类别股股东会议决议的其他事项作出规定。
第一百二十五条第二款 公司的股份采取股票的形式。股票是公司签发的证明股东所持股份的凭证。 **第一百二十九条** 公司发行的股票，可以为记名股票，也可以为无记名股票。 公司向发起人、法人发行的股票，应当为记名股票，并应当记载该发起人、法人的名称或者姓名，不得另立户名或者以代表人姓名记名。	**第一百四十七条** 公司的股份采取股票的形式。股票是公司签发的证明股东所持股份的凭证。 公司发行的股票，应当为记名股票。
第一百二十七条 股票发行价格可以按票面金额，也可以超过票面金额，但不得低于票面金额。	**第一百四十八条** 面额股股票的发行价格可以按票面金额，也可以超过票面金额，但不得低于票面金额。
第一百二十八条 股票采用纸面形式或者国务院证券监督管理机构规定的其他形式。 股票应当载明下列主要事项： (一)公司名称； (二)公司成立日期； (三)股票种类、票面金额及代表的股份数； (四)股票的编号。 股票由法定代表人签名，公司盖章。 发起人的股票，应当标明发起人股票字样。	**第一百四十九条** 股票采用纸面形式或者国务院证券监督管理机构规定的其他形式。 股票采用纸面形式的，应当载明下列主要事项： (一)公司名称； (二)公司成立日期或者股票发行的时间； (三)股票种类、票面金额及代表的股份数，发行无面额股的，股票代表的股份数。 股票采用纸面形式的，还应当载明股票的编号，由法定代表人签名，公司盖章。 发起人股票采用纸面形式的，应当标明发起人股票字样。

续表

《公司法》(2018 年)	《公司法》(2023 年)
第一百三十二条　股份有限公司成立后,即向股东正式交付股票。公司成立前不得向股东交付股票。	**第一百五十条**　股份有限公司成立后,即向股东正式交付股票。公司成立前不得向股东交付股票。
第一百三十三条　公司发行新股,股东大会应当对下列事项作出决议: (一)新股种类及数额; (二)新股发行价格; (三)新股发行的起止日期; (四)向原有股东发行新股的种类及数额。 **第一百三十五条**　公司发行新股,可以根据公司经营情况和财务状况,确定其作价方案。	**第一百五十一条**　公司发行新股,股东会应当对下列事项作出决议: (一)新股种类及数额; (二)新股发行价格; (三)新股发行的起止日期; (四)向原有股东发行新股的种类及数额; (五)发行无面额股的,新股发行所得股款计入注册资本的金额。 公司发行新股,可以根据公司经营情况和财务状况,确定其作价方案。
	第一百五十二条　公司章程或者股东会可以授权董事会在三年内决定发行不超过已发行股份百分之五十的股份。但以非货币财产作价出资的应当经股东会决议。 董事会依照前款规定决定发行股份导致公司注册资本、已发行股份数发生变化的,对公司章程该项记载事项的修改不需再由股东会表决。
	第一百五十三条　公司章程或者股东会授权董事会决定发行新股的,董事会决议应当经全体董事三分之二以上通过。
第一百三十四条　公司经国务院证券监督管理机构核准公开发行新股时,必须公告新股招股说明书和财务会计报告,并制作认股书。 本法第八十七条、第八十八条的规定适用于公司公开发行新股。 **第八十六条**　招股说明书应当附有发起人制订的公司章程,并载明下列事项:	**第一百五十四条**　公司向社会公开募集股份,应当经国务院证券监督管理机构注册,公告招股说明书。 招股说明书应当附有公司章程,并载明下列事项: (一)发行的股份总数; (二)面额股的票面金额和发行价格或者无面额股的发行价格;

续表

《公司法》(2018 年)	《公司法》(2023 年)
(一)发起人认购的股份数; (二)每股的票面金额和发行价格; (三)无记名股票的发行总数; (四)募集资金的用途; (五)认股人的权利、义务; (六)本次募股的起止期限及逾期未募足时认股人可以撤回所认股份的说明。	(三)募集资金的用途; (四)认股人的权利和义务; (五)股份种类及其权利和义务; (六)本次募股的起止日期及逾期未募足时认股人可以撤回所认股份的说明。 公司设立时发行股份的,还应当载明发起人认购的股份数。
第八十七条 ~~发起人~~向社会公开募集股份,应当由依法设立的证券公司承销,签订承销协议。	**第一百五十五条** 公司向社会公开募集股份,应当由依法设立的证券公司承销,签订承销协议。
第八十八条 ~~发起人~~向社会公开募集股份,应当同银行签订代收股款协议。 代收股款的银行应当按照协议代收和保存股款,向缴纳股款的认股人出具收款单据,并负有向有关部门出具收款证明的义务。 **第一百三十六条** 公司发行~~新股~~募足股款后,~~必须向公司登记机关办理变更登记,并~~公告。	**第一百五十六条** 公司向社会公开募集股份,应当同银行签订代收股款协议。 代收股款的银行应当按照协议代收和保存股款,向缴纳股款的认股人出具收款单据,并负有向有关部门出具收款证明的义务。 公司发行股份募足股款后,应予公告。
第二节 股份转让	**第二节 股份转让**
第一百三十七条 股东持有的股份可以~~依法转让~~。	**第一百五十七条** 股份有限公司的股东持有的股份可以向其他股东转让,也可以向股东以外的人转让;公司章程对股份转让有限制的,其转让按照公司章程的规定进行。
第一百三十八条 股东转让其股份,应当在依法设立的证券交易场所进行或者按照国务院规定的其他方式进行。	**第一百五十八条** 股东转让其股份,应当在依法设立的证券交易场所进行或者按照国务院规定的其他方式进行。
第一百三十九条 记名股票,由股东以背书方式或者法律、行政法规规定的其他方式转让;转让后由公司将受让人的姓名或者名称及住所记载于股东名册。	**第一百五十九条** 股票的转让,由股东以背书方式或者法律、行政法规规定的其他方式进行;转让后由公司将受让人的姓名或者名称及住所记载于股东名册。

续表

《公司法》(2018 年)	《公司法》(2023 年)
股东大会召开前二十日内或者公司决定分配股利的基准日前五日内,不得进行前款规定的股东名册的变更登记。但是,法律对上市公司股东名册变更登记另有规定的,从其规定。	股东会会议召开前二十日内或者公司决定分配股利的基准日前五日内,不得变更股东名册。法律、行政法规或者国务院证券监督管理机构对上市公司股东名册变更另有规定的,从其规定。
第一百四十条　无记名股票的转让,由股东将该股票交付给受让人后即发生转让的效力。	
第一百四十一条　发起人持有的本公司股份,自公司成立之日起一年内不得转让。公司公开发行股份前已发行的股份,自公司股票在证券交易所上市交易之日起一年内不得转让。 公司董事、监事、高级管理人员应当向公司申报所持有的本公司的股份及其变动情况,在任职期间每年转让的股份不得超过其所持有本公司股份总数的百分之二十五;所持本公司股份自公司股票上市交易之日起一年内不得转让。上述人员离职后半年内,不得转让其所持有的本公司股份。公司章程可以对公司董事、监事、高级管理人员转让其所持有的本公司股份作出其他限制性规定。	**第一百六十条**　公司公开发行股份前已发行的股份,自公司股票在证券交易所上市交易之日起一年内不得转让。法律、行政法规或者国务院证券监督管理机构对上市公司的股东、实际控制人转让其所持有的本公司股份另有规定的,从其规定。 公司董事、监事、高级管理人员应当向公司申报所持有的本公司的股份及其变动情况,在就任时确定的任职期间每年转让的股份不得超过其所持有本公司股份总数的百分之二十五;所持本公司股份自公司股票上市交易之日起一年内不得转让。上述人员离职后半年内,不得转让其所持有的本公司股份。公司章程可以对公司董事、监事、高级管理人员转让其所持有的本公司股份作出其他限制性规定。 股份在法律、行政法规规定的限制转让期限内出质的,质权人不得在限制转让期限内行使质权。
第七十四条　有下列情形之一的,对股东会该项决议投反对票的股东可以请求公司按照合理的价格收购其股权: (一)公司连续五年不向股东分配利润,而公司该五年连续盈利,并且符合本法规定的分配利润条件的;	**第一百六十一条**　有下列情形之一的,对股东会该项决议投反对票的股东可以请求公司按照合理的价格收购其股份,公开发行股份的公司除外: (一)公司连续五年不向股东分配利润,而公司该五年连续盈利,并且符合本法规定的分配利润条件;

续表

《公司法》(2018年)	《公司法》(2023年)
(二)公司合并、分立、转让主要财产的; (三)公司章程规定的营业期限届满或者章程规定的其他解散事由出现,股东会会议通过决议修改章程使公司存续的。 自股东会会议决议通过之日起六十日内,股东与公司不能达成股权收购协议的,股东可以自股东会会议决议通过之日起九十日内向人民法院提起诉讼。	(二)公司转让主要财产; (三)公司章程规定的营业期限届满或者章程规定的其他解散事由出现,股东会通过决议修改章程使公司存续。 自股东会决议作出之日起六十日内,股东与公司不能达成股份收购协议的,股东可以自股东会决议作出之日起九十日内向人民法院提起诉讼。 公司因本条第一款规定的情形收购的本公司股份,应当在六个月内依法转让或者注销。
第一百四十二条 公司不得收购本公司股份。但是,有下列情形之一的除外: (一)减少公司注册资本; (二)与持有本公司股份的其他公司合并; (三)将股份用于员工持股计划或者股权激励; (四)股东因对股东大会作出的公司合并、分立决议持异议,要求公司收购其股份; (五)将股份用于转换上市公司发行的可转换为股票的公司债券; (六)上市公司为维护公司价值及股东权益所必需。 公司因前款第(一)项、第(二)项规定的情形收购本公司股份的,应当经股东大会决议;公司因前款第(三)项、第(五)项、第(六)项规定的情形收购本公司股份的,可以依照公司章程的规定或者股东大会的授权,经三分之二以上董事出席的董事会会议决议。 公司依照本条第一款规定收购本公司股份后,属于第(一)项情形的,应当自收购之日起十日内注销;属于第(二)项、第(四)项情形的,应当在六个月内转让或者注销;属于第	**第一百六十二条** 公司不得收购本公司股份。但是,有下列情形之一的除外: (一)减少公司注册资本; (二)与持有本公司股份的其他公司合并; (三)将股份用于员工持股计划或者股权激励; (四)股东因对股东会作出的公司合并、分立决议持异议,要求公司收购其股份; (五)将股份用于转换公司发行的可转换为股票的公司债券; (六)上市公司为维护公司价值及股东权益所必需。 公司因前款第一项、第二项规定的情形收购本公司股份的,应当经股东会决议;公司因前款第三项、第五项、第六项规定的情形收购本公司股份的,可以按照公司章程或者股东会的授权,经三分之二以上董事出席的董事会会议决议。 公司依照本条第一款规定收购本公司股份后,属于第一项情形的,应当自收购之日起十日内注销;属于第二项、第四项情形的,应当在六个月内转让或者注销;属于第三项、第五项、第六项情形的,公司合计持有

续表

《公司法》(2018 年)	《公司法》(2023 年)
(三)项、第(五)项、第(六)项情形的,公司合计持有的本公司股份数不得超过本公司已发行股份总额的百分之十,并应当在三年内转让或者注销。 上市公司收购本公司股份的,应当依照《中华人民共和国证券法》的规定履行信息披露义务。上市公司因本条第一款第(三)项、第(五)项、第(六)项规定的情形收购本公司股份的,应当通过公开的集中交易方式进行。 公司不得接受本公司的股票作为质押权的标的。	的本公司股份数不得超过本公司已发行股份总数的百分之十,并应当在三年内转让或者注销。 上市公司收购本公司股份的,应当依照《中华人民共和国证券法》的规定履行信息披露义务。上市公司因本条第一款第三项、第五项、第六项规定的情形收购本公司股份的,应当通过公开的集中交易方式进行。 公司不得接受本公司的股份作为质权的标的。
	第一百六十三条　公司不得为他人取得本公司或者其母公司的股份提供赠与、借款、担保以及其他财务资助,公司实施员工持股计划的除外。 为公司利益,经股东会决议,或者董事会按照公司章程或者股东会的授权作出决议,公司可以为他人取得本公司或者其母公司的股份提供财务资助,但财务资助的累计总额不得超过已发行股本总额的百分之十。董事会作出决议应当经全体董事的三分之二以上通过。 违反前两款规定,给公司造成损失的,负有责任的董事、监事、高级管理人员应当承担赔偿责任。
第一百四十三条　记名股票被盗、遗失或者灭失,股东可以依照《中华人民共和国民事诉讼法》规定的公示催告程序,请求人民法院宣告该股票失效。人民法院宣告该股票失效后,股东可以向公司申请补发股票。	**第一百六十四条**　股票被盗、遗失或者灭失,股东可以依照《中华人民共和国民事诉讼法》规定的公示催告程序,请求人民法院宣告该股票失效。人民法院宣告该股票失效后,股东可以向公司申请补发股票。
第一百四十四条　上市公司的股票,依照有关法律、行政法规及证券交易所交易规则上市交易。	**第一百六十五条**　上市公司的股票,依照有关法律、行政法规及证券交易所交易规则上市交易。

续表

《公司法》(2018 年)	《公司法》(2023 年)
第一百四十五条 上市公司必须依照法律、行政法规的规定,~~公开其财务状况、经营情况及重大诉讼,在每会计年度内半年公布一次财务会计报告。~~	**第一百六十六条** 上市公司应当依照法律、行政法规的规定披露相关信息。
第七十五条 自然人股东死亡后,其合法继承人可以继承股东资格;但是,公司章程另有规定的除外。	**第一百六十七条** 自然人股东死亡后,其合法继承人可以继承股东资格;但是,股份转让受限的股份有限公司的章程另有规定的除外。
第二章 国家出资公司组织机构的特别规定 ~~**第四节 国有独资公司的特别规定**~~	**第七章 国家出资公司组织机构的特别规定**
第六十四条 国有独资公司的设立和组织机构,适用本节规定;本节没有规定的,适用本章第一节、第二节的规定。 本法所称国有独资公司,是指国家单独出资、由国务院或者地方人民政府授权本级人民政府国有资产监督管理机构履行出资人职责的有限责任公司。	**第一百六十八条** 国家出资公司的组织机构,适用本章规定;本章没有规定的,适用本法其他规定。 本法所称国家出资公司,是指国家出资的国有独资公司、国有资本控股公司,包括国家出资的有限责任公司、股份有限公司。
	第一百六十九条 国家出资公司,由国务院或者地方人民政府分别代表国家依法履行出资人职责,享有出资人权益。国务院或者地方人民政府可以授权国有资产监督管理机构或者其他部门、机构代表本级人民政府对国家出资公司履行出资人职责。 代表本级人民政府履行出资人职责的机构、部门,以下统称为履行出资人职责的机构。
	第一百七十条 国家出资公司中中国共产党的组织,按照中国共产党章程的规定发挥领导作用,研究讨论公司重大经营管理事项,支持公司的组织机构依法行使职权。

续表

《公司法》(2018 年)	《公司法》(2023 年)
第六十五条　国有独资公司章程由国有资产监督管理机构制定，或者由董事会制订报国有资产监督管理机构批准。	**第一百七十一条**　国有独资公司章程由履行出资人职责的机构制定。
第六十六条　国有独资公司不设股东会，由国有资产监督管理机构行使股东会职权。国有资产监督管理机构可以授权公司董事会行使股东会的部分职权，决定公司的重大事项，但公司的合并、分立、解散、增加或者减少注册资本和发行公司债券，必须由国有资产监督管理机构决定；其中，重要的国有独资公司合并、分立、解散、申请破产的，应当由国有资产监督管理机构审核后，报本级人民政府批准。 前款所称重要的国有独资公司，按照国务院的规定确定。	**第一百七十二条**　国有独资公司不设股东会，由履行出资人职责的机构行使股东会职权。履行出资人职责的机构可以授权公司董事会行使股东会的部分职权，但公司章程的制定和修改，公司的合并、分立、解散、申请破产，增加或者减少注册资本，分配利润，应当由履行出资人职责的机构决定。
第六十七条　国有独资公司设董事会，依照本法第四十六条、第六十六条的规定行使职权。董事每届任期不得超过三年。董事会成员中应当有公司职工代表。 董事会成员由国有资产监督管理机构委派；但是，董事会成员中的职工代表由公司职工代表大会选举产生。 董事会设董事长一人，可以设副董事长。董事长、副董事长由国有资产监督管理机构从董事会成员中指定。	**第一百七十三条**　国有独资公司的董事会依照本法规定行使职权。 国有独资公司的董事会成员中，应当过半数为外部董事，并应当有公司职工代表。 董事会成员由履行出资人职责的机构委派；但是，董事会成员中的职工代表由公司职工代表大会选举产生。 董事会设董事长一人，可以设副董事长。董事长、副董事长由履行出资人职责的机构从董事会成员中指定。
第六十八条　国有独资公司设经理，由董事会聘任或者解聘。经理依照本法第四十九条规定行使职权。 经国有资产监督管理机构同意，董事会成员可以兼任经理。	**第一百七十四条**　国有独资公司的经理由董事会聘任或者解聘。 经履行出资人职责的机构同意，董事会成员可以兼任经理。
第六十九条　国有独资公司的董事长、副董事长、董事、高级管理人员，未经国有资产监督管理机构同意，不得在其他有限责任公司、股份有限公司或者其他经济组织兼职。	**第一百七十五条**　国有独资公司的董事、高级管理人员，未经履行出资人职责的机构同意，不得在其他有限责任公司、股份有限公司或者其他经济组织兼职。

续表

《公司法》(2018年)	《公司法》(2023年)
第七十条 国有独资公司监事会成员不得少于五人,其中职工代表的比例不得低于三分之一,具体比例由公司章程规定。 监事会成员由国有资产监督管理机构委派;但是,监事会成员中的职工代表由公司职工代表大会选举产生。监事会主席由国有资产监督管理机构从监事会成员中指定。 监事会行使本法第五十三条第(一)项至第(三)项规定的职权和国务院规定的其他职权。	**第一百七十六条** 国有独资公司在董事会中设置由董事组成的审计委员会行使本法规定的监事会职权的,不设监事会或者监事。
	第一百七十七条 国家出资公司应当依法建立健全内部监督管理和风险控制制度,加强内部合规管理。
第六章 公司董事、监事、高级管理人员的资格和义务	**第八章 公司董事、监事、高级管理人员的资格和义务**
第一百四十六条 有下列情形之一的,不得担任公司的董事、监事、高级管理人员: (一)无民事行为能力或者限制民事行为能力; (二)因贪污、贿赂、侵占财产、挪用财产或者破坏社会主义市场经济秩序,被判处刑罚,执行期满未逾五年,或者因犯罪被剥夺政治权利,执行期满未逾五年; (三)担任破产清算的公司、企业的董事或者厂长、经理,对该公司、企业的破产负有个人责任的,自该公司、企业破产清算完结之日起未逾三年; (四)担任因违法被吊销营业执照、责令关闭的公司、企业的法定代表人,并负有个人责任的,自该公司、企业被吊销营业执照之日起未逾三年; (五)个人所负数额较大的债务到期未清偿。	**第一百七十八条** 有下列情形之一的,不得担任公司的董事、监事、高级管理人员: (一)无民事行为能力或者限制民事行为能力; (二)因贪污、贿赂、侵占财产、挪用财产或者破坏社会主义市场经济秩序,被判处刑罚,或者因犯罪被剥夺政治权利,执行期满未逾五年,被宣告缓刑的,自缓刑考验期满之日起未逾二年; (三)担任破产清算的公司、企业的董事或者厂长、经理,对该公司、企业的破产负有个人责任的,自该公司、企业破产清算完结之日起未逾三年; (四)担任因违法被吊销营业执照、责令关闭的公司、企业的法定代表人,并负有个人责任的,自该公司、企业被吊销营业执照、责令关闭之日起未逾三年; (五)个人因所负数额较大债务到期未

续表

《公司法》(2018 年)	《公司法》(2023 年)
公司违反前款规定选举、委派董事、监事或者聘任高级管理人员的,该选举、委派或者聘任无效。 董事、监事、高级管理人员在任职期间出现本条第一款所列情形的,公司应当解除其职务。	清偿被人民法院列为失信被执行人。 违反前款规定选举、委派董事、监事或者聘任高级管理人员的,该选举、委派或者聘任无效。 董事、监事、高级管理人员在任职期间出现本条第一款所列情形的,公司应当解除其职务。
第一百四十七条　董事、监事、高级管理人员应当遵守法律、行政法规和公司章程,对公司负有忠实义务和勤勉义务。 董事、监事、高级管理人员不得利用职权收受贿赂或者其他非法收入,不得侵占公司的财产。	**第一百七十九条**　董事、监事、高级管理人员应当遵守法律、行政法规和公司章程。 **第一百八十条**　董事、监事、高级管理人员对公司负有忠实义务,应当采取措施避免自身利益与公司利益冲突,不得利用职权牟取不正当利益。 董事、监事、高级管理人员对公司负有勤勉义务,执行职务应当为公司的最大利益尽到管理者通常应有的合理注意。 公司的控股股东、实际控制人不担任公司董事但实际执行公司事务的,适用前两款规定。
第一百四十八条　董事、高级管理人员不得有下列行为: (一)挪用公司资金; (二)将公司资金以其个人名义或者以其他个人名义开立账户存储; ~~(三)违反公司章程的规定,未经股东会、股东大会或者董事会同意,将公司资金借贷给他人或者以公司财产为他人提供担保;~~ (四)违反公司章程的规定或者未经股东会、~~股东大会~~同意,与本公司订立合同或者进行交易; (五)未经股东会或者~~股东大会~~同意,利用职务便利为自己或者他人谋取属于公司的商业机会,自营或者为他人经营与所任职公	**第一百八十一条**　董事、监事、高级管理人员不得有下列行为: (一)侵占公司财产、挪用公司资金; (二)将公司资金以其个人名义或者以其他个人名义开立账户存储; (三)利用职权贿赂或者收受其他非法收入; (四)接受他人与公司交易的佣金归为己有; (五)擅自披露公司秘密; (六)违反对公司忠实义务的其他行为。 **第一百八十二条**　董事、监事、高级管理人员,直接或者间接与本公司订立合同或者进行交易,应当就与订立合同或者进行交

续表

《公司法》(2018 年)	《公司法》(2023 年)
司同类的业务; (六)接受他人与公司交易的佣金归为己有; (七)擅自披露公司秘密; (八)违反对公司忠实义务的其他行为。 董事、高级管理人员违反前款规定所得的收入应当归公司所有。	易有关的事项向董事会或者股东会报告,并按照公司章程的规定经董事会或者股东会决议通过。 董事、监事、高级管理人员的近亲属,董事、监事、高级管理人员或者其近亲属直接或者间接控制的企业,以及与董事、监事、高级管理人员有其他关联关系的关联人,与公司订立合同或者进行交易,适用前款规定。 **第一百八十三条** 董事、监事、高级管理人员,不得利用职务便利为自己或者他人谋取属于公司的商业机会。但是,有下列情形之一的除外: (一)向董事会或者股东会报告,并按照公司章程的规定经董事会或者股东会决议通过; (二)根据法律、行政法规或者公司章程的规定,公司不能利用该商业机会。 **第一百八十四条** 董事、监事、高级管理人员未向董事会或者股东会报告,并按照公司章程的规定经董事会或者股东会决议通过,不得自营或者为他人经营与其任职公司同类的业务。 **第一百八十五条** 董事会对本法第一百八十二条至第一百八十四条规定的事项决议时,关联董事不得参与表决,其表决权不计入表决权总数。出席董事会会议的无关联关系董事人数不足三人的,应当将该事项提交股东会审议。 **第一百八十六条** 董事、监事、高级管理人员违反本法第一百八十一条至第一百八十四条规定所得的收入应当归公司所有。

续表

《公司法》(2018 年)	《公司法》(2023 年)
第一百五十条　股东会或者股东大会要求董事、监事、高级管理人员列席会议的,董事、监事、高级管理人员应当列席并接受股东的质询。 董事、高级管理人员应当如实向监事会或者不设监事会的有限责任公司的监事提供有关情况和资料,不得妨碍监事会或者监事行使职权。	**第一百八十七条**　股东会要求董事、监事、高级管理人员列席会议的,董事、监事、高级管理人员应当列席并接受股东的质询。
第一百四十九条　董事、监事、高级管理人员执行公司职务时违反法律、行政法规或者公司章程的规定,给公司造成损失的,应当承担赔偿责任。	**第一百八十八条**　董事、监事、高级管理人员执行职务违反法律、行政法规或者公司章程的规定,给公司造成损失的,应当承担赔偿责任。
第一百五十一条　董事、高级管理人员有本法第一百四十九条规定的情形的,有限责任公司的股东、股份有限公司连续一百八十日以上单独或者合计持有公司百分之一以上股份的股东,可以书面请求监事会或者不设监事会的有限责任公司的监事向人民法院提起诉讼;监事有本法第一百四十九条规定的情形的,前述股东可以书面请求董事会或者不设董事会的有限责任公司的执行董事向人民法院提起诉讼。 监事会、不设监事会的有限责任公司的监事,或者董事会、执行董事收到前款规定的股东书面请求后拒绝提起诉讼,或者自收到请求之日起三十日内未提起诉讼,或者情况紧急、不立即提起诉讼将会使公司利益受到难以弥补的损害的,前款规定的股东有权为了公司的利益以自己的名义直接向人民法院提起诉讼。 他人侵犯公司合法权益,给公司造成损失的,本条第一款规定的股东可以依照前两款的规定向人民法院提起诉讼。	**第一百八十九条**　董事、高级管理人员有前条规定的情形的,有限责任公司的股东、股份有限公司连续一百八十日以上单独或者合计持有公司百分之一以上股份的股东,可以书面请求监事会向人民法院提起诉讼;监事有前条规定的情形的,前述股东可以书面请求董事会向人民法院提起诉讼。 监事会或者董事会收到前款规定的股东书面请求后拒绝提起诉讼,或者自收到请求之日起三十日内未提起诉讼,或者情况紧急、不立即提起诉讼将会使公司利益受到难以弥补的损害的,前款规定的股东有权为公司利益以自己的名义直接向人民法院提起诉讼。 他人侵犯公司合法权益,给公司造成损失的,本条第一款规定的股东可以依照前两款的规定向人民法院提起诉讼。 公司全资子公司的董事、监事、高级管理人员有前条规定情形,或者他人侵犯公司全资子公司合法权益造成损失的,有限责任公司的股东、股份有限公司连续一百八十日以上单独或者合计持有公司百分之一以上

续表

《公司法》(2018 年)	《公司法》(2023 年)
	股份的股东,可以依照前三款规定书面请求全资子公司的监事会、董事会向人民法院提起诉讼或者以自己的名义直接向人民法院提起诉讼。
第一百五十二条 董事、高级管理人员违反法律、行政法规或者公司章程的规定,损害股东利益的,股东可以向人民法院提起诉讼。	**第一百九十条** 董事、高级管理人员违反法律、行政法规或者公司章程的规定,损害股东利益的,股东可以向人民法院提起诉讼。
	第一百九十一条 董事、高级管理人员执行职务,给他人造成损害的,公司应当承担赔偿责任;董事、高级管理人员存在故意或者重大过失的,也应当承担赔偿责任。
	第一百九十二条 公司的控股股东、实际控制人指示董事、高级管理人员从事损害公司或者股东利益的行为的,与该董事、高级管理人员承担连带责任。
	第一百九十三条 公司可以在董事任职期间为董事因执行公司职务承担的赔偿责任投保责任保险。 公司为董事投保责任保险或者续保后,董事会应当向股东会报告责任保险的投保金额、承保范围及保险费率等内容。
第七章 公司债券	**第九章 公司债券**
第一百五十三条 本法所称公司债券,是指公司依照法定程序发行、约定在一定期限还本付息的有价证券。 公司发行公司债券应当符合《中华人民共和国证券法》规定的发行条件。	**第一百九十四条** 本法所称公司债券,是指公司发行的约定按期还本付息的有价证券。 公司债券可以公开发行,也可以非公开发行。 公司债券的发行和交易应当符合《中华人民共和国证券法》等法律、行政法规的规定。

续表

《公司法》(2018 年)	《公司法》(2023 年)
第一百五十四条　发行公司债券的~~申请~~经国务院~~授权的部门~~核准后,~~应当~~公告公司债券募集办法。 公司债券募集办法中应当载明下列主要事项: (一)公司名称; (二)债券募集资金的用途; (三)债券总额和债券的票面金额; (四)债券利率的确定方式; (五)还本付息的期限和方式; (六)债券担保情况; (七)债券的发行价格、发行的起止日期; (八)公司净资产额; (九)已发行的尚未到期的公司债券总额; (十)公司债券的承销机构。	**第一百九十五条**　公开发行公司债券,应当经国务院证券监督管理机构注册,公告公司债券募集办法。 公司债券募集办法应当载明下列主要事项: (一)公司名称; (二)债券募集资金的用途; (三)债券总额和债券的票面金额; (四)债券利率的确定方式; (五)还本付息的期限和方式; (六)债券担保情况; (七)债券的发行价格、发行的起止日期; (八)公司净资产额; (九)已发行的尚未到期的公司债券总额; (十)公司债券的承销机构。
第一百五十五条　公司以~~实物券方式~~发行公司债券的,必须在债券上载明公司名称、债券票面金额、利率、偿还期限等事项,并由法定代表人签名,公司盖章。	**第一百九十六条**　公司以纸面形式发行公司债券的,应当在债券上载明公司名称、债券票面金额、利率、偿还期限等事项,并由法定代表人签名,公司盖章。
第一百五十六条　公司债券~~,可以~~为记名债券~~,也可以为无记名债券~~。	**第一百九十七条**　公司债券应当为记名债券。
第一百五十七条　公司发行公司债券应当置备公司债券~~存根簿~~。 发行~~记名~~公司债券的,应当在公司债券~~存根簿~~上载明下列事项: (一)债券持有人的姓名或者名称及住所; (二)债券持有人取得债券的日期及债券的编号; (三)债券总额,债券的票面金额、利率、还本付息的期限和方式;	**第一百九十八条**　公司发行公司债券应当置备公司债券持有人名册。 发行公司债券的,应当在公司债券持有人名册上载明下列事项: (一)债券持有人的姓名或者名称及住所; (二)债券持有人取得债券的日期及债券的编号; (三)债券总额,债券的票面金额、利率、还本付息的期限和方式;

续表

《公司法》(2018年)	《公司法》(2023年)
(四)债券的发行日期。 发行无记名公司债券的,应当在公司债券存根簿上载明债券总额、利率、偿还期限和方式、发行日期及债券的编号。	(四)债券的发行日期。
第一百五十八条 记名公司债券的登记结算机构应当建立债券登记、存管、付息、兑付等相关制度。	**第一百九十九条** 公司债券的登记结算机构应当建立债券登记、存管、付息、兑付等相关制度。
第一百五十九条 公司债券可以转让,转让价格由转让人与受让人约定。 公司债券在证券交易所上市交易的,按照证券交易所的交易规则转让。	**第二百条** 公司债券可以转让,转让价格由转让人与受让人约定。 公司债券的转让应当符合法律、行政法规的规定。
第一百六十条 记名公司债券,由债券持有人以背书方式或者法律、行政法规规定的其他方式转让;转让后由公司将受让人的姓名或者名称及住所记载于公司债券存根簿。 无记名公司债券的转让,由债券持有人将该债券交付给受让人后即发生转让的效力。	**第二百零一条** 公司债券由债券持有人以背书方式或者法律、行政法规规定的其他方式转让;转让后由公司将受让人的姓名或者名称及住所记载于公司债券持有人名册。
第一百六十一条 上市公司经股东大会决议可以发行可转换为股票的公司债券,并在公司债券募集办法中规定具体的转换办法。上市公司发行可转换为股票的公司债券,应当报国务院证券监督管理机构核准。 发行可转换为股票的公司债券,应当在债券上标明可转换公司债券字样,并在公司债券存根簿上载明可转换公司债券的数额。	**第二百零二条** 股份有限公司经股东会决议,或者经公司章程、股东会授权由董事会决议,可以发行可转换为股票的公司债券,并规定具体的转换办法。上市公司发行可转换为股票的公司债券,应当经国务院证券监督管理机构注册。 发行可转换为股票的公司债券,应当在债券上标明可转换公司债券字样,并在公司债券持有人名册上载明可转换公司债券的数额。
第一百六十二条 发行可转换为股票的公司债券的,公司应当按照其转换办法向债券持有人换发股票,但债券持有人对转换股票或者不转换股票有选择权。	**第二百零三条** 发行可转换为股票的公司债券的,公司应当按照其转换办法向债券持有人换发股票,但债券持有人对转换股票或者不转换股票有选择权。法律、行政法规另有规定的除外。

续表

《公司法》(2018 年)	《公司法》(2023 年)
	第二百零四条　公开发行公司债券的，应当为同期债券持有人设立债券持有人会议，并在债券募集办法中对债券持有人会议的召集程序、会议规则和其他重要事项作出规定。债券持有人会议可以对与债券持有人有利害关系的事项作出决议。 除公司债券募集办法另有约定外，债券持有人会议决议对同期全体债券持有人发生效力。
	第二百零五条　公开发行公司债券的，发行人应当为债券持有人聘请债券受托管理人，由其为债券持有人办理受领清偿、债权保全、与债券相关的诉讼以及参与债务人破产程序等事项。
	第二百零六条　债券受托管理人应当勤勉尽责，公正履行受托管理职责，不得损害债券持有人利益。 受托管理人与债券持有人存在利益冲突可能损害债券持有人利益的，债券持有人会议可以决议变更债券受托管理人。 债券受托管理人违反法律、行政法规或者债券持有人会议决议，损害债券持有人利益的，应当承担赔偿责任。
第八章　公司财务、会计	**第十章　公司财务、会计**
第一百六十三条　公司应当依照法律、行政法规和国务院财政部门的规定建立本公司的财务、会计制度。	**第二百零七条**　公司应当依照法律、行政法规和国务院财政部门的规定建立本公司的财务、会计制度。
第一百六十四条　公司应当在每一会计年度终了时编制财务会计报告，并依法经会计师事务所审计。 财务会计报告应当依照法律、行政法规和国务院财政部门的规定制作。	**第二百零八条**　公司应当在每一会计年度终了时编制财务会计报告，并依法经会计师事务所审计。 财务会计报告应当依照法律、行政法规和国务院财政部门的规定制作。

续表

《公司法》(2018年)	《公司法》(2023年)
第一百六十五条 有限责任公司应当依照公司章程规定的期限将财务会计报告送交各股东。 股份有限公司的财务会计报告应当在召开股东大会年会的二十日前置备于本公司，供股东查阅；公开发行股票的股份有限公司必须公告其财务会计报告。	**第二百零九条** 有限责任公司应当按照公司章程规定的期限将财务会计报告送交各股东。 股份有限公司的财务会计报告应当在召开股东会年会的二十日前置备于本公司，供股东查阅；公开发行股份的股份有限公司应当公告其财务会计报告。
第一百六十六条 公司分配当年税后利润时，应当提取利润的百分之十列入公司法定公积金。公司法定公积金累计额为公司注册资本的百分之五十以上的，可以不再提取。 公司的法定公积金不足以弥补以前年度亏损的，在依照前款规定提取法定公积金之前，应当先用当年利润弥补亏损。 公司从税后利润中提取法定公积金后，经股东会或者股东大会决议，还可以从税后利润中提取任意公积金。 公司弥补亏损和提取公积金后所余税后利润，有限责任公司~~依照本法第三十四条~~的规定分配；股份有限公司按照股东持有的股份比例分配，但~~股份有限~~公司章程规定不按持股比例分配的除外。 ~~股东会、股东大会或者董事会违反前款规定，在公司弥补亏损和提取法定公积金之前向股东分配利润的，股东必须将违反规定分配的利润退还公司。~~ 公司持有的本公司股份不得分配利润。	**第二百一十条** 公司分配当年税后利润时，应当提取利润的百分之十列入公司法定公积金。公司法定公积金累计额为公司注册资本的百分之五十以上的，可以不再提取。 公司的法定公积金不足以弥补以前年度亏损的，在依照前款规定提取法定公积金之前，应当先用当年利润弥补亏损。 公司从税后利润中提取法定公积金后，经股东会决议，还可以从税后利润中提取任意公积金。 公司弥补亏损和提取公积金后所余税后利润，有限责任公司按照股东实缴的出资比例分配利润，全体股东约定不按照出资比例分配利润的除外；股份有限公司按照股东所持有的股份比例分配利润，公司章程另有规定的除外。 公司持有的本公司股份不得分配利润。 **第二百一十一条** 公司违反本法规定向股东分配利润的，股东应当将违反规定分配的利润退还公司；给公司造成损失的，股东及负有责任的董事、监事、高级管理人员应当承担赔偿责任。
	第二百一十二条 股东会作出分配利润的决议的，董事会应当在股东会决议作出之日起六个月内进行分配。

续表

《公司法》(2018 年)	《公司法》(2023 年)
第一百六十七条　~~股份有限~~公司以超过股票票面金额的发行价格发行股份所得的溢价款以及国务院财政部门规定列入资本公积金的其他收入,应当列为公司资本公积金。	**第二百一十三条**　公司以超过股票票面金额的发行价格发行股份所得的溢价款、发行无面额股所得股款未计入注册资本的金额以及国务院财政部门规定列入资本公积金的其他项目,应当列为公司资本公积金。
第一百六十八条　公司的公积金用于弥补公司的亏损、扩大公司生产经营或者转为增加公司资本。~~但是,资本公积金不得用于弥补公司的亏损。~~ 法定公积金转为资本时,所留存的该项公积金不得少于转增前公司注册资本的百分之二十五。	**第二百一十四条**　公司的公积金用于弥补公司的亏损、扩大公司生产经营或者转为增加公司注册资本。 公积金弥补公司亏损,应当先使用任意公积金和法定公积金;仍不能弥补的,可以按照规定使用资本公积金。 法定公积金转为增加注册资本时,所留存的该项公积金不得少于转增前公司注册资本的百分之二十五。
第一百六十九条　公司聘用、解聘承办公司审计业务的会计师事务所,依照公司章程的规定,由股东会、~~股东大会~~或者董事会决定。 公司股东会、~~股东大会或者~~董事会就解聘会计师事务所进行表决时,应当允许会计师事务所陈述意见。	**第二百一十五条**　公司聘用、解聘承办公司审计业务的会计师事务所,按照公司章程的规定,由股东会、董事会或者监事会决定。 公司股东会、董事会或者监事会就解聘会计师事务所进行表决时,应当允许会计师事务所陈述意见。
第一百七十条　公司应当向聘用的会计师事务所提供真实、完整的会计凭证、会计账簿、财务会计报告及其他会计资料,不得拒绝、隐匿、谎报。	**第二百一十六条**　公司应当向聘用的会计师事务所提供真实、完整的会计凭证、会计账簿、财务会计报告及其他会计资料,不得拒绝、隐匿、谎报。
第一百七十一条　公司除法定的会计账簿外,不得另立会计账簿。 对公司资产,不得以任何个人名义开立账户存储。	**第二百一十七条**　公司除法定的会计账簿外,不得另立会计账簿。 对公司资金,不得以任何个人名义开立账户存储。

续表

《公司法》(2018 年)	《公司法》(2023 年)
第九章 公司合并、分立、增资、减资	**第十一章 公司合并、分立、增资、减资**
第一百七十二条 公司合并可以采取吸收合并或者新设合并。 一个公司吸收其他公司为吸收合并,被吸收的公司解散。两个以上公司合并设立一个新的公司为新设合并,合并各方解散。	**第二百一十八条** 公司合并可以采取吸收合并或者新设合并。 一个公司吸收其他公司为吸收合并,被吸收的公司解散。两个以上公司合并设立一个新的公司为新设合并,合并各方解散。
	第二百一十九条 公司与其持股百分之九十以上的公司合并,被合并的公司不需经股东会决议,但应当通知其他股东,其他股东有权请求公司按照合理的价格收购其股权或者股份。 公司合并支付的价款不超过本公司净资产百分之十的,可以不经股东会决议;但是,公司章程另有规定的除外。 公司依照前两款规定合并不经股东会决议的,应当经董事会决议。
第一百七十三条 公司合并,应当由合并各方签订合并协议,并编制资产负债表及财产清单。公司应当自作出合并决议之日起十日内通知债权人,并于三十日内在报纸上公告。债权人自接到通知书之日起三十日内,未接到通知书的自公告之日起四十五日内,可以要求公司清偿债务或者提供相应的担保。	**第二百二十条** 公司合并,应当由合并各方签订合并协议,并编制资产负债表及财产清单。公司应当自作出合并决议之日起十日内通知债权人,并于三十日内在报纸上或者国家企业信用信息公示系统公告。债权人自接到通知之日起三十日内,未接到通知的自公告之日起四十五日内,可以要求公司清偿债务或者提供相应的担保。
第一百七十四条 公司合并时,合并各方的债权、债务,应当由合并后存续的公司或者新设的公司承继。	**第二百二十一条** 公司合并时,合并各方的债权、债务,应当由合并后存续的公司或者新设的公司承继。
第一百七十五条 公司分立,其财产作相应的分割。 公司分立,应当编制资产负债表及财产清单。公司应当自作出分立决议之日起十日内通知债权人,并于三十日内在报纸上公告。	**第二百二十二条** 公司分立,其财产作相应的分割。 公司分立,应当编制资产负债表及财产清单。公司应当自作出分立决议之日起十日内通知债权人,并于三十日内在报纸上或者国家企业信用信息公示系统公告。

续表

《公司法》(2018 年)	《公司法》(2023 年)
第一百七十六条　公司分立前的债务由分立后的公司承担连带责任。但是,公司在分立前与债权人就债务清偿达成的书面协议另有约定的除外。	**第二百二十三条**　公司分立前的债务由分立后的公司承担连带责任。但是,公司在分立前与债权人就债务清偿达成的书面协议另有约定的除外。
第一百七十七条　公司需要减少注册资本时,必须编制资产负债表及财产清单。 公司应当自作出减少注册资本决议之日起十日内通知债权人,并于三十日内在报纸上公告。债权人自接到通知书之日起三十日内,未接到通知书的自公告之日起四十五日内,有权要求公司清偿债务或者提供相应的担保。	**第二百二十四条**　公司减少注册资本,应当编制资产负债表及财产清单。 公司应当自股东会作出减少注册资本决议之日起十日内通知债权人,并于三十日内在报纸上或者国家企业信用信息公示系统公告。债权人自接到通知之日起三十日内,未接到通知的自公告之日起四十五日内,有权要求公司清偿债务或者提供相应的担保。 公司减少注册资本,应当按照股东出资或者持有股份的比例相应减少出资额或者股份,法律另有规定、有限责任公司全体股东另有约定或者股份有限公司章程另有规定的除外。
	第二百二十五条　公司依照本法第二百一十四条第二款的规定弥补亏损后,仍有亏损的,可以减少注册资本弥补亏损。减少注册资本弥补亏损的,公司不得向股东分配,也不得免除股东缴纳出资或者股款的义务。 依照前款规定减少注册资本的,不适用前条第二款的规定,但应当自股东会作出减少注册资本决议之日起三十日内在报纸上或者国家企业信用信息公示系统公告。 公司依照前两款的规定减少注册资本后,在法定公积金和任意公积金累计额达到公司注册资本百分之五十前,不得分配利润。

续表

《公司法》(2018年)	《公司法》(2023年)
	第二百二十六条 违反本法规定减少注册资本的,股东应当退还其收到的资金,减免股东出资的应当恢复原状;给公司造成损失的,股东及负有责任的董事、监事、高级管理人员应当承担赔偿责任。
第三十四条 股东按照实缴的出资比例分取红利;公司新增资本时,股东有权优先按照实缴的出资比例认缴出资。但是,全体股东约定不按照出资比例分取红利或者不按照出资比例优先认缴出资的除外。	**第二百二十七条** 有限责任公司增加注册资本时,股东在同等条件下有权优先按照实缴的出资比例认缴出资。但是,全体股东约定不按照出资比例优先认缴出资的除外。 股份有限公司为增加注册资本发行新股时,股东不享有优先认购权,公司章程另有规定或者股东会决议决定股东享有优先认购权的除外。
第一百七十八条 有限责任公司增加注册资本时,股东认缴新增资本的出资,依照本法设立有限责任公司缴纳出资的有关规定执行。 股份有限公司为增加注册资本发行新股时,股东认购新股,依照本法设立股份有限公司缴纳股款的有关规定执行。	**第二百二十八条** 有限责任公司增加注册资本时,股东认缴新增资本的出资,依照本法设立有限责任公司缴纳出资的有关规定执行。 股份有限公司为增加注册资本发行新股时,股东认购新股,依照本法设立股份有限公司缴纳股款的有关规定执行。
第一百七十九条 公司合并或者分立,登记事项发生变更的,应当依法向公司登记机关办理变更登记;公司解散的,应当依法办理公司注销登记;设立新公司的,应当依法办理公司设立登记。 公司增加或者减少注册资本,应当依法向公司登记机关办理变更登记。	
第十章 公司解散和清算	**第十二章 公司解散和清算**
第一百八十条 公司因下列原因解散: (一)公司章程规定的营业期限届满或者公司章程规定的其他解散事由出现; (二)股东会或者股东大会决议解散;	**第二百二十九条** 公司因下列原因解散: (一)公司章程规定的营业期限届满或者公司章程规定的其他解散事由出现;

续表

《公司法》(2018 年)	《公司法》(2023 年)
(三)因公司合并或者分立需要解散; (四)依法被吊销营业执照、责令关闭或者被撤销; (五)人民法院依照本法第一百八十二条的规定予以解散。	(二)股东会决议解散; (三)因公司合并或者分立需要解散; (四)依法被吊销营业执照、责令关闭或者被撤销; (五)人民法院依照本法第二百三十一条的规定予以解散。 公司出现前款规定的解散事由,应当在十日内将解散事由通过国家企业信用信息公示系统予以公示。
第一百八十一条　公司有本法第一百八十条第(一)项情形的,可以通过修改公司章程而存续。 依照前款规定修改公司章程,有限责任公司须经持有三分之二以上表决权的股东通过,股份有限公司须经出席股东大会会议的股东所持表决权的三分之二以上通过。	**第二百三十条**　公司有前条第一款第一项、第二项情形,且尚未向股东分配财产的,可以通过修改公司章程或者经股东会决议而存续。 依照前款规定修改公司章程或者经股东会决议,有限责任公司须经持有三分之二以上表决权的股东通过,股份有限公司须经出席股东会会议的股东所持表决权的三分之二以上通过。
第一百八十二条　公司经营管理发生严重困难,继续存续会使股东利益受到重大损失,通过其他途径不能解决的,持有公司全部股东表决权百分之十以上的股东,可以请求人民法院解散公司。	**第二百三十一条**　公司经营管理发生严重困难,继续存续会使股东利益受到重大损失,通过其他途径不能解决的,持有公司百分之十以上表决权的股东,可以请求人民法院解散公司。
第一百八十三条　公司因本法第一百八十条第(一)项、第(二)项、第(四)项、第(五)项规定而解散的,应当在解散事由出现之日起十五日内成立清算组,开始清算。有限责任公司的清算组由股东组成,股份有限公司的清算组由董事或者股东大会确定的人员组成。逾期不成立清算组进行清算的,债权人可以申请人民法院指定有关人员组成清算组进行清算。人民法院应当受理该申请,并及时组织清算组进行清算。	**第二百三十二条**　公司因本法第二百二十九条第一款第一项、第二项、第四项、第五项规定而解散的,应当清算。董事为公司清算义务人,应当在解散事由出现之日起十五日内组成清算组进行清算。 清算组由董事组成,但是公司章程另有规定或者股东会决议另选他人的除外。 清算义务人未及时履行清算义务,给公司或者债权人造成损失的,应当承担赔偿责任。

续表

《公司法》(2018年)	《公司法》(2023年)
	第二百三十三条 公司依照前条第一款的规定应当清算,逾期不成立清算组进行清算或者成立清算组后不清算的,利害关系人可以申请人民法院指定有关人员组成清算组进行清算。人民法院应当受理该申请,并及时组织清算组进行清算。 公司因本法第二百二十九条第一款第四项的规定而解散的,作出吊销营业执照、责令关闭或者撤销决定的部门或者公司登记机关,可以申请人民法院指定有关人员组成清算组进行清算。
第一百八十四条 清算组在清算期间行使下列职权: (一)清理公司财产,分别编制资产负债表和财产清单; (二)通知、公告债权人; (三)处理与清算有关的公司未了结的业务; (四)清缴所欠税款以及清算过程中产生的税款; (五)清理债权、债务; (六)处理公司清偿债务后的剩余财产; (七)代表公司参与民事诉讼活动。	**第二百三十四条** 清算组在清算期间行使下列职权: (一)清理公司财产,分别编制资产负债表和财产清单; (二)通知、公告债权人; (三)处理与清算有关的公司未了结的业务; (四)清缴所欠税款以及清算过程中产生的税款; (五)清理债权、债务; (六)分配公司清偿债务后的剩余财产; (七)代表公司参与民事诉讼活动。
第一百八十五条 清算组应当自成立之日起十日内通知债权人,并于六十日内在报纸上公告。债权人应当自接到通知书之日起三十日内,未接到通知书的自公告之日起四十五日内,向清算组申报其债权。 债权人申报债权,应当说明债权的有关事项,并提供证明材料。清算组应当对债权进行登记。 在申报债权期间,清算组不得对债权人进行清偿。	**第二百三十五条** 清算组应当自成立之日起十日内通知债权人,并于六十日内在报纸上或者国家企业信用信息公示系统公告。债权人应当自接到通知之日起三十日内,未接到通知的自公告之日起四十五日内,向清算组申报其债权。 债权人申报债权,应当说明债权的有关事项,并提供证明材料。清算组应当对债权进行登记。 在申报债权期间,清算组不得对债权人进行清偿。

续表

《公司法》(2018 年)	《公司法》(2023 年)
第一百八十六条　清算组在清理公司财产、编制资产负债表和财产清单后,应当制定清算方案,并报股东会、股东大会或者人民法院确认。 公司财产在分别支付清算费用、职工的工资、社会保险费用和法定补偿金,缴纳所欠税款,清偿公司债务后的剩余财产,有限责任公司按照股东的出资比例分配,股份有限公司按照股东持有的股份比例分配。 清算期间,公司存续,但不得开展与清算无关的经营活动。公司财产在未依照前款规定清偿前,不得分配给股东。	**第二百三十六条**　清算组在清理公司财产、编制资产负债表和财产清单后,应当制订清算方案,并报股东会或者人民法院确认。 公司财产在分别支付清算费用、职工的工资、社会保险费用和法定补偿金,缴纳所欠税款,清偿公司债务后的剩余财产,有限责任公司按照股东的出资比例分配,股份有限公司按照股东持有的股份比例分配。 清算期间,公司存续,但不得开展与清算无关的经营活动。公司财产在未依照前款规定清偿前,不得分配给股东。
第一百八十七条　清算组在清理公司财产、编制资产负债表和财产清单后,发现公司财产不足清偿债务的,应当依法向人民法院申请宣告破产。 公司经人民法院裁定宣告破产后,清算组应当将清算事务移交给人民法院。	**第二百三十七条**　清算组在清理公司财产、编制资产负债表和财产清单后,发现公司财产不足清偿债务的,应当依法向人民法院申请破产清算。 人民法院受理破产申请后,清算组应当将清算事务移交给人民法院指定的破产管理人。
第一百八十九条　清算组成员应当忠于职守,依法履行清算义务。 清算组成员不得利用职权收受贿赂或者其他非法收入,不得侵占公司财产。 清算组成员因故意或者重大过失给公司或者债权人造成损失的,应当承担赔偿责任。	**第二百三十八条**　清算组成员履行清算职责,负有忠实义务和勤勉义务。 清算组成员怠于履行清算职责,给公司造成损失的,应当承担赔偿责任;因故意或者重大过失给债权人造成损失的,应当承担赔偿责任。
第一百八十八条　公司清算结束后,清算组应当制作清算报告,报股东会、股东大会或者人民法院确认,并报送公司登记机关,申请注销公司登记,公告公司终止。	**第二百三十九条**　公司清算结束后,清算组应当制作清算报告,报股东会或者人民法院确认,并报送公司登记机关,申请注销公司登记。
	第二百四十条　公司在存续期间未产生债务,或者已清偿全部债务的,经全体股东承诺,可以按照规定通过简易程序注销公司登记。

续表

《公司法》(2018 年)	《公司法》(2023 年)
	通过简易程序注销公司登记，应当通过国家企业信用信息公示系统予以公告，公告期限不少于二十日。公告期限届满后，未有异议的，公司可以在二十日内向公司登记机关申请注销公司登记。 公司通过简易程序注销公司登记，股东对本条第一款规定的内容承诺不实的，应当对注销登记前的债务承担连带责任。
	第二百四十一条 公司被吊销营业执照、责令关闭或者被撤销，满三年未向公司登记机关申请注销公司登记的，公司登记机关可以通过国家企业信用信息公示系统予以公告，公告期限不少于六十日。公告期限届满后，未有异议的，公司登记机关可以注销公司登记。 依照前款规定注销公司登记的，原公司股东、清算义务人的责任不受影响。
第一百九十条 公司被依法宣告破产的，依照有关企业破产的法律实施破产清算。	**第二百四十二条** 公司被依法宣告破产的，依照有关企业破产的法律实施破产清算。
第十一章 外国公司的分支机构	**第十三章 外国公司的分支机构**
第一百九十一条 本法所称外国公司是指依照外国法律在中国境外设立的公司。	**第二百四十三条** 本法所称外国公司，是指依照外国法律在中华人民共和国境外设立的公司。
第一百九十二条 外国公司在中国境内设立分支机构，必须向中国主管机关提出申请，并提交其公司章程、所属国的公司登记证书等有关文件，经批准后，向公司登记机关依法办理登记，领取营业执照。 外国公司分支机构的审批办法由国务院另行规定。	**第二百四十四条** 外国公司在中华人民共和国境内设立分支机构，应当向中国主管机关提出申请，并提交其公司章程、所属国的公司登记证书等有关文件，经批准后，向公司登记机关依法办理登记，领取营业执照。 外国公司分支机构的审批办法由国务院另行规定。

续表

《公司法》(2018 年)	《公司法》(2023 年)
第一百九十三条　外国公司在中国境内设立分支机构,必须在中国境内指定负责该分支机构的代表人或者代理人,并向该分支机构拨付与其所从事的经营活动相适应的资金。 对外国公司分支机构的经营资金需要规定最低限额的,由国务院另行规定。	**第二百四十五条**　外国公司在中华人民共和国境内设立分支机构,应当在中华人民共和国境内指定负责该分支机构的代表人或者代理人,并向该分支机构拨付与其所从事的经营活动相适应的资金。 对外国公司分支机构的经营资金需要规定最低限额的,由国务院另行规定。
第一百九十四条　外国公司的分支机构应当在其名称中标明该外国公司的国籍及责任形式。 外国公司的分支机构应当在本机构中置备该外国公司章程。	**第二百四十六条**　外国公司的分支机构应当在其名称中标明该外国公司的国籍及责任形式。 外国公司的分支机构应当在本机构中置备该外国公司章程。
第一百九十五条　外国公司在中国境内设立的分支机构不具有中国法人资格。 外国公司对其分支机构在中国境内进行经营活动承担民事责任。	**第二百四十七条**　外国公司在中华人民共和国境内设立的分支机构不具有中国法人资格。 外国公司对其分支机构在中华人民共和国境内进行经营活动承担民事责任。
第一百九十六条　经批准设立的外国公司分支机构,在中国境内从事业务活动,必须遵守中国的法律,不得损害中国的社会公共利益,其合法权益受中国法律保护。	**第二百四十八条**　经批准设立的外国公司分支机构,在中华人民共和国境内从事业务活动,应当遵守中国的法律,不得损害中国的社会公共利益,其合法权益受中国法律保护。
第一百九十七条　外国公司撤销其在中国境内的分支机构时,必须依法清偿债务,依照本法有关公司清算程序的规定进行清算。未清偿债务之前,不得将其分支机构的财产移至中国境外。	**第二百四十九条**　外国公司撤销其在中华人民共和国境内的分支机构时,应当依法清偿债务,依照本法有关公司清算程序的规定进行清算。未清偿债务之前,不得将其分支机构的财产转移至中华人民共和国境外。
第十二章　法律责任	**第十四章　法律责任**
第一百九十八条　违反本法规定,虚报注册资本、提交虚假材料或者采取其他欺诈手段隐瞒重要事实取得公司登记的,由公司	**第二百五十条**　违反本法规定,虚报注册资本、提交虚假材料或者采取其他欺诈手段隐瞒重要事实取得公司登记的,由公司登

续表

《公司法》(2018 年)	《公司法》(2023 年)
登记机关责令改正,对虚报注册资本的公司,处以虚报注册资本金额百分之五以上百分之十五以下的罚款;对提交虚假材料或者采取其他欺诈手段隐瞒重要事实的公司,处以五万元以上五十万元以下的罚款;情节严重的,撤销公司登记或者吊销营业执照。	记机关责令改正,对虚报注册资本的公司,处以虚报注册资本金额百分之五以上百分之十五以下的罚款;对提交虚假材料或者采取其他欺诈手段隐瞒重要事实的公司,处以五万元以上二百万元以下的罚款;情节严重的,吊销营业执照;对直接负责的主管人员和其他直接责任人员处以三万元以上三十万元以下的罚款。
	第二百五十一条 公司未依照本法第四十条规定公示有关信息或者不如实公示有关信息的,由公司登记机关责令改正,可以处以一万元以上五万元以下的罚款。情节严重的,处以五万元以上二十万元以下的罚款;对直接负责的主管人员和其他直接责任人员处以一万元以上十万元以下的罚款。
第一百九十九条 公司的发起人、股东虚假出资,未交付或者未按期交付作为出资的货币或者非货币财产的,由公司登记机关责令改正,处以虚假出资金额百分之五以上百分之十五以下的罚款。	**第二百五十二条** 公司的发起人、股东虚假出资,未交付或者未按期交付作为出资的货币或者非货币财产的,由公司登记机关责令改正,可以处以五万元以上二十万元以下的罚款;情节严重的,处以虚假出资或者未出资金额百分之五以上百分之十五以下的罚款;对直接负责的主管人员和其他直接责任人员处以一万元以上十万元以下的罚款。
第二百条 公司的发起人、股东在公司成立后,抽逃其出资的,由公司登记机关责令改正,处以所抽逃出资金额百分之五以上百分之十五以下的罚款。	**第二百五十三条** 公司的发起人、股东在公司成立后,抽逃其出资的,由公司登记机关责令改正,处以所抽逃出资金额百分之五以上百分之十五以下的罚款;对直接负责的主管人员和其他直接责任人员处以三万元以上三十万元以下的罚款。

续表

《公司法》(2018年)	《公司法》(2023年)
第二百零一条　公司违反本法规定,在法定的会计账簿以外另立会计账簿的,由县级以上人民政府财政部门责令改正,处以五万元以上五十万元以下的罚款。 **第二百零二条**　公司在依法向有关主管部门提供的财务会计报告等材料上作虚假记载或者隐瞒重要事实的,由有关主管部门对直接负责的主管人员和其他直接责任人员处以三万元以上三十万元以下的罚款。 **第二百零三条**　公司不依照本法规定提取法定公积金的,由县级以上人民政府财政部门责令如数补足应当提取的金额,可以对公司处以二十万元以下的罚款。	**第二百五十四条**　有下列行为之一的,由县级以上人民政府财政部门依照《中华人民共和国会计法》等法律、行政法规的规定处罚: (一)在法定的会计账簿以外另立会计账簿; (二)提供存在虚假记载或者隐瞒重要事实的财务会计报告。
第二百零四条　公司在合并、分立、减少注册资本或者进行清算时,不依照本法规定通知或者公告债权人的,由公司登记机关责令改正,对公司处以一万元以上十万元以下的罚款。 公司在进行清算时,隐匿财产,对资产负债表或者财产清单作虚假记载或者在未清偿债务前分配公司财产的,由公司登记机关责令改正,对公司处以隐匿财产或者未清偿债务前分配公司财产金额百分之五以上百分之十以下的罚款;对直接负责的主管人员和其他直接责任人员处以一万元以上十万元以下的罚款。	**第二百五十五条**　公司在合并、分立、减少注册资本或者进行清算时,不依照本法规定通知或者公告债权人的,由公司登记机关责令改正,对公司处以一万元以上十万元以下的罚款。 **第二百五十六条**　公司在进行清算时,隐匿财产,对资产负债表或者财产清单作虚假记载,或者在未清偿债务前分配公司财产的,由公司登记机关责令改正,对公司处以隐匿财产或者未清偿债务前分配公司财产金额百分之五以上百分之十以下的罚款;对直接负责的主管人员和其他直接责任人员处以一万元以上十万元以下的罚款。
第二百零五条　公司在清算期间开展与清算无关的经营活动的,由公司登记机关予以警告,没收违法所得。	
第二百零六条　清算组不依照本法规定向公司登记机关报送清算报告,或者报送清算报告隐瞒重要事实或者有重大遗漏的,由公司登记机关责令改正。	

续表

《公司法》(2018 年)	《公司法》(2023 年)
清算组成员利用职权徇私舞弊、谋取非法收入或者侵占公司财产的,由公司登记机关责令退还公司财产,没收违法所得,并可以处以违法所得一倍以上五倍以下的罚款。	
第二百零七条 承担资产评估、验资或者验证的机构提供虚假材料的,由公司登记机关没收违法所得,处以违法所得一倍以上五倍以下的罚款,并可以由有关主管部门依法责令该机构停业、吊销直接责任人员的资格证书,吊销营业执照。 承担资产评估、验资或者验证的机构因过失提供有重大遗漏的报告的,由公司登记机关责令改正,情节较重的,处以所得收入一倍以上五倍以下的罚款,并可以由有关主管部门依法责令该机构停业、吊销直接责任人员的资格证书,吊销营业执照。 承担资产评估、验资或者验证的机构因其出具的评估结果、验资或者验证证明不实,给公司债权人造成损失的,除能够证明自己没有过错的外,在其评估或者证明不实的金额范围内承担赔偿责任。	**第二百五十七条** 承担资产评估、验资或者验证的机构提供虚假材料或者提供有重大遗漏的报告的,由有关部门依照《中华人民共和国资产评估法》、《中华人民共和国注册会计师法》等法律、行政法规的规定处罚。 承担资产评估、验资或者验证的机构因其出具的评估结果、验资或者验证证明不实,给公司债权人造成损失的,除能够证明自己没有过错的外,在其评估或者证明不实的金额范围内承担赔偿责任。
第二百零八条 公司登记机关对不符合本法规定条件的登记申请予以登记,或者对符合本法规定条件的登记申请不予登记的,对直接负责的主管人员和其他直接责任人员,依法给予行政处分。 **第二百零九条** 公司登记机关的上级部门强令公司登记机关对不符合本法规定条件的登记申请予以登记,或者对符合本法规定条件的登记申请不予登记的,或者对违法登记进行包庇的,对直接负责的主管人员和其他直接责任人员依法给予行政处分。	**第二百五十八条** 公司登记机关违反法律、行政法规规定未履行职责或者履行职责不当的,对负有责任的领导人员和直接责任人员依法给予政务处分。

续表

《公司法》(2018 年)	《公司法》(2023 年)
第二百一十条　未依法登记为有限责任公司或者股份有限公司,而冒用有限责任公司或者股份有限公司名义的,或者未依法登记为有限责任公司或者股份有限公司的分公司,而冒用有限责任公司或者股份有限公司的分公司名义的,由公司登记机关责令改正或者予以取缔,可以并处十万元以下的罚款。	**第二百五十九条**　未依法登记为有限责任公司或者股份有限公司,而冒用有限责任公司或者股份有限公司名义的,或者未依法登记为有限责任公司或者股份有限公司的分公司,而冒用有限责任公司或者股份有限公司的分公司名义的,由公司登记机关责令改正或者予以取缔,可以并处十万元以下的罚款。
第二百一十一条　公司成立后无正当理由超过六个月未开业的,或者开业后自行停业连续六个月以上的,可以由公司登记机关吊销营业执照。 公司登记事项发生变更时,未依照本法规定办理有关变更登记的,由公司登记机关责令限期登记;逾期不登记的,处以一万元以上十万元以下的罚款。	**第二百六十条**　公司成立后无正当理由超过六个月未开业的,或者开业后自行停业连续六个月以上的,公司登记机关可以吊销营业执照,但公司依法办理歇业的除外。 公司登记事项发生变更时,未依照本法规定办理有关变更登记的,由公司登记机关责令限期登记;逾期不登记的,处以一万元以上十万元以下的罚款。
第二百一十二条　外国公司违反本法规定,擅自在中国境内设立分支机构的,由公司登记机关责令改正或者关闭,可以并处五万元以上二十万元以下的罚款。	**第二百六十一条**　外国公司违反本法规定,擅自在中华人民共和国境内设立分支机构的,由公司登记机关责令改正或者关闭,可以并处五万元以上二十万元以下的罚款。
第二百一十三条　利用公司名义从事危害国家安全、社会公共利益的严重违法行为的,吊销营业执照。	**第二百六十二条**　利用公司名义从事危害国家安全、社会公共利益的严重违法行为的,吊销营业执照。
第二百一十四条　公司违反本法规定,应当承担民事赔偿责任和缴纳罚款、罚金的,其财产不足以支付时,先承担民事赔偿责任。	**第二百六十三条**　公司违反本法规定,应当承担民事赔偿责任和缴纳罚款、罚金的,其财产不足以支付时,先承担民事赔偿责任。
第二百一十五条　违反本法规定,构成犯罪的,依法追究刑事责任。	**第二百六十四条**　违反本法规定,构成犯罪的,依法追究刑事责任。

续表

《公司法》(2018 年)	《公司法》(2023 年)
第十三章　附则	第十五章　附则
第二百一十六条　本法下列用语的含义: (一)高级管理人员,是指公司的经理、副经理、财务负责人,上市公司董事会秘书和公司章程规定的其他人员。 (二)控股股东,是指其出资额占有限责任公司资本总额百分之五十以上或者其持有的股份占股份有限公司股本总额百分之五十以上的股东;出资额或者持有股份的比例虽然不足百分之五十,但依其出资额或者持有的股份所享有的表决权已足以对股东会、股东大会的决议产生重大影响的股东。 (三)实际控制人,是指虽不是公司的股东,但通过投资关系、协议或者其他安排,能够实际支配公司行为的人。 (四)关联关系,是指公司控股股东、实际控制人、董事、监事、高级管理人员与其直接或者间接控制的企业之间的关系,以及可能导致公司利益转移的其他关系。但是,国家控股的企业之间不仅因为同受国家控股而具有关联关系。	**第二百六十五条**　本法下列用语的含义: (一)高级管理人员,是指公司的经理、副经理、财务负责人,上市公司董事会秘书和公司章程规定的其他人员。 (二)控股股东,是指其出资额占有限责任公司资本总额超过百分之五十或者其持有的股份占股份有限公司股本总额超过百分之五十的股东;出资额或者持有股份的比例虽然低于百分之五十,但依其出资额或者持有的股份所享有的表决权已足以对股东会的决议产生重大影响的股东。 (三)实际控制人,是指通过投资关系、协议或者其他安排,能够实际支配公司行为的人。 (四)关联关系,是指公司控股股东、实际控制人、董事、监事、高级管理人员与其直接或者间接控制的企业之间的关系,以及可能导致公司利益转移的其他关系。但是,国家控股的企业之间不仅因为同受国家控股而具有关联关系。
~~**第二百一十七条**　外商投资的有限责任公司和股份有限公司适用本法;有关外商投资的法律另有规定的,适用其规定。~~	
第二百一十八条　本法自 2006 年 1 月 1 日起施行。	**第二百六十六条**　本法自 2024 年 7 月 1 日起施行。 本法施行前已登记设立的公司,出资期限超过本法规定的期限的,除法律、行政法规或者国务院另有规定外,应当逐步调整至本法规定的期限以内;对于出资期限、出资额明显异常的,公司登记机关可以依法要求其及时调整。具体实施办法由国务院规定。